Gert Rustemeyer

Das Stift Sankt Mariengraden in Köln
1050 – 1400

www.tredition.de

© 2017 Gert Rustemeyer

Verlag: tredition GmbH, Hamburg

ISBN 978-3-7439-8125-6
Hardcover

Printed in Germany

Das vorliegende Manuskript ist eine durchgesehene Fassung der Inaugural-Dissertation zur Erlangung der Doktorwürde der Philosophischen Fakultät der Rheinischen Friedrich-Wilhelms-Universität zu Bonn 2008.

Inhaltsverzeichnis

Quellen und Literatur

a.) Ungedruckte Quellen

Sammlung Roth, Mappen 16 und 17. Historisches Archiv des Erzbistums Köln (AEK).

Städtische Akten 1802, Franz. Verw. 1587 a: Säkularisationsakte für Mariengraden. Historisches Archiv der Stadt Köln.

b.) Gedruckte Quellen und Literatur

Amberg, Gottfried: Ceremoniale Coloniense. Studien zur Kölner Kirchengeschichte, 17. Band. Siegburg 1982 [zit.: Amberg].

Beuckers, Klaus Gereon: Ezzonen und ihre Stiftungen. Kunstgeschichte Band 42. Münster/Hamburg 1993 [zit.: Beuckers Ezzonen].

----: Für irdischen Ruhm und himmlischen Lohn. Stifter und Auftraggeber in der mittelalterlichen Kunst. Berlin 1995.

von Boeselager, Elke Freifrau: fiat ut petitur. Päpstliche Kurie und Deutsches Beneficium im 15. Jahrhundert [zit.: v. Boeselager]. URL: http/www.docserv.uni.duesseldorf.de (25.07.2008).

Boshof, Egon: Köln, Mainz, Trier – Die Auseinandersetzung um die Spitzenstellung im deutschen Episkopat in ottonisch-salischer Zeit. In: Jahrbuch des Kölnischen Geschichtsvereins Bd. 49. Köln 1978 [zit.: Boshof Jahrbuch].

von den Brincken, Anna-Dorothee: Das Stift St. Mariengraden zu Köln 1059–1817. Mitteilungen aus dem Stadtarchiv von Köln 57/58. Köln 1969 [zit.: v.d.Br. MG].

Bund, Konrad: Eine Glocke braucht ihren Turm – Die untergegangene Stiftskirche St. Mariengraden und ihr Geläute. Köln 2006 (Vorabdruck eines Vortrags) [zit.: Bund].

----: St. Mariengraden. Empfangskirche des Kölner Doms. Gescher 2012 (lag bei Fertigstellung dieses Manuskripts noch nicht vor).

Clemen, Paul [Hrsg.]: Die Kunstdenkmäler der Stadt Köln. In: Die Kunstdenkmäler der Rheinprovinz. 7. Bd. III. Abteilung, Ergänzungsband. Bearbeitet von Ludwig Arntz, Heinrich Neu, Hans Vogts. Düsseldorf 1937, Nachdruck 1980 [zit.: Kdm].

Diederich, Toni: Stift–Kloster–Pfarrei. Stadtspuren Bd. 1. Köln 1984 [zit.: Diederich].

Eichmann, Eduard: Die Kaiserkrönung im Abendland. 2 Bde. Würzburg 1942 [zit.: Eichmann Bd. 2].

Ennen, Leonhard/Eckertz, Gottfried: Quellen zur Geschichte der Stadt Köln. Bde. 1–3. Köln 1860–1867.

Ewald, Wilhelm: Rheinische Siegel 4. Siegel der Stifte, Klöster und geistlichen Dignitaren. Bonn 1933 [zit.: Ewald Siegel].

Goettert, Klaus: Mittelalterliche Bauten in der Achse des Doms. Kölner Domblatt 18/19. Köln 1960 [zit.: Goettert].

Grotefend, Hermann: Die Zeitrechnung des Deutschen Mittelalters und der Neuzeit. Hannover 1960.

Groten, Manfred: Der Magistertitel und seine Verbreitung im Deutschen Reich des 12. Jahrhunderts. In: Historisches Jahrbuch 113 (1993).

———: Die Anfänge des Kölner Schreinswesens. Jb. des Kölnischen Geschichtsvereins. Bd. 56. Köln 1985.

———: Köln im 13. Jahrhundert. Gesellschaftlicher Wandel und Verfassungsgeschichte. Köln 1985 [zit.: Köln im 13. Jh.].

———: Priorenkolleg und Domkapitel von Köln im Hohen Mittelalter. Bonn 1980 [zit.: Groten Priorenkolleg].

Handbuch der Historischen Stätten Nordrhein-Westfalens. Stuttgart 2006.

Hardegen, Richard: Das Kanonikerstift Maria ad Gradus zu Köln (1056-1802). Aachen 2008 (lag bei Fertigstellung dieses Manuskripts noch nicht vor).

Herborn, Wolfgang: Die politische Führungsschicht der Stadt Köln im Spätmittelalter. Rheinisches Archiv 100. Bonn 1977 [zit.: Herb. Führungsschicht].

———: Wirtschaftliche und soziale Grundlagen des Kölner Mäzenatentums im 13. und 14. Jahrhundert. Köln 1977 [zit..: Herborn Mäzenatentum].

Hoeniger, Robert: Die Kölner Schreinsurkunden des 12. Jahrhunderts. Publikationen der Gesellschaft für Rheinische Geschichtskunde 1. 2 Bde. Bonn 1884-94.

Johag, Helga: Die Beziehungen zwischen Klerus und Bürgerschaft in Köln zwischen 1250 und 1350. Bonn 1977 [zit.: Johag].

Jung, Wilhelm: Der Dom zu Mainz. München und Zürich 1987 [zit.: Jung].

Keussen, Hermann: Topographie der Stadt Köln im Mittelalter. 2 Bde. Bonn 1910–1918. Neudruck Düsseldorf 1986 [zit.: Keussen].

Kluger, Helmut: propter claritatem generis. In: Festschrift für Odilo Engels. Köln 1993 [zit.: Kluger].

Koberg, Gebhardt: Regel des hl. Augustinus, lat. u. dt. Stift Klosterneuburg 1961.

Kubach, Hans Erich/Verbeek, Albert: Romanische Baukunst an Rhein und Maas. Bd. 1. Berlin 1976 [zit.: Kubach/Verbeek].

Kürten, Peter: Das Stift St. Kunibert in Köln. Köln 1985.

Lambert, Birgit: St. Maria ad gradus. In: Colonia Romanica XI 2 (1996) [zit.: Lambert].

Lau, Friedrich: Das Kölner Patriziat bis zum Jahre 1325. In: MStA Köln. Hefte 24–26 (1893–95) [zit.: Lau].

Lexikon des Mittelalters. Bde. I–IX. dtv München 2002.

Marchal, Guy P.: Was war das weltliche Kanonikerinstitut im Mittelalter? In: Revue ecclésiastique 95 (2000) [zit.: Marchal].

Meuthen, Erich: Stift und Stadt als Forschungsproblem. In: Stift und Stadt am Niederrhein. Kleve 1997 [zit.: Meuthen].

Militzer, Klaus: Quellen zur Geschichte der Kölner Laienbruderschaften vom 12. Jahrhundert bis 1562/63. Bde. I–II. In: Publikation der Gesellschaft für Rheinische Geschichtskunde Bd. 71. Düsseldorf 1997 [zit.: Kölner Laienbruderschaften].

———: Kölner Geistliche im Mittelalter. Bd. I Männer. In: Mitteilungen aus dem Stadtarchiv Köln. Heft 91 (2003) [zit.: Kölner Geistliche].

Mölich, Georg/Oepen, Joachim/Rosen, Wolfgang: Klosterstruktur und Säkularisation im Rheinland. Essen 2002 [zit.: Mölich/Oepen/Rosen].

Moraw, Peter: Über Typologie, Chronologie und Geographie der Stiftskirche im Mittelalter. Göttingen 1980 [zit.: Moraw].

Müller, Michael: Säkularisation und Grundbesitz. Zur Sozialgeschichte des Saar-Mosel-Raums 1794–1813. Boppard am Rhein 1980.

Neuhausen, Christiane: Das Ablasswesen in der Stadt Köln vom 13. bis zum 16. Jahrhundert. In: Kölner Schriften zur Geschichte und Kultur Bd. 21 (1994) [zit.: Neuhausen].

Neuss, Wilhelm/Oediger, Friedrich Wilhelm: Geschichte des Erzbistums Köln. Bd. I. Köln 1964 [zit.: Neuss/Oediger].

Oediger, Friedrich Wilhelm: Der Liber Valoris. Die Erzdiözese Köln um 1300, Heft 1. Publikationen der Gesellschaft für Rheinische Geschichtskunde XII. Bonn 1967 [zit.: Oediger].

Oepen, Joachim: Die Totenbücher von St. Maria im Kapitol zu Köln. In: Studien zur Kölner Kirchengeschichte. Band 32 (1999) [zit.: Oepen].

Poettgen, Jörg: Vergessene Glocken aus Kölner Kirchen. Zur Problematik einer Translozierung von Glocken. In: Colonia Romanica Bd. XIV (1999) [zit.: Poettgen].

Regesten der Erzbischöfe von Köln im Mittelalter. Bde. I–XII. Publ. Ges. Rhein. Gkd. 21, bearb. v. Knipping, Kisky, Jansen, Andernach. Bonn und Düsseldorf 1901–2005 [zit.: REK].

Rübel, Karl: Dortmunder Urkundenbuch (DUB) 1881. Neudruck: Osnabrück 1975 [zit.: Rübel].

Sauerland, Heinrich Volbert: Urkunden und Regesten zur Geschichte der Rheinlande aus dem Vatikanischen Archiv. Publikation für rheinische Geschichte 23). Bde 1–7. Bonn 1902–1913.

Schieffer. Köln und Wien 1976. S. 101–157 [zit.: Leo-Privileg].

Schmidt-Bleibtreu, Wilhelm: Das Stift St. Severin in Köln. Köln 1982 [zit.: Schmidt-Bleibtreu].

Schmitz, Paul: Die Grundherrschaft und der ländliche Grundbesitz des Stiftes St. Maria ad Gradus in Köln im Mittelalter: masch. Diss. Köln 1939.

Steidl, Basilius: Die Benediktinerregel. Beuron 1980.

Verdenhalten, Fritz: Alte Maße, Münzen und Gewichte aus dem deutschen Sprachgebiet. Neustadt an der Aisch 1968.

Vierengel, Rudolf: Ad Gradus B.M.V. Mainzer Zeitschrift 60/61 (1966) [zit.: Vierengel].

Westfälisches Urkundenbuch. XI. Bd.: Die Urkunden des Kölnischen Westfalen. Bearbeitet von Manfred Wolf. Lieferungen 1–3. Münster 1997–2005 [zit.: WUB].

Weyres, Willy: Zur Kölner Domumgebung I. Ein Einblick in die Geschichte. KDB 37 (1972) [zit.: Weyres].

Wisplinghoff, Erich: Die ältesten Urkunden der Stifte S. Georg, S. Mariengraden und S. Severin in Köln. Jahrbuch des Kölnischen Geschichtsvereins Bd. 33 (1988) [zit.: Wisplinghoff Urkunden].

Wisplinghoff, Erich u.a.: Rheinisches Urkundenbuch. Bd. 2. Düsseldorf 1999 [zit.: RhUB].

Wolff, Arnold: Der Dom zu Köln. Köln 1995 [zit.: Wolff].

Wolter, Heinz: Das Privileg Leos IX. für die Kölner Kirche vom 7. Mai 1052. In: Studien und Vorarbeiten zu den Germania Pontifica Bd. 6. Hrsg. von Theodor Schieffer. Köln und Wien 1976.

Verzeichnis der Abkürzungen

A	Akten
AEK	Akten des Diözesanarchivs
Anm.	Anmerkung
Bl.	Blatt
BMV	Beatae Mariae Virginis
can.	*canonicus*
cf.	*confer*: vergleiche!
dec.	*decanus*
DiözA	Diözesanarchiv des Erzbistums Köln
DiözBibl	Diözesanbibliothek des Erzbistums Köln
Domarch	Domarchiv Köln
DUB	Dortmunder Urkundenbuch
EB	Erzbischof
Farr. Gel.	*Farragines Gelenii*
Geistl. Abt.	Geistl. Abteilung im Historischen Archiv der Stadt Köln
HAStK	Historisches Archiv der Stadt Köln
HJb	Historisches Jahrbuch
Hrsg.	Herausgeber
Hs(s)	Handschrift(en)
HUA	Haupturkundenverzeichnis
KDB	Jahrbuch des Zentral-Dombau-Vereins
Kdm	Kunstdenkmäler der Stadt Köln
mag.	*magister*
MB	Memorienbuch
MG 1	Mariengraden 1. Teil (Heft 57)
MG 2	Mariengraden 2. Teil (Heft 58)
MiK	Maria im Kapitol
MStA Köln	Mitteilungen aus dem Stadtarchiv von Köln
Publ. Ges. Rh. Gkd.	Publikationen der Gesellschaft für Rheinische Geschichtskunde
REK	Regesten der Erzbischöfe von Köln
Rep.	Repertorien
Rh. Arch.	Rheinisches Archiv
Rh. Vjbl.	Rheinische Vierteljahrsblätter
RhUB	Rheinisches Urkundenbuch
RS	Rückseite
s.d.	*sine dato, sine die*

StadtA	Stadtarchiv
U	Urkunde
v.d.Br.	von den Brincken
WUB	Westfälisches Urkundenbuch

Abkürzungen zu den Kanonikerangaben sind der Personenliste (Kap. 10.3) vorangestellt.

Verzeichnis der Abbildungen und Bildnachweise

Abb. 1: St. Maria ad Gradus von Nordosten
(Rekonstruktionszeichnung W. Wegener 1936

1. Einleitung

1.1 Sonderstellung des Stiftes Mariengraden

In den mittelalterlichen Stadtmauern von Köln gab es elf Stifte. Davon waren acht Kanonikerstifte, die nach zeitgenössischen Vorstellungen vom Alter her eine feste Rangfolge und Bedeutung einnahmen: das Domstift, St. Gereon, St. Severin, St. Kunibert, St. Andreas, St. Aposteln, St. Mariengraden und St. Georg. St. Maria im Kapitol, St. Cäcilien und St. Ursula waren Damenstifte. Nur zwei Kölner Stifte fanden bisher Verfasser für eine Stiftsgeschichte: Wilhelm Schmidt-Bleibtreu (Das Stift St. Severin in Köln, 1982) und Peter Kürten (Das Stift St. Kunibert in Köln, 1985). Über Gründe kann man nur mutmaßen. Vielleicht war einer der Gründe, dass das Genos Stiftsgeschichte in der Stiftsverfassung immer wiederkehrende, gleiche Aussagen nach Vorgaben der Germania Sacra aufzeigte. Neue Forschungsergebnisse für die allgemeine Stiftsgeschichte, aber auch eine Fülle von wissenschaftlichen Einzelabhandlungen zu besonderen Aspekten der Stifte raten wieder zur Untersuchung der Geschichte einzelner Stifte.

Mit der Säkularisation verloren die Stifte ihre Funktion. Zehn Stiftskirchen blieben dennoch im Kölner Stadtbild erhalten. Warum aber der historiographische Zugriff gerade auf Mariengraden? Das Bauwerk, verbunden mit dem Ostchor des Doms, wurde als störend für die „Domumsicht" empfunden, die Sicht vom Rhein auf die Kathedrale war versperrt. Als einzige Stiftskirche wurde St. Mariengraden 1817 abgerissen und der Domhügel abgetragen. Der Zweite Weltkrieg zerstörte noch die Reste der Fundamente. Nur eine Kurzbeschreibung des Fördervereins Romanische Kirchen e.V. an der östlichen Mauer des Domherrenfriedhofs weist heute noch auf das Bauwerk hin. Kirche und Stift St. Mariengraden mit ihren Besonderheiten verdienen daher eine sorgfältige Aufarbeitung. Wie aktuell das Problem der Sicht auf das Weltkulturerbe Kölner Dom ist, zeigte die Diskussion im UNESCO-Komitee um die Rote Liste der gefährdeten Weltkulturstätten, die den Erhalt der „visuellen Integrität" des Doms sichern wollte. Der Stadtrat hat daher im Dezember 2005 die Hochhauspläne im rechtsrheinischen Deutz gekippt und eine Änderung des Bebauungsplanes für Deutz beschlossen. Außerdem stimmte er der Einrichtung einer etwa 200 Hektar großen Pufferzone in der linksrheinischen Innenstadt zu, die nach dem Willen des Weltkulturerbe-Komitees jetzt auch auf das Rechtsrheinische erweitert werden soll.[1]

---

[1] „Kölner Dom als Weltkulturerbe gesichert" in Bergische Landeszeitung Nr. 158 v. 11. 7. 2006. S. 1.

1.2 Quellen und Literatur

Die wissenschaftliche Beschäftigung mit dem Stift St. Mariengraden kann auf eine Vielzahl von Quellen und von Abhandlungen in der stadt- und kirchengeschichtlichen Literatur zurückgreifen. Dass hier die zweibändige Quellensammlung von Anna-Dorothee von den Brincken (Das Stift St. Mariengraden zu Köln. Urkunden und Akten 1059–1817. Köln 1969) an erster Stelle erwähnt wird, dokumentiert deren hohe Rangstellung und wissenschaftliche Fundiertheit: von den Brincken hat in Volltexten und in Regesten aus Beständen des Historischen Archivs der Stadt Köln und vieler anderer Archive Urkunden, Akten, Memorienbücher, Amtsbücher, Testamente u.a.m. zusammengetragen. Eine Lücke ist hier mit Sicherheit auszuschließen. Als ungedruckte Quellen kommt die Sammlung Roth, Mappen 16 und 17, aus dem Historischen Archiv des Erzbistums Köln hinzu. Das Werk der Regesten der Erzbischöfe von Köln im Mittelalter hat mit dem Erscheinen des Registerbandes zu den Bänden X–XII im Jahr 2005 seinen Abschluss gefunden. Die Quellen zur Stadtgeschichte von Köln, ediert von Ennen und Eckertz, liegen schon länger vor.[2] Freilich: Viele Textquellen sind im Laufe der Jahrhunderte aber auch auf vielerlei Wegen verloren gegangen.[3]

Das Interesse der Historiker an einer Stiftsgeschichte von St. Mariengraden blieb gering. Bisher liegt nur eine größere Arbeit von Paul Schmitz aus dem Jahre 1939 vor (Paul Schmitz, Die Grundherrschaft und der ländliche Grundbesitz des Stiftes St. Maria ad gradus in Köln im Mittelalter). Diese Kölner Dissertation „fand keinen Eingang in die bibliographischen Werke, weil ihr Verfasser 1939 unmittelbar nach der Prüfung ins Feld zog und fiel, noch ehe er die erforderliche Zahl korrigierter Prüfungsexemplare abzuliefern Gelegenheit hatte"[4]. Paul Schmitz erweist sich als ausgezeichneter Kenner der mittelalterlichen Wirtschaftsgeschichte und hat den ländlichen Grundbesitz von St. Mariengraden aus Urkunden zusammengetragen und interpretiert, eine Stiftsgeschichte unter einem Aspekt, die neben einer kurzen Darstellung der Stiftsverfassung der Vielzahl der von der *Germania Sacra* vorgegebenen *Topoi* nicht entsprach und sicher nicht entsprechen sollte.

Dies veranlasste von den Brincken 1969, das umfangreiche Quellenmaterial als Basis für eine umfassendere Stiftsgeschichte über St. Mariengraden zusammenzutragen, wie sie selbst in der Einleitung des ersten Bandes ihres Werkes schrieb.[5] Das Material lag ausgebreitet, jedoch waren nur Einzelabhandlungen von Historikern

---

[2] Weitere Quellen und Literaturbeiträge werden *suo loco* gezeigt.
[3] v.d.Br. MG 1 S. VIII f. und Kdm S. 28 mit Hinweis auf Löffler, Köln. Bibliotheksgeschichte, S. 36.
[4] v.d.Br. MG 1. S. VII f.
[5] v.d.Br. a.a.O. S. VIII.

entstanden,[6] wie z.B. über die erzbischöfliche Gründung, die ältesten Quellen zum Stift und Ansätze zur Stiftsverfassung. Eine in sich geschlossene Stiftsgeschichte mit bestimmten Schwerpunkten, wie die Weiterentwicklung der Stiftsforschung dies anriet, wurde nicht geschrieben. Die historische Erforschung des Stiftes lebte im Verborgenen. Anders die Kunstgeschichte: Die Architekturgeschichte unternahm Rekonstruktionsversuche der Stiftsgeschichte, und bis heute gilt die Rekonstruktion der verlorenen Stiftskirche von 1996[7] als *communis opinio*.[8] Die Zahl der Arbeiten und Interpretationen der Kunsthistoriker über Ausstattungsstücke, besonders über *codices* und Gemälde ist groß. Keine der bedeutenden Ausstellungen über mittelalterliche Geschichte und Kunst – Rhein und Maas, Monumenta Annonis, Canossa Erschütterung der Welt – und zuletzt noch 2006 Heiliges Römisches Reich Deutscher Nation 962 bis 1806 (Magdeburger Teil) – verzichtete auf Exponate des Stiftes von St. Mariengraden.

Für den Historiker liegt nun das Quellenmaterial in einer hinreichend abgeschlossenen Form und eine Anzahl historiographischer und kunstgeschichtlicher Einzelabhandlungen vor, dazu eine allgemeine, problematisierte Stiftstypologie; sie kann in ihren Grundaussagen der Stiftsverfassung von Mariengraden voran gestellt werden. Auf dieser Basis lässt sich der mittelalterliche Teil der Stiftsgeschichte von St. Mariengraden mit besonderen Schwerpunkten schreiben.

1.3 Aspekte der Arbeit

Die vorliegende Untersuchung beschränkt sich im Wesentlichen auf den Zeitraum 1050 bis ca. 1400. Als Beginn bietet sich das Jahr 1050 mit Erzbischof Hermann II. und seiner Gründungskonzeption an. Das Ende um 1400 anzusetzen, rechtfertigen das geschichtliche Ereignis des Großen Schismas (1378–1417) und fehlende Reformen. Die Auflösung der *vita communis* in Orden und Stiften durch die Erlaubnis zum Privatbesitz und Nichtbeachtung der *stabilitas loci* war auch in Köln allgemein. Die Bildungslandschaft erhielt durch die Gründung der Kölner Universität neben Paris und Bologna einen neuen Schwerpunkt. Der Versuch, die vom Stadtregiment verordnete *praebenda primae gratiae* oder sogar *secundae gratiae* für die Uni-

---

[6] Die Einzelabhandlungen werden in der Arbeit *suo loco* gezeigt.

[7] Die Rekonstruktion von 1996 wird im Kapitel über die Baugeschichte erläutert.

[8] Der Kampanologe und Historiker Konrad Bund hat auf dieser Grundlage eine neue umfassende Baugeschichte von St. Mariengraden mit zahlreichen Abbildungen angekündigt, die 2007/2008 erscheinen wird. Dankenswerterweise hat er mir die Schriftfassung seines Vortrags vom 7. Oktober 2006 auf dem 14. Kolloquium zur Glockenkunde: „Eine Glocke braucht ihren Turm – die untergegangene Kölner Stiftsgeschichte St. Mariengraden und ihr Geläute" zukommen lassen. Die Kurzfassung zeigt eine beachtliche Arbeit im Detail. Die Architektur der Stiftskirche wird in vielen Einzelheiten deutlicher. Die Übernahme in eine Stiftsgeschichte mit vielen anderen Schwerpunkten würde jedoch deren Rahmen überschreiten.

versität abzuwehren, wirft dazu ein Licht auf die wirtschaftliche Lage des Stiftes. Eine Zäsur ist um 1400 gegeben, auch wenn die Kölner Stifte bis zu ihrer Aufhebung im Jahre 1802 „weiterexistieren konnten"[9].

Die Arbeit setzt Schwerpunkte: Die wissenschaftliche Diskussion um die Gründungsväter, die Erzbischöfe Hermann II. und Anno II., führt zur Annahme eines früheren Gründungsdatums. Neuere Literatur lässt die Verfassung des Stiftes deutlicher und verständlicher werden. Eine eingehende und umfangreiche Untersuchung des vorhandenen Quellenmaterials gibt nunmehr – soweit wie möglich – detailliert Auskunft über die einzelnen Mitglieder des Stiftes und ihre Tätigkeiten (1050–1400), u.a. über die regionale und ständische Herkunft, den Weihegrad und die akademische Graduierung von Pröpsten, Dekanen und Kanonikern, die personale Verzahnung der Kanoniker mit Köln, das Wirken des Stiftes in Seelsorge, Bildung und Caritas sowie als klerikales Rechtsgelehrtenzentrum im städtischen Umfeld und in Westfalen. Ebenso umfangreich und detailliert ausgewertet ist das Quellenmaterial im Hinblick auf den Grundbesitz des Stiftes in der Stadt Köln, im Rheinland und in Westfalen, tabellarisch gelistet und kartographisch erfasst.

---

[9] Mölich/Oepen/Rosen: besonders die Grafiken S. 252 ff.

2 Name und Geschichte des Stiftes Mariengraden

Der Name Mariengraden ist aus der lateinischen Form *St. Maria ad gradus* entstanden: Die Kirche war dem Dom auf dem Domhügel am Ostrande vorgebaut, von hier führten Treppen zum Rhein. Die mittelalterliche deutsche Form lautete in der Regel Mariengreden, entstanden aus sente Marien cen greden[10] bzw. Marie Greden[11]. Als frühe lateinische Form ist auch *Maria in Paradiso* belegt[12], daneben kommt noch *Novum Opus* vor[13]. Auch der Name *Maria in Paradiso* weist auf die architektonische Gestaltung hin: Der Kirche Mariengraden war auf der Westseite ein rechteckiges Atrium (= *paradisus*) vorgelagert, das im Norden und Süden von Säulengängen begrenzt wurde. Diese Säulengänge führten unmittelbar in den Ostchor des Doms. Der Name *Novum Opus* weist auf das historische Ereignis des Brandes 1080[14] von Kirche und *claustrum*, den erfolgten Wiederaufbau und die erneute Weihe im Jahre 1085[15] hin.

Das Stift wurde, wie auch die übrigen Stifte der Stadt, 1802 mit der Säkularisation im Rheinland aufgehoben. 1803 wurde die Kirche geschlossen und von der französischen Verwaltung als Tabak- und Proviantmagazin genutzt. Nach Abzug der französischen Truppen stand die Kirche leer. 1816 hat die preußische Regierung erste Pläne zur Freistellung des gotischen Doms vorbereitet. Die „Vorstellung von dem umschreitbaren Denkmal"[16] war zu diesem Zeitpunkt bereits vorhanden. Ende 1816 wurde dann die Genehmigung zum Abbruch der Kirche erteilt: „Abbruch der Kirche St. Mariengraden zu Köln, mit Plan des Platzes nach Abbruch"[17]. 1817 erfolgte die Sprengung des in Teilen bereits ruinösen Kirchbaus. Bis ca. 1830 wurden die gewaltigen Substrukturen des Ostchors und des Querhauses weggeräumt, der Ostteil des Domhügels wurde abgetragen. 1848/49 verschwand der Rest des Westchors. Mit der Erde des Hügels und den gefundenen Bautrümmern (Säulenstümpfe, Basen und Kapitelle) füllte man die Kunibertwerft. Die Einwirkungen des 2. Weltkriegs zerstörten die Reste der Fundamente, so dass Sankt Mariengraden als einzige der elf Kölner Stiftskirchen aus dem Mittelalter spurlos verschwand. Nur die schriftliche Überlieferung und eine Fülle von Ausstattungstücken blieben.

---

[10] v.d.Br. MG 1 HUA 277 von 1263 Aug. 25.
[11] v.d.Br. MG 1 U 83 von 1342 Juli 20.
[12] v.d.Br. MG 1 U 1 von 1062.
[13] v.d.Br. MG 1 U Kunibert 3 von 1080.
[14] v.d.Br. MG 1 U Kunibert 3 von 1080.
[15] v.d.Br. MG 1 HUA 11 v. 1085.
[16] Weyres S. 42.
[17] v.d.Br. MG 1 S. 414: 1816–1818 HStA Düsseldorf Bauinsp. Köln 18.

3 Die Gründung von Kirche und Stift Mariengraden

„Primo igitur Colonie monasterium sancte Dei Gentricis, quod est ad gradus iuxta templum principis apostolorum, a fundamentis erexit et prediis ad triginta canonicorum stipendia copiose dotavit ...“[18]

„Unde ego [Anno] recolens me mandata Dei saepius neglexisse, genetricem eius mihi precaticem parare decrevi, dum in honorem eius aedificare ecclesiam, quam pius antecessor meus Hermannus, si mors non praevenisset, suis sumptubus disposuerat.“[19]

„Zuerst also gründete er [Anno] in Köln das Kloster der heiligen Gottesmutter, das bei den Stufen in der Nähe des dem Apostelfürsten geweihten Doms liegt. Er stattete es reichlich mit Gütern aus, damit es bis zu dreißig Kanonikern den Lebensunterhalt bot ...“

„Deshalb habe ich [Anno] eingedenk der Tatsache, dass ich zu oft die Gebote Gottes vernachlässigt habe, beschlossen, die Gottesmutter für mich als Fürbitterin zu gewinnen, indem ich zu ihrer Ehre eine Kirche bauen ließ, die mein verstorbener Vorgänger Hermann, wenn der Tod ihm nicht zuvorgekommen wäre, auf seine Kosten zu bauen beabsichtigt hatte ...“

Zwei Nachrichten über die Gründung von Kirche und Stift, die mehrere Aussagen zum Inhalt machen, aber kein eindeutiges Gründungsdatum aufweisen. Eine Vielzahl anderer überlieferter Quellen rät zu einer Neudatierung, indem sie die Überbetonung der Urheberschaft des Erzbischofs Anno problematisieren. Die erste Quelle ist der *Vita Annonis minor* entnommen, die von einem unbekannten Siegburger Mönch 1180/81 verfasst ist. Die zweite Quelle ist abgedruckt bei von den Brincken und im Rheinischen Urkundenbuch mit quellenkritischer Untersuchung.[20] Fasst man die beiden Texte inhaltlich in der Kernaussage zusammen, so hat Erzbischof Anno II. (1056–1075) ein Vorhaben seines verstorbenen Vorgängers, Erzbischof Hermann II. (1036–1056) aufgreifend, ein Stift und eine Kirche *Sancta Maria ad gradus* gegründet. Der Name der Kirche weist nach den Textstellen eindeutig auf eine Ortsbezeichnung hin und nicht auf ein Patrozinium.[21] Die Kirche hat eine archi-

---

[18] Die *Vita Annonis minor*, die Bruchstücke der verlorenen *Vita Annonis maior* von 1105 verarbeitet, ist ediert von Mauritius Mittler, Siegburg 1975.

[19] v.d.Br. MG 1 U 2 von 1075 Juli 29.

[20] RhUB Bd. 2 (1994). S. 276. Bearbeitet von Erich Wisplinghoff mit Redaktion anderer Historiker.

[21] Vierengel S. 95 Anm. 2 nimmt Bezug auf eine Mainzer Dissertation von Margarete Dörr aus 1953, die den Titel S. Maria ad gradus als Patrozinium verstand. Sie weist auf das Fest *praesentatio Mariae* oder Mariae Tempelgang hin, im römischen Messbuch auf den 21. November festgelegt. Der Rückgriff erfolgt durch Dörr auf Szenen in der Malerei, wie die dreijährige Maria die Stufen des Tempels von Jerusalem hinaufsteigt. Die Beschreibung im römischen Messbuch verweist auf eine Entstehung aus den Apokryphen.

tektonische Gestaltung, die den Vorbildern der Ad-Gradus-Kirchen in Rom und Mainz entspricht und in ihrer Anlage, besonders aber in ihrer Funktion noch darzustellen ist. Das Stift erhielt ein Präbendalgut für 30 Kanoniker zum hinreichenden Lebensunterhalt. Diese Zahl der Kanoniker entspricht der Größe von vielen Kollegiatstiften, die nicht außerordentlich begütert waren. Je nach wirtschaftlicher Lage des Stiftes sank die Zahl auf 25 oder sogar 20.

Die Quellen weisen zwei Erzbischöfe als „Gründungsväter" aus: Erzbischof Hermann II. und Erzbischof Anno II. Hier müssen die Rollen und Gewichte im Gründungsprozess neu verteilt werden, wie dies vor allem Klaus Gereon Beuckers[22] und Helmut Kluger[23] aus dem geschichtlichen Hintergrund entwickeln. Der Verweis auf die Weihe der Kirche am 21. April 1057[24] und die päpstliche Bestätigungsbulle des Stifts[25] sind Quellen, die neu hinterfragt werden müssen. Das Stift Sankt Mariengraden als letzte Stiftsgründung vor Sankt Georg durch Anno darzustellen, entspräche zwar der ihm nachgesagten Selbstdarstellung, schmälert aber allzu sehr Einsatz und Verdienst Erzbischofs Hermann II. Beginn des Kirchenbaus und Gründung des Stifts müssen daher auf das Jahr 1050 vorverlegt werden. Folglich ist auch der Zeitrahmen für die Arbeit auf 1050 bis ca. 1400 gesetzt. Dort, wo es geboten erscheint, wird über 1400 hinausgegriffen, obgleich hier viele Angaben u. a. als Reflexionen auf die Zeit vor 1400 anzusetzen sind.

3.1 Erzbischof Hermann II. und die politischen und geistlichen Voraussetzungen für die Gründung von Kirche und Stift

1036 wurde Hermann II. als Nachfolger Pilgrims in das Amt des Erzbischofs von Köln gewählt. Für die Gründung der St. Mariengradenanlage brachte er anders als sein Nachfolger Anno II, der Stift und Kollegiatkirche vollendete, sehr entscheidende Voraussetzungen ein: Hermann II. zeichnete seine *claritas generis*[26] aus: Er wurde um 995 als Sohn des Pfalzgrafen Ezzo von Lothringen und Mathilde, der Tochter Kaiser Ottos II. und der Kaiserin Theophanu, geboren. Durch die Einheirat von Ezzo war Hermann II. dem ottonischen Königs- und Kaiserhaus unmittelbar verbunden. Die Nähe Hermanns II. zum salischen Kaiserhaus, vor allem zu Konrad II. und Heinrich III. sowie zum Papsttum unter Leo IX. führte ihn über das Amt des Kölner Erzbischofs zu einer Vielzahl von Privilegierungen.

---

[22] Breuckers Ezzonen S.
[23] Kluger S. 223 ff.
[24] REK I 862.
[25] REK I 870.
[26] Kluger, Claritas generis S. 225.

Seine *claritas generis* brachte eine erhebliche Verfügung über Macht und Besitz mit sich. „Das größte Machtpotential im rheinischen Teil der Kölner Diözese besaßen um die Wende zum 11. Jahrhundert die Ezzonen. Ihre dominierende Stellung beruhte auf der Verbindung von reichem Allodialbesitz und einer Fülle von Rechtstiteln, die sie vom Reich herleiteten. Zu den letzteren zählte vor allem das lothringische Pfalzgrafenamt. Die Pfalzgrafschaften umfassten seit ottonischer Zeit ... vor allem Aufsichtsrechte über die königlichen Forsten, Gewässer und Straßen. Die Ezzonen verwalteten eine Reihe von Grafschaften am Niederrhein (Zülpichgau, Eifelgau, Bonngau, Auelgau und Ruhrgau). Der gesamte Süden der Kölner Diözese stand somit unter ihrem direkten Einfluss. Durch die Ehe Ezzos mit Mathilde erwarb die Familie Reichsgut in Thüringen. Ezzo verlieh auch mit der Gründung von St. Nikolaus in Brauweiler (1024) als Hauskloster und Grablege dem gesteigerten Selbstbewusstsein seines Geschlechts Ausdruck ... 1036 hatte die Machtstellung der Ezzonen ihre größte Verdichtung erreicht. Erzbischof Hermann II. trug das Hauskloster Brauweiler dem Erzstift auf und verschaffte seiner Kirche weitere Eigengüter der Pfalzgrafen, nämlich unter anderem für die Beherrschung der Aachener Königsstraße die wichtige Tomburg und das Gut Flamersheim."[27]

Vier Schwestern Hermanns standen damals in der Kölner Diözese den Kirchen von Essen, Neuss, Dietkirchen, Villich und St. Maria im Kapitol vor. Theophanu war Äbtissin von Essen, Heylwig Äbtissin von Neuss, Mathilde Äbtissin von Dietkichen und Villich, Ida Äbtissin von St. Maria im Kapitol. Drei weitere Schwestern hatten hohe geistliche und weltliche Rangstellungen inne: Adelheid war Äbtissin von Nivelles und Sophie von Sankt Marien in Mainz und Gandersheim. Die *primogenita*, die älteste Ezzonin der zweiten Generation, Richeza war seit 1013 mit dem Polenkönig Boleslaw verheiratet. Nach dem Tod Boleslaws 1025 übernahm Königin Richeza die Regentschaft für den Thronfolger Miezko, bis sie um 1036 ins Reich vertrieben wurde. Hier wurde sie die Haupterbin des ezzonischen Gutes im Einzelbesitz: Thüringen und das moselländische Klotten mit seinen Weingütern. Richeza legte den weltlichen Schmuck ab und betrieb den Weiterbau der Kirche und Klostergebäude von Brauweiler. Ihr Ziel war es, hier eine Familiengrablege zu erweitern: Mathilde (gest. 3. November 1025) wurde bereits im unfertigen Kreuzgang von Brauweiler beigesetzt. Ebenso wurde Ezzo nach seinem Tod in Thüringen (gest. 20. Mai 1034) in Brauweiler bestattet. Von den zehn Kindern aus ihrer Ehe fanden die Brüder Ludolf und Otto im Hauskloster Brauweiler ihr Grab.[28]

Die Vielzahl von Privilegierungen durch die Nähe zu Konrad II., Heinrich III. und Papst Leo IX. machten Hermann II. als Erzbischof und Reichspolitiker wohl zur

---

[27] Groten Priorenkolleg S. 44 f.
[28] Groten Priorenkolleg S. 44 f. passim.

wichtigsten Stütze des Kaisers, vor allem Heinrichs III.[29] Die von Kluger zusammengetragenen Schritte seiner Laufbahn belegen diesen Aufstieg.[30] Hermann war zunächst (1029) Doktor an der Bischofskirche von Lüttich. Dann wurde er Propst[31] und Archidiakon an der Kölner Domkirche. Ein weiterer Schritt war die Stellung des Kaplans und Kanzlers für Italien in der Hofkapelle Konrads II.[32] 1036 wurde er Nachfolger von Pilgrim im Amt des Erzbischofs von Köln.[33]

Für Erzbischof Hermann II. und die Gründung von Mariengraden war der 29. Juni 1049 bedeutend.[34] Zur Feier des Petruspatroziniums trafen sich im Kölner Dom Kaiser Heinrich III, Papst Leo IX. und Erzbischof Hermann II. aus der Familie der Ezzonen, Enkel Ottos. II. und Neffe Ottos III. mit weitläufiger Verwandtschaft zur Salier-Dynastie. Papst Leo IX. verlieh dem Kölner Metropoliten und seinen Nachfolgern die Würde eines Kanzlers der römischen Kirche, Hermann II. erscheint also als leitender Kanzleibeamter in päpstlichen Urkunden.[35] Ebenso verlieh ihm der Papst die Kirche St. Johannes *ante portam Latinam* in Rom. Gleichzeitig erhielt er das Privileg für die Kölner Domkirche von sieben Kardinalpriestern zugesprochen, die die Messe am Hauptaltar feiern durften.

Interpretiert man dieses hochrangige Treffen, so war es überaus bedeutsam: Die Nähe des durch seine *claritas generis* ausgezeichneten Erzbischofs zu Papst und Kaiser ist nicht zu übersehen. Das Amt des Kanzlers ist ein Ehrentitel, während die Einrichtung eines lokalen, außerrömischen Kardinalats schon außergewöhnlich ist. Das gemeinsame Petruspatroziniums in Rom und Köln tritt hinzu. Die Bezeichnung *imitatio Romae* gibt die Bedeutung treffend wieder, dabei ist *imitatio* mehr als nur „Nachahmung". Sie bedeutet „Vorbild", wenn man die klassisch-griechische Philologie bemüht, und weist auf eine höhere Stufe des Verhältnisses von Rom und Köln hin.

Das Leo-Privileg von 7. Mai 1052[36] ist eine erweiterte Aufzählung und Bestätigung der päpstlichen Privilegien. Die Bedeutung des Treffens von 1049 würde noch

---

[29] Kluger S. 250 Anm. 156.
[30] Kluger S. 251 ff.
[31] REK I 771; Propstamt unsicher.
[32] Kluger S. 251 f., REK I 771.
[33] REK I 774 u. 776.
[34] REK I 818.
[35] Boshof S. 82 Anm. 73.
[36] REK I 827; Klaus Gereon Beuckers bringt in seinem Aufsatz „Für irdischen Ruhm und himmlischen Lohn. Stifter und Auftraggeber in der mittelalterlichen Kunst.", hrsg. von Hans–Rudolf Meier, Berlin 1995. S. 106 f. den lateinischen Text des Leo-Privilegs von 1052: Im ersten Teil sind die Privilegien für den Kölner Erzbischof Hermann II. wiedergegeben, im zweiten Teil folgen Besitzbestätigungen von weitgehend kölnischem Interesse. Die ältere Forschung hält diesen Teil für eine nachträgliche Kompilation. Beuckers hält die Besitzbestätigung für die Marienkirche *„infra urbem"* für besonders wichtig. Er bezieht

klarer, wenn dieses Privileg nicht im Widerstreit der Historiker stände: Heinz Wolter[37] hat in seiner quellenkritischen Arbeit über das Leo-Privileg die zahlreichen widersprüchlichen Meinungen über die Urkunde als *Falsum*, Text mit Interpolationen, bedingte Echtheit und Echtheit aufgezeigt. Exponent in der Einschätzung als *Falsum* ist u.a. O. Oppermann[38], während Heinz Wolter[39], Theodor Schieffer[40] und Egon Boshof[41] von der Echtheit ausgehen.

Greift man aus dem Leo-Privileg die zentrale Stelle, nämlich die Bestätigung des Rechts der Königskrönung innerhalb der Kirchenprovinz des Kölner Erzbischofs heraus – *regiam consecrationem infra limites suae dioecesis faciendam* –, so haben wir für Hermann II. die zentrale Aussage: Trennt man sich von der Echtheitsdiskussion, so ist es durchaus möglich, dass in mündlichen oder auch schriftlichen Vereinbarungen bereits bei der Zusammenkunft von 1049 Hermann II. das Krönungsrecht in Aachen zugestanden wurde. Das Kölner Krönungsrecht ist Ausdruck der politischen Konstellation und Situation. Erzbischof Hermann II. hatte die Spitzenstellung im deutschen Episkopat erreicht[42] und siegte im Streit unter den Metropoliten.[43] Dabei hatte sein Vorgänger im Amt, der Kölner Erzbischof Pilgrim (1021–1036) gute Vorarbeit geleistet, als er die Gemahlin Konrads II. Gisela und 1028 den Thronfolger Heinrich gegen den Willen des Mainzer Erzbischofs zum König krönte. Es war schon fast „gewohnheitsrechtlich", als Erzbischof Hermann II. 1054 die Krönung Heinrichs IV. in Aachen vornahm.

Diese Romnähe wurde ausschlaggebend für das Bauprogramm der Kölner Mariengraden-Anlage in Anlehnung an Alt St. Peter in Rom und die Anlage von *Maria ad gradus* in Mainz. Bedeutung und Rang der Kölner Stiftskirche wird vor diesem

---

diese Textstelle auf die erstmalig bezeugte Stiftskirche *St. Maria ad gradus* östlich des Doms (Anm. 17). Dieser Bezug auf *St. Maria ad gradus* ist nicht haltbar. Er kann nur auf die einzige bereits vorhandene große Marienkirche, nämlich die Kirche des Damenstifts St. Maria im Kapitol übertragen werden. Die bauliche Umgestaltung des Hildebolddoms und die Angleichung an Alt Sankt Peter in Rom lässt sich nicht, wie von Beuckers vorgeschlagen, auf das 11. Jahrhundert umdatieren (S. 99). Die umfassende Bautätigkeit im Dombereich setzt die historische Forschung (Anm. 32) ins 10. Jahrhundert nach einer Textstelle aus der *Vita Brunonis*.

[37] Wolter Leo-Privileg S. 101–151.

[38] O. Oppermann: Rheinische Urkundenstudien. Einleitung zum Rheinischen Urkundenbuch, 1. Teil. Bonn 1922. S. 235 ff.

[39] Wolter Leo–Privileg S. 101 ff.

[40] Theodor Schieffer, Germania Pontificia, Bd. VII zum Leo-Privileg von 1052 ohne Einschränkung: *Leo IX Hermanno II sanctae Coloniensis ecclesiae archiepiscopo inter alia: confirmat ecclesiam sanctae Mariae infra urbem.*

[41] Boshof S. 41.

[42] Boshof S. 36.

[43] Boshof S. 19–48 schildert die verschiedenen Phasen des Rivalitätsstreits der zunächst gleichrangigen Metropoliten von Köln, Mainz und Trier. Er zeigt die wechselnden Konstellationen und die Anwendung verschiedener Mittel bis zur Hervorhebung von Erzbischof Hermann II. als *coronator* in Aachen.

Hintergrund sichtbar. Aber auch das Datum der Gründung muss neu bedacht werden. Die Literatur geht immer wieder, wenn auch unsicher, von einem Anno–Bau aus und stützt sich auf das Weihedatum von 1057 und die päpstliche Bestätigung des Stifts durch Papst Nikolaus II. 1059. Ein Gründungsakt in der ersten Hälfte des 11. Jahrhunderts ist in der Zusammenschau mit dem kurz danach ausgestellten Leo-Privileg freilich wahrscheinlicher, und der „Anno-Bau" wird dann zu einem „Hermann-Bau". Für Erzbischof Hermann II. war Mariengraden nicht nur ein Vorhaben, er hat den Bau der Kirche begonnen und in großen Teilen durchgeführt, wobei die endgültige Vollendung Anno II. zugeschrieben werden muss. Goettert[44], Kluger und vor allem Beuckers stützen diese Annahme des früheren Gründungsdatums: „Es ist nicht bekannt, wann Hermann den Gedanken, S. Mariengraden zu gründen, fasste, doch wird in den Ereignissen des Sommers 1049 etwas von dem Geist, in dem er handelte, spürbar … So wird Hermann auch das Grundstück für Kirche und Stift aus seinem pfalzgräflichen Erbe gestiftet haben ... Während der Amtszeit Annos traf auch die päpstliche Genehmigung zur Errichtung eines Kollegiatstifts an Mariengraden ein, doch hatte offenbar schon Hermann das Stift gegründet."[45] „Das persönlichste Vermächtnis Hermanns II. liegt zweifellos in der im Treffen von 1049 aufscheinenden Gründung des Mariengradenstiftes in exponierter Lage an der Ostseite seiner Bischofskirche auf dem angeschütteten Domhügel über dem Rhein. Obwohl für die frühe Baugeschichte der Anlage die spärlichen Nachrichten meist mit der Person Annos verknüpft werden, müssten Konzeption und wesentliche Teile der Bauausführung bereits zu Hermanns Amtszeit ins Werk gesetzt worden sein. Vieles spricht dafür, dass die Idee der Gestaltung des Terrains zwischen Rhein und Ostchor des Alten Doms in unmittelbarem Zusammenhang der Erlangung des Krönungsrechts durch Hermann gesehen werden muss."[46] Der Baubeginn der dreischiffigen Basilika wird also unter Hermann II. im Jahr 1050 erfolgt sein.

„Spätestens 1062 war die Kirche nach dem Gründungsdatum bei Anno vollendet, was eine Bauzeit von nur knapp fünf Jahren bedeuten würde. Für eine doppelchorige Anlage von etwa 55 m Länge und 11 m Mittelschiffbreite auf einem schwierigen, zum Fluss abfallenden Gelände, das Substruktionen erforderte, ist das nahezu unmöglich. Für einen derartigen Bau muss von einer Bauzeit von 10–15 Jahren ausgegangen werden. Dann kann weder die Ausführung noch die Konzeption der Stiftskirche Anno zugeschrieben werden. Vielmehr muss sie unter Hermann begonnen und weitgehend ausgeführt worden sein, aus dessen Besitz das Gründungsgut von Mariengraden genommen und der Bau finanziert worden ist ... Insgesamt ist spätestens in der Absprache zu diesem Privileg der Anstoß für den Baube-

---

[44] Goettert S. 139 ff.
[45] Goettert S. 149 f. mit Hinweis auf Wisplinghoff Urkunden S. 114.
[46] Kluger S. 256, besonders Anm. 288.

ginn zu sehen ... Die Ad-Gradus-Anlage, die den Dombesitz bis zum Rhein hinunterging, stellte städtebaulich der Rheinvorstadt einen Akzent gegenüber."[47]

3.2 Der Kirchbau als ikonologischer Rückgriff

Mariengraden war dem Dom genau in der Achse[48] auf dem Domhügel am Ostrand vorgelagert. Von Ostchor-Öffnungen der Kirche Mariengraden führten zwei Treppenläufe an der Längsseite des „Hofs" bis zum Rhein hin. Die Kirche hatte durch ein rechteckiges Atrium (= *Paradies*) vom Westchor her zwei unmittelbare Zugänge zum Ostchor des Doms. Das offene Atrium umschloss einen Hof von ca. 24 m Breite. Das Gelände vor dem Ostchor bis zum Rhein gehörte zum Immunitätsbereich von Mariengraden. Ikonologisch wird mit dieser Bauform auf die Alt-St. Peter vorgelagerte Maria ad Gradus-Kirche in Rom und die Ad Gradus-Kirche in der Ostachse des Mainzer Doms als Vorbild verwiesen.

Politische Gründe sprechen für das Motiv, den legitimen Ort der Kaiserkrönung in Rom nachzubilden: In Köln wird die Romnähe im unmittelbaren Zusammenhang mit der Ausübung des Krönungsrechts durch Erzbischof Hermann II. 1049 sichtbar, in Mainz ist die Kirche gleichen Namens Ausdruck des Erzbischof Willigis (975–1011) von Papst Benedikt VII. verliehenen ausschließlichen Rechts der Königskrönung, das durch den Kölner Erzbischof spätestens 1054 abgelöst wurde.[49] Die Nachahmung der Bischofskirche als Tochter ihrer „römischen Mutter" greift die Anlage des Petersdoms in Rom auf.[50]

Bei Krönungen der Kaiser in Rom war die Maria ad Gradus-Kirche der Ausgangspunkt der Prozession ins Innere der Petersbasilika. Das Zeremoniell nahm folgenden Verlauf:[51] Es begann mit der Ankunft des königlichen Heeres am Monte Mario. Bei der Kirche Maria Transpadana, der heutigen Piazza Pia, wurde der künftige Kaiser durch den Klerus vom großen Platz vor Alt-Sankt Peter von römischen Senatoren bis zu den Stufen der Freitreppe der Kirche *Maria ad gradus* geleitet. Nach dem Aufstieg über die 35 Stufen hohe Treppe – eine bewusste Geste der Devotion – empfing ihn der Papst, von Kardinälen, suburbanen Bischöfen und vom übrigen Klerus der Peterskirche umgeben, vor dem Eingang zum Atrium zwischen Maria ad gradus und St. Peter. Hier vollzog der *coronandus* den Fußfall vor dem Stellvertreter Christi. Bei späteren Kaiserkrönungen empfing der Papst den künftigen Kaiser nicht

---

[47] Beuckers Ezzonen S. 194 mit Anm. 1242.
[48] Goettert S. 139 ff.
[49] Vierengel S. 90 Anm. 22.
[50] Kluger S. 256 Anm. 189.
[51] Vierengel S. 88 f. Anm. 4 legt seinem Aufsatz die umfangreiche Darstellung von Eduard Eichmann über die Kaiserkrönung zugrunde.

vor dem Atrium, sondern in der Kapelle *Maria ad gradus*, die seit 998 *Maria in turri* wegen des benachbarten, von Papst Stephan II. (752–757) errichteten Glockenturms hieß. In dieser Kirche legte König Friedrich I (1152–1190) auf das Evangelienbuch den Schutz- und Treueid ab. Er wurde damit Kanoniker im Kapitel von St. Peter. Vom frühen 13. Jahrhundert an sah der Krönungsordo vor, dass der König in der Kirche Maria ad Gradus bereits mit kaiserlichen Gewändern bekleidet wurde. Von *Maria ad gradus* schritten dann König und Papst mit Gefolge zu der eigentlichen Krönungszeremonie in die Peterskirche.

Maria ad Gradus in Rom war auch bei anderen kirchlichen und profanen Handlungen von Bedeutung: Der Klerus von St. Peter begann am Palmsonntag in dieser Kapelle, in der die Palmzweige geweiht wurden, die Prozession zur Papstmesse am Hochaltar der Basilika. In *Maria ad gradus* wurden feierliche Verträge abgeschlossen oder richterliche Amtshandlungen durch den König oder seinen in Rom ständig anwesenden Präfekten vorgenommen. Der Zustand von *Maria ad gradus* wurde zunächst beim Neubau des Petersdoms erhalten, wie eine Zeichnung aus dem 16. Jahrhundert zeigt.

Ebenso wie Mariengraden in Köln hat Erzbischof Willigis von Mainz (975–1011) aus der gleichen Nähe zum ottonischen Königs- und Kaiserhaus und dem von Papst Benedikt VII. 975 ausdrücklich zugesicherten Recht der Königskrönung als Ausdruck seiner Vorrangstellung vor allen Erzbischöfen und Bischöfen des Reiches veranlasst, einen neuen Dom in Mainz zu bauen. „Willigis errichtete kurz nach der Erhebung zum Erzbischof 975 einen großartigen, weitläufigen Kathedralbau, der sich an der Peterskirche in Rom orientierte, wie diese „geweitet" war und an der apsislosen Ostfront in voller Breite des Domgebäudes eine vorgelagerte Vorkirche aufwies, die durch ein Atrium an die Hauptkirche angegliedert war."[52] Bei Grabungen auf dem Liebfrauenplatz 1973/74 konnte der Nachweis erbracht werden, dass Willigis „als wesentlichen Bestandteil seiner gesamten Domanlage einen Kirchenbau konzipierte"[53], der den Mittelbau der Ostpartie des Alt-St. Peter vorgelagerten Atriums kopierte. Insbesondere der axiale Bezug zur Hauptkirche, die zur Plattform der Ostfront hinaufreichenden Stufen (*ad gradus*), das seit der Mitte des 8. Jahrhunderts belegbare Marienpatrozinium[54] und die spezifische liturgische Funktion der Sankt *Maria in turri* benannten Kirche in Rom hatten bei der Willigis–Anlage Vorbildcharakter.[55]

---

[52] Kluger S. 255 Anm. 182.
[53] Kluger S. 255 Anm. 183.
[54] Kluger S. 255 Anm. 184.
[55] Kluger S. 255 Anm. 185.

Am 30. August 1009, dem Weihetag, brannte nach über 30-jähriger Bauzeit die Willigis-Anlage ab. Erst Erzbischof Bardo (1031–1051) konnte 1036 den Wiederaufbau wohl nach alten Plänen vollenden.[56] Durch Brand- und Sturmschäden war der Dom um 1081 wieder ruiniert. Kaiser Heinrich IV. ließ eine halbrunde Ostapsis in die Willigis-Ostwand einbauen, eine Krypta anlegen und das Langhaus mit Steingewölben auf Pfeilern neu aufführen.[57] Anstelle der Atriumanlage mit *Aula regia* wurden unter Erzbischof Siegfried I. (1060–1084) Stiftskirche und Stiftsgebäude Liebfrauen[58] (*Maria ad gradus* = *Mariengreden*) gebaut und 1069 geweiht, eine Betonung kirchlicher Macht im Sinne der päpstlichen Reform inmitten des Investiturstreits. „Von einem Besuch Kaiser Friedrichs III. 1441 wissen wir, dass dieser vom Klerus des Doms und des Liebfrauenstifts am Rheinufer vor dem Fischtor empfangen, zunächst nach Liebfrauen und danach in den Dom geleitet wurde."[59] 1284 zerstörte ein Brand die Kirche *Mariengreden*. Kurz danach erfolgte der gotische Neubau, den Erzbischof Peter von Aspelt weihte. Bei der Belagerung von Mainz 1793 wurde die Kirche des Kollegiatstiftes S. Maria ad Gradus in Brand geschossen und stark zerstört. Sie wurde nicht wieder aufgebaut, sondern zwischen 1803 und 1807 abgerissen und teilte damit das Schicksal von Mariengraden zu Köln.

Die Maria ad Gradus-Kirchen in Rom, Mainz und Köln waren ihrer baulichen Konzeption entsprechend die „Empfangskirchen" der Hauptkirchen. Sie waren quasi die Haupteingänge. Mariengraden Köln wurde ebenso als Stationskirche im Prozessionswesen des städtischen Klerus genutzt.[60] Theo Kölzer stellt den Zusammenhang zur besonderen Nutzung für den *adventus regis* her.[61] Für Mariengraden galt dies besonders, als Erzbischof Rainald von Dassel am 23. Juli 1164 die Reliquien der Hl. Drei Könige durch die Rheinuferpforte unter der Afrakapelle hinauf nach Mariengraden durch das Atrium in den Dom tragen ließ.[62] Das Recht der Königskrönung war für Mainz nicht von Dauer. Die politische Konstellation von 1052 zugunsten der Kölner Erzbischöfe beendete nach sieben Königskrönungen in Mainz eine alte Rivalität zwischen Köln und Mainz.

---

[56] Jung S. 12.
[57] Jung S. 12.
[58] Jung S. 14.
[59] Vierengel S. 89 Anm. 59.
[60] Bund S. 86.
[61] Lexikon des MA Bd. I, Spalte 170, S. 86.
[62] REK II 804.

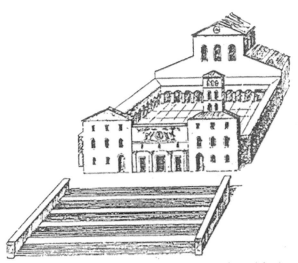

Abb. 2: St. Maria ad Gradus-Anlage des Petersdoms in Rom[63]

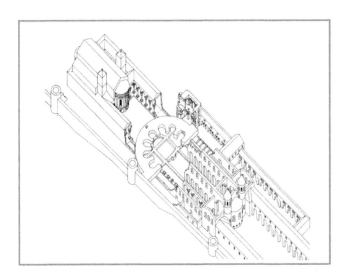

Abb. 3: St. Mariengraden östlich des Domchors als ikonologischer Rückgriff auf die St. Maria ad Gradus-Anlage des Petersdoms in Rom;

Dombaustelle bei Grundsteinlegung 1248, Rekonstruktion Arnold Wolff 1980

---

[63] Vierengel S. 88.

29

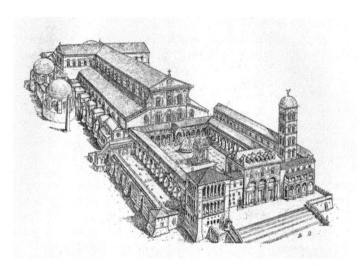

Abb. 4: Ansicht der alten Basilika von St. Peter (Rekonstruktion) 1506[64]

3.3 Die Vollendung von Kirche und Stift durch Erzbischof Anno II.

Erzbischof Hermann II., der Gründer und erste Bauherr von St. Mariengraden, starb am 11. Februar 1056 und wurde im Kölner Hildebold-Dom beigesetzt. Knapp einen Monat später war der Kölner Bischofsstuhl wieder besetzt: Anno, geboren ca. 1010 aus einem verarmten Freiherrengeschlecht in (Alt)-Streußlingen (Schwäbische Alb), war zunächst Schüler und dann *scholasticus* an der Domschule in Bamberg. Nach 1046 war er Hofkaplan Kaiser Heinrichs III., der ihn 1054 mit dem Amt des Stiftspropstes in Goslar betraute. Als im Februar 1056 Kölner Abgesandte den Petrusstab nach Koblenz brachten, investierte Kaiser Heinrich III. kurzerhand seinen *capellanus* mit Ring und Stab als neuen Erzbischof von Köln. Am 2. März 1056 wurde er als Anno II. geweiht. Er hatte das Bischofsamt bis zu seinem Tod am 4. Dezember 1075 inne. Kraft seines Amtes war er Erzkanzler für Italien und 1057 auch Erzkanzler der römischen Kirche.[65] Adam von Bremen[66], ein Zeitgenosse Annos und Schüler der Bamberger Domschule beschreibt den neuen Erzbischof Anno II. als *„vir atrocis ingenii"*. Der Vorwurf der Raffsucht bei territorialen Aneignungen und die Beförderung von Verwandten[67] hängen Anno an: So, um nur einige Beispiele zu nennen, wurden durch die „Hilfe" Annos befördert: Bruder Wecilo, Propst von Mariengraden, wurde Erzbischof von Magdeburg, Onkel Heymo Propst von Marien-

---

[64] Eichmann Bd. 2 S. 20.
[65] Lexikon des MA Bd. I, Spalte 666 f. u. Neuss/Oediger S. 184 ff.
[66] Neuss/Oediger I S. 195 (REK I 918).
[67] Neuss/Oediger I S. 194.

graden, Neffe Burkhard Bischof von Halberstadt. Bekannt ist seine Bauleidenschaft: Eine Miniatur des 13. Jahrhunderts aus dem Kloster Grafschaft zeigt das Bild Annos mit fünf *monasteria*, die er gegründet hat: die Stifte St. Maria ad Gradus und St. Georg in Köln, die Abteien Siegburg, Grafschaft und Saalfeld.[68] Groten schreibt, eingehend auf die Bautätigkeit Annos: „Sinnfällig bekundet sich die Kontinuität der beiden Amtszeiten in der Vollendung des von Hermann geplanten Marienstifts östlich des Kölner Doms an der Rheinterrasse durch Anno."[69]

Erzbischof Anno II. hatte in der Diözese keinen leichten Stand: Er war ein Landesfremder, ohne Rückendeckung einer mächtigen Familie und ohne Unterstützung durch die Kaiserin Agnes, die nach dem Tod Heinrichs III. die Reichsregentschaft für ihren fünfjährigen Sohn Heinrich IV. innehatte. Er stand vor der Notwendigkeit eines Ausbaus der Machtstellung in seiner Diözese.[70] Zwei Maßnahmen waren erste Schritte zum Ausbau der Machtstellung: der Bruch der pfalzgräflichen Macht und die Bindung des Adels der Kölner Diözese an den Erzbischof.

Das Erzstift musste in die Aufgabe, den Adel der Kölner Diözese an sich zu binden, hineinwachsen.[71] Der unmittelbar beherrschte Bezirk wurde erweitert durch Schenkungen an die Kirche. Eine Stütze fand er im Lehnswesen: Durch direkte Vergabe von Kirchengut, durch Verleihung der Vogteien über Besitzungen des Erz- und Domstifts sowie der übrigen dem Bischof unterstellte Kirchen baute er einen Vasallenverband auf. In der Kontrolle über den Personenverband stärkte er die Beziehungen der rheinischen Dynastie zur Kölner Kirche. Der weltliche Lehnshof war nicht das einzige Herrschaftsinstrument der Kölner Erzbischöfe. Für 1061 lässt sich zum ersten Mal das Priorenkolleg nachweisen,[72] ein fest strukturiertes geistliches Berater- und Wahlgremium des Kölner Erzbischofs im weitesten Sinne. Die Pröpste als *priores* hatten eine feste Rangfolge im Kollegium,[73] nach zeitgenössischer Vorstellung entsprechend dem Alter der einzelnen Stiftskirchen. In Urkunden und Zeugenlisten ist die Rangfolge genau eingehalten: an erster Stelle der Propst des Domstifts, ihm folgen der Propst von St. Gereon – das Stift führt seinen Ursprung auf Helena, die Mutter Kaiser Konstantins zurück (a.a. 612) –, dann der Propst von St. Severin, gegründet vom 2. bzw. 3. Bischof der alten Bischofslisten (Ende 8. Jh.), der Propst von St. Kunibert, eine Stiftung des 5. Nachfolgers des hl. Severin (nach Mitte des 8. Jh.), der Propst von St. Andreas, eine Gründung Bruns I. (953–965), der Propst von St. Aposteln, von Erzbischof Pilgrim (1021–1036) vollendet, der Propst von St. Ma-

---

[68] Geschichte des Ebtums. S. 197, Bild S. 191.
[69] Groten Priorenkolleg S. 45 ff.
[70] Groten Priorenkolleg S. 46.
[71] Groten Priorenkolleg S. 46.
[72] Groten Priorenkolleg S. 47.
[73] Groten Priorenkolleg S. 78.

riengraden, 1057 eingeweiht durch Erzbischof Anno II., der Propst von St. Georg, eine weitere Gründung durch Erzbischof Anno II. 1067. Neben den acht stadtkölnischen Pröpsten gehörten der Domdekan, der Propst von St. Cassius und Florentius in Bonn (a.a. 691) und der Propst von St. Viktor in Xanten (a.a. 863) der Kerngruppe des Priorenkollegs an. Die Stifte in Bonn und Xanten hatten als Titelheilige Märtyrer der thebaischen Legion.

Die Pröpste der städtischen Stifte gewannen seit Beginn des 11. Jahrhunderts an Einfluss. Sie entstammten durchweg der Schicht, die auch den Kölner Lehnshof stellte. Die Bindung des rheinischen Adels an die Kölner Kirche wurde auf einer neuen Ebene verstärkt. Lehnshof und Priorenkolleg waren die beiden Säulen, auf denen die Kölner Herrschaft über den niederrheinischen Raum bis ins 13. Jahrhundert ruhte. Es war ein Verband von Geschlechtern, die damit rechnen konnten, dass eines Tages ein Mitglied ihres Hauses Inhaber einer Propstei wurde. Ein weiteres Mittel für Machtausbau und Machterhalt war die von Anno II. neu geordnete Dekanatsverfassung.[74] Die Eigenart der bisherigen Kölner Dekanatsverfassung bestand darin, dass die meisten Landdekanate mit städtischen Stiften verbunden waren. Stiftspröpste bzw. Stiftsdekane waren die geborenen Landdekane. Die Verleihung von Landdekanaten an bestimmte Stifte wurde in der Zeit Annos geschaffen. Groten charakterisiert die neue Dekanatsverfassung auf folgende Weise: „Der rationale, alle alten kirchlichen Zusammenhänge ignorierende Grundzug der neuen Dekanatseinteilung, die sich ursprünglich gänzlich an Siedlungs- und Verwaltungseinheiten der Gaue orientierte, deutet darauf hin, dass die Einrichtung in einem einzigen Akt ins Leben gerufen wurde."[75]

Die Vergabe der Landdekanate vollzog sich in Form der geistlichen Leihe. Die geistlichen Lehen der Landdekane umfassten die Sendrechte. Bei der Investitur musste dem Erzbischof der Manngang geleistet werden. Die Ausstattung mit einem Landdekanat war die wesentliche Voraussetzung für die Aufnahme eines Prälaten in das Priorenkolleg. Anno und seine Nachfolger konsolidierten auf diese Weise die Stellung ihres Erzstifts. Materiell bedeutete dies feste Einkünfte für das *servitium*, Gastungen und Bußgelder. Eine abgesicherte Verbindung von Landdekanaten mit bestimmten Stiften lag nicht im Interesse des Erzbischofs.[76] In die Zeit Annos reichen die Vergaben der Dekanate im Zülpichgau an St. Mariengraden und im Ahrgau an St. Georg. Diese waren die reichsten Dekanate im Süden der Diözese.

---

[74] Groten Priorenkolleg S. 53 f.
[75] Groten Priorenkolleg S. 53.
[76] Groten Priorenkolleg S. 54.

Der h. Anno mit dem Modell der Kirche S. Maria ad gradus
(Anfang des 15. Jh.). Jetzt im Wallraf-Richartz-Museum.

Abb. 5: Erzbischof Anno mit Ring, Stab und Heiligenschein als Erbauer von Mariengraden

3.4 Erste Urkunden mit Bezug auf Mariengraden und Anno II.

Zwölf Urkunden und Quellen aus den Jahren 1057 bis 1085 beziehen sich auf Kirche und Stift Mariengraden. Erich Wisplinghoff hat dieses Quellengut aus dem Kölner Stadtarchiv, abgedruckt in Volltext oder Regesten bei von den Brincken, aus den Regesten der Kölner Erzbischöfe im Mittelalter und aus der *vita Annonis minor* herangezogen, es quellenkritisch untersucht und kommentiert.[77]

Das Weihedatum der Kirche am 21. April 1057 wird mit der lapidaren Notiz „Anno weiht die Kirche *Maria ad gradus* in Köln"[78] angegeben. Das Weihedatum einer Kirche ist nicht zufällig. Oediger entnimmt es der Sammlung Alfter[79] unter Berufung auf Gelenius und stellt es in den Zusammenhang mit der Anwesenheit von König Heinrich IV. und Kaiserin Agnes am 21. April 1057 in Köln. Ein *Itinerarium* lässt diesen Schluss zu: Heinrich und Agnes waren am 5. April in Worms und vom 23.–26. April in Kaiserswerth. Im liturgischen Kalender des auf die Schicht von 1370 kompilierten Memorienbuchs wird die *dedicatio ecclesiae* auf den 26. September angegeben.[80] Offenkundig handelt es sich hier um die erneute Weihe durch Erzbischof Sigewin am 26. September 1085 nach Abschluss des Wiederaufbaus.[81] Zum 1. Mai 1059 folgt die päpstliche Bestätigungsbulle für Kirche und Stift und die interpolierte Liste der Besitztümer, mit denen Anno das Stift ausstattete:[82] „Papst Nikolaus II. nimmt auf Bitten Annos die von diesem gebaute Kirche der hl. Maria, gelegen innerhalb der Mauern der Stadt Köln an dem Orte *ad gradus* unter den apostolischen Schutz (*sub apostolice defensionis tutela*) und bestätigt die Zuwendungen Annos." Sie werden anschließend im Einzelnen aufgeführt.

Bei der Besitzliste setzt Wisplinghoff[83] die Quellenkritik an. Er zieht dabei die Urkunde Annos von 1075[84] heran, in der die Schenkungen Annos II., die zur Sicherung

---

[77] Wisplinghoff Urkunden; einige von Erich Wisplinghoff herangezogene Urkunden sind von ihm selbst und anderen Historikern noch einmal untersucht worden. Die Ergebnisse sind im RhUB Ältere Urkunden bis 1100, Bd. 2 (Publikationen für Rheinische Geschichtskunde LVII, Düsseldorf 1994) wiedergegeben.
Da Anno II. und das Stift im Mittelpunkt stehen, finden die Urkunden an dieser Stelle der Arbeit einen geeigneten Platz. Sofern es sich um Teile und Rechte des Grundbesitzes handelt, werden sie im Abschnitt über den Grundbesitz erneut dargestellt. Hier werden sie nur insoweit übernommen, wie Wisplinghoff sie zur Quellenkritik und Kommentierung einsetzt.
[78] REK I 862 mit Kommentierung durch Oediger.
[79] HAStK Bestand 1001.
[80] v.d.Br. MG 2 S. 495.
[81] v.d.Br. MG 1 HUA aus 1085.
[82] 1059 Mai 1 HUA (v.d.Br. MG 1 S. 322), REK I 870, RhUB 273 beweist, dass die Urkunde durch die interpolierte Besitzliste verunechtet ist.
[83] Wisplinghoff S. 99 ff.
[84] v.d.Br. MG 2 S. 427: 1075 Juli 29 U Mariengraden 2 (Volltext) u. REK I 1054.

des Lebensunterhaltes der Kanoniker von Mariengraden erforderlich waren, sehr viel detaillierter dargestellt sind. Er kommt durch die Erwähnung der Weingüter von Klotten (Mosel), die von Anno II. *contra fas et ius* Mariengraden zugeordnet wurden, zu dem richtigen Schluss, dass die Besitzliste in der päpstlichen Bulle von 1059 interpoliert ist. Denn die Erwähnung von Klotten ist erst nach dem Tod der Königin Richeza im Jahr 1063 möglich. Klotten war im Besitz von Mariengraden nur von 1063–1078.[85] Der Zeitpunkt der Interpolation ist daher um etwa 1090 zu suchen. Wisplinghoff legt einer weiteren quellenkritischen Untersuchung die Anno-Urkunde von 1075 zugrunde, begründet und datiert auch dort weitere Besitztümer aus der Liste:

1   Anno gab dem Propst von Mariengraden die Dekanie mit dem Bann im Zülpich-gau *praeter haec eiusdem ecclesiae praeposito cum banno dedimus decaniam in pago Zulpiaco*[86]. Der Propst erhält die Sendgerichtsbarkeit, das geistliche Gericht über Laien. Erhebliche Vorbehalte zugunsten des Archidiakons werden festgehalten: die Investitur der Pfarrgeistlichen, die bedeutendsten Rechtsfälle im Sendgericht und der Zins in jedem 4. Jahr.

2   Die Verleihung des Dekanates Dortmund und der dortigen Mutterkirche gehört zum Inhalt der Urkunde *et ecclesiam matricem in Trutmonia cum decania eadem*. Wisplinghoff sieht in dieser Verleihung a.a. 1075 eine Interpolation aus der zweiten Hälfte des 13. Jahrhunderts während des Streits um das Patronatsrecht an der Dortmunder Reinoldikirche zwischen Dekan und Bürgerschaft.[87] In diesen Zusammenhang gehören die Klageartikel des Dekans von Mariengraden gegen die Stadt Dortmund von 1285, sicher aber auch die Legende, Anno habe das Stift an der alten Reinoldikirche zu Dortmund mit seinen 12 Kanonikern an die Kirche Maria ad gradus in Köln verlegt. Reinoldi sei seitdem Pfarrkirche und Mutterkirche geworden. Das Stift in Dortmund sei im 11. Jahrhundert so verarmt gewesen, dass die Kanoniker ihren Mittagstisch bei den Bürgern der Stadt gesucht hätten. Die Darstellung findet sich nur in der Kommentierung der Regesten der Erzbischöfe[88] aus „zweifelhaften Quellen". Dem steht auch die *Vita Annonis* I c. 16 entgegen, nach der Anno Mariengraden 30 Kanoniker zugeteilt hat, die *scientia, vita vel moribus exquisiti* waren. Der Dekan von Mariengraden ist als Dortmunder Landdekan sicher schon zu Ende des 12. Jahhunderts belegt.[89] Bei dem außerordentlichen reichen Besitz der Kölner Kirche an Pfarrkirchen im südlichen Westfalen, der seit dem 11. Jahrhundert

---

[85] Wisplinghoff S. 102 Anm. 16 u. 17.
[86] Groten Priorenkolleg S. 54 u. Wisplinghoff S. 104.
[87] Wisplinghoff S. 112.
[88] REK I 870.
[89] Wisplinghoff S. 112.

in starkem Maße zur Ausstattung von Klöstern und Stiften verwendet wurde, wird auch die Dortmunder Reinoldikirche durch einen Kölner Erzbischof an Mariengraden gelangt sein.[90]

3   Die Urkunde enthält weitere Besitzbestätigungen, die zu verschiedenen Zeiten erfolgt sind.[91] Die beiden ersten Positionen umfassen die Orte aus dem pfalzgräflichen Gut, die Erzbischof Hermann II. zur Verfügung stellte bzw. die, die er von der Gräfin Irmentrudis erwarb. Wahrscheinlich sind sie schon vor dem Todestag Hermanns 1056 an das Stift gelangt.[92]

4   Der durch Prekarie von der Königin Richeza erworbene Besitz ist dem Stift wohl nach 1063, dem Todesjahr der Königin, zugefallen. Die Schenkung Broichhausen bei Soest durch Sigehard ist durch den Kanzlertitel des Schenkers auf 1064 bis 1067 anzusetzen, da uns in den betreffenden Jahren ein Sigehard in der Kanzlei König Heinrichs IV. begegnet.

5   Die Beurteilung des Abschnitts, der von der Entschädigung Brauweilers für das an Mariengraden gefallene Klotten handelt, ist schwierig. An der Echtheit in der Urkunde Annos ist nicht zu zweifeln: Die persönliche Note und die Widerlegung der von der Gegenseite erhobenen Vorwürfe ist für Anno außerordentlich wichtig. Aber die Brauweiler Überlieferung, insbesondere die Urkunde der Königin Richeza von 1056, ist mit der Darstellung Annos nicht vereinbar. Übereinstimmung bestand darin, dass die Königin dem Kloster Einkünfte in der Höhe von 5 Pfund aus dem Hof Kaan (bei Polch) überwies, weil Abt Tegino 1056 auf ihre Bitten Klotten als Lehen übergab. Die Geschichte Brauweilers gibt keine Stellungnahme zur Behauptung Annos, dass Klotten an die Kirche fallen sollte, in der Richeza begraben werden würde.[93] Der Versuch einer Lösung kann daher nicht mehr als einen gewissen Grad von Wahrscheinlichkeit erzielen. Ausgangspunkt sind die Bestimmungen über die Klottener Vogtei. Der Pfalzgraf Heinrich war im Besitz der Klottener Vogtei mit der Burg Cochem. Die echte Urkunde der Richeza hat Bestimmungen über die Vogtei enthalten; in ihr war zweifellos auch von der Übergabe des bevogteten Ortes an eine geistliche Gemeinschaft die Rede. Das Dokument der Richeza von 1056 befand sich bereits um 1080 im Besitz des Klosters. Daraus lässt sich die Absicht schließen, Klotten an Brauweiler zu übertragen. In der Gründungsgeschichte wird dargestellt,

---

[90] REK I 742 aus dem Jahr 1032 zeigt auch die Ausstattung der Abtei Deutz durch Erzbischof Pilgrim mit westfälischem Kirchengut.
[91] Die Besitzbestätigungen werden noch im Teil der Arbeit über den Grundbesitz des Stiftes unter der Grundausstattung im Einzelnen aufgenommen.
[92] Wisplinghoff S. 114.
[93] Wisplinghoff S. 115.

Anno habe bei der Weihe des Neubaus 1061 dem Kloster in feierlicher Form mündlich die Moselbesitzungen bestätigt.[94]

„Da Anno nun vom Abt von Brauweiler und vom Pfalzgrafen oft wegen des Verzichtgeldes angegangen wurde, gab er ihnen 8 Arpent Weingut in Senhals sowie einen goldenen Kelch mit Gemmen, der dem Dekan Luizo für 30 Mark verpfändet worden war, das Landgut in Klotten aber den Kanonikern von Mariengraden."[95] In der Urkunde Annos erfolgte die Eintragung der Entschädigung für Brauweiler zwischen 1063–1065 unter Abt Tegeno. „Nach der *Vita* des Abtes Wolfhelm hat Anno auf seinem letzten Krankenlager den drängenden Vorstellungen des Abtes nachgegeben und die Rückgabe Klottens oder eine angemessene Entschädigung versprochen. Anno sei allerdings durch den Tod daran gehindert worden, sein Versprechen einzulösen."[96] Abt Wolfhelm forderte Papst Gregor VII. auf, dass Erzbischof Hildorf die Restitution von Klotten an die Abtei Brauweiler betreiben solle. 1078 restituiert Erzbischof Hildorf Klotten und Brauweiler in einer erregten Szene in Anwesenheit des Priorenkollegs und des Abtes Wolfhelm mit dem Satz: „*Habetote vobis Cloteno!*"[97] „Dann schlichtet Erzbischof Hermann III. den Streit zwischen den Kanonikern von Mariengraden einerseits und den Mönchen von Brauweiler andererseits wegen des von Königin Richeza an St. Nikolaus in Brauweiler geschenkten Gutes in Klotten, das Erzbischof Anno Mariengraden übertrug, dahin, dass Brauweiler Klotten behält, Mariengraden dafür Güter zu Unkelbach, die halbe Arpent zu Remagen und eine Hufe, die 5 Schilling einbringt, 18 Schilling zu Voerendaal und den gesamten Besitz zu Eurich sowie 4 Arpent zu Senhals zurückerhält."

Weitere Quellenbelege für Schenkungen an Mariengraden:

1061 Erzbischof Anno schenkt dem Stift Gold für die Herstellung einer Altartafel.[98]
1061 überweist Erzbischof Anno dem Stift Maria ad gradus 10 Talente Gold zur Herstellung einer Tafel vor dem Marienaltar. Als der Ministeriale Herimannus, Sohn des Bertolphus, sich wegen der Tötung des Ministerialen Richezo den schweren Zorn des Erzbischofs zugezogen hatte und alle seine Besitzungen – er selbst wurde verbannt – eingezogen waren, als im Laufe der Zeit Freunde sich um eine Begnadigung des Mörders bemühten, verpfändete der Vater Bertolphus drei Häuser dem Propst Wezelinus von Mariengraden, dem Bruder des Erzbischofs, gegen das genannte Gewicht Gold mit Zustimmung des Erzbischofs unter der Bedingung, dass

---

[94] Wisplinghoff S. 116 Anm. 75.
[95] v.d.Br. MG 1 1075 Juli 29 U Mariengraden 2.
[96] Wisplinghoff S. 118.
[97] REK I 1128, v.d.Br. MG 1 1090 Farr. Gel. I 120.
[98] v.d.Br. MG 1 1061 Farr. Gel. I 117 RS u. REK 882 und RhUB 274.

die Häuser mit allem Zins, nämlich 10 Mark, und allem Nutzen im Besitz der genannten Kirche verbleiben sollten, bis er, Bertolphus, sein Sohn Herimannus oder
einer der Erben die 10 Talente reinsten Goldes der Kirche entrichteten. Die Schenkung der Altartafel zeigt, dass die Stiftskirche 1061 fertig gestellt ist. Ebenso sind die
wichtigsten Bauten für die *vita communis* der Kanoniker errichtet: *dormitorium* und
refectorium.

1062 Schenkung für Memorienfeiern: „Fitherius schenkt dem Altar von *S. Maria in
Paradiso* für die Memorie seines Oheims Rufridus sowie für seine eigene und die
seiner Ehefrau eine Besitzung, die er im Erbrecht besaß, in Westrem und Elpe mit
allem Zubehör: 10 Hintersassen, Wassern, Wiesen und Wäldern – ausgenommen 18
Joch – mit der ausdrücklichen Verfügung, dass diese nur den Brüdern ohne Einrede
seitens des Erzbischofs, eines Propstes oder Dekans zustehen sollten und nur von
diesen zu vergeben seien. Auf Bitten des Stifters fertigt Erzbischof Anno die Urkunde aus und besiegelt sie."[99]

1063 Schenkung des Königs Heinrich IV. für Memorienfeiern: „König Heinrich IV.
schenkt auf Veranlassung des Erzbischofs Adalbert von Hamburg und Engelhards
von Magdeburg, des Bischofs von Halberstadt *et maxime ob iuge meritum ac fidele
servitium Coloniensis archiepiscopi Annonis* der Kölner Kirche und dem Erzbischof zu
seines Großvaters Konrad und seines Vaters Heinrich und seinem eigenen und aller
seiner Vorfahren und zum Wohl des Reiches den neunten Teil seiner Geldeinkünfte
zur Verteilung unter alle *monasteria* dieser Kirche, damit dort überall sein Gedächtnis begangen werde."[100] Die Urkunde dokumentiert eine großmütige Schenkung
Heinrichs IV. an die Stifte und Klöster für die Memorienfeiern für sich und seine
königlichen Vorfahren.

Weitere Quellenberichte über Ereignisse in Mariengraden und Siegburg 1063–1075:

1062 Anno überträgt die Gebeine des hl. Agilolfus von Malmedy nach Mariengraden. *Vita Annonis* cap 37: „Er erfreute die Stadt Köln, die schon lange ihres Märty-
rers und Bischofs Agilolfus (gest. um 750) beraubt war, indem er die Gebeine nach
Mariengraden überführte."[101]
1063 Anno lässt die am 21. März 1063 zu Saalfeld gestorbene Königin Witwe
Richeza von Polen feierlich in St. Maria ad Gradus in Köln beisetzen.[102] Es gibt zwei
Berichte über die Beisetzung am 12. April 1063:

---

[99] v.d.Br. MG 1 1062 U Mariengraden 1 u. REK I 900, RhUB 275.
[100] v.d.Br. MG 1 1063 Farr. Gel. I 118 RS und REK I 912.
[101] 1062 Juli 9 REK I 889.
[102] REK I 905: 1063 April 12.

Brunwilarensis monasterii fundationis actus cap. 34: „Richeza ist am Sonntag, dem 21. März 1063, bei Saalfeld selbst gestorben. Ihr Leichnam ist, einem Aufwand einer so bedeutenden Frau entsprechend, nach Köln überführt worden und, da der Erzbischof darauf bestand, in der Kirche Mariengraden beigesetzt worden. Bei dieser Gelegenheit ist *contra fas iusque* mit Ausnahme einer Abgabe von 5 Pfund der heilige Ort Brauweiler nicht nur des Leichnams der Richeza, sondern auch Klottens beraubt worden."

Vita des Abtes Wolfhelm von Brauweiler cap.12: (12. Jh.): „Sich von der Verpflichtung zur Beisetzung der Königin Richeza im Kloster von Brauweiler befreiend, wie sie selbst zu Lebzeiten beschlossen hatte, denn sie hatte auch den Platz ihres Grabes bezeichnet, wird auf Anordnung des Erzbischofs Anno ihr Leib zurückgehalten und in der Kirche Mariengraden beigesetzt. Durch diese Tatsache wird auch das Gut Klotten derselben Kirche Mariengraden übergeben, obwohl jene widersprechen, die sich für die Gerechtigkeit einsetzen." Die feierliche Beisetzung der Richeza im Chorraum von Mariengraden erhebt Richeza in den Rang einer Stifterin[103].

1063 Anno lässt den Leichnam des 1053 in Ungarn gestorbenen Herzogs Cuono von Bayern aus dem pfalzgräflichen Haus nach Mariengraden überführen und dort beisetzen.[104] Anno knüpfte damit an die ezzonische Tradition an: Herog Cuono war ein Neffe von Hermann II. und der Richeza.

1075 Anno bestimmte die Abtei Siegburg als seine Begräbnisstätte: Vita Annonis cap. 18: „Im letzten Jahr seines Lebens besucht Anno den von ihm besonders geliebten Berg häufiger als sonst … Als er sich und die Seinen bei seinem letzten Abschied inständiger dem Herrn empfahl, bezeichnet er mit seinem Bischofsstab in der Mitte der Kirche die Stelle seines Grabes. Er ordnete an, dass darüber an einer Kette eine Lampe aufgehängt werden solle, die immer über seinem Grabmal brennt. Auf die Frage, warum er nicht angeordnet habe, lieber im Chor der psallierenden Mönche beigesetzt zu werden, sagte er: „Deswegen, damit die Diener des göttlichen Lobes die Menschen nicht als lästig empfinden, die an meinem Grab beten wollen, dass ferner der Frömmigkeit aller freier Zugang gewährt werde, da Gott auch die Gaben der armen Weiblein genehm sind!"[105] „Der Michelsberg in Siegburg, auf dem von Anno 1060 die Abtei gebaut wurde, geweiht 1066, war in der Hand des Pfalzgrafen Heinrich gewesen, eines Vetters des Erzbischofs Hermann II. und der Königin Richeza, der ihn als Buße für seine verwüstende Fehde (ca. 1059) abtreten musste."[106] Anno besetzte diese Abtei erst mit Mönchen aus St. Maximin in Trier, dann 1070 aus der Abtei Fruttuaria nahe Turin, die der cluniazensischen Reform zugehör-

---

[103] Beuckers Ezzonen S. 194 Anm. 9.
[104] 1063 (Herbst) REK I 922.
[105] 1075 Oktober 10 *Vita Annonis minor lib.* II cap. 18.
[106] Ebtum Köln I S. 197.

ten.[107] Die Verbitterung über die Kölner Bürger (cf. Aufstand der Kölner Bürger gegen Anno 1074) bewog Anno sicher nicht zuletzt, die Abtei Siegburg als Begräbnisstätte zu wählen. „In die Sequenz zu Ehren der Kölner Schutzheiligen ist Annos Name nicht aufgenommen worden ... Noch kurz vor seiner Heiligsprechung 1183 war man sich nicht einig, ob man ihn als Heiligen verehren oder wie für einen verstorbenen Gläubigen psallieren solle."[108] Propst Rodulfus von Mariengraden sagte, es sei seit Menschengedenken nicht vorgekommen, dass ein Bischof außerhalb Kölns bestattet worden sei[109], wobei er an Mariengraden als Grabkirche dachte.

Am 4. Dezember **1075** starb Erzbischof Anno II. Zunächst wurde er für das Totenamt im Dom aufgebahrt. Dann wurde die Leiche Annos sechs Tage hintereinander zu den elf Stiften gebracht. Am 11. Dezember erfolgte eine erneute Aufbahrung im Westchor des Doms. Alle Kölner Kirchen trugen die Reliquien ihrer Patrone in Schreinen an Anno vorbei. „Dann führt man sie die Treppen von Maria ad Gradus hinunter zum Rhein. Das Schiff, auf das man die Leiche setzt, fährt pfeilgleich stromaufwärts genau nach St. Heribert in Deutz."[110] Nach einer Totenfeier am folgenden Morgen wurde die Leiche auf ein Gefährt gesetzt und dort, wo das Gefährt wegen schlechter Wegeverhältnisse nicht passieren konnte, wurde die Leiche mit Händen oder auf Schultern getragen bis zum Einzug in die Siegburger Kirche. Dort fand die Beisetzung an der von Anno vorher bestimmten Stelle statt.[111]

Im Jahr **1080** wurde das Stift Sankt Mariengraden durch einen Brand zerstört. „Erzbischof Sigewin bekundet, dass durch die Ankunft der Kanoniker von St. Kunibert, die den Leib des hl. Kunibert seufzend und weinend in den Dom brachten, der Brand abgewehrt worden sei, der das Stift Mariengraden bereits in Asche gelegt und schon den Ostteil des Doms ergriffen hatte, so dass die Brüder und die Bürger der Stadt bereits die Geräte aus dem Dom gebracht hatten."[112] Erzbischof Sigewin schenkte dem Stift landwirtschaftlich nutzbare Flächen und Geld zum Wiederaufbau von Mariengraden. 1085 fand der Wiederaufbau von Kirche und Stift seinen Abschluss: *„monasterium stae Mariae a Annone arch. fundatum et consecratam, sed ex combustione in cineres redactum reparari praecipuum et iterum consecratum"* (Erzbischof Sigewin).[113] Diese Urkunde bezeugt den Wiederaufbau von Kirche und Stift und die neuerliche Weihe am 26. September 1085 durch Erzbischof Sigewin. Auch werden

---

[107] Ebtum Köln I S. 510.
[108] Ebtum Köln I S. 195 Anm. 6.
[109] Ebtum Köln I S. 200.
[110] 1075 Dezember 4–11 REK 1110, 1.
[111] Der Bericht in den Regesten basiert auf der *Vita Annonis maior* lib. III cap. 16, die die Einzelheiten des Leichenzuges detailliert ausschmückt.
[112] v.d.Br. MG 1 S. 274 1080 Februar 18 U Kunibert 3 u. REK I 1138.
[113] v.d.Br. MG 1 S. 322 1085 September 26 HUA 11, REK I 1138, RhUB 278.

die Mittel aufgeführt, die Sigewin für den Wiederaufbau von Mariengraden geschenkt hat: „Erzbischof Sigewinus von Köln begabt das von seinem Vorgänger Anno gegründete Kloster (*monasterium*) der hl. Maria nach Zerstörung durch Brand, erfolgtem Wiederaufbau und erneuter Weihe mit der Kirche in Schwelm samt Zehntem und Zubehör, mit 2 Talenten Zins in Kempen sowie 6 Speckschweinen und Zehntem von 2 Mansen, in der Dekanie Zülpichgau mit dem gesamten Neubruchzehnten, auch mit dem Novalzehnt in Elfgen ...“ Er übertrug auch St. Mariengraden den Rottzehnt[114] einer Manse bei Morsdorf [bei Junkersdorf].[115] Die Vergabe des Rottzehnts war ein besonderes Recht des Erzbischofs.

---

[114] Fällig bei Erweiterung von Ackerflächen durch Waldrodung.
[115] v.d.Br. MG 1 s.d. [1081–89] Farr. Gel. I 118.

4 Die Baugeschichte der Kirche St. Mariengraden

Vor Abbruch des Kirchengebäudes 1817 wurde versäumt, eine genaue Aufzeichnung des Baubestandes vorzunehmen. Die wissenschaftlichen Rekonstruk-
tionen seitdem haben aber einen hohen Wahrscheinlichkeitsgrad erreicht, der der
realen mittelalterlichen Kirche in Anlage und Baukörper sehr nahe kommen dürfte.
Die nachfolgende Darstellung bezieht ältere Stadtansichten, einige Dompläne und
schriftliche Quellenaussagen mit ein.[116]

4.1 Die salische Stiftskirche

Die salische Stiftskirche wurde in den Jahren 1050 bis 1061 unter den Kölner Erzbischöfen Hermann II. und Anno II. erbaut. Den Grundstock des Stiftsvermögens
bildete der reiche Familienbesitz des ezzonischen Erzbischofs Hermann II., dem
Anno II. etliche Güter aus seinem Grundbesitz hinzufügte. Dadurch entstand ein
Präbendalgut für 30 „besonders auserlesene Kanoniker"[117]. Die salische Kirchenanlage war eine dreischiffige, vermutlich vierjochige Basilika mit einem Ostquerhaus
und einem apsidialen Chor im Osten über einer Hallenkrypta. Der Rekonstruktionsversuch von Arnold Wollff[118] lässt weitere Bautätigkeit bis ins 15. Jahrhundert
erkennen. Nicht zuletzt spricht eine Steinmetzpfründe an Mariengraden für eine
weitere Bautätigkeit. Vom alten Bau blieben nur die beiden westlichen Langhausjoche im spätmittelalterlichen Bau erhalten. Mit einer Breite von 11,50 m waren sie nur
unwesentlich schmäler als die Langhausjoche des alten Doms. Es entsprach der
Bauidee Erzbischofs Hermann II., eine Marienkirche in der Achse des Doms am
Abschluss des östlichen Chors, zum Rhein hin erhöht, auf vorgeschobenem Domhügel zu errichten und über eine doppelläufige Treppenanlage vom Rheinufer er-

---

[116] Der vorliegenden Darstellung der Baugeschichte von St. Mariengraden liegen drei Abhandlungen
zugrunde:
1 Die Kunstdenkmäler der Stadt Köln. Hrsg. v. Paul Clemen. II Bd. III Abt. Düsseldorf 1937. Bearbeitet
v. Ludwig Arntz, Heinrich Neu, Hans Vogts [zit.: Kdm]. 2 Hans Erich Kubach/Albert Verbeek: Romanische Baukunst an Rhein und Maas. Bd. 1. Berlin 1976. S. 555–557 [zit.: Kubach/Verbeek]. 3 Birgit Lambert: St. Maria ad gradus. In: Colonia Romanica XI 2. Köln 1996. S. 61 ff. [zit.: Lambert].
Die Baubeschreibung von Kirche und Anlage orientiert sich vornehmlich an den Darstellungen von
Lambert und Wolff. Birgit Lambert hat in einer neuen Grundrisszeichnung die Forschungsergebnisse von
Clemen, Kubach/Verbeek und Dombaumeister Prof. Arnold Wolff zu einer strukturierten Baugeschichte
zusammengefügt. Ihre Arbeit zeigt den Wissensstand von 1996. Bei aller Zurückhaltung, die dem Wis-
senschaftler zukommt, hält Wolff an seinem Rekonstruktionsversuch des Grundrisses fest (s. Lambert S.
63 Abb. 4). Für die Stiftskirche im salischen Bau ersetzt er nur die im Grundriss wiedergegebenen Gewölbe durch eine Flachdecke.
[117] Kdm S. 9.
[118] Lambert S. 63 Abb. 4.

reichbar zu bauen. Wie bereits dargestellt, beabsichtigte Hermann II. eine konzeptionelle Nachbildung der um die Mitte des 8. Jahrhunderts erbauten Kirche St. Maria ad Gradus in Rom.[119]

4.2 Staufische und gotische Erweiterungen

Im letzten Drittel des 12. Jahrhunderts wurde die Kirche zu einer Doppelchoranlage erweitert: Der bestehende salische Kirchenbau erhielt eine runde Westapsis mit quadratischen flankierenden Türmen nach staufischem Vorbild. „Für die Erweiterung der Kirchenanlage nach Westen sind leider keine schriftlichen Nachrichten überliefert. Der um 1183 fertig gestellte Schrein des hl. Anno besaß ehemals Dachreliefs, auf denen Szenen aus dem Leben des Heiligen dargestellt waren. Das zweite Dachrelief auf der rechten Langseite nimmt Bezug auf Mariengraden: Der leicht gebückt gehende Bischof Anno trägt auf seinen Schultern eine Kirche der Muttergottes entgegen. Bei der Kirchendarstellung scheint es sich um eine relativ genaue Ansicht der Mariengradenkirche des 12. Jahrhunderts zu handeln. Die staufische Westapsis mit den quadratischen Flankentürmen ist hier schon zu erkennen."[120]

Die von A. Quaglio 1809 angefertigte Ansicht des gotischen Domchors mit der westlichen Apsis von Mariengraden und den verbliebenen Teilen des salischen Atriums gibt uns eine relativ genaue Vorstellung von der staufischen Erweiterung: Der Außenbau der Apsis wurde durch eine vorgelegte Lisenengliederung in zwei gleich hohe Geschosse geteilt und von einer Zwerggalerie bekrönt. Die beiden unteren Geschosse sind durch die vertikalen Lisenen und die verbundenen Rundbogenfriese in fünf Achsen geteilt. Im unteren Geschoss war vermutlich in jeder Achse ein Kreisfenster vorhanden, im oberen Geschoss jeweils ein in die Höhe gestocktes Rundbogenfenster. Die Vertikalgliederung sowie die Anzahl der Rundbogen werden in der Zwerggalerie aufgenommen.[121]

In Quellen des ausgehenden 14. Jahrhunderts werden erste Hinweise auf Neuplanungen greifbar: Der 1386 verstorbene Kölner Kaufmann Tidemann von Limburg hatte in seinem Testament 1260 Goldgulden für einen Kirchenbau hinterlassen.[122] 1394 begann man unter Dekan Tilmann von Schmallenberg mit dem gotischen Neubau der östlichen Choranlage.[123] Bereits um 1403 waren die Bauarbeiten

---

[119] v.d.Br. MG 1 U Mariengraden 119 aus 1364 Sept. 28.
[120] Lambert S. 71 Anm. 21 und Katalog *Monumenta Annonis* Abb. S. 190 mit Umzeichnung S. 62.
[121] Lambert S. 61 Abb. 1.
[122] Kdm S. 10.
[123] v.d.Br. MG 1 S. 256 Bl. 78: „Dekan und Kapitel von Mariengraden beschließen, zu Ehren ihrer Patrone Maria, Anno und Agilolph am ersten Freitag jeden Monats eine Memorie zu begehen für alle, die zur Kirchenfabrik anlässlich des Neubaus, der um den 11.11.1394 begonnen wurde, beitragen, und zwar am Altar der 16 Heiligen."

für die Chorerneuerung beendet, denn der Kölner Kleriker Wilhelm de Herne stiftete vier Gewölbe (*testudines*) und fünf Fenster im gotischen Chor, geschmückt mit
Wappen des Stifters.[124] Ein genaues Datum für die Errichtung des südlichen Seiten-
schiffs ist nicht überliefert. Auf Grund der überlieferten Stifter der Fenster über dem
östlichen Eingang[125] ist anzunehmen, dass um 1420–30 die Arbeiten dort zu Ende
geführt waren. Das Nordquerhaus ist erst zu einem späteren Zeitpunkt errichtet
worden, denn 1483 stiftete der Dekan Johannes Huysmann Geld für den Kirchenbau
in muris pro fabrica et structura nova et tecto in parte ecclesiae versus aquilonem incepta[126].
Die Baumaßnahme ist 1487 beendet, denn in diesem Jahr waren hier bereits Fenster
eingesetzt.[127] Spätere Jahrhunderte haben den bestehenden Bau des 15. Jahrhunderts
nochmals verändert. Dank einer Stiftung des Prof. Dr. Clapis, Kanoniker an Mariengraden, wurde auf der Südseite eine Dreifaltigkeitskirche errichtet, die bereits 1716
wieder abgerissen wurde. Im 17. Jahrhundert wurde am südlichen Querhaus eine
barocke Vorhalle angebaut und vermutlich gleichzeitig die Stufenanlage erneuert.
Im Innern der Kirche sind für das späte 18. Jahrhundert Renovierungsarbeiten überliefert: 1778 wurde im Kirchenraum der Sarkophag der Richeza vor dem Ostchor
entfernt, in einer Kapelle aufgestellt und nach Beendigung der Renovierungsarbeiten in neuer Gestalt wieder an seinen alten Ort verbracht.[128]

Die Gestalt der gotischen Kirchenanlage ist durch Gemälde und Stadtansichten
Kölns seit dem 15. Jahrhundert überliefert. Auch wenn eine eindeutige Rekonstruktion nicht möglich ist, so ist auf einem Tafelbild der hl. Anno mit dem Modell der
Stiftskirche zu sehen.[129] Das Kirchenmodell zeigt, wie uneinheitlich die Gestalt der
Kirche mit der niedrigen staufischen Westapsis, den Resten des salischen Langhau-
ses und dem erhöhten Chorneubau im Osten war. Das im Bild vorhandene Querhaus scheint seiner Gestalt nach zur romanischen Anlage zu gehören, denn an Lang-
und Querhaus findet sich unterhalb der Dachtraufe ein Gesims, das im Zusammenhang mit dem Querhaus mit dem unteren Abschluss der Zwerggalerie zu sehen ist.
Somit könnte der über dem Langhaus dargestellte Turm noch der romanische Vie-
rungsturm sein. Es fehlen auf dieser Ansicht allerdings die überlieferten Chorflan-
kentürme der Westapsis. Vermutlich ist die Tafel vor Errichtung der gotischen

---

[124] v.d.Br. MG 1 S. 256 u. 260 Bl. 2 RS: „1404 Febr. 11 Dekan und Kapitel von Mariengraden beschließen,
dem Kölner Kleriker Wilhelmus de Herne, der ihnen 60 Goldgulden gab, für 228 Goldgulden 4 Gewölbe
im Kirchenschiff und die Chorfenster restaurieren ließ ..., für Wilhelm selbst und seine Angehörigen ...
Memorien zu halten.
[125] Kdm S. 10 u. 20.
[126] v.d.Br. MG 1 S. 261.
[127] v.d.Br. MG 1 S. 262 Bl. 84: Aufzählung von zwei großen und drei kleinen Fenstern mit Darstellung der
Motive.
[128] v.d.Br. MG 1: Geistl. Abt. 165 b 1713 S. 283–284.
[129] Kdm S. 11 Fig. 7 (jetzt im WRM).

Querhäuser entstanden.[130] Auf dem Woensam–Prospekt von 1531 ist bereits das zweischiffige Querhaus mit jeweils eigenem über das Langhaus durchlaufendem Satteldach zu erkennen.[131]

Abb. 6: Ostseite Mariengraden (Vinkenboom um 1665)[132]

Die detaillierteste Ansicht der gotischen Erweiterung liefert Justus Finkenbaum (Vinkenboom) in seinem Skizzenbuch (1660–1665), wo er die Ostseite von Mariengraden wiedergibt.[133] Die polygonal gebrochene Chorapsis mit 5/8–Schluss, der zum Querhaus hin noch ein Joch zwischen geschoben war, erhob sich über einem relativ hohen Sockel, die vermutlich eine Krypta umschloss. Die schmalen drei-bahnigen Chorfenster reichten fast bis an das Dachgesims hinauf. Die beiden Trep-penläufe führten zu den Kirchenportalen in den äußeren Jochen der Querhäuser; der Eingang an der Ostseite des Südquerhauses war zu diesem Zeitpunkt barocki-siert. In der Südostecke des Chors ist noch ein kleiner Anbau zu erkennen. Der Raum besaß nach Osten hin ein größeres, dreibahniges Maßwerkfenster und war mit zwei Strebepfeilern nach außen abgesichert. Es könnte sich hier vielleicht um die

---

[130] Lambert S. 71 Anm. 33.
[131] Kdm S. 3 Fig. 2.
[132] Lambert S. 64
[133] Kdm S. 18 Fig. 12.

von Clapis gestiftete Dreifaltigkeitskapelle handeln. Das Innere der gotischen Anlage war offensichtlich dank der großen Fenster ein lichtdurchfluteter Raum. Die Querhäuser bildeten aber jeweils separate Räume, da sie durch eine Pfeilerwand getrennt waren. Im Westen verband ein Säulenhof[134], ein seitlich von hohen Säulengängen eingefasster rund 24 Meter breiter Innenhof, die Stiftskirche mit der Ostpartie des Alten Doms. Von den vier Mauerzügen der beiden 6,2 Meter weiten Gänge konnten Reste aufgedeckt werden.[135] Die Arkaden fluchteten mit den Seitenschiffen der Marienkirche, die Außenwände im Westen mit den Querhausfronten und den Außenschiffen des Doms, aus denen je eine Pforte in die flachgedeckten Gänge führte. Im Osten mündeten diese auf zum Rheinufer hinabführende Freitreppen. Die Säulen waren noch fünf Meter hoch, obwohl die Basen im Boden steckten.[136] Sie trugen Würfelkapitelle ohne Halsring, gleich über ihnen wurden die Balken des Dachstuhls sichtbar. Der Gang scheint flachgedeckt, die rückwärtige Mauer ist tür- und fensterlos. Eine fast 6 Meter hohe Säule aus rotem Sandstein – Domsäule genannt –, ein halsringloses Würfelkapitell aus der Mitte des 11. Jahrhunderts, gehörte wohl zu den Arkaden des Gründungsbaus von Mariengraden. Sie ist heute auf dem Domherrenfriedhof aufgestellt.

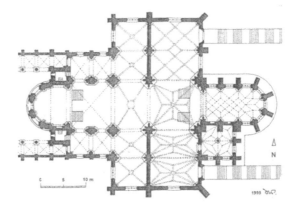

Abb. 7: St. Maria ad Gradus, Versuch einer Rekonstruktion des Grundrisses (Arnold Wolff 1995)[137]

---

[134] Die Beschreibung des Säulenhofs orientiert sich vornehmlich an Ausführungen von Clemen und Kubach/Verbeek.
[135] Kubach/Verbeek S. 556.
[136] Kdm S. 17.
[137] Lambert S. 64.

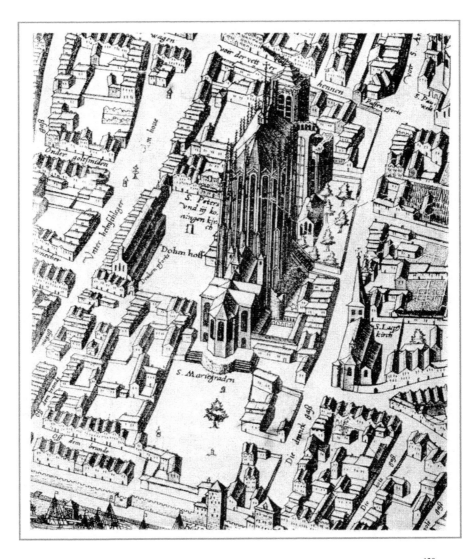

Abb. 8: Mercator, Kölnansicht aus der Vogelschau (Detail mit Mariengraden) 1571[138]

---

[138] Stadtspuren 24 S. 226 Abb. 178.

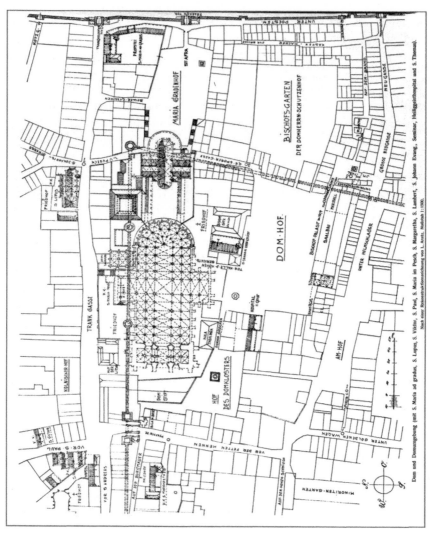

Abb. 9: Flurkarte Dom und Domumgebung[139]

---

[139] Rekonstruktionszeichnung von L. Arntz

5 Die Innenausstattung der Stiftskirche

5.1 Wand- und Glasmalereien

Von Wandmalereien in der Stiftskirche berichtet nur Clemen.[140] Ein Wandbild zeigt den hl. Anno mit seinen fünf Kirchengründungen. Das Bild entspricht dem der Handschrift des Klosters Grafschaft. Nicht weit vom Grab der Richeza befand sich nach Gelenius auf einem Pfeiler ein Gemälde etwa aus der ersten Hälfte des 16. Jahrhunderts mit der Darstellung der Geschwister Erzbischof Hermann und Richeza. Die beiden Figuren mit Brustschild und einem Wappen zu Füßen sind von weiterer 19 Wappenschilden umgeben. Im Jahre 1635 wird eine Reihe von Stiftsherrenbildnissen genannt, verschiedene an den Chorwänden, eines südlich vom Achatiusaltar, ein weiteres von 1412 am Stephansaltar und das des Scholasters Johann Hoffmann an einem Pfeiler daneben.

Das Memorienbuch von Mariengraden erwähnt für das 15. Jahrhundert Stiftungen von Fenstern mit Glasmalereien bei namentlicher Zuordnung zu den Stiftern zur Sicherung von Memorienfeiern:[141]

1 „1404 Febr. 11 (lat.): Der Kölner Kleriker Wilhelm de Herne, der [Dekan und Kapitel von St. Mariengraden] 60 Goldgulden gab, ließ vier Gewölbe (*testudines*) im Kirchenschiff und die Chorfenster für 228 Goldgulden … restaurieren." Von dem Kanoniker Johannes Stolle heißt es in einem Nachtrag zu 1403:
2 *„idem fieri fecit unam fenestram vitream in choro versus meridiem".*
3 *„Druda Stickelinc de Susato, que fecit fieri fenestram vitream iuxta altare S. Stephani…Wilhelmus de Herne … 4 testudines armis suis depictas … 5 fenestras in choro 1403."*
4 *„Johannes de Merle civis Col. 1487 unam fenestram in latere ad aquilonem cum pictura ymaginis b. virginis; in eodem latere Gotfridus Palme aliam fenestram cum pictura S. Johannis Baptiste; tres parvas fenestras inferiores in antiquo choro cum ymagine S. Steffani mag. Jo de Bourel decr. dr., Jo Kolls can. et Jo. de Osenbrugh nepos Jo. Huseman.*

5.2 Altäre

Stift und Stiftskirche zählten 21 Altäre,[142] davon befanden sich 20 Altäre in der Stiftskirche und ein Altar im Kapitelhaus, der dem Tabbarden–Officium[143] vorbehalten war. Über die Altäre finden sich bei von den Brincken 258 Nachrichten, die sich

---

[140] Kdm S. 18: Wandmalereien in der Stiftskirche.
[141] v.d.Br. Rep. u. Hss. MG: (1) Bl. 2 RS S. 256; (2) Bl. 79 S. 258; (3) Bl. 81 S. 260; (4) Bl. 84 S. 262.
[142] Die Seitenzahlen bei den Altären werden nach der Fundstelle bei v.d.Br. MG 1 zitiert.
[143] Die *fraternitas* der Tabbarden wird in dem Abschnitt über die Beziehung des Stifts zur Kölner Bürgerschaft vorgestellt.

im Inhalt wiederholen. Daher scheint es sinnvoll, die Grundform[144] des Agilolphus-Altars, des Hauptaltars im Ostchor, darzustellen und die übrigen 20 Altäre mit Angabe der Fundstellen bei von den Brincken unter kurzer Angabe des Quelleninhalts hintereinander vorzustellen. Bei einigen Altären ist es Clemen[145] gelungen, unter Hinzuziehung von Schreinsbüchern den Aufstellungsort in der Kirche zu ermitteln. Die Vielzahl der Altäre ergibt sich aus dem Wunsch nach einer Memorie, d.h. für die Sicherung des Seelenheils vor Gott nach dem Tode, beim mittelalterlichen Menschen tief verwurzelt. Dazu gehörte der Wunsch nach einem Begräbnis in der Nähe eines Altars in der Kirche in gleicher Weise für Kanoniker und Vikare sowie für Laien. Die Vielzahl der Memorienbücher belegt dies. Oft ist hier neben dem Tag der Memorie die Begräbnisstätte in der Kirche oder in ihrem nahen Umfeld vermerkt. Zur Memorienfeier gehörte die Messfeier durch einen Priester. Statutenmäßig gehörten zum Kapitel von Mariengraden fünf Priesterkanoniker, von denen zwei gehalten waren, täglich zwei Messen zu lesen. Oft vernachlässigten die Priesterkanoniker diese Verpflichtung oder waren abwesend. Eine päpstliche Bulle Martins V. von 1420 weist ausdrücklich auf diese Verpflichtung hin, erkennt aber auch den Missstand und erhöht die Zahl der Priesterkanoniker des Stiftes auf sieben. Um die Memorienfeier durchführen zu können, wurde auf das Institut des Vikariats zurückgegriffen: Ein *vicarius*, der die Priesterweihe hatte, wurde als Stellvertreter des Priesterkanonikers für einen Altar bestimmt, er las die Messe und wurde dafür dotiert. In Mariengraden war die Zahl der *vicarii* so groß, dass sich eine „Vikarienbruderschaft" bilden konnte. Die Nachrichten über die einzelnen Altäre enthalten bei unterschiedlicher Ausführlichkeit folgende Angaben: Genannt werden die *fundatores*, die Stifter der Altäre, und die *collatores*, die Pfründengeber der *vicarii*. Die Einkünfte der *vicarii* werden quantifiziert: Meistens sind es Naturalien aus der Verpachtung von Höfen, aber auch entsprechende Geldleistungen. Das Inventar des Archivs der Vikarien in Mariengraden wird ohne weitere Differenzierung erwähnt.

S. Achatius
1365, ohne Angabe der Lage
1550 U MG 377: S. Achatius und 10000 Märtyrer, Vikar Wilhelmus Kynckis
Anf. 17. Jh. Geistl. Abt. 165 S. 117: Vikar gest. (S. 281)
1713 Geistl. Abt. 165 b S. 137: Kollatoren der Altäre (S. 283)
v. 1622 Geistl. Abt. 166 S. 19: nomina et onera vicariorum (S. 285)
18.Jh. Geistl. Abt. 168 r Bl. 11: Achatius 1318–1725: Inventar des Archivs der Vikarien in MG (S. 313)
18. Jh. Geistl. Abt. 168 r S. 89 Liste der Altäre: u.a. Achatius (S. 313)

---

[144] Lambert S. 64 ff.
[145] Kdm S. 20 f.

S. Agilolfus[146]

Der ehemals als Hauptaltar im gotischen Ostchor von Mariengraden aufgestellte Agilolfus-Altar ist in seiner heutigen Form einer der größten und bedeutendsten Antwerpener Schnitzaltäre (um 1520). Er bestand ursprünglich aus einem Mittelschrein mit zwei gemalten Flügelpaaren, einer geschnitzten Predella mit einem eigens bemalten Flügelpaar und auf eigenen Konsolen stehenden, bekrönenden Skulpturen. In der Mitte der Predella ist eine Öffnung vorhanden, die der Aufbewahrung des Agilolfus–Schreins diente. Heute befindet sich dort der Altarschrein der Hl. Fünf Mauren, an dessen Vorderseite ein Gemälde mit der Darstellung der Mauren und des Stifters vorhanden ist.

Abb. 10: Köln, Dom, Agilolfus-Altar (um 1520) nach der Restaurierung

Der Altar wurde vermutlich zu Beginn der Abbrucharbeiten (1817) aus der Stiftskirche entfernt. Er ist heute nur noch fragmentarisch erhalten. Der Antwerpener Schnitzaltar gelangte in den Kölner Dom und wurde dort im südlichen Querschiff aufgestellt. Er befand sich nach 1987 in der Restaurierung. Das restaurierte

---

[146] Lambert mit Anmerkungen S. 64 über die Grundform des Altars. Lambert beschreibt das ikonologische Programm des Antwerpener Schnitzaltars in allen Einzelheiten. Für die vorliegende Stiftsgeschichte ist die Darstellung der mittelalterlichen Grundform hinreichend.

Tafelgemälde mit den hl. Bischöfen Blasius und Agilolfus, ein Rest der Außenflügel des Agilolfus-Altars,[147] ist in der Kreuzkapelle des Doms hinter der alten Orgelempore zwischen zwei Pfeilern angebracht.

S. Adelheidis
1366, ohne Angabe der Lage
Ende 16. Jh. Rep. u. Hss. MG (1) 3: *rector* v. Adelheidis can. Rheidt (S. 269)
18. Jh. Geistl. Abt. 168 r Bl. 13: Offizien S. Adelheidis (S. 312)
18. Jh. Geistl. Abt. 168 u Auseiandersetzung wegen des *officium simplex* am Adelheidis-Altar (S. 317)
1767 DiözA Urk. AEK (XVI 7): Papst Clemens XIII. beauftragt Kölner Offizial, Joannes Sorgnit am Adelheidis-Altar einzusetzen (S. 375)
1744 DiözA A. AEK MG 17: Petition des Rektors von S. Adelheidis um Belastungserleichterungen (S. 380)
1715 MG Suitbertus-Altar (17): erzbischöfliche Verfügung von 1644 Verlegung bzw. Zusammenlegung der Altäre *Omnium Sanctorum* und S. Adelheidis (S. 402)

Afrakapelle
südlicher Teil der Immunität, später S. Afra dem Maternus-Altar inkorporiert
15. Jh.–1801 A MG (1) 4 Bl. 5a Einkünfte des Maternusaltars und der diesem inkorporierten Afrakapelle (S. 209)
1713 Geistl. Abt. 165 b S. 137: Kollatoren der Altäre St. Maternus und Afra vereint (S. 283)
1622 Geistl. Abt. 166 S. 19: Namen u. Lasten der Vikarien S. Afra, S. Maternus (S. 285)
nach 1434 Geistl. Abt. 166 a Bl. 95 St. Afra-Altar *in ecclesia BMV* (S. 282)
18. Jh. Geistl. Abt. 168 r Blatt 4: Maternus und Inkorporation von S. Afra (S. 312)

S. Barbara
(Antonius et Barbara) 1380/83 *S. Barbara situata in capella bte. Marie Magdalene in eccl. b.M. ad gradus*
1713 Geistl. Abt. 165 b S. 177 Kollatoren der Altäre: Best. über S. Barbara (S. 283)
nach 1434 Geistl. Abt. 166 a Bl. 95 Nr 9: S. Barbara (S. 292)
18. Jh. Geistl. Abt.168 r: Inventar des Archivs der Vikarien in MG (S. 312 f.)
1715 Mariengraden, Suitbertus-Altar [17]: Verlegung St. Barbara nach St. Maternus (S. 401)

---

[147] Wolff S. 41.

S. Jacobus

(Philippus u. Jacobus), in Kirche stehend, Stiftung des jülichen Kanzlers Dietrich Luninck

1713 Geistl. Abt. 165 b: 1715 *amotiones* von Altären u.a. S. Jacobus (S. 383)

18. Jh. Geistl. Abt. 168 r, Bl. 13 RS: Offizien Jacobi (S. 312)

1715 Mariengraden Suitbertus-Altar [17] Verlegung nach S. Stephanus-Altar (S. 401)

S. Johann Baptist

1274 ohne Angabe der Lage mit inkorporierter Kochspfründe

1351 U MG 101: Verpachtung von Höfen in Meckenheim: 1 Malter Roggen an Johannesaltar (S. 51)

1364 U MG 119: für Altar Johann Baptist: Zahlung auch an inkorporierte Kochspfründe (S. 59)

ca. 1370 Rep. u. Hss. Mariengraden (2): Stiftung eines Kelches für Altar (S. 260)

1708 Rep. u. Hss. Mariengraden 5: Memorienbuch für S. Johann Baptist (S. 273)

nach 1334 Geistl. Abt. 166 a, Bl. 95: Altar (S. 242)

1274–1678: Inventar des Archivs: Geistl. Abt. 168 r (S. 312)

1449 HUA 12164 c : Prokurator des Altars, Vikar Hermann van Wartberg (S. 333)

1274 Alfter Bd. 14, 286: Kochspfründe schon lange bestehend = Laienpfründe in Verbindung mit Altar S. Johann Baptist

S. Katharina

1365 S. Catharina bei S. Magdalene gelegen

1542 U MG 363: Wunsch des Begräbnisses eines Vikars in Katharinenkapelle (S. 177)

1550 U MG 377: Eintragung in Memorienbuch (S. 170)

18. Jh. Inventar des Archivs der Vikarien in Maria Magdalene, Geistl. Abt. 168 r Bl.5: Maria Magdalene u. Inkorporation von S. Katharina 1281–1666 (S. 312)

Hl. Kreuz

situm in choro antiquo, im Westchor vor der Apsis

1550 U MG 377: Eintragung in Memorienbuch (S. 177)

1717 Geistl. Abt. 168 r: Stiftung für Hl. Kreuz (S. 310)

18. Jh. Geistl. Abt. 168 r Bl 13: Inventar des Archivs der Vikarien in MG 1314–1755 (S. 312)

1738 EB Diözesanbibl. Hs. 301: *officia propria* der Stiftskirche MG, geschrieben von Georgius Beckers, Vikar an Hl. Kreuz (S. 395)

S. Maria Magdalena

um 1550 erwähnt, ohne Angabe der Lage

1550 U MG 377: Eintragung im Memorienbuch der Vikare (S. 177)

1638–1644 A MG 6 I: Kapitelprotokolle: Einkünfte der Vikare (S. 212)

1713 Geistl. Abt. 165 b S. 132: *amotio altarium* (S. 283)

v. 1622 Geistl. Abt.166 S.19: *Vicariorum nomina et onera* (S. 285)

18. Jh. Geistl. Abt. 168 r: Inventar des Archivs der Vikarien (S. 312)

1715 MG Suitbertus-Altar [17] erzbischöfliche Verfügung zur Zusammenlegung von Altären St. Maria Magdalena mit S. Margareta

S. Margareta

oder Namen Jesu, im Westchor bei Nikolaus-Altar, 1358 v. Heinrich Hirtze gestiftet

18. Jh. Geistl. Abt. 168 r: Inventar des Archivs der Vikarien (S. 312)

1669 AEK 5 a: Verpachtung von Land des Margaretenaltars (S. 377)

S. Maternus

um 1320 ohne Angabe der Lage, auch Familienpastorat genannt

1550 U MG 377: Johannes Thermesse de Huyls vom Altar S. Maternus u. *pastor familiae*

15. Jh.–1801 A Mariengraden 4 Bl. 5: Einkünfte des Maternusaltars u. der diesem inkorporierten Afrakapelle in MG (S. 209)

1713 Geistl. Abt. 165 b S. 137: Vereinigung von St. Maternus bzw. des Familienpastorats mit S. Afra (S. 283)

1555 ff. N. 1712 Geistl. Abt. 168 j Bl. 46: Stiftung Melchior Schenk am Maternus-Altar (S. 310)

S. Nikolaus

1336 Stiftung durch Kanoniker von S. Kunibert, Johann Overstolz

1379 Lage: *situm a latere chori antiqui versus* Sporgasse (Südseite)

1599–1784 A MG 3 Bl. 2: Memorienstiftung des verstorbenen Dekans Georgius Braun (S. 208)

1622 Memorienbücher 7.1. 2 a: Dekan Georg Braun beigesetzt *iacet in sacella S. Nicolai* (S. 442)

1594–1723 A MG 5: Visitation von Kanonikalhäusern Bl. 1: Haus Joannes Bremen, Vikar am Nikolausaltar (S. 211)

1338–1643 Theodorus Glymbach = Vikarie am Nikolausaltar A MG 6 I: Kapitelprotokolle Bl. 3 ff. (S. 213)

ca. 1370 Rep. u. Hss. MG 2 Bl. 77 RS Hilgerus Scheichter, ca. 64 Jahre in MG, fast 100 Jahre alt, in Nikolauskapelle beigesetzt (S. 258)

1472–1798 Geistl. Abt. 168 w, 8: Auszug aus Testament des Propstes Constantin de Cornu: Schreinsfuß für Nikolaus-Altar (S. 318)

1691 Geistl. Abt. 168 r 1 S. 89: Kämmereirechnung für St. Nikolaus (S. 313)

Omnium Sanctorum
Stifter Heinrich Hirtze, gest. 1359, Lage: Allerheiligenaltar hinter Hochaltar: *retro summum altare in superiore choro*
1793–1802 A MG 6 II Bl. 1 RS ff.: Jacobus Josephus Roggen wird Vikar an Omnium Sanctorum (S. 214)
1713 Geistl. Abt. 165 b Kollator des Altars (S. 283)
v. 1622 Geistl. Abt. 166 S. 19: *fundator Henricus de Cervo* (S. 285)
1763 Geistl. Abt. 168 S. 5: Testament des Henricus de Cervo über Dotation des Allerheiligenaltars; S. 7: Spezifikation der Einkünfte des hinter dem Hochaltar gelegenen Allerheiligen-Altars (S. 299)
1673–77 DiözA. A. Akten AEK MG 5: Streit um Besetzung von *Omnium* Sanctorum (S. 377)
1715 MG, Suitbertus-Altar [17] Nr. 6 : Generalvikar Zusammenlegung von *Omnium Sanctorum* und Sankt Adelheidis (S. 402)

Quinque Vulnerum
1627 ohne Angabe der Lage
ca. 1800 Chron. u. Darst. 1829 S. 296: Altarinschrift betr. *corpora quinque sanctorum Maurorum*/Gebeine der 5 Mauren im Westchor, später im Agilolfusaltar (S. 355)

Sedecim Sanctorum
1412 von Dekan Tilman v. Schmalenberg gestiftet, ohne Angabe der Lage
1418 U MG 195: Besetzung einer der beiden Vikarien von *Sedecim Sanctorum* (S. 93)
1426 U MG 208: Genehmigung der Stiftung des Altars der 16 Heiligen. Durch EB Dietrich v. Köln, auf Bitten des Dekans Tylmannus de Smalenborch, besetzt mit zwei Vikaren, die täglich am Altar eine Messe lesen oder lesen lassen, testamentar. Festlegung: Dotierung des Altars (S. 100)
1509 U MG 320: Prokurator des Altars (S. 147)
15.Jh.–1801 A MG 4 Bl. 22 a: Einkünfte des Altars 16 Heilige (S. 209)
ca. 1370 Rep. MG 2 Bl. 78: am 1. Freitag jeden Monats Memorie für Tilmann an diesem Altar (S. 248); Bl. 87: Bestimmung Tilmanns: Grab vor Altar 16 Heiligen (S. 263)
1713 Geistl. Abt. 165 b S. 163: Namen der 16 Heiligen.: Petrus, Andreas, Jacobus, Johannes der Apostel, Agilolphus, Dionysus, Eustachius, Georg, Anno, Suitbertus, Severin, Martin, Anna, Felicitas, Elisabeth, Helena (S. 283). v.d.Br. MG 2: S. 452–511: 11 Memorienfeiern für Tilmann am Altar der 16 Heiligen in Memorienbüchern

S. Severin
vor 1622 gestiftet, ohne Angabe der Lage
Ende 16. Jh. Rep. u. Hss. MG 3 S. 405 (5): *S. Severini fundationis* D. Ruddesheimb (S. 269)

Anfang 17. Jh. Geistl. Abt. 165: Freitagsmesse am Altar S. Severin (S. 282)

1713 Geistl. Abt. 165 b S. 132: *amotio altarium* unter Erwähnung der Messübertragungen (S. 283)

1635/1638 Test. R 484: Gerardus Adolphus Rüdesheim testamentar. Wunsch: Begräbnis beim S. Severin-Altar (S. 346)

18./19. Jh. Domarchiv E II 6: Spezifikation der *Ornamenta* des Severin-Altars 1635 (S. 388)

1715 MG Suitbertus-Altar [17]: eb. Verfügung von 1664, Tabbarden-Altar nach S. Severin verlegt (S. 402)

S. Stephan

1331, ohne Angabe der Lage

1334 U MG 72: Abgabe aus Verpachtung für Stephanus-Altar (S. 37)

1351 U MG 101: Abgabe 8 Malter Hafer an St. Stephanus-Altar (S. 51)

1570 U MG 388 aus Stiftsbäckerei für Vikare: 6 Malter Roggen (S. 182)

ca. 1370 Rep. u. Hss. MG 2 Bl. 81: *Druda de Susato, quae fecit fieri fenestram vitream iuxta altare S. Stephani*; Bl. 84: *cum ymagine S. Steffani, tres parvas fenestras inferiores in antiquo choro* (S. 262)

S. Suitbertus

1391 ohne Angabe der Lage

1391 MG Suitbertus-Altar [1]: Bestätigung EB Friedrich v. Köln, Stiftung des Suitbertusaltars unter Nennung der Stifter (S. 397)

1525 MG Suitbertus-Altar [13]: Gründung u. Geschichte des Suitbertus-Altars (S. 401)

15. bis 18. Jh. MG Suitbertus-Altar: Inventar des Altars (S. 402)

Tabbardenofficium oder *Eustachii, Jodoci, Georgii et sociorum*

1358 ursprüngliche Lage im Kapitelhaus

1358 s. d. U MG 105: Gründungsstatuten der Tabbardenbruderschaft (S. 53)

1367 U MG 125 Gobelinus de Lycenkirchen, zur Zeit Meister der Tabbardenbruderschaft; Rentmeister der Stadt (S. 62 f.)

1436 HUA 11197 a: Johann von Lövenich: Rektor Tabbardenaltar in MG (S. 332 f.)

1358, 1367, 1487, 1550 Diöz. Domarchiv E I 1–4 Abschriften von Urkunden des Altars der Tabbardenbruderschaft in MG, nachweisbar in U MG 105 u. U MG 125, auch E II, 12 u. 14 (S. 383)

16.–18. Jh. DiözA A Domarch. E II 12: Geschichte u. Besitz des Tabbardenaltars in MG (S. 389 f.)

1715 MG Suitbertus-Altar [17]: Verlegung Tabbarden-Altar nach Severin (S. 402)
16. Jh. HStA Düsseldorf: Geistl. Sachen: Tabbarden-Altar (S. 410)

S. Trinitatis oder Clapis-Officium

1532 von Eheleuten Clapis gestiftet: Kapelle mit Dreifaltigkeitsaltar an Südseite der Stiftskirche, 1716 abgerissen
1532 U MG 354: Stiftung des Petrus de Clapis u. Ehefrau Bela de Bovenkerch, bei Clemen genaue Beschreibung von Altar und Kapelle (S. 165 f.)
1530 Wfd 261: *Missale*, gedruckt mit Holzschnitt aus Besitz des von dr. Petrus de Clapis, Gründer des Trinitatis-Altars (S. 370)
17. Jh. DiözA. A Akten AEK MG 2 a: Stiftung des Trinitatis-Altars (S. 376)
1606 Zahlung einer Rente an Vikar Hermannus Sykmann von 32 rhg aus Stiftung des Clapis für Dreifaltigkeitsaltar (S. 384)
1715 MG Suitbertus-Altar [17] Nr. 5: erzbischöfliche Verfügung : Clapis-Altar wird nach S. Maternus verlegt (S. 401)

Ende des 17./Anfang des 18. Jahrhunderts, insbesondere aber um das Jahr 1715 wurde durch erzbischöfliche Verfügungen die Zahl der Altäre durch *amotiones* oder durch Übertragung auf andere Altäre reduziert. Der Grund scheint in der wirtschaftlichen Lage des Stiftes zu suchen sein, der den Rückgang der Dotationen für die Vikare erzwang.

Eine Reihe von Altarteilen, heute in Köln und Bonn zu besichtigen, steht offenkundig in Verbindung zu Mariengraden: Aus dem Jahr 1420 sind Malereien auf Türen eines Schranks erhalten. In geschlossenem Zustand zeigen sie die Verkündigung und im geöffneten Zustand die Hll. Agilolf und Anno, in der rechten Hand das Modell des von ihm gestifteten Kirchbaus.[148] Teile eines Flügelaltars,[149] ca. 1520 in den südlichen Niederlanden entstanden, befinden sich heute im Kölner Priesterseminar. Der Altar wurde von zwei Kanonikern aus Mariengraden gestiftet, vom Kölner Theologieprofessor Arnold Luyde van Tongern, 1513 Kanoniker an Mariengraden, und von Johann Hilpoet, 1514 ebenso Kanoniker an Mariengraden. Auf den Flügelinnenseiten des Altars sind die Stifter kniend mit ihren Wappen dargestellt und zudem durch Inschriften benannt. Ein Passionsaltar zeigt auf den Flügelaußenseiten eine *Ecce-homo*-Szene und die Handwaschung des Pilatus, auf der Innenseite die Kreuztragung Christi (Veronika reicht Jesus das Schweißtuch) und die Auferstehung Christi. 1503 erhielten die Flügel einen Mittelschrein, eine geschnitzte Abendmahlgruppe. Die Stifter des Passionsaltars waren nach einem Memorienbuch von

---

[148] Lambert S. 66 Abb. 8 u.9; heute im WRM.
[149] Lambert S. 69.

1503 beide in der Stiftskirche begraben.[150] Ein weiteres Triptychon[151] bringt die Verherrlichung der Unbefleckten Empfängnis auf den Flügelaußenseiten, stehend der Hl. Johannes der Täufer und der Hl. Paulus vor goldenem Hintergrund. Die Feiertagsöffnung zeigt die hochrechteckige Darstellung einer thronenden, apokalyptischen Madonna. Diese Kölner Malerei gehört der Zeit 1425 bis 1430 an. Ein Triptychon[152] des Kanonikers Peter von Clapis ist für die Dreifaltigkeitskapelle von dem Kölner Maler Barthel Bruyn d. Ä geschaffen worden. Nur die Flügelteile mit dem knienden Stifter Peter von Clapis und seiner Schwester, begleitet von Bischöfen sind erhalten.

5.3 Orgeln und Glocken

Das 17. und 18. Jahrhundert war die Blütezeit des Orgelbaus. Zu 1728/29 gibt es eine Notiz für Mariengraden über Einnahmen und Ausgaben für eine neue Orgel in der Stiftskirche.[153] Eine neue Orgel setzt aber den Bestand einer alten Orgel voraus. Dass eine solche Orgel vorhanden gewesen sein muss, lässt sich aus Notizen über die Feier von Memorien in Memorienbüchern, die bei Mariengraden den Stand von 1370 wiedergeben, ablesen: *„pro summa missa cum cantico in organis, cum cantico et organo und summa missa in albis cum cantico in organis."*[154] Mariengraden entsprach mit dieser Ausstattung allen größeren Kirchen Kölns um 1300.

Die Stiftskirche verfügte über ein Glockengeläut. Die *vita communis* mit ihren gottesdienstlichen Übungen benötigte die Zeitanzeige für das Gebet der Horen als auch die Mess- und Memorienfeiern. Die Quellen berichten über die *campanarii*,[155] bringen aber keine Aussagen über das Glockengeläut selbst. Der Glöckner erhielt einen Lohn von 12 Malter Hafer auf St. Thomas (21. Dezember) und der Stiftsbäcker musste sich beim Glockenläuten beteiligen.

Nun hat Jörg Poettgen[156] mit dem Kampanologen Konrad Bund eine Glocke von Mariengraden wiederentdeckt: „In der Pfarrkiche St. Mauritius in Frechen-Bachem wurde 1996 eine Glocke vorgefunden, deren Herkunft aus der Kölner Stiftskirche St. Maria ad gradus nicht bezweifelt werden kann. Ausgangspunkt war eine lokale Veröffentlichung in Frechen über die Glocken und Glockensprüche aus Frechen, in der über eine alte Glocke aus dem Jahr 1350 berichtet wurde, deren Glockenspruch

---

[150] Lambert S. 69 Anm. 117; v.d.Br. MG 1 1503 ff. Diözesanarchiv E II S. 387 im MB.
[151] Lambert S. 67 u. S. 74 Anm. 103, heute im Rhein. Landesmuseum Bonn.
[152] Lambert S. 68 Abb. 11, heute im WRM.
[153] 1728–29 DiözA A AEK Mariengraden 15 a.
[154] v.d.Br. MG 2 MB 2: S. 483, 501 und 503.
[155] v.d.Br. MG 1: 1315 U 49 und 1362 U 116 und 1425 U 207.
[156] Jörg Poettgen S. 105.

bis heute nicht dokumentiert werden konnte ... Die im Landesamt für Denkmalpflege vorhandenen Unterlagen zur Ablieferung der Glocken im Zweiten Weltkrieg (1942) enthielten den Hinweis, dass diese Glocke ... aus Mariengraden stamme." Poettgen hat nun den zweizeiligen Glockenspruch entziffert:*"Hec campana est Maria vocata in honorem annuncionis eiusdem et omnium sanctorum fusa et benedicta anno millesimo CCCL sexto. Amen."* (Diese Glocke ist Maria genannt. Zu Ehren der Verkündigung derselben und aller Heiligen gegossen und geweiht im Jahr des Herrn 1356. Amen.) Anhand der Inschrift und des doppelten Patroziniums kam Konrad Bund zu folgendem Schluss: „Die Stiftskirche St. Maria ad gradus hatte die Gottesmutter zur Hauptpatronin. Der 1359 verstorbene Kanoniker Heinrich Hirtze [Heinricus de Cerve] stiftete einen hinter dem Hauptaltar in der erhöhten Ostapsis stehenden Allerheiligenaltar. Da die 1356 gegossene Glocke beide Patrone aufweist, dürfte ihr Guss mit der wohl in dieses Jahr zu setzenden Hirtzschen Stiftung in Zusammenhang stehen." Die Nachricht aus Frechen, die Angaben im Landesamt für Denkmalpflege und der Name der Glocke „Maria" reichen hin, um die Glocke Mariengraden zuzuweisen, der zweite Patron aus *„et omnium sanctorum"* muss hinterfragt werden, könnte es sich dabei auch nur um eine allgemeine Ergänzung handeln. Henricus de Cervo wird als *fundator des Omnium Sanctorum-Altars* bei von den Brincken genannt.[157] Joachim Oepen bestätigt in seiner Edition der Totenbücher von St. Maria im Kapitol zu Köln im ausführlichen personengeschichtlichen Kommentar zu Henricus de Cervo die Stiftung des Allerheiligenaltars,[158] nicht aber die Stiftung der Glocke. Da Wolfgang Herborn Henricus de Cervo „als größten Mäzen, Förderer, Patron und Stifter im zweiten Viertel des 14. Jahrhunderts"[159] bezeichnet, hat die These Konrad Bunds einen hohen Grad von Wahrscheinlichkeit.

5.4 Grabmäler und Grabstätten

Grabmal der Richeza[160]

Durch umfangreiche Stiftungen zu ihren Lebzeiten nimmt die Königin Richeza einen besonderen Rang in Mariengraden ein. 1063 wurden ihre Gebeine von Erzbischof Anno in der Stiftskirche beigesetzt. Vermutlich fand sie ihr Grab im Vierungsbereich des salischen Kirchenbaus an zentraler Stelle.[161] Gelenius hat im 17. Jahrhundert Grabstelle und Größe der späteren Grabanlage überliefert:[162] Es war ein spätmittelalterliches, von Eisengittern geschmücktes Mausoleum aus Drachenfelser

---

[157] v.d.Br. MG 1 Geistl. Abt. 166 S. 19 (S. 285).
[158] Oepen S. 370 f.
[159] Herborn Mäzenatentum S. 170
[160] Lambert S. 66 ff.
[161] Lambert S. 73 Anm. 85.
[162] Lambert S. 73 Anm. 86.

Trachyt, auf den vier Ecken des Gitters standen vier bronzene Kerzenleuchter. Vorgeblendete Arkaden zierten die Grabtumba, in denen auf der Längsseite 12 Apostel gemalt waren. Die östliche Stirnwand zeigte eine Darstellung der Königin Richeza, die westliche eine Darstellung der Verkündigung.[163] 1778 erfolgte die *amotio* wegen Restaurierungsarbeiten in eine Nachbarkapelle, ein neues barockes Mausoleum wurde geschaffen. 1817 wurde der hölzerne Schrein in den Dom überführt. Richeza fand ihre endgültige Ruhestätte in einem klassizistischen Grabmal in der Johanneskapelle des Doms. An den seitlichen Wandflächen befinden sich die Schiefertafeln mit Bildnissen von Richeza und ihrem Bruder Erzbischof Hermann II.

Zahlreiche Notizen in den Memorienbüchern geben Auskunft über weitere Grabmäler und Grabstätten in Mariengraden. 1063 wurden die Gebeine des ehemaligen Bayernherzogs Konrad, Neffe von Hermann und Richeza, in die ezzonische Grablege Mariengraden überführt. Von dieser Grabanlage ist nichts mehr überkommen. Eine weitere Grabanlage für das Stifterehepaar Clapis befand sich in der Ostkrypta.[164] Das Kapitel erteilte die Genehmigung für die Grabstätte. Sie ist heute verloren. Inschriften auf weiteren Grabstätten in Mariengraden trägt Clemen zusammen:[165] Der Scholaster Tielmann Tencking fand seine Grabstätte vor der des Rektors des Stephanus-Altars.[166] Tilman Schmalenbroch wurde vor dem von ihm gestifteten Altar der 16 Heiligen begraben.

5.5 Liturgische Gewänder, Gerät, Schriften und Reliquien

Der Gottesdienst in der *vita communis* erforderte liturgische Gewänder und liturgisches Gerät in großer Vielzahl, wie die Quellen belegen: *casulae, dalmaticae und tunicae*, Chormäntel und *stolae* als Kleidungsstücke, Kelche und Monstranzen als liturgisches Gerät. Für die Gestaltung des Gottesdienstes waren Graduale, Antiphonare, Psalterien, Homilien und der *liber choralis* in verschiedenen Ausprägungen vorhanden. Die Messfeier war durch Statuten geregelt, ebenso das *Processionale*. Im Gebrauch der Kanoniker befanden sich Stundenbücher und Breviere.

Im Besitz von Mariengraden waren zwei Evangeliare aus der Mitte des 11. Jahrhunderts, die der Königin Richeza und Hermann zuzuordnen sind: Das Richeza-Evangeliar[167] und ein Schwur-Evangeliar[168], beide aus der Erstausstattung des Stifts. „Der bildnerische Schmuck des Richeza-Evangeliars besteht aus unvollständig aus-

---

[163] Lambert S. 73 Anm. 89 u. 90.

[164] Lambert S. 70 und v.d.Br. MG 1 1514, Handschriftenabt. W.f.d. 261.

[165] Kdm S. 25 f.

[166] v.d.Br. MG 2 S.441–514.

[167] Beuckers Ezzonen S. 82 f. Richeza-Evangeliar in der Landesbibliothek Darmstadt Hs. 588.

[168] Beuckers Ezzonen S. 195 f.: Schwur-Evangeliar Hermanns II. in Diözesanbibliothek Köln, Hs. 1a.

geführten, jedoch qualitativ hochwertigen Evangelisten–Darstellungen ... So sind Markus und Lukas in brauner Federzeichnung ausgeführt, während von Johannes nur eine Vorzeichnung existiert und Matthäus ganz fehlt." Das *Anniversarium* im Memorienbuch bringt die Zuweisung zu Richeza und Mariengraden.

„Der *Prachtcodex* des Hermann, Pergament, 222 Blätter, Deckfarbenmalerei mit Gold, enthält neben Evangelien und Vorreden eine zwölfseitige Kanontafel, Miniaturen und Evangelistenbilder, eine *maiestas Domini* und ein Hieronymus-Bild. Es zeigt nur wenige Gebrauchsspuren. Lediglich in der Mitte des *codex* finden sich starke Verschmutzungen, die auf die Verwendung als Schwurevangeliar bei Vereidigung der Stiftsherren schließen lassen. Die Zugehörigkeit des Evangeliars zur Erstausstattung des Stiftes ist daher wahrscheinlich."[169]

„In der Domschatzkammer befindet sich ein sehr wertvolles Klappaltärchen, Kölnische Malerei um 1210, mit Partikel vom Kreuz Christi in einem Doppelkreuz in byzantinischer Filigranfassung. Die Figuren sind teils byzantinisch, teils oberdeutsch 11. Jahrhundert, teils Maastal 12. Jahrhundert. Es ist das Vermächtnis der letzten Stiftsgeistlichen von Mariengraden für den Dom."[170]

---

[169] Das Richeza-Evangeliar und der Prachtcodex des Hermann gehörten zu den Exponaten der Ausstellung „Heiliges Römisches Reich Deutscher Nation 962 bis 1806" in Magdeburg 2006. Der Ausstellungskatalog bringt auf den S. 158 f. eine Beschreibung und eine kunsthistorische Zuordnung der *codices*.
[170] Kdm S. 27.

6 Die Bauten des Stiftes

6.1 Bauten für die vita communis

„Nördlich des Doms und eines Hofs, der an die Stiftskirche anschloss, lag zwischen Kirche und der Trankgasse neben einem auf Mercators Stadtansicht deutlich sichtbaren Turm der römischen Stadtmauer das Stiftsgebäude – das Kapitelhaus – mit einem ungefähr quadratischen Kreuzgang und zweigeschossigem Umgang gotischen Stils. Darin befand sich das 1220 erwähnte *dormitorium*."[171] In keiner Quelle wird von einem *refectorium* berichtet. Ein solches Refektorium war aber zur Pflege der *vita communis* erforderlich. Das aufsteigende Mauerwerk des Stiftes war von einer sehr erheblichen Höhe von 17 Meter, also von mindestens drei Vollgeschossen, das des gewölbten Umgangs von 14 Meter Höhe. Die Größe des Kapitelhauses lässt daher ein Refektorium durchaus zu. Die Stiftsbauten hatten Satteldächer, der Umgang Pultdächer.

Im römischen Turm war die Bibliothek des Domstifts; vermutlich wurde sie auch von Mariengraden genutzt. „Zum Stift gehörten außerdem die den Frankenplatz säumenden Bauten, im 14. Jahrhundert wurden 16, 1593 21 Kanonikalhäuser gezählt."[172] Die Errichtung der Kanonikalhäuser machte ein *dormitorium* und *refectorium* obsolet, da die Kanoniker in ihren Häusern einen eigenen Haushalt führten. „Die wichtigsten Häuser waren die Propstei und die am Frankenplatz südlich der Kirche gelegene Dekanei."[173] Im 13. oder zu Beginn des 14. Jahrhunderts war vermutlich auch die sogenannte „Eulenburg" am Frankenplatz ein Gebäude des Stifts; es hatte ein Walmdach und kleine Rechteckfenster.[174]

Im Kapitelhaus befand sich ein den heiligen Eustachius, Georg, Jodokus und den Thebäern geweihter Altar der Kölner Tabbardenbruderschaft, in den Quellen seit 1357 genannt. Im Testament des Henricus de Cervo wird 1358 der Altar in der Kapitelswohnung bedacht.

6.2 Propsteigebäude und S. Afra-Kapelle

„Die Propstei an der östlichen Ecke der Trankgasse gegenüber dem Trankgassentor, im Mittelalter regelmäßige Herberge der Erzbischöfe von Mainz, bestand bis 1888, ein sehr malerisches, zweiflügeliges Gebäude aus Tuff- und Ziegelstein, das

---

[171] Kdm S. 15. – v.d.Br. MG 1: 1220 U 12 : Der Propst übergibt dem Dekan die Sorge über das *dormitorium* und das Recht, einen *officiarius* für den Schlafsaal einzusetzen.
[172] Kdm S. 16.
[173] Kdm S. 16. – v.d.Br. MG 2 MB 1 *domus iuxta capellam S. Afre* S. 486.
[174] Kdm S. 16.

teilweise noch aus dem 14. oder 15. Jahrhundert stammte, ... 1538 von Propst Johannes Helie ausgebaut und im Zwickel der beiden Flügel mit einem oben achteckigen Treppenturm geschmückt, wurde es nach langer Verwahrlosung 1722 wiederhergestellt." „Über dem Tor des Stiftsbezirks zum Rhein hin (*supra portam parvam, sub qua patet publica via ad moenia Rhenana*) lag die 1215/1225 zuerst erwähnte Afrakapelle. Der Torbau ist bei Mercator neben der Propstei deutlich sichtbar ... Die Kapelle war im 18. Jahrhundert dem Maternusaltar der Stiftskirche, die mit dem Pfarramt für die Stiftsfamilie (Familienpastorat) verbunden war, inkorporiert."[175]

6.3 Stiftsschule, *fabrica* (Bauhütte) und Steinmetzpfründe

In der *carta de officio scholastici* des 14. Jahrhunderts heißt es: „Der Scholaster trägt Sorge für die Besetzung des Schulrektorenamtes und die Schule."[176] Auch wenn sich die Stiftsschule in der Immunität nicht weiter quellenmäßig nachweisen lässt, so dürfte auch Mariengraden eine solche Stiftsschule wie die anderen Stifte betrieben haben. Zunächst war die Stiftsschule nur für die Ausbildung von Jungen zum geistlichen Stand bestimmt. Im 13./14. Jahrhundert bot die Schule die allgemeine Ausbildung für alle an. Die wohlhabenderen Bürger der Stadt schickten ihre Söhne in die Stiftsschule, um lesen und schreiben zu lernen. Aber schon im 13. Jahrhundert waren nicht mehr ausreichend Plätze vorhanden. Da keine Möglichkeit bestand, die Stiftsschule zu erweitern, übernahmen Pfarrschulen den Unterricht.[177]

Für das Stift Mariengraden ist rege Bautätigkeit belegt. Daher lässt sich als Unikum aller Kölner Stifte die Einrichtung einer Steinmetzpfründe nachweisen.[178] Diese Laienpfründe ist u.a. ausgestattet mit 16 Malter Hafer.[179] Toni Diederich hat dieses Unikum erklärt: „Im Jahre 1080 geriet die Kirche von Mariengraden in Brand, konnte aber verhältnismäßig schnell instandgesetzt und 1085 wieder geweiht werden. Die unmittelbare Nähe zum Dom hatte für das Stift einige Konsequenzen: Vielleicht ist die Errichtung einer nur an St. Mariengraden anzutreffenden Steinmetzpfründe im Zusammenhang mit der Dombauhütte zu sehen."[180] Sie lässt sich auch noch Ende des 14. Jahrhunderts nachweisen, nachdem 1314 die gotische Erweiterung der Stiftskirche geplant und begonnen wurde. Die Erklärung von Diederich ist unter diesem Aspekt sicher einleuchtend. Ob nun Mariengraden über eine eigene *fabrica* (Kirchbauhütte) verfügte oder ob eine Zusammenarbeit mit der Dombauhütte be-

---

[175] Kdm S. 17.
[176] v.d.Br. MG 1 Alfter Bd. 9, 290 S. 365 14. Jh.
[177] Johag S. 147 ff.
[178] v.d.Br. MG 1 1283 (1282) Farr. Gel. IV 204 RS.
[179] v.d.Br. MG 1 1364 U MG 119.
[180] Diederich S. 32.

stand und hierfür die Steinmetzpfründe vergeben wurde, darüber lässt sich nur mutmaßen. Die Wahrscheinlichkeit spricht für eine Kooperation.

6.4 Wirtschaftsbauten: Stiftsscheuer, Stiftsbäckerei, Brauhaus, Weinausschank

Eine Stiftsscheuer unter Leitung des Stiftskämmerers befand sich sicher innerhalb der Immunität des Stiftes. In einer Vielzahl von reversierten Pachturkunden[181] wird vor allem im 13. und 14. Jahrhundert von der Ablieferung von Naturalien – Weizen, Roggen und Hafer – berichtet. Gleichzeitig werden Zehnteinkünfte und das Geld für die Ewige Lampe erwähnt. Als feste Termine für die Zahlung der Pacht werden der 1. Oktober auf Remigius und Martini am 11. November genannt. Aus dem großen Wirtschaftsverband des Stiftes wurden offenkundig überwiegend Getreidearten in die Stiftsscheuer geliefert, die zum unmittelbaren Unterhalt der Kanoniker und ihres Gesindes notwendig waren. Die zahlreichen anderen Pachtabgaben – die Zahl der Urkunden ist übergroß – wurden direkt unter den Hofverbänden aufgeteilt und verbraucht. Die Verpachtung der Stiftsbäckerei erfolgte an Bäcker aus dem Laienstand. Ein Pachtvertrag von 1425 schildert Arbeit und Verpflichtungen der *pistores*. Der Text wird daher mit einigen Auslassungen und Ergänzungen im Wortlaut wiedergegeben: „Herman van Dulken und Ehefrau Drude bestätigen Dekan und Kapitel von St. Mariengraden zu Köln die Stiftsbäckerei gegen die Auflage, dem Stift Weizen- und Roggenbrot zu backen. Für jedes Malter Roggen haben sie 48 gewöhnliche Brote à 3 kleine Brote, d.h. 144 kleine Brote zu liefern. Die 3 kleinen Brote sollen je 5 Pfund wiegen und zu 2 Dritteln aus Roggen und zu 1 Drittel aus Weizen bestehen. Die Weizenbrote zu je 3 Semmeln sollen 4 ½ Pfund wiegen. Außerdem backen Herman und Drude Remtersemmeln von 5 ½ Pfund, auch Oster- und Abendmahlsbrot[182], dazu das Brot für jeden Kanoniker, das er und sein Gesinde mit Gästen innerhalb der Immunität verzehren, auch verbacken sie das Mehl aus den Pfründen der Kanoniker, selbst wenn diese nicht alles verzehren, desgleichen für abwesende Kanoniker, für Hausgenossen und Vikare ... Das Brot, das Herman und Drude in die Stadt verkaufen, soll zum Unterschied vom Stiftsbrot mit Weizenmehl bestäubt werden.[183] Auch sollen die Eheleute den Kanonikern zwischen Johann Baptist und der neuen Ernte alljährlich nötigenfalls Mehl vorstrecken ... Un-

---

[181] v.d.Br. MG 1: 1264 U 18, 1320 U 58, 1332 U 69, 1338 U 79, 1360 U 111, 1362 U 116, 1363 U 117, 1392 U 160.

[182] v.d.Br. MG 1 1570 U MG 388: Pachtvertrag von 1570 fügt das Brotbacken für Arme am Gründonnerstag hinzu.

[183] v.d.Br. MG 1 1429 U MG 211: Die Arbeit des *pistor* war ein einträgliches Geschäft, denn infolge der Immunität des Stiftsbezirks konnte er preiswerter produzieren, da die Zölle und die Abgaben an die Stadt entfielen. Als 1429 ein Bäcker ein Haus an der Bäckerei als Zugang zur Stadt öffnen wollte, erhielt er das sofortige Verbot von Bürgermeister und Rat von Köln.

kosten zur baulichen Erhaltung der Bäckerei, die weniger als 2 rhG betragen, tragen die Bäckersleute, auch halten sie den Ofen instand sowie die Gerätschaften, die einzeln aufgeführt sind. Sie verpflichten sich, der Haltung von Schweinen zu entsagen. Sie müssen dem Stift den Treueid leisten und jederzeit Gewichtsproben des Brotes dulden. Sie haben sich an Prozessionen des Stifts und am Glockenläuten zu beteiligen, wofür sie 4 Malter Roggen erhalten. Das Stift kann den Vertrag jederzeit kündigen, binnen 3 Monaten haben die Bäckersleute die Bäckerei zu räumen und dafür Bürgen zu stellen, die sich ggf. zum Einlager in Köln verpflichten. Die Strafsumme beträgt in diesem Fall 100 rhG. Auch die Bäckersleute haben eine dreimonatige Kündigungsfrist. Für Streitfälle erkennen sie den Offizial als Richter an ..."[184]

Die Existenz eines Brauhauses lässt sich nur aus einer einzelnen Quelle erschließen. Im Jahre 1678 wird von einer Brauhausreparatur[185] durch Senior Bruchmann berichtet. Die Brauerei war ebenso ein einträgliches Geschäft, da die Abgabenfreiheit die Grundsubstanzen für das Bier verbilligten. In den Kölner Stiftsbezirken waren aus denselben Gründen der Weinverkauf[186] in öffentlichen Tabernen sehr gefragt. Dies führte zu erheblichen Auseinandersetzungen mit dem Stadtregiment: Die Weinkrüge mussten zerschlagen werden. 1317 beschloss daher der Klerus das Verbot des Weinausschanks bei Strafe der Einkerkerung, 1327 wurde dieses Verbot durch eine Diözesansynode noch bekräftigt.

---

[184] v.d.Br. MG 1 1425 U MG 207.
[185] v.d.Br. MG 1: nach 1717 Geistl. Abt. 168 j.
[186] Johag S. 196.

7 Die Verfassung des Stiftes

7.1 Typologische Kennzeichen eines Kanonikerstifts

Die 450 bis 500 mittelalterlichen Stifte zeigen eine große *varietas* in der Einzelverfassung. Daher scheint es sinnvoll, den Eigenheiten der Verfassung des Stiftes Mariengraden eine Einführung voranzustellen, die die Entstehung und das Gemeinsame der Stifte zunächst in den Blick nimmt: „Auf dem Reichstag zu Aachen 816 verpflichtete Kaiser Ludwig der Fromme (814–840) alle religiösen Gemeinschaften in seinem Reich auf eine einheitliche, für sämtliche Niederlassungen verbindliche Lebensordnung. Ludwigs des Frommen Bestrebungen erwuchsen aus seinem Programm der *renovatio regni Francorum*, das die Einheit der kirchlichen Lebensordnungen als Voraussetzung und Abbild der Einheit des Reiches begriff. Die von der synodalen Reichsversammlung 816 gebilligten Verordnungen Ludwigs zielten auf die Neuordnung und Sicherung der *vita communis* aller Kommunitäten im Frankenreich. Während Mönche und Nonnen die *regula Benedicti* als Grundgesetz ihres Gemeinschaftslebens anerkannten, ergänzt durch die von Benedikt von Aniane entworfenen *consuetudines*, mussten die Synodalen von 816 für die nichtmonastische Gemeinschaft eine solche fundamentale *lex* erst schaffen und sie zugleich in Ausführungsbestimmungen über Organisation und Struktur der Kommunitäten für die alltäglich-konkrete Gestaltung des Gemeinschaftslebens einbetten. Im Unterschied zum *ordo monasticus* ließen sich für die *canonici* ... eine andere, qualitative Tracht, eingeschränkte Leistungen in Abstinenz und Fasten, vor allem die persönliche Nutzung privater Habe und kirchlichem *beneficium* nach Eintritt in die Kommunität, ja sogar eigene *mansiones* rechtfertigen. Die Durchsetzung der *institutiones Aquisgranenses* legten Kaiser und Synodale in die Hände der kirchlichen Hierarchie ... Es ist erkennbar, dass sie unter Ludwig dem Frommen in manchen Domkapiteln der Kirchenprovinzen Reims, Tours, Bourges und Lyon, in einigen rheinischen und sächsischen Bistümern, selbst in Kirchen Reichsitaliens, mit großer Wahrscheinlichkeit in fast allen Pfalzstiften galten."[187]

Moraw, Meuthen, Groten und Marchal zeigen in ihren Arbeiten typologische Kennzeichen eines „historischen" Kanonikerstifts.[188] Moraw stellt in seiner Typologie die Gründungssituation des Stiftes in den Mittelpunkt. Vor 816 spricht Moraw von allmählich gewachsenen Klerikergemeinschaften, nach 816 sind es gegründete Klerikergemeinschaften. Der Gründer ist der Diözesanbischof,[189] wie dies auch bei

---

[187] Josef Semler: *Institutiones Aquisgranenses*. In: Lexikon des Mittelalters Bd. V Sp. 451.
[188] Die typologischen Kennzeichen werden in einer Abstraktion der „historischen" Kanonikerstifte dargestellt.
[189] Moraw S. 11 ff.

Mariengraden mit den Erzbischöfen Hermann II. und Anno II. zutrifft. Die Intention der großen Reichsbischöfe bei den Stiftsgründungen war die Sicherung der *memoria*. Beispiele für die bischöfliche Initiative sind die Gründungen von acht Stiftskirchen in der Zeit zwischen 960 und 1060 in Köln.

Meuthen fügt weitere Kennzeichen des Stiftskirchentums hinzu: Im Unterschied zu den Orden war mit den Stiftskapiteln kaum religiöse Dynamik verbunden. Der Weltkleriker sah seine Aufgabe vorrangig individuell und nicht in Gemeinschaftsform. Gemeinschaftsleben der Kapitel macht nur Sinn, wo eine Vielzahl von Gläubigen eine Mehrzahl von Klerikern erforderlich macht. Dies war nur im städtischen Umfeld möglich, daher war das Stift eine städtische Sache. Die liturgische Entfaltung zeigte sich bei aufwendigen Gottesdiensten in der repräsentativen Darstellung im Chor. Der bürgerlichen Gemeinschaft gelang es nicht, das Stift in seine Herrschaft zu integrieren. Steuer- und Abgabenfreiheit des Stiftsklerus blieben solange bestehen, als Angehörige von Familien der Ratsgremien im Kapitel vertreten waren. Eine Änderung trat im 14. Jahrhundert ein. Der Rechtsstreit zwischen Stift und Bürgerschaft wurde vor allem bei der Aufsicht über das Lebensmittelgewerbe (Brot, Bier, Wein) deutlich. Die Stifte wurden im Wesentlichen mit Grundbesitz und Einkünften aus landlichem Besitz dotiert. Sie brachten in ihre Immunitäten Rechte, Ansprüche und Vorteile ein, die einer anderen Wirtschafts- und Rechtswelt als der städtischen angehörten.[190]

Groten nennt in seiner Arbeit über das Priorenkolleg allgemeine Kriterien und Merkmale, indem er den Begriff des Domkapitels im 11. Jahrhundert näher bestimmt. „Das Stiftskapitel ist eine Genossenschaft, der in ihrer Gesamtheit der Charakter einer juristischen Person zukommt, die – mit eigenem frei verfügbaren Vermögen ausgestattet – ihre Ordnung und ihre rechtlichen Beziehungen zu anderen Personen und Institutionen selbst zu bestimmen in der Lage ist ... Die innere korporative Selbständigkeit erlaubt eine frei wählbare Vorstandschaft sowie das Recht der Selbstergänzung, Selbstverwaltung und Selbstbestimmung. Für die äußere korporative Selbständigkeit gelten die Geschäftsfähigkeit und die Berechtigung zur Führung eines eigenen Siegels zur Ausstellung von Urkunden."[191] Der genossenschaftliche Begriff eines Stiftes in seiner Selbständigkeit ist zunächst idealtypisch gegeben. In der Realität lässt er sich aus einer Entwicklung erst zeigen. Ein erster Blick auf die ältesten Urkunden von Mariengraden[192] dokumentiert, dass der Erzbischof von 1062–1179 die Angelegenheiten des Stiftes selbst regelte, wenn auch die anderen Merkmale aus der *institutio canonicorum* von 816 gegeben waren: das *claustrum* als

---

[190] Meuthen S. 10 f.
[191] Groten Priorenkolleg S. 161.
[192] v.d.Br. MG 1 U MG 1–10.

abgeschlossener Immunitätsbezirk, die *vita commnis* nach bestimmten Regeln (Chorgebet, Messfeier, Memorienfeier und Prozessionen), vor allem aber die Einsetzung von Dignitaren und Ämtern im Stift, die gerade Ausdruck einer genossenschaftlichen Selbstverwaltung war. Die Gemeinschaft erhielt vom jeweiligen Bischof[193] als Sachwalter des Titelheiligen der Diözese aus dem Kirchengut Nutzungsrechte für das Präbendalgut. Für das Kölner Bistum gibt es eine *conscriptio*, die Guntharsche Güterumschreibung von 866: Der Bestand von kirchlichen Einrichtungen in Köln, Bonn und Xanten war so geordnet, dass der Besitz für die Angehörigen der Kommunitäten auskömmlich sein musste. Dies galt auch für die Nutzung des Präbendalgutes.

Die neuere Arbeit von Guy P. Marchal aus dem Jahr 2000 bringt eine Definition des Kanonikerinstituts und eine Darstellung der ineinander wirkenden Kräfte in der Stiftsverfassung: „Das weltliche Kanonikerinstitut stellt eine kirchlich-korporative Organisationsform dar, die durch zwei Grundgegebenheiten geprägt war: einerseits eine stark formatisierte, statuarisch fixierte gottesdienstliche Aufgabenstellung, anderseits eine individuelle Ausrichtung des Lebensunterhaltes in der kirchlichen Pfründe. Das weltliche Kanonikerinstitut lässt sich angemessen nur zeigen, wenn die Verflechtung zwischen Welt und Kirche als ein Wesenszug erkannt wird."[194] Die ständige verfassungsrechtliche Tätigkeit der Kapitel ist, ganz allgemein gesehen, in einem ständigen Wechselspiel sichtbar. Neben der aufbauenden statuarischen Ausbildung des korporativen Gebildes ist eine defensive, gegen Missbräuche tendierende Gesetzgebungstätigkeit zu beobachten. Marchal sieht den Grund hierfür nicht im Fehlen einer ordensgleichen Regel mit Profess, *stabilitas loci* und Verzicht auf Privateigentum, sondern in der „Vernachlässigung der Residenz"[195]. Die Kapitel hatten die Bedrohung erkannt und defensiv eine Unzahl von Regeln geschaffen, um eine Minimalresidenz innerhalb eines Stiftsbezirks zu bestimmen, da sonst die Existenz des Stiftes in Frage gestellt wurde.

Die typologischen Kriterien lassen sich auch an der Verfassung des Stiftes Mariengraden festmachen: die auf bischöfliche Initiative erfolgte Gründung der Klerikergemeinschaft, der Weltkleriker, der seine Aufgabe individuell wahrnimmt, das Stift als städtische Sache, von der Stadtherrschaft nicht integriert mit getrennter Wirtschafts- und Rechtswelt, die Definition des Stiftes als Genossenschaft, seine Institutionen, die Form des Güterbesitzes, das verfassungsrechtliche Streben von aufbauender und abwehrender Tendenz, letztere gerichtet gegen eine Vernachlässigung der Residenz durch die Kanoniker.

---

[193] Groten Priorenkolleg S. 170.
[194] Marchal S. 52.
[195] Marchal S. 7 f.

7.2 Die Verfassung des Stiftes Mariengraden

Der Weg von der Gründung des Stiftes Mariengraden durch den Erzbischof zu einer selbständigen genossenschaftlichen Korporation lässt sich aus den Quellen ablesen: Bis 1179 war der Erzbischof der Aussteller der Urkunden und damit für das Stift handelnde Rechtsperson,[196] während nach 1179 der Erzbischof nur noch das Recht der Bestätigung wahrnahm. Auch waren die später üblichen Bezeichnungen für die einzelnen Mitglieder des Stiftes (*canonici*) und für die Gemeinschaft (*capitulum*) auf dem Weg zur selbstständigen Korporation einer Entwicklung unterworfen. Für die *canonici* wurden Bezeichnungen aus dem monastischen Bereich übernommen: *fratres*[197] und *confratres*[198]. Die Bezeichnungen für das *capitulum* waren ebenso fließend: *congregatio*[199], *conventus*[200] und *consortium fraternitatis*[201]. 1220 wurde das Stift in den Quellen zum ersten Mal als *capitulum*[202] bezeichnet, in der *intitulatio* wurden Propst, Dekan und Kapitel genannt, während der Erzbischof fehlte.

Im *capitulum*[203] waren die Kanoniker nicht alle gleichgestellt, sondern nach Dienstalter, Höhe und Art der Einkünfte sowie Weihegrad unterschieden. Festgelegt war, dass die Kanoniker in der Reihenfolge des Eintritts ins Kapitel im Zusammenhang mit der Pfründenvergabe vom Kapitel berücksichtigt wurden. *Senior* war derjenige Kanoniker, der seine Pfründe die längste Zeit innehatte und bei Abwesenheit des Dekans den Vorsitz im Kapitel führte.[204] Höhe und Einkünfte der Kanoniker wurden nach Pfründen, Einnahmen und Zulagen im Distributionsregister des Stiftes festgehalten. In der Geschichte der Kollegiatkirche St. Mariengraden des Dekans Gregorius Braun[205] werden die *praebendae sacerdotales*, *diaconales* und *subdiaconales* unterschieden.

Als *capitulum* beurkundete das Stift mit eigenem Siegel. Wenn auch der größte Teil des Siegelbestandes von Mariengraden beschädigt ist, so gibt von den Brincken eine Auflistung der Beurkundungen – niedergeschrieben in den Urkunden – nach

---

[196] v.d.Br. MG 1 1075 U MG 2; MG 1 1104 U MG 4; MG 1 1118–1126 U MG 5; MG 1 1147 U MG 7; MG 1 1166 U MG 10; MG 1 1179 U MG 10.
[197] v.d.Br. MG 2 1075 U MG 2, 1091 U MG 3, 1104 U MG 4, 1173 U MG 6.
[198] v.d.Br. MG 2 1091 U MG 3.
[199] v.d.Br. MG 2 1091 U MG 3.
[200] v.d.Br. MG 2 1147 U MG 7.
[201] v.d.Br. MG 2 1147 U MG 7.
[202] v.d.Br. MG 2 1220 U MG 12.
[203] Wilhelm Schmidt-Bleibtreu (Das Stift St. Severin in Köln, 1982) erklärt die Herleitung dieses Begriffs aus der Tatsache, dass die Aachener Regel in den Stiften kapitelweise vorgelesen wurde. Die Kanoniker nannte man daher *capitulares*.
[204] Marchal S. 16.
[205] v.d.Br. MG 1 v. 1622 Geistl. Abt 166.

acht Siegeln und drei *sigilla ad causas* bis 1400.[206] Wilhelm Ewald nimmt in seine Darstellung drei Siegel aus der Mitte des 12. Jahrhunderts, ein weiteres vom Ende des 14. Jahrhunderts und ein *ad causas*-Siegel aus der Mitte des 13. Jahrhunderts auf.[207] Das Siegel aus der Mitte des 12. Jahrhunderts (vor 1158) trägt die Umschrift zwischen begrenzenden Linien: + S(an)C(t)A MARIA IN GRAD(IB)US COLONIE.[208] „Auf dem Siegel des Marienstiftes ... ist die thronende Stiftspatronin im Bildtyp der *Hodegetria* dargestellt ... die frontal sitzende Gottesmutter hält mit dem linken Arm das relativ große Kind auf ihrem Schoß. Christus sitzt, von der Hand der Mutter am Oberschenkel festgehalten, weitgehend im Profil, blickt aber aus dem Bild heraus. In der Linken hält er ein Evangelienbuch. Die Rechte hat er segnend vor der Brust der Mutter erhoben. Maria trägt über langem kleidartigem Gewand eine *paenula*, deren Kapuze faltenreich über dem Kopf drapiert ist. Entgegen dem byzantinischen Bildtyp weist sie mit der rechten Hand nicht auf ihren Sohn hin, sondern hält wie bei den meisten westlichen Siegelbildern ein Lilienzepter in der ausgestreckten Hand. Ein *nimbus* umgibt ihr Haupt. Auf dem architektonisch gegliederten Thron liegt ein dickes Polster. Ihr Fußschemel ist in das Rund des Siegelbildes eingepasst ... Das Siegel wurde 1158 bei der Ausfertgung eines Chirographs[209], durch welches das Stift Mariengraden dem Kloster Königsdorf das Gut Kunrode gegen Zahlung überließ, verwendet."

Das zweite Siegel[210] hat die Umschrift: SIGNETU(m) ECC(lesi)E B(ea)TE MARIE AD GRAD(us) COLON(ienesis). Im Siegelbild ist die Muttergottes stehend und mit Zepter in der Rechten dargestellt.

Das *ad causas*-Siegel[211] aus der Mitte des 13. Jahrhunderts trägt die Umschrift: + S(igillum) S(an)C(t)e MARIE AD: GRAD(us): I(n) COLONIA: AD CAUSAS. Das Siegelbild zeigt die gekrönte Madonna, auf einer Bank sitzend, mit Lilienstengel in der Rechten, zu beiden Seiten je ein stehender Engel.

---

[206] v.d.Br. MG 2; *sigillum*: erste Erwähnung in 1161 U MG 8, *sigillum ad causas*: erste Erwähnung in 1300 U MG 36.

[207] Ewald Siegel S. 39.

[208] Ewald Siegel Tafel 12.5. Es ist im Katalog *Ornamenta Ecclesiae* Bd. 2. S. 47 (D 43). Köln 1985 abgebildet und von Rainer Kahsnitz in: *Imagines et signa*. Romanische Siegel aus Köln. Abschnitt D S. 48 des Katalogs beschrieben.

[209] Düsseldorf HStA Kloster Königsdorf Urk. 4a 1158; bei v.d.Br. 1158 MG 1 Farr. Gel. I 130 RS S. 359.

[210] Ewald Siegel S. 39 Nr. 6.

[211] Ewald Siegel S. 39 Nr. 5 a mit Abb. Tf. 119.

7.2.1 Wege zu Aufnahme in die Kanonikergemeinschaft

Die Aufnahme in die Kanonikergemeinschaft konnte in zwei Formen erfolgen: Zuwahl durch das Kapitel (Selbstergänzungsrecht) und päpstliche Provision. Das freie Selbstergänzungsrecht ist sicher originär und entspricht dem korporativen Charakter des Kapitels nach der Aachener Regel. Die päpstliche, aber auch königliche und bischöfliche Provision höhlte dieses originäre Recht der Zuwahl aus, indem es mit dem Reservationsrecht eigene Kandidaten für die Besetzung eines Kanonikats vorschlug und damit eigenen Interessen zum Erfolg verhalf. Die Provision dürfte bei der Gründung des Kapitels noch eine Ausnahme gewesen sein. Marchal[212] sieht seit dem „Aufkommen der absoluten, nicht auf eine Amtsstelle bezogenen Weihe im 12. Jahrhundert das breite Ausmaß der Provisionen". Das Exil der Päpste in Avignon (1309–1377) und das anschließende Große Schisma (1378–1477) führten zum Verfall der Kirche und zu einem Überborden der Provisionen für die päpstlichen Finanzen. Ein eigenes Kapitel nahm das Provisionwesen wieder auf.

Die Bedingungen für die Aufnahme sind aus Stiftsstatuten und Papsturkunden seit dem 12. Jahrhundert bekannt.[213] Der Anwärter musste ein ehrbares Leben (*integritas vitae, honestas morum*), eine Garantie für eifrige Diensterfüllung und die Eignung zum Chordienst nachweisen. Körperliche Behinderung schloss eine Anwartschaft aus. Als Mindestweihegrad wurde relativ spät ab dem Konzil von Vienne 1311 das Subdiakonat gefordert. Das 18. Lebensjahr wurde als Mindestalter festgesetzt. Die allgemeine Praxis war abweichend: Minderjährige Chorherren gelangten in das Kapitel. Wichtiger waren in den Statuten Geburts- und Standesfragen. Uneheliche[214] (*illegitimi nati*)[215] waren prinzipiell ausgeschlossen, seit dem 12. Jahrhundert gab es aber bereits Ausnahmen. Söhne[216] der Kanoniker (*spurii*) waren völlig ausgeschlossen. 1215 ging das 4. Laterankonzil energisch gegen den Übelstand vor, dass Chorherren ihre Söhne ins Kapitel nachzogen. Vielfach waren auch Kollegiatstifte auf den Adel beschränkt. Das galt in Köln für das Domstift und das Stift St. Gereon. Der Ausschluss von Nichtadligen ist oft in Städten erkennbar, wo eine Auseinandersetzung mit Bürgern bestand.

Am Anfang des Eintrittverfahrens stand die *Exspectanz*,[217] die Ausübung eines Anrechts auf ein noch besetztes Kanonikat mit Aussicht auf künftigen Pfründengenuss. Mit der *Exspectanz* sollte durch Einführung einer Wartezeit bis zur Aufnahme

---

[212] Marchal S. 12.
[213] Marchal S. 10.
[214] v.d.Br. MG 1 Anf. 17. Jh. Geistl. Abt. 165 S. 59.
[215] Marchal S. 11.
[216] Marchal S. 12 f..
[229] Marchal S. 12.

in das Kapitel der große Andrang zu den Kapiteln gesteuert werden. Ebenso setzte man dem überwuchernden *Exspectantenwesen*, bedingt durch die Vielzahl der päpstlichen Provisionsmandate, als Gegenmaßnahme die nicht zu überschreitende Pfründenzahl entgegen (*capitula clausa*). Das Nachrücken in die Pfründe wurde nach dem Prinzip der Anciennität in der Wartnerschaft geregelt.[218] Da die *Exspectanten* ursprünglich an den kapitularen Rechten und Distributionen – ausgenommen war der Pfründengenuss – teilhatten, wurde eine Vielzahl von *Exspectanten* dem Kapitel zur wirtschaftlichen Last und die kanonische Wahl wurde behindert. Gegenmaßnahmen[219] durch die *capitula clausa* seit dem 3. Laterankonzil von 1179 blieben ohne durchgreifenden Erfolg. Daher reservierte Papst Innozenz III. 1210 die Erteilung von *Exspectanzen* für sich, 1255 begrenzte Papst Alexander IV. die Zahl der *Exspectanzen* auf vier, die aber weitgehend der päpstlichen *Provision* vorbehalten sein sollten.

Bei der Aufnahme sicherte das Kapitel sich das Recht der kanonischen Wahl durch Ausübung des Nominationsrechtes.[220] Die Aufnahme erfolgte in einer ordentlichen Kapitelsitzung, die vom höchsten residierenden Prälaten bzw. vom Kapitelältesten, dem *senior canonicus*, einberufen wurde. Bei der kanonischen Wahl besaß jeder einzelne Kanoniker das Recht auf die *vox in capitulo*. Die Prälaten gaben stets als erste ihre Stimmen ab. Da die *unanimitas* als Gemeinschaftsideal fast nie erreichbar war, blieb die Problematik des mittelalterlichen Wahlrechts von *sanior pars* und *maior pars*. Die Festlegung auf die *sanior pars* als *maior pars* bestimmten *dignitas* und *auctoritas* der Stimmenden. Nach Aufnahme in das Kapitel leistete der neue Kanoniker den Kapitelseid und wurde feierlich zu seinem Sitz im Chor geleitet (*investura*). Er zahlte verschiedene Gebühren nach den Statuten an Propst, Dekan und Kapitel sowie für Präsenz und die *fabrica*. Die Stiftung eines Chormantels (*cappa*)[221] oder eines entsprechenden Barbetrages gehörten zu den Eintrittsmodalitäten. Die Spende eines Eintrittstrunkes schloss die *investura* ab.

Oft kam es zu Streitigkeiten unter den Anwärtern auf eine Pfründe. Aufgenommen wurde dann der endgültige Prozessgewinner. Dieser musste dann versprechen, das Kapitel nicht mehr zu behelligen; dafür musste er zwei oder mehr Bürgen stellen und eine Kaution hinterlegen.[222] Die Reformkonzilien des 15. Jahrhunderts beendeten das Sytem der *Exspectanz*.[223]

---

[230] Marchal S. 12 Anm. 23.
[219] Marchal S. 13.
[220] v.d.Br. MG 1 Anfang 17. Jh. Geistl. Abt. 165 S. 50.
[221] Die Stiftung einer *cappa* findet sich auch häufig in Memorienstiftungen: v.d.Br. MG 1 ca. 1370 Rep. u. Hss. 1488 Bl. 84: *Johannes Huysman decanus cappam pluviam de serio*; Bl. 9: 1428 Theoderich de Ubach vermachte *4 cappae cum 2 fibulis deauratis*.
[222] Marchal S. 13.
[223] Marchal S. 12.

Mit der Aufnahme neu eingetretener Kanoniker begann noch nicht die Möglichkeit des Pfründengenusses, sondern das Durchstehen von Gnaden- und Karenzjahren (*anni gracie, annus carencia, tote pfrund*), erstmals 1047 in Brüssel belegt.[224] Für Mariengraden werden Gnadenjahre mit Hinweis auf die Statuten gemäß Beschlüssen von 1280 (1279) und 1346 erwähnt.[225] Das Gnadenjahr steht in der Verfügungsvollmacht des „sterbenden Kanonikers"[226] nach seinem Tod und wurde für Seelgerät und andere Stiftungen, seit dem 13. Jahrhundert auch zur Schuldentilgung des Kanonikers verwandt.[227] Offenbar wurde die Verfügung über die Gnadenjahre von Kanonikern in Testamenten hinterlegt, die nach ihrem Tod eröffnet wurden.[228] Das Stift hatte aus den Gnadenjahren Verstorbener Anspruch auf 2 Malter Weizen oder 6 Mark für die Memorie, wenn er nicht als Lebender für die Memorie Vorsorge getroffen hatte. Das Karenzjahr entsprach dem Gnadenjahr, eingeführt für die Aufbesserung der Kapitelsgüter, die Fabrik, die Pfründenaufbesserung oder die Kapitelsmesse.[229] Über die Karenzjahre gibt es für Mariengraden keine Belege, weder in einer Einzelquelle noch in den bruchstückartig überlieferten Statuten. Dass das Karenzjahr im Stift unbekannt war, lässt sich hieraus nicht schließen, denn das Gnadenjahr war oft zweijährig[230] angesetzt. Je nach wirtschaftlicher Konstellation wurden unterschiedlich von Stift zu Stift Gnadenjahre und Karenzjahre vermengt. Auch wurde die Zahl der Karenzjahre mitunter bis auf vier Jahre erhöht.[231] Die Karenzbestimmungen überschritten das Maß des Notwendigen, so dass 1416 das Konstanzer Konzil sich im restriktiven Sinn damit befassen musste:[232] Die Karenzzeit durfte fortan nicht mehr als zwei Jahre dauern.

Das Verbleiben des neuen Kapitulars während dieser Zeit wurde nach personellen Bedürfnissen des Stiftes geregelt. Der Kanoniker pflegte nicht zu residieren, konnte aber bei Residenz verschiedene Distributionen, die nicht zum Pfründenkorpus gehörten, erhalten und die kapitularen Rechte wahrnehmen. Mit Entwicklung des Geldwesens erhielt der Chorherr die Möglichkeit, sich durch einmalige Entrichtung eines den Pfründeneinkünften entsprechenden Barbetrages von der Karenzzeit loszukaufen.[233] Erst mit vollem Pfründengenuss nach Ablauf oder Loskauf von der

---

[224] Marchal S. 14 f.

[225] v.d.Br. MG 1 ca. nach 1434 mit Nachtrag bis 16. Jh. Geistl. Abt. 166a S. 292.

[226] Marchal S. 14.

[226] v.d.Br. MG 1 ca. nach 1434 mit Nachtrag. bis 16. Jh. Geistl. Abt. 166a S. 292.

[227] v.d.Br. MG 1 nach 1434 Geistl. Abt. 166 a Bl. 101.

[228] v.d.Br. MG 1 1271 Alfter Bd. 10, 313.

[229] Marchal S. 14.

[230] v.d.Br. MG 1 1271 Alfter Bd. 10, 313.

[231] Marchal S. 14.

[232] Marchal S. 14.

[233] Marchal S. 15.

Karenzzeit begann ein Chorherr ganz am Kapitelleben teilzunehmen. Nach Ablauf der Karenzzeit musste der Kanoniker ein Jahr lang strenge Residenz[234] mit der Möglichkeit eines Urlaubs von sechs Wochen halten: Er musste in der Immunität wohnen, schlafen und die täglichen Mahlzeiten einnehmen. Zur Einhaltung der Chorpflicht gehörte die Präsenz, d.h. grundsätzlich die persönliche Anwesenheit bei den Horen und hl. Messen.[235]. Das Amt des Präsenzmeisters, oft identisch mit dem des Kämmerers, verfügte geradezu über eine „Bürokratie": Präsenzbestimmungen, Präsenzregister[236] und Präsenzgelder finden bei Mariengraden Erwähnung. Über die Präsenz wurde durch den sogenannten *signator*[237] Buch geführt. Im zweiten Jahr waren Lockerungen in der Residenzpflicht möglich.[238] Nur der Dekan oder der *senior* durfte den Kanoniker in dringenden Fällen beurlauben. Die päpstliche *Provision* als Weg zur Aufnahme in die Kanonikergemeinschaft (und in andere Kirchenämter) ist von Elke von Boeselager eingehend untersucht worden. „*Beneficium* und Bürokratie sind die Kernpunkte in der Beziehung von päpstlicher Kurie und Kirche im Reich (*in partibus*)."[239] Dabei wurden die lokalen Vergabeinstanzen bedrängt, eingeengt und bevormundet von der übermächtigen Kurie.[240] Die Verbindung von Klerikern und Kurie, insbesondere zu den Päpsten in Avignon, war sehr eng, da eine päpstliche Provision den Lebensunterhalt für die Kleriker durch eine Präbende sicherte. Die Kanonikatsstellen wurden taxiert. Bei erfolgreicher Inbesitznahme musste die Hälfte der Einkünfte des ersten Jahres als Annotierungsgebühr bezahlt werden. Die Eintreibung geschah durch Collectoren unter Aufsicht des Ordinarius, der an der Summe beteiligt wurde.

Das kanonische Recht[241] gab dem Papst das Recht zur Provision aus der *potestas iurisdictionis* als oberster Richter. Die Provision durch den Papst ist die ranghöchste. Das Reservationsrecht, das Recht des Vorbehaltes für die Besetzung der Kirchenämter durch die Päpste ohne die Beteiligung der lokalen Kollaturinstitution, war bei der Benefizienverleihung sehr umstritten, besonders da die Ausübung dieses Rechts während der Zeit der Päpste in Avignon ins Massenhafte anstieg. Die Konzilien versuchten gegenzusteuern: Festsetzung eines Mindestalters für Dignitare, Weihegrade und Verbot der Benefizienkumulation. Der Petent konnte grundsätzlich am Sitz der Kurie das Verfahren selbst betreiben. Dies bedeutete jedoch für Reise- und Aufenthaltskosten eine erhebliche Summe. Daher beauftragte der Petent in der Re-

---

[234] v.d.Br. 1280 Alfter Bd. 15, 17.

[235] v.d.Br. MG 1 ca. 1300 Rep. u. Hss. MG 1.

[236] v.d.Br. MG 1, 1315 U MG 101.

[237] v.d.Br. MG 1 1713 Geistl. Abt. 165 b: einzige Erwähnung eines *signator* (Schulte).

[238] v.d.Br. MG 1 1280 Alfter Bd. 15, 17.

[239] v. Boeselager S. 1.

[240] v. Boeselager S. 1.

[241] Lexikon des Mittelalters Bd. III Sp. 263–270.

gel einen *Prokurator* in Rom bzw. Avignon, der die ausgeklügelte Kurialbürokratie kannte und eine angemessene Aufwandsentschädigung für seine Aufgabe, nämlich die päpstliche Signatur des *„fiat, ut petitur"* erhielt. Das Ergebnis der *supplicatio* zeigte in einem Zeitraum von über 100 Jahren, dass zehnmal mehr *Suppliken* eingereicht wurden, als schließlich zu einer päpstlichen Bulle führten. Die Bearbeitungszeit betrug bei 69% der Suppliken drei Monate, ein Drittel wurde innerhalb eines Monats bearbeitet. Die genehmigten Suppliken wurden im päpstlichen *Supplikenregister* im Vatikan oder Lateran[242] und ebenso im *Annatenregister* der Kammer, der obersten Finanzbehörde der Kurie, eingetragen,[243] um die Zahlung der *Annaten* nach erfolgreicher Inbesitznahme der Stelle zu regeln.

Zwei Bedingungen für das *beneficium* mussten erfüllt sein: Das *beneficium* musste vakant oder eine in Zukunft zur Erledigung kommende Pfründe sein; die Provision wurde dann zur Exspectanz, zur Anwartschaft. Der Petent musste zudem in der Lage sein, dieses *beneficium* in Besitz nehmen zu können. Nicht geeignet waren Bewerber mit dem *defectus natalium* und dem *defectus aetatis*. Die Päpste sprachen jedoch dann in der Regel den Dispens vom Kirchenrecht gegen Entrichtung einer Geldsumme aus. Eine örtliche Ablehnung der Besitznahme erfolgte aus zwei erkennbaren Gründen.[244] Der Empfänger des päpstlichen *beneficiums* verfügte schon über ein ausreichendes kirchliches Amt. Zudem: Die Besitznahme war nicht kompatibel: Der Empfänger verfügte bereits über zwei oder mehr *Kuratbeneficia* ohne Dispens, dabei war die absolute Zahl der Stellen nicht eingeschränkt. Die *Nonobstanzen* wiesen bereits bei der Supplik Lücken auf. Im 14. Jahrhundert waren für das Stift von Mariengraden von 79 Petenten nur 12 erfolgreich.[245]

Das Supplikenformular erforderte 13 Angaben, die in der päpstlichen Urkunde wieder aufgenommen wurden:

1 Name und Weihegrad
2 Herkunft: Angabe der Diözese allgemein oder Angabe der Diözese, in der das wichtigste *beneficium* bereits vorhanden war
3 Adelstitel
4 akademischer Grad
5 Kurienposition
6 Rechtstitel beim Benefizialerwerb: Art und Weise des Erwerbs, *Prokurator* oder *motu proprio*
7 erbetenes *beneficium*: Kanonikat, Vikarie oder Pfarrkirche

---

[242] v. Boeselager S. 143.
[243] v. Boeselager S. 108.
[244] v. Boeselager S. 205.
[245] Sauerland S.

8 Vakanzgrund, z.B. Tod („per obitum"); darüber hinaus noch zwölf weitere Vakanzgründe[260]

9 Vorbesitzer: dies zeigt, wie die Stelle von Hand zu Hand ging

10 Nonobstanzen: geographische Lage und kirchliche Zuordnung, im Besitz befindliches beneficium oder nur Anspruch auf Rechtstitel, erwirkte Dispenzen

11 Prozesse: Rechtsstreit mit Konkurrenten oder Prozessgelder

12 Datum: Eintragung in das Supplikenregister

13 weitere Informationen: Alter des Petenten, unverzichtbar bei nicht erreichtem kanonisch vorgeschriebenen Alter, Resignation aus Altersgründen, Dauer des unrechtmäßigen Besitzes

Die Nobilität aus dem Hochadel oder in weit höherer Zahl die Herkunft aus dem niederen Adel brachten Vorteile bei der Provision. In Köln übertraf durch die aufstrebende Universität (1388) die akademische Graduierung die adlige Geburt. Der Zusatz „studet" oder der akademische Grad waren für Dignitare der Kapitel wichtig. Eine Vielzahl von Titeln lässt sich aufzählen: baccalaurii in artibus, in iure civili, in legibus, in theologia; licentiati in decretis, in legibus, magistri in artibus, in poetica, in theologia (12–20 %). In Köln bezeichnet die iuridische Graduierung einen Anstieg der Petenten, während die iuridische Graduierung meist von der Universität Bologna herrührte. Die Kurienposition räumte Prärogativen bei der Provision ein, entweder war es die direkte Tätigkeit an der Kurie oder der Petent gehörte über die Kardinäle zum Klientelverhältnis des Papstes. Von Boeselager zählt 13,3 % der Petenten zu den familiares des Papstes.[246] Die Motivation der Päpste zur Provision leiteten nur im geringen Maße geistliche und seelsorgerische Gründe, vielmehr stand die Kirchenpolitik im Mittelpunkt: die Schaffung von Abhängigkeitsverhältnissen und die Möglichkeit, im großen Maße Geld für die Kurie einzutreiben.

Heinrich Volbert Sauerland hat in seiner Untersuchung aus dem Vatikanischen Archiv auch die durch den Papst providierten Stiftsangehörigen von Mariengraden für die Personalliste im 14. Jahrhundert eruiert.[247] Die Begrenzung auf das 14. Jahrhundert durch Sauerland bleibt fragmentarisch, ist aber auch exemplarisch.[248] Die päpstlichen Provisionen sind im 14. Jahrhundert überaus zahlreich. Bei der geringen Zahl erfolgreicher Provisionen für die frühere Zeit dürften diese für die Personalliste von Mariengraden vernachlässigt werden. Sauerland hat die Regesta Vaticana für

---

[260] v. Boeselager S. 249.

[246] v. Boeselager S. 249.

[247] Sauerland I 1052, II 1245, II 2284, IV 656, IV 631, V 1106, VI 177, VI 822, VI 994, VII 303, VII 918.

[248] Die provisio canonica durch den Papst für die frühere Zeit ist für das Rheinland, soweit erkennbar, bisher nicht zusammengefasst.

die Zeit von 1294–1424 auf alle Personen oder Rechtssubjekte der ehemaligen Rheinprovinz (Diözesen Köln und Trier mit angrenzenden Gebieten) ausgewertet und in sieben Bänden abgedruckt. Er gibt in seiner Zusammenstellung die päpstlichen Bullen wieder, nicht aber die Suppliken, die auch zum größten Teil verloren sind. Erfolgreiche Provisionen sprechen für Mariengraden im 14. Jahrhundert insgesamt sechs Päpste aus, von Johannes XXII. (1316–1334/Avignon) bis Johannes XXIII. (1410–1415/Rom). Für Mariengraden sind im 14. Jahrhundert nach Sauerland 79 Suppliken bei der Päpstlichen Kurie eingereicht worden, davon wurden nur 12 mit einem Kanonikat oder einem Amt im Kapitel ausgezeichnet. Die 67 erfolglosen Suppliken bedeuten zweifellos nicht, dass das Kanonikat diesen Petenten verwehrt wurde. Aus Textzitaten geht hervor, dass viele in der Personalliste von Mariengraden verzeichnet sind, jedoch nicht über den Weg der päpstlichen Provision, sondern über die kanonische Zuwahl, statutenmäßig die Aufnahme in das Kapitel erreichten. In der Personalliste sind die providierten 12 Kanoniker mit der Fundstelle besonders gekennzeichnet.

Im Allgemeinen schied der Kanoniker durch den Tod aus. Eine zweite Möglichkeit war der Pfründentausch, bei dem ein Kanonikat gegen ein anderes eingetauscht wurde. Bei der Resignation auf ein Kanonikat fehlt die Begründung in den Quellen. Oft lässt sich aber nachweisen, dass die Resignation zu Gunsten eines Verwandten erfolgte. Eine vierte Möglichkeit war die päpstliche Aufforderung, das Kanonikat mit der Präbende aufzugeben.

7.2.2 Rechte und Einkünfte der Kanoniker

Die Kanoniker erhielten im Laufe der Zeit zunehmend Einfluss auf die Stiftsverwaltung. Der Modus des Abstimmungsverfahrens und die Verpflichtung, jedem Teilnehmer der Kapitelsitzung Gelegenheit zur Wortmeldung einzuräumen, zeigen, dass der einzelne Kanoniker seinen Einfluss auf die Stiftsangelegenheiten geltend machen konnte. Diese Einflussnahme wuchs in dem Maße, wie das Kapitel an Bedeutung gewann und die Rechte des Propstes eingeschränkt wurden. Ursprünglich lag die gesamte Vermögensverwaltung beim Propst.[249] Bei Mariengraden wird 1283 der Wandel deutlich, als vertraglich die Propsteiabschichtung durchgeführt wurde.[250] In Urkunden wird die Nennung des Propstes weggelassen und nur noch „Dekan und Kapitel" genannt. Am Ende des 13. Jahrhunderts wurden die Stiftsangelegenheiten vom Kapitel selbst geregelt: Das Kapitel hatte das Recht, Statuten zu erlassen; die Kanoniker übten das Stimmrecht bei den Wahlen zu den Dignitäten aus und bestimmten die Ausstattung mit Präbenden und Ämtern. „Alle vom Kapitel

---

[249] Schmidt-Bleibtreu S. 94.
[250] v.d.Br. MG 1 1283 März 24 Farr. Gel. IV 204 RS.

erlassenen Statuten mussten jedoch, um Rechtskraft zu erlangen, vom Erzbischof bestätigt werden."[251]

Bei vielen Kölner Stiften hatten die Kanoniker zugleich außerhalb des Stifts eine Pfarrstelle an einer Kirche oder Kapelle inne. Für Mariengraden lässt sich dies quellenmäßig nicht direkt nachweisen. Es ist aber wahrscheinlich, dass Pfarrstellen an Kirchen, die zum Grundbesitz gehörten oder durch Patronatsrecht mit ihm verbunden waren, bestanden. In einer Urkunde von 1262 gibt es eine generelle Regel für die St. Reinoldikirche in Dortmund: Dekane und Kapitel können bei Vakanz einem Stiftsmitglied die Reinoldikirche übertragen.[252] Der betreffende Kanoniker nimmt die Reinoldikirche wirklich in Besitz, dafür fallen die Einkünfte seiner Stiftspfründe an die Kirchenfabrik von Mariengraden, solange er lebt. Bei der Bewerbung mehrerer Kanoniker wählt das Kapitel den geeignetsten Kandidaten aus. St. Reinoldi war eine Patronatspfarre von Mariengraden. Ob der gewählte Kanoniker nur die Nutzungsrechte übernahm oder überhaupt Pfarrer war, sagt die Quelle nicht aus. Der Einsatz von Vertretern, *vicarii* oder *procuratores* dürfte wahrscheinlicher gewesen sein.[253]

Das Gemeinschaftsleben im Stift beruhte auf der gleichen Verpflichtung aller Mitglieder. Daher musste auch die wirtschaftliche Grundlage der einzelnen Kanoniker durch die Pfründe oder Präbende gleich sein.[254] Seit dem 12. Jahrhundert standen die Pfründen unter zentraler Verwaltung durch den Kellermeister (*cellerarius*), dessen Aufgabe es war, die Gleichheit der Pfründen zu regeln und zu überwachen. In regelmäßigen Intervallen fand eine Neuverteilung oder ausgleichende Neuumschreibung der einzelnen Pfründen statt. Die eigentliche Pfründe (*corpus praebende*)[255] bestand im 12. und 13. Jahrhundert aus einem jährlichen Anteil an Korn und Wein sowie einem Anrecht auf eine *domus canonicalis*, wie sie bereits in der Aachener Regel vorgesehen war.

Weitere Einkünfte konnte der Kanoniker durch einen Anteil am gemeinsamen Kapitelgut (*mensa communis*), durch Präsenzgelder oder Opfergaben (*oblationes*) erzielen. Diese gehörten nicht zum Pfründenkorpus, sondern waren an entsprechende Pflichterfüllung gebunden. „Bei den Präsenzgeldern handelt es sich um eine Belohnung für die Gottesdienstteilnahme in Geld, der bei der Ausweitung des Geldwesens im 13. Jahrhundert wachsende Bedeutung zukam ... Die Erfüllungsbedingungen wurden in zahlreichen Statuten mit minutiösen Bestimmungen, von wann

---

251 Schmidt-Bleibtreu S. 96.
252 v.d.Br. MG 1 1262 März U MG 16.
253 Lexikon des Mittelalters Bd. VI Sp. 2024 f.
254 Marchal S. 8.
255 Marchal S. 9.

bis wann an einem Gottesdienst mindestens teilzunehmen sei, festgehalten, wobei im späteren Mittelalter nur ein Bruchteil der Horen – meist Stiftsamt und Vesper – obligatorisch zu besuchen war."[256] Die Präsenzgelder wurden durch Rechtsgeschäfte der Kanoniker untereinander oder durch Laien finanziert. In vier Urkunden findet das Präsenzgeld von Mariengraden für die am Chordienst Teilnehmenden, aufgezeichnet in Präsenzregistern, als Abgabe Erwähnung,[257] Schmidt-Bleibtreu zeigt detailliert in seiner Stiftsgeschichte von St. Severin *oblationes* auf, die zwar für Mariengraden quellenmäßig nicht nachweisbar sind, aber auch hier im Stift sicher üblich waren: Zuwendungen an den kirchlichen Hochfesten in Geld und Naturalien: die *pascales denarii* und zwischen dem ersten Advent und Ostern 90 beste Salzheringe. Bei Anniversarienfeiern wurden die *Kalendarii oboli* zugeteilt. Weitere Zuwendungen kamen aus der Verteilung von Kämmereiüberschüssen und Suspensionsgefällen sowie Strafgeldern bei Nichteinhaltung der Residenz. Das Oboedienzsystem[258] brachte den Kanonikern, die Stiftshöfe gepachtet hatten, Einnahmen aus den Pachtüberschüssen. Nicht alles Gut wurde von der Pfründenaufteilung erfasst. Ein Anteil der *mensa* wurde für die Verfügung des Kapitels zurückbehalten und zweckgebunden verwandt, z.B. für den Kirchenunterhalt und die *fabrica*, den Kirchbau. Die Verbindung zwischen Pfründe des Einzelnen und Funktionen der Korporation führt zu kapitularen Rechten wie Pflichten: das Recht auf Pfründengenuss, die Pflicht zur Residenz, das Recht auf Mitbestimmung im Kapitel, aber auch die Pflicht zur Teilnahme und Übernahme von Ämtern. Der Komplex von Besitz, Rechten und Pflichten bildet grundsätzlich das Kanonikat.[259]

Bei der Gründung von Mariengraden war die Zahl der Pfründen auf 30 festgesetzt. Die Zahl lässt sich schließen aus einer Urkunde von 1091, in der Propst Hezelinus für sein und seiner Ahnen Seelenheil *„panes...triginta ex maldro frumenti confectos unicuique ex confratibus unum"* – 30 Brote für die Kanoniker, d.h. für jeden Kanoniker ein Brot überträgt. Die Zahl 30 durchzieht die Quelle mit weiteren Dotationen des Hezelinus. Der Autor der *vita Annonis minor* von 1180 sagt über Anno, dass er bei der Gründung von Mariengraden *„monasterium... prediis ad triginta canonicorum stipendia copiose dotavit"*. Von den Brincken bestätigt die Zahl von 30 Pfründen.[260] 1575 wird die Pfründenzahl durch Erzbischof Salentin von Köln auf Bitten von Dekan und Kapitel mit Rücksicht auf die geringfügigen Stiftseinkünfte, u.a. aus dem westfälischen Zehnten zu Dortmund, Lippstadt und Soest von 30 auf

---

[256] Marchal S. 29.
[257] v.d.Br. MG 1 1262 U MG 17, 1315 U MG 49, 1360 U MG 197, 1434 U MG 215.
[258] Das Oboedienzsystem wird im Zusammenhang mit den Verwaltungsaufgaben des Propstes dargestellt.
[259] Marchal S. 9.
[260] v.d.Br. MG 1 1091 U MG 3; 1180 *Vita Annonis minor* cap. XI; v.d.Br. Einleitung zu den Regesten S. IX.

20 vermindert.[261] Die Minderung der Zehnten in Westfalen lassen sich wahrscheinlich auf eine Krise in der Landwirtschaft durch Unwetter oder Dürre zurückführen.
Wie Unwetter im 12. Jahrhundert zu einer Hungersnot in der Bevölkerung führte,
zeigt der Mönch Reiner von Lüttich in seinem eindrucksvollen Bericht für die Jahre
1194–1202. Dabei setzt er Ernteschäden in einen Bezug zum Geldwertverlust.[262] Die
Pfründenunterdrückung fand zugunsten des Fabrikfonds statt. Es gab aber auch die
Pfründenaufbesserung, so im Jahr 1143 durch eine Stiftung zugunsten der Kanoniker.[263] Bei Pfründensuspensionen, Verlust der Pfründe wegen Zahlungssäumigkeit
aus Oboedienzen fielen die Einkünfte aus der Pacht des Stiftshofes dem Kapitel
zu.[264] Bei unerlaubter Abwesenheit über mehr als vier Jahre ging die Pfründe zugunsten des Kapitels verlustig.[265]

In Mariengraden wie in anderen Stiften erwies sich die Pflichterfüllung zur Feier
des Gottesdienstes durch Kanoniker mit niederen Weihen und Priestern als proble-
matisch. Die Bereitschaft der Kanoniker, sich weihen zu lassen, war nicht ausge-
prägt. Daher wurden Pfründen eingeführt, die entsprechend den Weihegraden ausgestattet waren. Es gab daher unterschiedliche für Subdiakone und Diakone.[266]
Diakonalpfründe sind fünfmal erwähnt.[267] Besonders wichtig scheint hier, dass 1310
in ordentlicher Kapitelsitzung vom Senior dahin entschieden wurde, dass die Kanoniker Diakone sein oder werden müssen. Sie waren zur Residenz und zur Teilnahme am Offizium verpflichtet. Bastunanten, Kanoniker, die eine Pilgerfahrt gelobt
hatten, konnten nicht zur Weihe gezwungen werden. Sollten sie sich jedoch außerhalb der Stadt Köln, aber innerhalb der Diözese weihen lassen, so ersetzte ihnen das
Stift die Unkosten. Die Priesterpfründen variieren infolge des in den Stiften bestehenden strukturellen Priestermangels: 1250 bestätigt Erzbischof Konrad von Hochstaden dem Stift Mariengraden, dass vier der Pfründen Priesterpfründen sein müssten.[268] Papst Alexander V. hob 1255 die Zahl der Priesterpfründe auf fünf an.[269] 1421
wurde von Papst Martin V. in einer Bulle festgelegt, dass zwei weitere Kanonikate
von den übrigen 25 (!) Priesterkanonikate sein sollten, damit die Gottesdienste im
Stift gesichert waren.[270]

---

[261] v.d.Br. MG 1 Anfang 17. Jh. Geistl. Abt. 165 S. 72.

[262] Reineri Annales 1197 MGH SS 16 S. 652 f.

[263] v.d.Br. MG 1 1143 Farr. Gel. I 124 RS.

[264] v.d.Br. MG 1 1351 U MG 101

[265] v.d.Br. MG 1 1280 Alfter Bd. 15, 17.

[266] v.d.Br. MG 1, v. 1622 Geistl. Abt. 166 S. 13 cap. 18.

[267] v.d.Br. MG 1 ca. 1300 Rep. u. Hss. Bl. 50 RS, weitere Diakonatspfründen werden erwähnt: v d.Br. MG 1
1419 U MG 187, 1426 U MG 208, v. 1622 Geistl. Abt. 166 S. 13 cap. 18.

[268] v.d.Br. MG 1 1250 (49) Farr. Gel. IV 208.

[269] v.d.Br. MG 1 1255 Farr. Gel. IV 208 RS.

[270] v.d.Br. MG 1 1421 U MG 197.

7.2.3 Die Dignitare: Propst, Dekan, Scholaster

Für Leitung des Stiftes und zur Schaffung eines geordneten Betriebes waren verschiedene Ämter eingerichtet. Bis ins 13. Jahrhundert waren Ämterfolge und -zahl dem Wechsel unterworfen.[271] In den Quellen bedeutet der gleiche Amtsname nicht immer dieselbe Funktion, die tatsächliche Amtsfunktion ist nur aus dem Textzusammenhang der jeweiligen Quelle zu ermitteln. Eine konsequente Unterscheidung lässt sich aber konstatieren zwischen *Dignität* und *Officium*: Dignität bedeutet Ehrenvorrang und Jurisdiktionsgewalt, an eine Person gebunden; Officium steht für bloßen Ehrenvorrang, an ein Amt gebunden.

Unter den Dignitaren nahm der **Propst** (*prepositus*) in der Frühzeit des Stiftes die führende Position ein. Seine Sorge galt vor allem den *exteriora* und *temporalia* des Stifts und der Abwendung des Unrechts vom Stift. In seinen Händen lag die Verwaltung des gesamten Stiftsvermögens, des Grundbesitzes an Kirche und Höfen. In den Urkunden nahm er vor dem Dekan und dem Kapitel die erste Stelle ein. Bis um die Wende vom 11. zum 12. Jahrhundert hatte er immer die Priesterweihe. Neben der wirtschaftlichen Verwaltung gehörte ursprünglich die Sorge für die innere Disziplin und die Befolgung der Statuten und *consuetudines* der Kanoniker zu seinem Amt.[272] Seit der zweiten Hälfte des 12. Jahrhunderts nahm der Propst im Stift nur noch eine reduzierte Stellung ein.[273] Die stadtkölnischen Pröpste konnten die Interessen der Gemeinschaft nicht mehr wahrnehmen. Als Mitglieder des Priorenkollegs wurden sie in bischöflichen Diensten durch stiftsfremde Obliegenheiten völlig beansprucht. Auch ein zweiter Umstand ließ den Einfluss des Propstes auf das Stift schwinden:[274] Die Güterverwaltung wurde zu umfangreich und seine Abwesenheit vom Stift immer häufiger. Der Propst war in der Administration der weit verstreuten Güter und Rechte überfordert. Die unkontrollierte Delegation einzelner Verwaltungsaufgaben forderte eine geordnete Aufteilung der Verantwortung. Die Einrichtung von Oboedienzen[275] war zwingend geboten. Groten hat die Oboedienzen des Domstifts nach ihrem territorialen Umfang, aber auch nach ihrer Entstehungszeit untersucht. Er fand die Existenz der Oboedienzen des Domstifts um

---

[271] Marchal S. 18 f.

[272] Über Praeposituralia sind nur wenige Nachrichten von Mariengraden erhalten. Bei Rechten und Pflichten werden nur Einschränkungen in Rechtsangelegenheiten erwähnt: z.B. wird das Recht der Einrede des Propstes bei Güterübertragung ausgeschlossen (v.d.Br. MG 1 1062 U MG 1); marginale Angaben finden sich zur Sorge um den Schlafsaal (v.d.Br. MG 1 1220 U MG 12) oder zum Patronatsrecht am Altar im Kapitelhaus (v.d.Br. MG 1 1350 U MG 105). Von den Propsteilisten aus dem 16. und 17. Jahrhundert sind nur die Überschriften erhalten.

[273] Marchal S. 19.

[274] Marchal S. 19.

[275] Groten Priorenkolleg S. 192–204.

die Mitte des 12. Jahrhunderts belegt, lässt aber auch diese Zeit als *terminus ante quem* für ältere Oboedienzen zu. Für Mariengraden sind Oboedienzen zuerst im Abschichtungsvertrag von 1283 erwähnt.[276] Der Propst wies Stiftskanonikern Oboedienzen zu. In Eid- und Statutenbüchern zum Jahre 1283 werden Oboedienzen ebenso bestätigt.[277] Allgemein bezeichnet der Terminus *Oboedienz* ein dem Einzelnen verliehenes Amt in der Kloster- und Stiftsgemeinschaft. Die Amtsführung richtete sich auf eine Gütermasse, die dem *oboedientiarius* zur Verwaltung anvertraut wurde. Oboedienzen waren nicht gelegentliche Verpachtungen und Verleihungen von seiten des Propstes, die Güter wurden auf Dauer zu einer solchen Verwaltungseinheit zusammengefasst. Oboedienzen entstanden durch Abtrennung bestimmter Güter vom alten Präbendalgut oder zum größten Teil durch Zusammenfassung von Seelgerätestiftungen oder anderen Schenkungen, bei denen der Tradent selbst häufig diese Verwaltungsform zur Bedingung machte. Die Güter befanden sich oft weit außerhalb der Ballungsräume des alten Pfründengutes. Jede Oboedienz hatte ein größeres Gut als namengebenden Mittelpunkt. Der Oboedientiar musste an Gedenktagen festgesetzte Reichnisse verteilen, Kerzen aufstellen und Seelenmessen feiern, dazu kamen weitere Abgaben an das Stift. Daher sind Memorienbücher für die Existenz von Oboedienzen geeignete Quellen, wenn zur Feier der Memorie Erträgnisse verwendet wurden. Für Mariengraden lässt sich dies an zwei Stellen festmachen: zum Neujahrstag *de oboedientia in Luppe in die circumcisionis*[278] und am Fest des Patrons Agilolfus aus einem Testament *oboedienciarii in Swelme ratione oboedienciae*[279]. Warfen die Güter höhere Erträge ab, als der Oboedientiar abzuführen hatte, so konnte er nach Abzug einer bestimmten Quote zur Melioration der Besitzungen die Überschüsse für seine eigenen Zwecke nutzen. Die Rentämter waren zusätzliche Einnahmequellen für bestimmte Kanoniker. Bei Mariengraden werden Oboedienzen in Meckenheim und Flamersheim erwähnt.[280] Diese Oboedienzen sind mit einem Vermerk über Zahlungssäumigkeit gegenüber dem Stift versehen: Stiftskarzer, Pfründenverlust und täglich 12 Denare Buße. 1434 werden weitere Oboedienzen genannt.[281]

Um die Mitte des 13. Jahrhunderts war ein beachtlicher Prozentsatz des Kapitelbesitzes in Form von Oboedienzgütern in Händen einzelner Kanoniker, das Verwaltungsmonopol des Propstes war gebrochen. Einzelne Oboedientiare waren nicht

---

[276] v.d.Br. MG 1 1283 Farr. Gel. IV 204 RS.
[277] v.d.Br. MG 1 Anf. 17. Jh. Geistl. Abt. 165 S. 41.
[278] v.d.Br. MG 2 MB 1: 29.3. S. 459.
[279] v.d.Br. MG 2 MB 2: 9.7. S. 480.
[280] v.d.Br. MG 1 1351 U MG 101.
[281] v.d.Br. MG 1 n. 1434 Geistl. Abt. 166 a Bl. 83: Schwelm, Dottel, Sindorf, Vernich, Much, Lipp und Kaltenborn.

gegen die Versuchung gefeit, vornehmlich in eigenem Interesse zu wirtschaften. Dies umso leichter, da die Verleihung der Oboedienz auf Lebenszeit galt.[282] Die fortschreitende Verselbständigung der Kanoniker in allen Kölner Stiften setzte eine Entwicklung in Gang, die zur völligen Abschichtung des Propstes von der Stiftsgemeinschaft führte.[283] Die Gründe lagen, wie dargelegt, eben in der Wahrnehmung des Priorenamtes durch den Propst und die Einführung des Oboedienzsystems. 1250 legte das Mariengradstift ein umfangreiches Verzeichnis von Einkünften[284] vor Abschichtung der Propstei am 24. März 1283 an, eine geeignete Grundvorlage für den Abschichtungsvertrag.

Der Abschichtungsvertrag vom 24. März 1283 zwischen Propst Walram und dem Dekan Pelegrinus mit Kapitel trennte bei Genehmigung des Erzbischofs Siegfried von Westerburg (1275–1297) Propsteigut und Präbendalgut mit allen Rechten.[285] Der Propst behielt seine Vasallen von altersher, es blieben ihm also die Lehnsverhältnisse, und er investiert die neu aufgenommenen Kanoniker. Der Vertrag musste von jedem neu aufgenommenen Stiftsmitglied beeidet werden. Alle Urkunden des Stifts lassen nun in der *intitulatio* den Namen des Propstes weg. Nachdem sich bereits seit der 2. Hälfte des 12. Jahrhunderts die Kompetenzen des Propstes zugunsten des Dekans verschoben hatten, reduzierte sich nach der *separatio bonorum* 1283 die Stellung des Propstes deutlich. Es blieben ihm die Rechte und Pflichten, die aus dem Propsteigut erwuchsen, im Stift blieb ihm nur das Recht auf Investitur von neuen Kanonikern. Der Propst durfte ohne Genehmigung des Kapitels nicht an dessen Sitzungen teilnehmen.[286] Anstelle der ursprünglichen Wahl durch das Kapitel trat jetzt die päpstliche Provision bei der Besetzung des Propstamtes.[287]

Über die Stiftstätigkeit hinaus erlangten zwei Pröpste Bedeutung als Erzbischöfe von Köln. Bruno IV. von Sayn (1180 Propst von Mariengraden, Erzbischof 1205–1208,) war wie die Kölner Bürger in den staufisch-welfischen Thronstreit verwickelt. Er wurde von Klerus und Volk, den Prioren und einem Teil des Adels anstelle des vom Papst abgesetzten Adolf von Altena als Erzbischof eingesetzt. 1206 geriet Erzbischof Bruno IV. in die Gefangenschaft des staufischen Königs Philipp v. Schwaben. 1207 wieder in Freiheit, blieb durch Papst Innozent III. die Bischofswürde bei Bruno. Im September 1208 zog er feierlich in Köln ein, starb aber bereits am 2. November desselben Jahres auf Burg Blankenberg an der Sieg.

---

[282] Groten Priorenkolleg S. 203 f.
[283] Groten Priorenkolleg S. 194.
[284] v.d.Br. MG 1 ca. 1250 Diöz A Urk.
[285] v.d.Br. MG 1 1281 März 24 Farr. Gel. IV 204 RS; REK III 2985.
[286] Schmidt-Bleibtreu S. 118.
[287] Schmidt-Bleibtreu S. 119.

Größere Bedeutung erlangte Konrad von Hochstaden, 1238–1261 Erzbischof von Köln.[288] Er stammte aus dem Haus der Grafen von Are. Im Jahre 1216 befand er sich zum Studium in Paris. 1232 ist er als Propst von Mariengraden bezeugt. 1233/34 lag er im Streit mit Dompropst Konrad von Buir um dessen Amt. Er wurde gebannt. Am 30. April 1238 wurde er auf Betreiben des Domkapitels zum Erzbischof gewählt, die päpstliche Bestätigung erfolgte im April 1239. Seither stand Konrad auf Seiten der päpstlichen Partei gegen Friedrich II. Er geriet in die Gefangenschaft staufisch gesinnter Dynasten. 1257 betrieb er die Wahl Richards von Cornwall zum König. 1258 ernannte ihn Richard zum Reichsvikar, u.a. mit dem Recht auf Investitur der Bischöfe. Das erzbischöfliche Territorium vergrößerte er durch Schenkungen aus dem Familienbesitz. Die Stellung des Erzstifts wurde allerdings durch Emanzipationsbestrebungen der großen erzbischöflichen Vasallen geschwächt. Daher betrieb er die Stärkung der stadtherrlichen Rechte in Köln: 1252 Kleiner Schied, 1258 Großer Schied. 1259 versuchte er mit Hilfe der Zünfte das Stadtregiment des Meliorats zu beseitigen. Er besetzte die Schöffenämter neu, neben dem Rat beteiligte er die Bruderschaften an der Regierung der Stadt. 1248 legte er den Grundstein zum Neubau des gotischen Doms. Groten fasst seine Bedeutung zusammen: „Mit politischem Gespür, zugleich wagemutig und mit realistischem Geschäftssinn begabt, machte Konrad seine Amtszeit zu einem Höhepunkt kölnischer Machtentfaltung. Die Schwäche seiner Stellung wurde erst unter seinen Nachfolgern offenbar."[289]

Der **Dekan** (*decanus*), der Aachener Institution noch unbekannt, wird als Dignität eines Stiftes in den Quellen des 9. bis 11. Jahrhundert sichtbar.[290] Für Mariengraden ist die erste Erwähnung des Dekanatsamtes 1062 nachweisbar.[291] Hezelinus *decanus* bestätigte eine Schenkung des Fitherius an Mariengraden. Propst und Dekan hatten auf gegenüberliegenden Seiten ihre Sitze im Chorgestühl.[292] Vom Propst wurden dem Dekan zunehmend die *spiritualia* abgegeben, während sich der Propst den *temporalia* und den stiftsfremden Aktivitäten zuwandte.[293] In Zeugenlisten sind zunächst Propst, Dekan und Kapitel zusammen erwähnt, nach der Gütertrennung findet sich nur noch die Wendung Dekan und Kapitel unter Weglassung des Propstamtes, wie bereits erwähnt.[294] Nach der *separatio* hatte der Dekan an Stelle des Propstes die tatsächliche Leitung des Stiftes in Bezug auf *temporalia* und *spiritualia*. In der Regel musste der Dekan statuarisch Priester sein oder in festgesetzter Frist

---

[288] Groten in: Lexikon des Mittelalters Bd. V Sp. 1531 f.
[289] Groten in: Lexikon des Mittelalters Bd. V Sp. 1352.
[290] Marchal S. 20.
[291] v.d.Br. MG 1 1062 U MG 1.
[292] v.d.Br. MG 1 1740 Test. R 71.
[293] Marchal S. 20.
[294] Schmidt-Bleibtreu S. 124.

nach der Wahl entsprechend den *canones* des 3. Laterankonzils von 1179 die Priesterweihe nachholen.[295] Entsprechend seiner Bedeutung war die Pflicht zur Residenz strenger als bei den übrigen Kapitularen (oft *continua*).[296] Die Besetzung der Dekanie erfolgte durch Wahl des Kapitels. Die Wahlen erfolgten nicht immer einmütig, sondern *„votis maioribus et sanioribus"*. Im Spätmittelalter trat an die Stelle der Wahl die bischöfliche oder päpstliche Provision.[297] Zwei Verantwortungsbereiche gehörten besonders zu den Aufgaben des Dekans: die Jurisdiktionsgewalt und die Sorge für den Gottesdienst.[298] Der Dekan war *iudex aliorum* und für die Disziplin der Kanoniker verantwortlich. Bei Sitzungen des Kapitels führte er den Vorsitz, bei Abwesenheit übernahm der *senior* diese Stelle. Die Abwesenheit war die Ausnahme, denn der Dekanatseid[299] forderte eben eine strenge Residenz. Die Nichteinhaltung hatte den Verlust aller Stiftseinkünfte zur Folge. Nicht nur die Disziplin der Kanoniker, sondern auch die Sorge für den Gottesdienst gehörte zum Verantwortungsbereich des Dekans.[300] So bestimmte er den Tag und die genaue Zeit, zu der die Vikare an den einzelnen Altären zelebrierten. Der Dekan besaß außerdem das Kollationsrecht über die meisten Altäre.

Der Einfluss des Dekans auf die Vermögensverwaltung war nicht unbeträchtlich, weil Dekan und *senior* die Präbenden nach Ordnung des Stiftes vergaben und der Abschichtungsvertrag auch eine Güterumschreibung brachte. Von Mariengraden gibt es aus dem Jahr 1310 ein umfangreiches Heberegister über die Einkünfte und Herbergsrechte des Kapitels bzw. des Dekans in Westfalen.[301] Darüber hinaus berichten die Quellen von der Wahrung der Patronatsrechte über die Dortmunder Kirchen, die Mariengraden unter Erzbischof Anno erhalten hatte. 1285 erhob der Dekan Klage wegen des Patronatsrechtes über die Dortmunder Kirche gegen Rat, Schöffen und Gemeinde von Dortmund.[302] In der ausführlichen Begründung sind die Rechtstitel des Patronatsrechtes im Einzelnen aufgeführt. 1292 weihte der Dekan als Inhaber des Patronatsrechtes die gerade gestiftete Kapelle des Jacobus.[303] 1293 entschied Erzbischof Siegfried von Westerburg im Streit um Rechte des Dekans von Mariengraden in Dortmund mit Dompropst und Archidiakon über das Besetzungsrecht an verschiedenen Dortmunder Kirchen.[304] 1299 aber stand den Stiftern des

---

[295] Marchal S. 20.
[296] Marchal S. 20.
[297] Schmidt-Bleibtreu S. 126.
[298] Schmidt-Bleibtreu S. 124 f.
[299] v.d.Br. MG 1 Geistl. Abt. 166 a Bl. 104.
[300] Schmidt-Bleibtreu S. 125.
[301] v.d.Br. MG 1 1310 A MG 41.
[302] v.d.Br. MG 1 1285 Dortm. Stadt A U 720.
[303] v.d.Br. MG 1 1292 U MG 30.
[304] v.d.Br. MG 1 1293 U MG 31.

Altars von Peter und Paul auf Lebenszeit in der Dortmunder Reinoldikirche das Besetzungsrecht zu. Bei der Wahl eines Nichtgeweihten war die Weihe binnen eines Jahres nachzuholen. Bei Nichtbeachtung fiel das Besetzungsrecht dem Dekan zu.[305]

Die Rechte des Dekans waren nicht unangefochten, weil das Kapitel keine Kompetenzen aufgeben wollte. Die Richter- und Disziplinargewalt durfte er *in rebus gravioribus* nur zusammen mit Diakonen ausüben, *in rebus minoribus* musste er den *senior* hinzuziehen. Gegen Strafen des Dekans hatte das Kapitel das Appellationsrecht beim Erzbischof. In allen Angelegenheiten der Vermögensverwaltung, wie z.B. Verpachtung, pochte das Kapitel auf Mitwirkung. Unbestritten war das Recht des Dekans bei der Einsetzung der Vikare. Daher erfolgte auch die Zuweisung von Tag und Stunde der Zelebration durch den Dekan.

Die Einkünfte des Dekans betrugen in fast allen Kölner Stiften ein Drittel der Einkünfte des Propstes.[306] Oft wurden die Einkünfte angehoben durch Kircheninkorporation und Zehnteinkünfte, wie eine Quelle über den Hof Elfgen mit umfangreichen Listen der Zahlenden, Kurmietpflichtigen und Lehen dokumentiert.[307] Unter den Dekanen waren angesehene Kölner Geschlechter vertreten. Viele Dekane standen im Dienst der Kurie und des Erzbischofs. Mehrfach waren Dekane Rektoren der Universität Köln.

Der **Scholaster**, in der Aachener *institutio* behandelt, entwickelte sich erst im 11. Jahrhundert im Anschluss an die besondere Förderung, welche die Domschulen unter den Ottonen erfahren haben, zu einem festen Kapitelamt, zu einer Dignität.[308] Der Dignitar musste seine Wohnung bei der Kirche haben, für den Lebensunterhalt des *rector puerorum* sorgen und den Scholaren Unterricht erteilen.[309]

Als erster Scholaster im Stift Mariengraden ist Beringerus *mag. diac.* (1143–62) bekannt.[310] Für Mariengraden waren die Pflichten und Aufgaben des Scholasters in einer *carta saeculi XIV de officio scholastici*[311] zusammengefasst: „Das Scholasteramt wird von Dekan und Kapitel einem der Mitkanoniker übertragen. Er ist zur strengen Residenz verpflichtet." Er verfügte mindestens über die Diakonatsweihe. Seine Hauptaufgabe bestand in der Leitung der Stiftsschule. Alle Kölner Kollegiatstifte hatten einen *magister scholarum*, dem später ein *rector puerorum* unterstand. Dieser

---

[305] v.d.Br. MG 1 1299 HUA 639 a.
[306] Schmidt-Bleibtreu S. 128.
[307] v.d.Br. MG 1 nach 1443, Geistl. Abt. 166 a, Bl. 102.
[308] Marchal S. 22 f.
[309] Schmidt-Bleibtreu S. 131.
[310] v.d.Br. MG 2 S. 133.
[311] v.d.Br. MG 1, 14. Jh. Alfter Bd. 9, 290.

wurde vom Scholaster eingesetzt.[312] Der Scholaster betreute die Scholaren, die noch ungeweiht waren, bis zur Emanzipation. Er nahm die Prüfung vor der Emanzipation ab und berichtete darüber Dekan und Kapitel, auch präsentierte er die Kandidaten ohne Geschenke und Bestechung zu den Weihen (Subdiakonatsweihe).[313] War der Scholaster mit der Ausbildung des Scholaren zufrieden, so schlug er ihn Dekan und Kapitel zur Prüfung vor. Bis zu diesem Zeitpunkt unterhielt er die Nichtemanzipierten in seinem Haus auf seine Kosten und hatte die Disziplinargewalt über sie. Ihm standen dafür entsprechende Einkünfte zu.

Für Scholaren und *rector puerorum* gab es in Mariengraden durch Statut die willkommene Institution des Knabenbischofs, „denn wer durch Wahl, Provision oder Tausch auf kanonisch zulässige Art aufgenommen oder wieder aufgenommen wird, wird Knabenbischof ohne vorhergehende Wahl durch die Schulknaben … Er hat hierfür 20 kölnische Schillinge zu zahlen … Der Knabenbischof spendet den Schülern ½ Ohm Wein, zur Hälfte auf Nikolausabend (5.12.), zur Hälfte am Vorabend der Unschuldigen Kinder (27.12.), während seines Bischofsjahres. Zu letzterem Termin liefert er dem Schulrektor ein gutes Paar Schuhe oder 18 Denare. Gibt es in einem Jahr mehrere Knabenbischöfe, haben alle dieselben Verpflichtungen."[314] Die Aufgabe des Scholasters bestand auch in der Sorge für die rechtlichen Angelegenheiten des Kapitels, die er mit dem Dekan teilte,[315] und – zumindest später – in der Verwaltung des Archivs. „Er ist Ratgeber in der Kapitelsversammlung, schreibt die Briefe bzw. Urkunden in angemessenem Stil gemäß Vereinbarung mit dem Kapitel und verwahrt eingegangene Originalbriefe und Kopien nach der Verlesung."[316]

Die Aufgabe des Stiftsarchivars wurde deutlich bei der Umgestaltung der Grablege der Richeza, als der Scholaster Becker und sein Signator Schulte die Urkunde über diesen Vorgang im Stiftsarchiv deponierten.[317] Von den Brincken berichtet in der Einleitung ihres Findbuches[318] über den Inhalt des Stiftsarchivs. Bis zum Zweiten Weltkrieg gab es ein Archivregister[319] über die in Mariengraden zu Köln vorhandenen Urkunden 1283 ff. mit Güterbeschreibung ab 1260; es ist verschollen. Ein ebenso verlorener *liber catenatus* (Kettenbuch), ein archivisches Amtsbuch, dokumentierte den Bestand des Archivs: Kapitelprotokolle, Karten, Eidbücher, Testamente. Neben vielen Grabinschriften mit den Namen von Toten finden sich auch

---

[312] Schmidt-Bleibtreu S. 133.
[313] v.d.Br. MG 1 14. Jh. Alfter Bd. 9 290 Ziffer 6.
[314] v.d.Br. MG 1 Alfter Bd. 14 308.
[315] Schmidt-Bleibtreu S. 134.
[316] v.d.Br. MG 1 14. Jh. Alfter Bd. 9 290 Ziffer 3.
[317] v.d.Br. MG 1 1713 Geistl. Abt. 165 b S. 223.
[318] v.d.Br. MG 1 S. VIII f.
[319] v.d.Br. MG 1 nach 1498 Bliesheim kath. Pfarramt 7.

interessante bzw. kuriose Details: Ein Text an der Kirche Mariengraden berichtete von der großen Rheinüberschwemmung 1374, die das Stiftsgebäude bis zur fünften Treppenstufe überflutete.[320] In einer Urkunde ist zum Inventar der Kanoniker-bibliothek festgehalten: Neben theologischen und weltlichen Werken fanden sich *„etliche bryllen ohne Wert"*, die in der Bibliothek vergessen worden waren.[321]

7.2.4 Die Offizianten für die Verwaltung des Besitzes

Neben den Würdenträgern, die vielfach als *prelati* die Spitze des Kapitels dar-stellten, gab es eine je nach Stift unterschiedliche Vielfalt von niederen Ämtern (*officia*), die im Laufe der organisatorischen Ausbildung des Kollegiatstifts entstan-den waren.

Kämmerer (*camerarius*) und **Kellner** (*cellerarius*), beide Kanoniker, wurden auf Vorschlag des Kapitels vom Propst eingesetzt. Sie verwalteten den Besitz des Stiftes und standen unter Aufsicht des Propstes. Sie hatten alle Einkünfte (*census*) zu sam-meln und gerecht zu verteilen, auch die *denarii convivales* (= Tafelgelder), die anstelle von Naturalien an bestimmten Tagen an Kanoniker verteilt wurden, ebenso den Wein.[322] Sie mussten über Einnahmen und Ausgaben genau Rechnung legen. Die Auszüge aus den Kämmereibüchern von 1599 belegen dies für Mariengraden.[323]

Die Aufgaben des Kämmerers waren nicht so umfassend wie die des Kellners. Der Kämmerer war für die Verwaltung der Höfe, Zehnten und Pachten, der Kellner für das Dach, die Küche und den Getreidespeicher verantwortlich. Der Kellner musste über genaue Kenntnisse von Einkünften und Lieferdaten verfügen. Dass die Aufgabenbereiche in der Realität nicht genau getrennt blieben, zeigen Urkunden aus Mariengraden. 1297 gingen Zahlungen von Hof Merheim an den Kämmerer.[324] 1320 kam es zu einem „Verkauf aus zwingender Not" an Mariengraden, für den 40 Mark in Kölner Währung und die Rente von fünf Maltern Roggen jährlich fällig wurden. Die Rente ging zu bestimmten Terminen an den Stiftskämmerer für die gemeinsame Stiftsscheuer.[325] 1091 erfolgte die Verteilung von 7,5 Ohm Wein aus einer Stiftung für das Seelenheil an die Brüder durch den Kellner.[326] 1338 brachte die Verpachtung eines Hofes bei Elfgen dem Kellner die Pachtzinsen.[327] 1360 wurden bei der Verpachtung des Hofes zu Palmersheim getrennte Zahlungen jährlich an

---

[327] v.d.Br. MG 1 Chron. u. Darst. 29 Bl. 277 1499 zu 1374.
[321] v.d.Br. MG I 1532 U MG 353.
[322] Schmidt-Bleibtreu S. 136.
[323] v.d.Br. MG 1 1599–1784 A MG 3 Bl. 8.
[324] v.d.Br. MG 1 1297 U MG 33 a.
[325] v.d.Br. MG 1 1320 U MG 38.
[326] v.d.Br. MG 1 1091 U MG 3.
[327] v.d.Br. MG 1 1338 U MG 79.

Stiftskämmerer und Stiftskellner vereinbart.[328] Diese Zweiteilung der Verwaltung unter Kämmerer und Kellner wurde um die Mitte des 14. Jahrhunderts für unzweckmäßig gehalten. Die Einkünfte wurden in das Ermessen des Kapitels gestellt. Die Bezeichnungen *cellerarius* und *camerarius* blieben bestehen, das Amt aber wurde vom Kämmerer verwaltet.[329]

Zur Vielzahl der *officia* des Stiftes gehörte auch **Amt des Präsenzmeisters** (*praesentarius*), von dem die Präsenzgelder für die Kanoniker, die beim Chordienst anwesend waren, verwaltet und verteilt wurden. Von Präsenzamtsangelegenheiten sprechen Quellen in großer Zahl, so dass man eine „große eigengesetzliche Verwaltung" dahinter vermuten könnte. 1262 wird zum ersten Mal das Präsenzgeld in den Urkunden von Mariengraden erwähnt.[330] Das Amt des Präsenzmeisters, seine Aufgaben und Einnahmen sind für 1505 belegt,[331] wenn es auch sicher schon mit der Einführung der Präsenzgelder eingerichtet worden war. Das Präsenzamt war offenbar strukturiert vorhanden und belohnte die Chordiensttuenden. Wie lange der Kanoniker am Gottesdienst teilnehmen musste oder ob eine Minderung der Höhe des Präsenzgeldes bei vorzeitigem Verlassen des *officium* durchgeführt wurde, lässt sich bei Mariengraden nicht eindeutig festlegen, die Teilnahme an den Horen und dem Stiftsamt dürften wohl verbindlich gewesen sein. Dazu kamen noch Präsenzgelder bei den Memorienfeiern. Für die Präsenzabgaben wird für 1315 ein Präsenzregister erwähnt,[332] das sicher Teilnahme und Höhe der Präsenzgelder festlegte. Der Präsenzmeister wurde in der Kontrolle der beim Gottesdienst anwesenden Chorherren mit der Zeit durch den **Signator** entlastet, der die eintreffenden Chorherren auf der Präsenztabelle aufzuzeichnen hatte und vielfach dem Dekan unmittelbar unterstand.[333] In den Quellen zu Mariengraden ist nur ein Signator mit Namen Schulte genannt.[334]

Das **Amt des Küchenmeisters** (*magister cocinae*) hatte zu der Zeit seine größte Bedeutung, als am Stift gemeinschaftliches Leben und ein gemeinsamer Tisch bestanden. Für Mariengraden wird 1274 die Kochpfründe als Laienpfründe erwähnt. Bei der Kochpfründe handelt es sich in dieser Quelle um eine Vakanzregelung, in der auf die Einrichtung dieser Pfründe vor langer Zeit verwiesen wird.[335] Die Kochpfründe war aber auch von Bedeutung, für 1351 wird die Abgabe an den Koch

---

[328] v.d.Br. MG 1 1368 U MG 109.
[329] Schmidt-Bleibtreu S. 140.
[330] v.d.Br. MG 1 1262 U MG 17.
[331] v.d.Br. MG 1 1505 U MG 314.
[332] v.d.Br. MG 1 1315 U MG 49.
[333] Marchal S. 25.
[334] v.d.Br. MG 1 1713 Geistl. Abt. 165 b.
[335] v.d.Br. MG 1 1274 Alfter Bd. 14, 286.

zwecks Verteilung an die Kanoniker erwähnt: sechs Schillinge und 60 Hühner.[336] Ebenso werden für 1364 Abgaben für die Kochpfründe aufgezählt.[337] In der späteren Zeit, als jeder Kanoniker seinen eigenen Haushalt hatte, ging die Bedeutung des Küchenmeisters zurück.

Der erste uns bekannte **Thesaurar** (custos) an Mariengraden war ein Ludowicus (1143).[338] Im 13. Jahrhundert waren die Begriffe *Thesaurar* und *custos* Synonyme. Der Thesaurar hatte vielfältige Aufgaben:[339] die Beleuchtung der Kirche, die Verantwortung für gottesdienstliche Geräte, der Schutz des Kirchenschatzes, die Reinhaltung der Behälter und der Paramente, die Verantwortung für Kirchen- und Stiftsgebäude. Die Einsetzung des Thesaurars blieb in Mariengraden auch nach der *separatio bonorum* von 1283 dem Propst vorbehalten und wurde vertraglich ausdrücklich festgehalten.[340] In späterer Zeit wurde er durch das Kapitel gewählt. Er erhielt als Einkünfte die Präbende seines Kanonikats, z.B. aus der Verpachtung des Hofes Elfgen 10 Malter Hafer und 10 Schillinge für die Ewige Lampe im Chor.[341]

7.2.5 Die Offizianten für den Stiftsgottesdienst[342]

Die Leitung des Stiftschors war Aufgabe des **Chorbischofs** (*Choriepiscopus sive cantor*). Die erste Erwähnung eines Chorbischofs Hezelinus[343] finden wir bei Mariengraden 1143. An den Kollegiatstiften in Köln gab es das Amt des *cantor*, dem die Leitung des liturgischen Gesangs oblag. Schmidt-Bleibteu erklärt den Namen Chorbischof damit, dass er die Choralsänger genauso leiten sollte wie der Bischof seine Diözesanen. Die Einsetzung des Chorbischofs erfolgte durch den Propst. Es war ein *simplex officium*. Er probte mit den Kanonikern den Chorgesang und leitete den Gesang während der Liturgie. Er musste Ritus und Zeremonien genau beachten. Seine Einkünfte erhielt er von Höfen und Ländereien innerhalb und außerhalb Kölns. Der **Küster** (*campanarius,* später *custos*)[344] war nicht nur für das Läuten der Glocken, sondern auch für das Öffnen und Schließen der Sakristei sowie das Herrichten der zum Gottesdienst notwendigen Geräte und Gewänder verantwortlich. Er musste für

---

[336] v.d.Br. MG 1 1351 U MG 101.

[337] v.d.Br. MG 1 1364 U MG 119.

[338] v.d.Br. MG 2 Personalliste S. 619.

[339] Schmidt-Bleibtreu S. 143.

[340] v.d.Br. MG 1 1283 Farr. Gel. IV 204 RS.

[341] v.d.Br. MG 1 U MG 141. – Das **Amt des Stiftsbäckers** (*pistor*) mit seinen Pflichten und Rechten als verpachtete Laienpfründe ist bereits bei der Darstellung der Wirtschaftsbauten (Stiftsbäckerei) ausführlich dargestellt. Die **Steimetzpfründe**, eine Besonderheit von Mariengraden, ist ausführlich im Zusammenhang mit der *fabrica* dargestellt, begründet und problematisiert.

[342] Schmidt-Bleibtreu S. 147–150.

[343] v.d.Br. MG 2 Personalliste S. 618.

[344] v.d.Br. MG 1 18. Jh. Geistl. Abt. 168 r: Amt des Küsters.

die ihm anvertrauten Teile des Kirchenschatzes sowie die Gewänder und beweglichen Sachen bürgen. Als Untergebener des Thesaurars war er zur Führung eines vollständigen Inventarverzeichnisses verpflichtet.[345]

Für das Stift Mariengraden lassen sich 21 Altäre und Kapellen nachweisen, die aus Stiftungen hervorgegangen sind: 19 Altäre fanden ihren Standort in der Kirche selbst, während ein Altar, dem Tabbardenofficium vorbehalten, im Kapitelhaus seinen Standort gefunden hatte, ein anderer, der Maternus-Altar, sich im Süden der Immunität in der Afrakapelle befand.[346]

Marchal bringt die Vielzahl der Altäre mit der Bildung der **Vikarie** in Verbindung, einer neuen Institution, die in den Quellen *sacerdos, rector altaris, vicarius* und *capellanus* synonym bezeichnet wird: „Der ursprüngliche Zweck, der feierliche Gottesdienst, konnte trotz Residenz- und Präsenzbestimmungen von den Kanonikern nicht allein gewährleistet werden. Hier begann eine Institution an Bedeutung zu gewinnen, die ursprünglich mit dem Kanonikerinstitut spezifisch nichts zu tun hatte: die Vikare und die Altarpfründen ... Seit der 2. Hälfte des 13. Jahrhunderts begannen die Altar-, Vikar- und Messstiftungen von Klerikern und Laien überall aufzutreten, vornehmlich aber und in großer Zahl an Dom– und Stiftskirchen, wobei im fortschreitenden Mittelalter die Zahl der Vikare jene der Kanonikate oft um ein Mehrfaches übertreffen konnte. Diese Vikarie-Stiftungen hatten zunächst weitgehend privaten Charakter. Den Inhabern oblag, die vom *fundator* geforderten Messen zu lesen und das Stiftergedächtnis zu feiern. Seit Ende des 13. Jahrhunderts lässt sich feststellen, wie bereits in der Kirche wirkende Vikare auch zur Unterstützung im Chor beigezogen und später oft alle Altarpriester statuarisch zum Chordienst verpflichtet werden. Damit sind die Vikare weitgehend in die gottesdienstliche Rolle der Chorherren eingerückt."[347] Dies war ein entscheidende Schritt: Mit den Vikaren entwickelte sich ein *„petit chapitre"*[348], das teils in das Kapitel der Kanoniker integriert, teils in den Formen des Kanonikerkapitels eigenständig war.

Die Einsetzung der Vikare nahm der Dekan vor und teilte sie dem Kapitel mit; es gab aber auch den Weg über die päpstliche Provision. Der Dekan führte die Aufsicht über die Vikare. Vor Inbesitznahme des Altars legte der Vikar die *professio fidei* ab. Schmidt–Bleibtreu[349] listet die Rechte und Pflichten der Vikare auf, die sich folgerichtig aus dem Amt ergaben: Innerhalb eines Jahres nach Übernahme der Altar-

---

[345] Marchal S. 21: *custos* als *sacristanus*.
[346] Alle Altäre sind mit den zugehörigen Quellen im Abschnitt über die Baugeschichte im Einzelnen dargestellt und die Quellen inhaltlich unter verschiedenen Oberpunkten subsumiert.
[347] Marchal S. 30.
[348] Marchal S. 31.
[349] Schmidt-Bleibtreu S. 154 f.

pfründe mussten sie den Empfang der Priesterweihe nachweisen. Sie nahmen an Disziplinarkapitel, nicht aber an den sonstigen Kapitelsitzungen teil. Die Verpflichtung zu strenger Residenz ergab sich aus dem Amt. Neu hinzukam, dass die Vikare bei den Horen und anderen Gottesdienstzeiten zur Unterstützung der Kanoniker anwesend sein mussten. An St. Severin wurden die Vikare verpflichtet, zweimal wöchentlich an dem zur Vikarie gehörenden Altar zu zelebrieren. Die Zeit wurde vom Dekan festgelegt. Die Häuser der Vikare waren grundsätzlich in ihrer eigenen Verfügung, Reparaturen an den Häusern mussten sie aus ihren Diensteinnahmen bestreiten. Die Vikarie war auf Lebenszeit angelegt, eine Resignation war selten.[350] Der Aufstieg führte zu einem besser dotierten Altar, manchmal auch in höhere Ämter oder zum Studium an der Universität.

Die Vikare bedeuteten einerseit eine Entlastung der Kanoniker, zugleich aber wurden die Stifte in andauernde Auseinandersetzungen hineingezerrt, da die Vikare ebenfalls ihren Lohn in Form der ursprünglich nur den Kapitularen zugemessenen Präsenzleistungen forderten, was bei der Vielzahl der Vikare eine empfindliche Mehrbelastung des Stiftshaushaltes darstellte.[351] Stiftungsbriefe und genaue Rentenverzeichnisse der Altäre waren im Kapitelarchiv hinterlegt, wo ein besonderes Archiv für die Vikare bestand. Allein sechs Quellen bei Mariengraden beziehen sich auf die Einkünfte der Vikare: Vier Denare wurden aus der Memorie an jedem Tag den Stiftsvikaren zugeschrieben.[352] Bei Vernachlässigung der Anniversarienfeier für den Propst gingen die Einkünfte auf die Vikare und das Heilig-Geist-Haus über.[353] Für 1690 wird von einem Streit um die Distributionen zwischen Kapitel und Vikaren berichtet.[354] Für 1726 ist eine Spezifikation der Einkünfte der Vikare von Mariengraden erwähnt.[355] Die Einkünfte ergaben sich in erster Linie aus dem mit dem jeweiligen Altar verbundenen Stiftsgut: Wein, Getreide, Geldzuwachs, Mieteinnahmen, dazu Präsenzgelder. Die Einkünfte waren je nach Dotation unterschiedlich, die Folge war oft eine Pfründenkumulation: Die Vikare nahmen Pfarrstellen an oder wurden Notare oder Professoren.[356] Der Altar der 16 Heiligen in Mariengraden wurde sogar mit zwei Vikaren besetzt.[357] Der Zusammenschluss von Vikaren zu dauerhaften korporativ geordneten Bruderschaften ist spätestens für die erste Hälfte des 16. Jahrhunderts belegt. Ziel der Bruderschaft war eine materiell würdige Le-

---

[350] Schmidt-Bleibtreu S. 156.
[351] Marchal S. 31.
[352] v.d.Br. MG 1 1351 U MG 100.
[353] v.d.Br. MG 1 1389 U MG 156; weitere Notizen über die Vikar-Einkünfte: v.d.Br. MG 1 1485 U MG 274, 1503 U MG 308, 1538 U MG 354.
[354] v.d.Br. MG 1 1690 Diöz. A Akten MG 6.
[355] v.d.Br. MG 1 1726 Diöz. A Akten AEK MG 12.
[356] Schmidt-Bleibtreu S. 157.
[357] v.d.Br. MG 1 1418 U MG 195.

bensführung der Vikare und die Sicherstellung des Begräbnisses der minderbemittelten Mitglieder.[358] Die Vikarienbruderschaften führten eigene Memorienbücher, der senior der Vikare war für die Eintragungen zuständig. Mit sehr differenzierten Bestimmungen über die Memorienbücher ist uns ein Memorien-buch der Vikare von 1691 für Mariengraden überliefert,[359] ein weiteres Beispiel für die Angleichung an die *consuetudines* der Kanoniker.

7.2.6 Der Stiftsgottesdienst

Hohe, wenn nicht die entscheidende Bedeutung für das Stiftsleben kam dem Stundengebet und den täglichen Messen zu. Dies belegten für Köln zahlreiche liturgische Handschriften, die bis zum 2. Weltkrieg in der Erzbischöflichen Diözesanbibliothek vorhanden waren:[360] Antiphonaria, Breviaria, Evangeliare, Gradualia, Missalia und Chorbücher für den liturgischen Dienst. Für Kölner Eigenfeste gab es die *Missalia Coloniensia*. Für Mariengraden ist leider nur die Existenz der Chorbücher bezeugt.

Das verpflichtende regelmäßige Gebet im *officium divinum* waren die täglichen **Stundengebete** (*horae*).[361] Der Ausübung des *divinum officium* lag zunächst das *breviarium Coloniense* zugrunde, bis Brevier und Missale dem römischen Ritus angepasst wurden. Den Kanonikergemeinschaften war das Leben *secundum regulam beati Augustini*, entstanden zu Ende des 4. Jahrhunderts, vorgeschrieben. Innerhalb der Anweisungen zum christlichen Leben wird im 2. Kapitel *de oratione et ieiunio* das Stundengebet mit nur einer Aufforderung erwähnt: „*orationibus instate horis et temporibus constitutis* – dem Gebet obliegt mit Eifer zu den festgesetzten Stunden und Zeiten!"[362] Konkret lässt sich das *officium divinum* in der Regel des hl. Benedikt von Nursia (um 530 n.Chr.) fassen.[363] Caput XVI ff.: „*ut ait propheta: septies in die laudem tibi dixi*". „Siebenmal am Tage singe ich Dir Dein Lob (Ps. 118, 164)". Der Gebetsplan umfasste für den Werktag sieben Horen: bei Tagesanbruch die *laudes*, in denen die Matutin einbezogen war; die Prim, das Morgenlob; die Terz, das Morgengebet; die Sext, das Gebet am Mittag; die Non, das Gebet um einen seligen Tod; die Vesper und die Komplet. Hinzu kam am Morgen noch das Stiftsamt. Die Anfangszeiten wechselten entsprechend dem Aufgang der Sonne. Bei den Horen wurden alle 150 Psalmen in täglichen Abschnitten gebetet. Hinzu kamen Lesungen, Responsorien, Hymnen als Gebetselemente. Die Teilnahme am täglichen Offizium war für

---

[358] Marchal S. 31.
[359] v.d.Br. MG 1 16. Jh.–1708 Rep. u. Hss. MG 5; v.d.Br. MG 1 ca.1500 Düren Stadt A Hs. 23.
[360] v.d.Br. MG 2 S. 640.
[361] Lexikon des Mittelalters Bd. VIII Sp. 260 ff.
[362] Gebhardt Koberg, Regel des hl. Augustinus, lat. u. dt. Stift Klosterneuburg 1961.
[363] Basilius Steidl, Die Benediktinerregel. Beuron 1980. S. 100.

alle Kanoniker, Vikare, Chorgenossen und übrigen Diener der Kirche verpflichtend.[364] Bei Abwesenheit wurde als Strafe der Verlust des Präsenzgeldes festgesetzt. Da alle Horen gesungen wurden, pflegte man den gregorianischen Choral in besonderer Weise.

Neben dem *divinum officium* waren die täglichen **hl. Messen**, dotiert durch Stipendien, wichtiger Bestandteil des Stiftsgottesdienstes. Seit der Spätantike bezeichnet man mit *missa*[365] die Eucharistiefeier. Der römische Messritus hat an der Wende von der Antike zum Mittelalter jene Gestalt erreicht, die sich im Laufe des Mittelalters nur noch unwesentlich verändert hat. Die *missa* entspricht den Elementen der heutigen Liturgie. Die Formensprache der hl. Messe lässt sich noch durch Details ergänzen, die in den Memorienbüchern des Stifts verzeichnet sind. Den Memorienfeiern bleibt ein eigener Abschnitt vorbehalten. Die Sorge von Dekan und Kapitel galt der Feier mehrerer hl. Messen täglich. Die Möglichkeit ergab sich durch den Einsatz der Vikare. In einer genauen Messordnung war die Zeit für die Messen bestimmt. *Presente conventu* wurde die Messe im Allgemeinen am Hauptaltar mit besonderem Kerzen- und Altarschmuck gefeiert. Die Messstipendien waren zum einen für die Zelebranten bestimmt, ein Teil für neue Paramente, ein anderer Teil für die Unterstützung der Armen.

Die kirchlichen Feste von Mariengraden lassen sich aus einer Ablassbestimmung aus dem Jahr 1299 in den Verlauf des Kirchenjahres einordnen.[366] Als **Hochfeste** von Mariengraden mit Oktavfeiern galten Weihnachten, Ostern, Himmelfahrt und Pfingsten. Dem Patrozinium entsprechend, gehörten vier Marienfeste dazu: *Purificatio* (2.2.), Geburt (8.9.), *Assumptio* (15.8.) und *Annuntio* (25.3.), schließlich die Feste des hl. Agilolf (9.7.) und der hl. Cosmas und Damian (27.9.) sowie der Weihetag der wiederaufgebauten Kirche (26.9.).[367]

Die **Memorienfeiern**, ein eminent wichtiger Teil des Stiftsgottesdienstes, wurden an jedem Tag des Kirchenjahres gefeiert. Joachim Oepen hat die Totenbücher von St. Maria im Kapitol ediert und die Toten, derer gedacht wird, mit einem reichen personengeschichtlichen Kommentar versehen. Von Mariengraden sind bruchstückhaft acht Memorienbücher überliefert: drei im Stiftsbestand[368], drei in der Geistlichen Abteilung[369] und zwei im Domarchiv[370]. Von den Brincken hat diese Memorien-

---

[364] Schmidt-Bleibtreu S. 159.
[365] Lexikon des Mittelalters Bd. VI Sp. 555 ff.
[366] v.d.Br. MG 1 1299 U MG 34. - Die Ablassordnung wird in einem besonderen Abschnitt dieses Buches dargestellt.
[367] v.d.Br. MG 2 MB 1: 26.9. *dedicatio ecclesiae* (Weihetag der wiedererbauten Kirche).
[368] v.d.Br. MG 1 Rep. u. Hss. 1 3: MB im Stiftsbestand.
[369] v.d.Br. MG 1 Geistl. Abt. 164 Fragment 168 m, 168 r 1.
[370] v.d.Br. MG 1 Diöz A Domarchiv. E II 3 u. E II 18.

bücher kompiliert auf eine Schicht von 1370 und im II. Teil ihrer Regestensammlung in einem Textanhang wiedergegeben. Sie spiegeln nicht nur das gottesdienstliche Geschehen in Mariengraden, sondern geben oft als einzige Quelle die Namen der Kanoniker. Diese wurden erstmals in die Personenliste des Stiftes aufgenommen.

Die Memorienbücher sind eine besondere Form von Amtsbüchern:[371] Stifts-, Kloster- oder Pfarrkirchen hatten ebenso wie Hospitäler, Vikarien, kleinere Kapellen, Bruderschaften, städtische Ratsgremien und Universitäten ein Totenbuch. Die ältesten Exemplare stammen aus der Karolingerzeit. Anhand des kirchlichen Festkalenders wurde der Name des Verstorbenen[372] verzeichnet, zu dessen liturgischem Totengedenken die jeweilige Kirche sich aufgrund einer Stiftung verpflichtet hatte. Zumeist wurde für das Seelenheil des Stifters selbst gebetet, häufig aber auch für namentlich genannte Angehörige. Das Totengedenken fand in der Regel an zwei Tagen statt: als Vigil am Vorabend und als Totenmesse mit Kommendation, dem liturgischen Sterbegebet, am Gedenktag selbst. Der Eintrag im Memorienbuch besteht aus knappen Angaben zur Person des Verstorbenen, zur Durchführung des Gedenkens, zum Stiftungsgut und zur Verteilung seiner Erträge. Bei der Feier des Gedenkens wird auf das *celebrare sollemniter*[373], die Kerzen bei der Totenfeier[374] und das Orgelspiel[375] hingewiesen. Die *propinatio*[376], offenkundig im Anschluss an die Memorie, findet häufige Erwähnung und weist auf das heutzutage noch oft stattfindende Reuessen hin. Die Amtsbücher waren von liturgischer Bedeutung für die jeweilige Kirche ebenso wie für die ökonomische Verwaltung.

Die *memoria* fand nicht an einem beliebigen Tag im Jahr statt, sondern als Jahrgedächtnis, im engeren Sinn am Todestag selbst als *anniversarium*. „In der Gemeinschaft der Menschen, die Gedächtnis ausübt, wird der Tote als anwesend und gegenwärtig gedacht, durch die Namensnennung wird er als Person evoziert. Der Sinngehalt des liturgischen Totengedenkens will die Überwindung des Todes und des Vergessens durch Gedächtnis und Erinnerung."[377] Die Totenbücher sind weitgehend vollständig, sie haben Bestand oft über mehrere Jahrhunderte. Neueinträge machten die Eintragungen oft nicht mehr übersichtlich, dann wurde wegen des fehlenden Platzes ein neues Buch angelegt. Ebenso ist der liturgische Festkalender keine konstante Größe: Neu kanonisierte oder verehrte Heilige wurden in die Ka-

---

[371] Oepen S. 28 ff.
[372] v.d.Br. hat exemplarisch die Memorien an Königin Richeza und den Bayernherzog Cuno im Volltext aufgenommen: MG 1 1373 U MG 142.
[373] v.d.Br. MG 2 S. 473.
[374] v.d.Br. MG 2 S. 457.
[375] v.d.Br. MG 2 S. 452.
[376] v.d.Br. MG 2 S. 482 u. 484.
[377] Oepen S. 23.

lender aufgenommen, andere fielen weg, wenn die Verehrung nachließ. Der Rang der Feste änderte sich: Einfache Feste (*simplex*) wurden zu Hochfesten (*duplex*).

Die Anniversarien- und Memorienstiftungen bedeuteten einen nicht unerheblichen Zugewinn an Kapital für das Stift. Mit Hilfe des Stiftungskapitels gelang der Zukauf ganzer Höfe. So wurde testamentarisch dem Stift Mariengraden für die Memorie eines Mitkanonikers ein Weingarten vermacht.[378] Die Anwesenheit bedeutete auch für Kanoniker und Vikare ein festgesetztes Zusatzeinkommen in Form von Geld und Brot. Das kalkulierte Geld für nicht Anwesende, das *superfluum*, floss dem Stift zu. Es wurde für den im Memorieneintrag verwendeten Zweck eingesetzt oder für das Hospital und die Armenfürsorge verwandt.

Die Memorienstifter lassen sich in drei Gruppen aufteilen: Stiftsangehörige, Kölner Bürger und andere Personengruppen. Die Kanoniker bildeten zahlenmäßig eine sehr große Gruppe, oft ist das **Memorienbuch** die einzige Quelle für ihre Person. Memorienstiftungen der Vikare bilden eine periphere Erscheinung, selten ist der Name der Vikarie erwähnt. Bei den Bediensteten sind die Laien in ihren verschiedenen Funktionen im Leben und der Verwaltung des Stiftes vertreten: Stiftsbäcker (*pistores*), Glöckner (*campanarii*), Diener und Dienerinnen von einzelnen Kanonikern in geringer Zahl. Die Kölner Bürger bilden die größte Personengruppe als Memorienstifter. Ein beträchtlicher Teil der bürgerlichen Stifter stammt aus der städtischen Führungsschicht, die rund 40 Familien aus dem Meliorat bis 1396 umfasste. Eine besondere Rolle spielen die Bruderschaften, die in ihren Statuten als überragendes Ziel die Sicherung des Totengedächtnisses hatten. In den Menorienbüchern ist die Geistlichkeit, Sammelbegriff für Personen unter Kirchenrecht, als Memorienstifter ihrer Zahl nach gering. Ebenso gering ist die Zahl der Adligen mit dem Zusatz „*miles*" bzw. aus rheinischen Adelsgeschlechtern. Kölner Erzbischöfe, Könige und Kaiser fehlen völlig, hochstehende Kleriker sind selten. Die Eintragung in das Memorienbuch gilt „*pro perpetua memoria*". Die Stiftung ist auf Ewigkeit hin angelegt. Manche Stiftungen sind über Jahrhunderte erhalten, viele eingetragene Memorien sind in jüngeren Memorienbüchern weggefallen und wurden nicht mehr gefeiert. Gründe für die Stiftungsreduktionen sind ungeklärt.

Eng mit der Stiftung ist die Wahl der Begräbnisstätten innerhalb der Kirche verbunden.[379] Sie lässt sich aus den Totenschilden, Grab- und Gedenktafeln ablesen; dabei wird eine Hierarchie der Ehrenplätze sichtbar: angefangen am Chor (hinter dem Hauptaltar), gefolgt von Kapellen, Nebenaltären bis hin zum Rande des Friedhofs. Aus dem Urkundenbestand von Mariengraden lassen sich 18 Wünsche nach

---

[378] v.d.Br. MG 1 1272 U MG 21.
[379] v.d.Br. MG 1 1353 U MG 102.
  v.d.Br. MG 1 1377 U MG 142 Memorienfeiern für Richeza und Cuno.

Grabstätten in der Stiftskirche mit genauer Angabe der Stelle belegen. 15 Grabstätten verzeichnen die Memorienbücher für die Stiftskirche.

Neben dem gemeinsamen Chorgebet und der Feier des Hochamtes entfaltete sich der Gottesdienst des Stiftes an vielen Tagen mit Umgängen und **Prozessionen** in großer Feierlichkeit. Die unmittelbaren Hinweise auf die Prozessionen des Stiftes Mariengraden aus dem Quellenkorpus sind spärlich und lassen die Feierlichkeit der Prozessionen nur erahnen: für 1528 die Festlegung einer Erbrente für eine Prozessionsstation am 21.10., dem Festtag der heiligen Ursula, im Kölner Stift gemäß Memorienbuch.[380] Für 1570 ist die Verpflichtung des Stiftsbäckers zur Teilnahme an Prozessionen festgehalten.[381] In den Memorienbüchern von Mariengraden finden sich zudem 20 Kurznotizen über Prozessionen: *stationes*, Zeiten (Vesper), Ziele (*ad summum eundum est*), liturgische Kleidung, Gesänge und *propinationes*.[382]

Blickt man in das *Ceremoniale Coloniense*, die Feier des Gottesdienstes durch das Stiftskapitel an der Hohen Domkirche zu Köln bis zum Ende der reichsstädtischen Zeit, das Gottfried Amberg, basierend auf einer Handschrift von 1220, ediert und ins Deutsche übertragen hat, so werden Funktion, Form und Vielzahl der Prozessionen sichtbar. Im Mittelpunkt steht sicher das Domkapitel, aber auch die interaktionale Beteiligung aller Kölner Stifte. Während der Bittprozessionen durften selbst die beiden Damenstifte von St. Maria im Kapitol und von St. Ursula im Domchor die Litaneien singen. Maßgebend für Gottesdienste und Prozessionen war das Festkalendarium des Domes, nach dem sich die Stifte und übrigen Kirchen der Stadt weitgehend richteten. Betrachtet man den liturgischen Text, so ist die Tradition erstaunlich, die sich in den Gebeten und Gesängen der heutigen Liturgie fast wortgetreu erhalten hat. Zum Chorgebet an Festen trugen die Kanoniker das *superpellicium*, einen Chorrock, ein bis zu den Knien reichendes weißes, linnenes Gewand mit weißen Ärmeln. An anderen Tagen reichte die *cappa choralis*, ein schwarzes Cape mit Kapuze. Aus dieser Kleidung lässt sich sicher auf die Prozessionen an den „schwarzen" Bitttagen vor Christi Himmelfahrt schließen. Diese *cappa seria* entspricht dem heutigen Chormantel.

Im Kalendarium ist die Feier aller Feste vom Weihnachtsfest bis zum Fest des heiligen Kunibert (12.11.) beschrieben. Hier bricht die Handschrift ab. Die Zahl der Prozessionen ist so umfangreich, dass eine vollständige Darstellung den Rahmen dieser Arbeit sprengen würde. So sollen hier nur die Prozessionen erwähnt werden, an denen das Stift oder die Stiftskirche Mariengraden teilnahmen. Dabei werden die Prozessionen, die nur das Domkapitel betreffen, außer Acht gelassen. An Epiphanie,

---

[380] v.d.Br. MG 1 1528 U MG 342.
[381] v.d.Br. MG 1 1570 U MG 388.
[382] v.d.Br. MG 2 S. 442 ff.

dem Fest der hl. Drei Könige, versammelten sich die Stiftskapitel der Stadt im Dom und trugen ihre Reliquienschätze am Schrein der hl. Drei Könige vorbei.[383] Am Oktavtag von Epiphanie fand das Fest der Subdiakone mit dem Domkapitel unter Beteiligung der Subdiakone von Mariengraden und St. Kunibert im Dom statt.[384] Die Subdiakone schritten, nachdem sie einen „König" gewählt hatten, durch den Dom und wandelten die Prozession zu einem Tanz um, der nach und nach zum Missbrauch entartete. Daher erwähnt das Ceremoniale 1644 diese Prozession nicht mehr. Auf Mariae Lichtmess fand die Kerzenweihe statt. Anschließend wurde ein Bild der Muttergottes in einer Prozession durch Mariengraden über den Domhof in den Dom getragen.[385]

Die Stiftskirche St. Gereon war oft Ausgangspunkt der Prozessionen. Die Palmweihe vollzog daher der Erzbischof in Sankt Gereon. Nach der Weihe der Palmzweige zogen die Stifte zum Dom, wo der Erzbischof das Hochamt feierte.[386] Am Ostertag versammelten sich um 8 Uhr alle Stiftskapitel der Stadt. Vor der Ostermesse fand eine feierliche Prozession statt, die durch Mariengraden über den Domhof in die Bischofskirche führte.[387] Am Ostermontag ging die Prozession nach St. Gereon und am Osterdienstag nach St. Aposteln. Das Fest der hl. Nägel und Lanze des Herrn am Freitag nach der Osterwoche ist der Ausgangspunkt der ursprünglichen Gottestracht.[388] Eingeführt wurde sie auf Anordnung des Domkapitels 1220: Das Allerheiligste wurde um die 1180 fertiggestellte neue Stadtmauer getragen. Es war auch eine Angelegenheit der Stadt, denn die Bürgermeister mussten bereits am Palmsonntag in St. Gereon das Domkapitel und die anderen Stifte um die Durchführung bitten. Die Gottestracht war ein gebotener Feiertag für die Stadt. Sie ging vom Dom aus um 7 Uhr und endete um 11 Uhr wieder mit dem Hochamt im Dom. Bevor die Reliquien der Hl. Drei Könige im Dom ihre endgültige Ruhestätte gefunden hatten, gab es eine Prozession mit dem Haupt des hl. Papstes Silvester mit seiner Reliquie in einer silbernen Büste.[389] Dabei umschritt man die alte römische Stadtmauer. Das Hochamt wurde in St. Aposteln gefeiert. Anschließend zogen die Stifte in ihre Stiftskirchen zurück.

Die Bittprozessionen[390] gehörten zur Feier der Bittwoche an den ersten drei Wochentagen vor Christi Himmelfahrt. Bei diesen Prozessionen wurde Gott angefleht,

---

[383] Amberg S. 28.
[384] Amberg S. 33.
[385] Amberg S. 29.
[386] Amberg S. 30.
[387] Amberg S. 34.
[388] Amberg S. 34.
[389] Amberg S. 34.
[390] Amberg S. 35.

die Felder und Gärten zu segnen und Schaden von diesen abzuwenden. Alle Stiftskapitel der Stadt und auch das Volk zogen durch die Stadt, angeführt vom Domkreuz und den Kreuzen der anderen Stifte. Je zwei Kanoniker der Stifte in Chormänteln trugen kleine Reliquienschreine. In St. Maria im Kapitol wurde die Bittmesse gefeiert, während die Damenstifte jeweils an einem Bittag die Allerheiligenlitanei im Dom sangen, wie bereits erwähnt. Der Zug ging dann weiter durch einige Kapellen und Kirchen, bis er sich an St. Severin auflöste. Am Fest Christi Himmelfahrt trafen sich alle Stiftskapitel mit ihren Reliquien im Dom.[391] Der Domklerus holte die Kanoniker von St. Gereon mit der Hauptreliquie des hl. Gereon und dem Armreliquiar der hl. Helena ab. Alle Reliquien wurden um den Schrein der Hl. Drei Könige getragen. Mit dem Gang durch die Kirche Mariengraden und den Domhof endete die Prozession. Bis zum Jahre 1515 fuhr man am Freitag nach Christi Himmelfahrt über den Rhein nach Deutz.[392] Auf der Rückfahrt wurde der Stab des hl. Petrus, oft auch bei anderen Prozessionen mitgeführt, dreimal in das Rheinwasser getaucht. Nach einem Streit über die Präsenzgelder der Stiftskapitel für die Teilnahme an dieser Prozession fand sie nicht mehr statt.

Die Prozessionen wiederholten sich nach demselben Ritus an den vielen Festen, die das Kalendarium bot. Im Unterschied zum heutigen Brauch war die Fronleichnamsprozession nur der Domgeistlichkeit vorbehalten.[393] Sie zog durch die Straßen in Domnähe. Ohne Segensaltäre wurde an vier Stellen der Segen erteilt, jeweils in den vier Himmelsrichtungen. An der Hachtpforte wurden die Gefangenen gesegnet. Über den Domhof am Chor von Mariengraden vorbei zog man dann in den Dom zurück.

Erwähnenswert sind noch die Prozessionen am Patronatsfest der Stifte.[394] Sämtliche Stifte der Stadt mit dem Domstift versammelten sich am Patronatsfest der Stifte in der jeweiligen Stiftskirche, wo einer der Domherren die Messe zelebrierte. Zu Mariengraden werden in den Quellen drei Patrone genannt: Maria, Agilolph und Anno. Der Tag des Patronatsfestes ist nicht genannt. Dabei bietet sich eines der Marienfeste an, aber auch Agilolph am 9.7. lässt sich aus den Quellen vermuten.

Über **Spendung und Empfang der Sakramente** in Mariengraden geben die Quellen kaum Auskünfte. Aus Messfeier und liturgischem Dienst lassen sich aber einige Schlüsse ziehen: Durch päpstliche Bulle und erzbischöfliche Bestätigung mussten von 25 Kanonikern fünf Priester sein.[395] In ordentlicher Kapitelsitzung von

---

[391] Amberg S. 36.
[392] Amberg S. 36.
[393] Amberg S. 37.
[394] Amberg S. 39.
[395] v.d.Br. MG 1 1255 Farr. Gel. IV 208 RS.

1310 wurde vom Seniordiakon gefordert, dass alle Kanoniker Diakone sein oder werden müssten.[396] Ein *liber privilegiorum* aus der Zeit nach 1434 mit Nachtrag bis ins 16. Jahrhundert bringt eine namentliche Aufzählung der Priesterkanoniker, Diakone und Subdiakone.[397] Die Darstellung des Vikariats und der Altäre zeigt aber, wie schwierig es war, im Stift Priesterkanoniker zur Feier der Messe einzusetzen. Das Sakrament der Priesterweihe musste immer wieder angemahnt werden, während bei weitem mehr Stiftsangehörige über die niederen Weihen des Diakons oder Subdiakons verfügten, die dann aber nicht die priesterlichen Verpflichtungen übernehmen konnten. Dass die Vielzahl der Messfeiern den Empfang des Altarssakraments einschlossen, lässt sich sicher annehmen. Eine einzige Notiz aus dem Jahre 1371 berichtet von der Spendung des Bußsakraments in Mariengraden:[398] „Der Kardinalpriester unter Papst Gregor XI. gestatte dem Prior des Kölner Predigerkonvents, die Kanoniker und Benefizieninhaber des Stiftes Mariengraden nach Anhörung der Beichte von Sünden wie Waffentragen, Würfelspiel u.a., Wirtshausbesuch, Teilnahme an Garten-, Wein-, Wiesen- und Getreidefesten, Erhebung von allen möglichen Abgaben, die verboten waren, sowie von der Vernachlässigung ihrer Kanonikerpflichten zu absolvieren." Hier gäbe sich die Möglichkeit, über den Zustand der *vita communis* im Stift „nachzudenken." Auch die Reihenfolge im Sündenregister zeichnet ein aufschlussreiches Bild. Beim Stift St. Severin wird als Sakrament noch die Krankensalbung genannt.[399] Die Spendung dieses Sakraments lässt sich sicher aber auch für alle anderen Stifte annehmen.

Für Besucher der Kirche St. Mariengraden sind zwei Sammelablässe überliefert:[400] Die Ablassurkunde von 1299 und eine zweite von 1320 mit 23 anhängenden Siegeln in einem hervorragenden Erhaltungszustand. Der **Ablass**[401] ist nach theologischer Definition ein vor Gott gültiger Nachlass der zeitlichen Sündenstrafen, den man nach Ablegung der Beichte in Reue erlangen kann. Thomas v. Aquin hat in seiner Summe den Ablass so definiert, dass die Kirche die dem Bußsakrament folgenden Sündenstrafen übernehmen kann. In der kirchlichen Praxis gibt es zwei Möglichkeiten: Der Papst verleiht auf Grund seiner *plenitudo potestatis* einen Plenarablass. Dies entspricht einem Nachlass der Sündenstrafen für ein Jahr und 40 aufeinander folgende Bußtage. Die Bischöfe können nur einen partiellen Nachlass verlei-

---

[396] v.d.Br. MG 1 ca. 1300 Rep. u. Hss. Bl. 50 RS.

[397] v.d.Br. MG 1 nach 1434 Geistl. Abt. 166 a Bl. 153 RS.

[398] v.d.Br. MG 1 1371 U MG 130.

[399] Schmidt-Bleibtreu S. 165.

[400] v.d.Br. MG 1 1299 U MG 34 mit Transfix von EB Wickbold; v.d.Br. MG 1 1320 Diöz.A Urk. AEK 33; v.d.Br. MG 1 1320 Transfix von Erzbischof Heinrich.

[401] Lit. zum Ablasswesen in Köln: Christiane Neuhausen, Das Ablasswesen in der Stadt Köln vom 13. bis zum 16. Jahrhundert. In: Kölner Schriften zur Geschichte und Kultur Bd. 21. Köln 1994. – Lexikon des Mittelalters Bd. I Sp. 43 ff.

hen, der auf 40 Tage festgelegt ist. Dabei entsprechen diese 40 Tage der altkirchlichen Bußzeit der Quadragesima.

Die Ablässe für Mariengraden waren partiell, lokal auf das Stift begrenzt und an bestimmten Feiertagen zu erlangen. Sie steigerten die Attraktivität der Kirche, boten vor allem aber finanzielle Mittel für den Bau der Kirche und die Stiftsgebäude. Daneben halfen sie aber auch bei karitativen Aufgaben in Köln, z.B. den Leprosen. Die meisten Ablässe hat der Erzbischof Konrad von Hochstaden in Köln beim Neubau des Kölner Doms verkündet. Gegen Ende des 13. Jahrhunderts hat man die Form des Sammelablasses entwickelt: Eine große Anzahl von Bischöfen schloss sich in einer Ablassurkunde zusammen und erreichte damit eine größere Zahl von Gewinnungsmöglichkeiten und eine Fülle von Gewinnungstagen. Bei Mariengraden waren es 1299 12 Aussteller, drei Erzbischöfe und 9 Bischöfe, 1320 siegelten sieben Erzbischöfe und 16 Bischöfe aus dem Westen Europas und dem Osten bis Kleinasien. Im Osten waren es meist Weihbischöfe *in partibus infidelibus*, die nur über die päpstliche Kurie bekannt waren und nur von hier benannt werden konnten. Heute muss man diese Bischöfe den Titularbistümern zuweisen. Neuhausen hat die Kölner Ablassurkunden in einer Appendix zusammengestellt, die hier in ihren Kriterien wiedergegeben werden soll.[402]

Der Ablass von 1299
> Die Ablassurkunde von 1299 zeigt zwei Daten: 1296 und 1299. Urkunde ist 1296 ausgestellt und wird erst 1299 von Erzbischof Wickbold bestätigt.[403]
> Ausstellungsdatum: 1299 Juni
> Genehmigung durch eine Bestätigung der Kollektivindulgenz
> Erzbischof Wickbold, der auch einen 40-tägigen Ablass hinzufügt
> Aussteller (Datum 1296): drei Erzbischöfe und neun Bischöfe
> Empfänger: Kirche St. Mariengraden
> Gewinnungsbedingungen: Besuch der Kirche, Teilnahme an den Gottesdiensten, Spenden für die Ausstattung der Kirche, Vermächtnisse
> Gewinnungstage: Herren- und Marienfeste, Festtage der hll. Agilolf, Cosmas und Damian, am Kirchweihfest und an den Oktaven
> Nachlass der Bußtage: 40 Tage

---

[402] Neuhausen S. 247 Nr. 172 und 173.
[403] v.d.Br. (1296) 1299 MG 1 U MG 34: die unterschiedlichen Daten ergeben sich aus Ausstellungs- und Bestätigungsdatum.

Der Ablass von 1320[404]

Genehmigung 1320 Dez. durch ein Transfix des Erzbischofs Heinrich von Virneburg, der damit weitere 40 Tage hinzufügt.

Aussteller: sieben Erzbischöfe und 16 Bischöfe

Empfänger: Kirche St. Mariengraden

Gewinnungsbedingungen: Besuch der Kirche, Legate an Kirche, Spenden für die Ausstattung. Begleitung eines Priester mit dem Sanktissimum beim Versehgang, Teilnahme an Gottesdiensten,

Kniebeuge beim Läuten der Abendglocke, Umschreiten des Friedhofs mit Gebeten für die Verstorbenen

Gewinnungstage: Herren- und Marienfeste, Festtage des hl. Agilolf und Anno, Jahrestag der Kirchweihe sowie an Oktavtagen der genannten Feste und an allen Samstagen Nachlass der Bußstrafe: 40 Tage. Die Ablassurkunde dürfte zunächst an der Kirchentür angebracht, jedoch bald sichtbar im Kircheninnern aufgehängt worden sein.

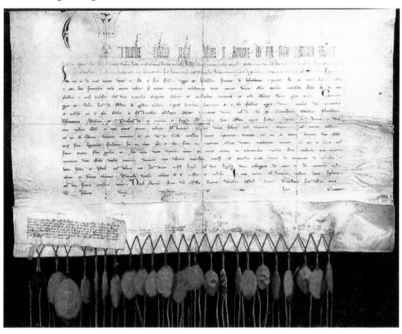

Abb. 11: Ablassurkunde Mariengraden 1320[405]

---

[404] v.d.Br. MG 1 1320 Diöz. A Urk. AEK 33; v.d.Br. MG 1 1320 Transfix von Erzbischof Heinrich; Neuhausen S. 240 f. Nr. 137 und 138.

8 Ständische u. regionale Herkunft von Pröpsten, Dekanen und Kanonikern

Für die Personenliste von Mariengraden sind für den Zeitrahmen von 1059 bis ca. 1400 362 Kanoniker eruiert. Sie sind nach Ordnungszahlen von 1–362 notiert. 31 Pröpste (1–31), 27 Dekane (32–49) und 309 Kanoniker (50–362) werden genannt.[406] Als Quellen dienten die Personen- und Ortsregister bei von den Brincken (Regesten der Erzbischöfe von Köln im Mittelalter) und Oepen (Totenbücher von Maria im Kapitol). Dabei ergaben sich folgende Schwierigkeiten: Bei der Kompilation der Memorienbücher durch von den Brincken auf eine Schicht von 1370 läßt sich die Herkunft bei den namentlichen Nennungen im Text nur schwer feststellen.[407] Die Regesten der Erzbischöfe von Köln im Mittelalter für die Zeit nach 1349 sind hier hilfreicher.[408] Eine weitere Hilfe bot das Register von Oepen und seine personengeschichtlichen Kommentare. Bei vielen Kanonikern lässt sich für die Personenliste weder eine ständische noch eine regionale Herkunft festlegen. Gründe liegen in der gegebenen Einnamigkeit oder nur in einer einzigen Benennung als Zeuge in einem Rechtsakt. Die Orte sind wiedergegeben, wie sie in den Regesten niedergeschrieben sind. Infolge der Quellenlage bleibt die Personenliste lückenhaft. Auch die zeitlichen Daten differieren entsprechend den Angaben der Register. Bei einigen Aussagen half die Sammlung Roth (AEK). Über die ständische, im Schwerpunkt aber regionale Herkunft werden am Ende dieses Abschnitts Listen angefügt, die aber auch die Vielzahl der nicht festlegbaren Kanoniker zeigen.

8.1 Die ständische Herkunft aus Adel, Kölner Meliorat und Kölner Bürgertum

Von 31 Pröpsten (1061–1423) lassen sich 16 ständisch und auch regional durch ihre Stammburgen zuordnen. Grundsätzlich lässt sich die Aussage verifizieren, dass die **Pröpste** aus Adelsgeschlechtern stammen. Die Pröpste Heymo (1) und Wezelin (2) gehören als Bruder und Onkel der Familie des Erzbischofs Anno II. an. Sie stammen daher wie Anno aus einem schwäbischen Freiherrengeschlecht. Die übrigen sind aus Grafengeschlechtern: Vom linken Mittelrhein sind es die Grafen von Are, Virneburg, Jülich und Saarwerden, rechtsrheinisch die Grafen von Sayn und Berg. Aus Westfalen sind die Grafen von Arnsberg. Mit dem Erstarken des Bürger-

---

[405] v.d.Br. MG 1 1320 Diöz A. AEK 33; v.d.Br. MG 1 1320; Transfix von Erzbischof Heinrich

[406] Die Ordnungszahlen korrelieren nicht mit der Anzahl der Dekane und Kanoniker, da Doppelnennungen entstehen würden: 4 Dekane und 1 Kanoniker stiegen zum Propstamt auf, 4 Dekane wurden aus dem Kreis der Kanoniker bestellt. Eine Zusammenfassung der Personenliste selbst macht dies *suo loco* deutlich.

[407] v.d.Br. MG 1 S. X–XI u. MG 2 S. 615–623.

[408] REK XI (Register).

tums wechselte das Propstamt zum Meliorat: Zwei Kölner Bürger aus dem Meliorat werden Pröpste an Mariengraden: 1339–1360 Constantinus de Cornu[409] und 1348–1381 Johann von Grifen.[410]

Von 22 **Dekanen** in der Personenliste lassen sich 13 regional und zum Teil ständisch zuordnen: Drei sind Bürger aus dem Kölner Meliorat, aus den Familien von der Salzgassen, Morart und Gijr vom Tempel: 1247 Gerhardus (Nr. 39), 1297–1316 Johannes de Aquis (Nr. 48), 1360–1371 Johann von Grifen (Nr. 29). Drei weitere sind Kölner Bürger: 1180–1182 Wolframus (Nr. 36), 1262–1267 Henricus (Nr. 41), 1391–1402 Tilman de Schmalenberg (Nr. 47). Vom Mittelrhein kommen Dekane aus Unkel (Nr. 38), Elfgen (Nr. 42), Vernich (Nr. 43), Aachen (Nr. 44), und Eschweiler (Nr. 46), von Westfalen aus Hemerde (Nr. 35) und Schmallenberg (Nr. 47). Für die übrigen Dekane findet sich eine Herkunftsbezeichnung in der Liste der **Kanoniker**.

Von 362 in Memorienbüchern und sonstigen Quellen des 11.–15. Jahrhunderts verzeichneten Kanonikern sind 95 Kölner Bürgersöhne. Mit einem Anteil von über 26 % kann man sicher von einem kölnischen Vorrang im Stift sprechen. Historiographische Hauptquellen sind hier Klaus Militzer[411], Wolfgang Herborn[412] und Manfred Groten[413]. Die Identifizierung der Kölner Bürgersöhne unter den Kanonikern von Mariengraden kann nicht vollständig sein. Militzer führt dazu drei Schwierigkeiten in der Überlieferung an:[414] Die Bürgersöhne im geistlichen Stand wurden vor Eintritt in das Stift ausgezahlt, damit wurden sie nicht mehr in Schreinskarten oder Schreinsbüchern eingetragen; die Testamente von Kölner Bürgern aus dem 12. Jahrhundert sind nicht mehr erhalten; die Geistlichen wurden von ihren Eltern mündlich bedacht und das Vermächtnis ist daher nicht nachweisbar. Die Zahl der Eintragungen in den Schreinsbüchern wächst zwar im 13./14. Jahrhundert, jedoch wurde der Übergang von weltlichem Gut in geistliche Hände von der Kölner Bürgerschaft immer kritischer betrachtet und schließlich 1685 im Gesetz gegen die „Tote Hand" ausgeschlossen.

Am Domstift und St. Gereon waren unter den Kanonikern keine Kölner Bürgersöhne, da diese Stifte nur Adligen vorbehalten waren. Bürgersöhne hatten Kanonikate in den übrigen sechs Stiften. Die Positionen eines Propstes oder Dekans hatten

---

[409] Personenliste Nr. 27.

[410] Personenliste Nr. 29.

[411] Klaus Militzer, Kölner Geistliche im Mittelalter. Bd. I Männer. In: Mitteilungen aus dem Stadtarchiv 91. Heft. Köln 2003.

[412] Wolfgang Herborn, Die politische Führungsschicht der Stadt Köln im Spätmittelalter. Rh. Archiv 100. Bonn 1977.

[413] Manfred Groten, Köln im 13. Jahrhundert. Gesellschaftlicher Wandel und Verfassungsgeschichte. Köln 1998.

[414] Militzer Kölner Geistliche S. 12.

meistens Nichtkölner inne. Eine bestimmte Präferenz der Kölner Familien für bestehende Stifte ist nicht nachweisbar, da ein Verbleiben über mehrere Generationen
nicht erkennbar ist; die meisten Familien brachten dort ihre Söhne unter, wo gerade
ein Platz zu vergeben war.

In der Auswertung von Militzer bis 1396 gibt es unter den 95 Bürgersöhnen folgende **Binnendifferenzierung:** 26 Bürgersöhne entstammen dem Meliorat, davon
18 aus den alten Geschlechtern; 11 Familien der Bürgersöhne sind in den Ratsgremi-
en nachweisbar; 69 Bürgersöhne sind durch Schreinsnota belegt, die ab 1130 geführt
wurden. Die Mehrzahl der 69 Bürgersöhne und ihre Familien werden daher im Zusammenhang mit Rechtsgeschäften für Häuser und Grundstücke, Verkäufe und
Vermietungen, Schenkungen und Stiftungen, Eheverträge und Mitgiften, Erb-
schafts- und Nachbarschaftsangelegenheiten, Pfand- und Leihgeschäften genannt.
Das Meliorat ist der zeitgenössische Terminus für die Führungsschicht in der Stadt
und die Voraussetzung für die Mitgliedschaft in den Ratsgremien. Planitz leitet den
Begriff von Bezeichnungen in lateinischen Quellen her: *meliores, honestiores, primo-
res.*[415] Bei Groten finden sich neben *meliores* die deutschen Begriffe *„die besten von der
stat, gude lute".*[416] Die Gruppe der *meliores* setzte sich von der Gemeinde ab. Groten
sagt über die Zuordnung zum Meliorat: „Es ist im Einzelfall schwer feststellbar, wer
zum Meliorat zählte. Durch das Lagemerkmal der politischen Partizipation heraus-
gehoben waren Schöffen, Schöffenbrüder und Richerzechen-Offiziale. Diesem engeren Kreis der politischen Führungsschicht waren aber zahlreiche Familien gleichgestellt, für deren Bestimmung als halbwegs verlässliches Kriterium nur das *conubium*
mit bekannten Geschlechtern des Meliorats dienen kann."[417] Zur Identifizierung für
eine Zugehörigkeit zum Meliorat dienen die Namen der Eltern, Ehefrauen, Kinder
und Verwandte sowie topographische Hinweise. Im Vergleich zu der einflussreichen Familie der Overstolzen in ihren vielen Verzweigungen findet sich bei Mariengraden nur die Gruppe der kleineren, politisch weniger bedeutenden Familien. 16
Familien lassen sich bei den Kölner Bürgersöhnen nachweisen: Birkelin vom Horne,[418] Gijr vom Tempel,[419] Grin,[420] Hirtze von der Landskrone,[421] Hirtzelin von der
Hofstat,[422] Hirtzelin von Starkenberg,[423] Kone-Marspforte,[424] Kusin,[425] Lyskirchen,[426]

[415] Herborn Führungsschicht S. 49.
[416] Groten Köln im 13. Jh. S. 2.
[417] Groten Köln im 13. Jh. S. 4 f.
[418] Lau Heft 25 S. 363.
[419] Lau Heft 25 S. 375.
[420] Lau Heft 25 S. 378.
[421] Lau Heft 26 S. 113.
[422] Herborn Führungsschicht S. 479 f., nur im weiten Rat vertreten.
[423] Lau Heft 25 S. 348.

Morart,[427] Raitze,[428] von der Salzgasse,[429] Hirzelin von Nuwenmart,[430] von Schone-wedder[431] und Slever.[432] Lau und Herborn machen neben den Stammtafeln folgende Angaben: Erwähnung zum ersten Mal: Wende vom 12. zum 13. Jahrhundert, Herleitung des Namens und wirtschaftliches Kapital, Rang im Meliorat. Bei den 69 weiteren Bürgersöhnen wird in der Personenliste *suo loco* ebenso wie beim Meliorat auf die Stellen bei Militzer verwiesen. Für die Zugehörigkeit der Familie im Meliorat ist zunächst die genealogische Ableitung wichtig, jedoch dient auch die Tätigkeit der Familien in verschiedenen Ratsgremien zur Identifizierung. Sie wurde in der Personenliste der Kanoniker verzeichnet. Die Verfassung des bürgerlichen Gemeinwesens vom 13. Jahrhundert bis 1396 gibt dazu die Möglichkeit in vier Gremien: dem Schöffenkollegium, der Richerzeche, dem (Engen) Rat und seit 1321 dem Weiten Rat.

Das **Schöffenkollegium** entwickelte sich aus der Stellung des Erzbischofs als Stadtherr: Der Erzbischof verfügte über das Hochgericht und die Regalien an Markt, Zoll und Münze. Die Verwaltung der Regalien erfolgte teils durch die erzbischöfliche Ministerialität, teils durch die Bürger. Ebenso unter dem Schutz des Hochrichters standen die Verteidigung der Stadt und die Finanzierung der Aufwendungen. Den Vorsitz im Hochgericht führten:
Burggraf, ein hochadliger Vasall des Erzbischofs,
Stadtvogt, aus der erzbischöflichen Ministerialität.
Beide Richter bestellten Männer aus der städtischen Oberschicht zu ihren Vertretern:
ad 1) *secundus comes*, *comes* oder *greve*
ad 2) *subadvocatus*, *advocatus* = Vogt

Die Urteiler im Hochgericht waren dem Stadtherrn durch Eid verbundene Schöffen, die sich aus der städtischen Oberschicht rekrutierten. (1103: 12 Schöffen, 1259: 25 Schöffen = Normalzahl). Das Schöffenkollegium bestimmte seine Zusammensetzung durch die Wahl von Anwärtern auf das Schöffenamt; diese wurden vom Burggrafen eingeführt (= Anwäldigung durch den Erzbischof). Das Schöffenkollegium war die einzige gesamtstädtische Behörde bis zur Bildung des Rates im 13.

---

[424] Herborn Führungsschicht S. 172 f. u. S. 181: die Familie ist zu Ende des 13. Jh. mangels Nachkommen ausgeschieden.
[425] Lau Heft 26 S. 120.
[426] Lau Heft 24 S. 82 f.
[427] Herborn Führungsschicht S. 487, nur im Weiten Rat vertreten.
[428] Lau Heft 26 S. 132.
[429] Herborn Führungsschicht S. 189.
[430] Lau Heft 26 S. 110.
[431] Lau Heft 26 S. 139.
[432] Lau Heft 26 u. Groten Köln im 13. Jh. S. 314: nur einzelne im Meliorat.

Jahrhundert. Als Institution mit verschiedenen Rechten blieb es sogar über die „Revolution von 1396" hinaus bestehen.

Abb. 12: Woensam, Stadtansicht 1531 (Ausschnitt)[433]

---

[433] Kdm S. 1. Rechts vor dem Domchor St. Maria ad Gradus und St. Lupus.

Die **Richerzeche**, entstanden aus einem Zusammenschluss von einflussreichen und vermögenden Männern, ist streng genommen keine Behörde, sondern eine Bruderschaft. Sie nahm dem Schöffenkolleg Kompetenzen ab, errang die Aufsichtsrechte über Markt und Gewerbe, wachte über den Zunftzwang und hatte die Aufsicht über den Weinhandel. Sie war die Berufungsinstanz für die Kirchspiele und stellte dort das Bürgerrecht fest. Sie wählte zwei Bürgermeister, die in ihrer Vertretung vor allem die Marktaufsicht ausübten. Ein Bürgermeister musste Schöffe sein. Die Richerzeche hatte ca. 25 Mitglieder.[434]

Der **Enge Rat** ist ab 1216 als weiteres Verfassungsorgan bezeugt. Der Rat war zunächst ein Organ der Familien und Gruppen, die an den alten Institutionen nicht beteiligt waren. Er eignete sich immer mehr Kompetenzen an, indem er sie den beiden älteren Institutionen streitig machte. Der amtierende Rat umfasste seit 1305 15 Mitglieder. 1321 wird in einem Eidbuch die bisherige Institution als Enger Rat (*consilium artum*) in Abgrenzung zum *consilium amplum*, dem Weiten Rat, bezeichnet. Der **Weite Rat** wurde gebildet für die Beteiligung der Amtleutekollegien an der städtischen Finanzverwaltung in den Kirchspielen. Er umfasste 82 Ratsherren.[435] Friedrich Lau sieht im Weiten Rat eine vom Engen Rat freiwillig geschaffene Behörde, die die politischen Wünsche der angesehenen Bürger vertrat und sie gegenüber der Geschlechterherrschaft geneigter machte. Die Teilnahme an der Gesetzgebung erfolgte nur in Verbindung mit dem Engen Rat. Der Kompetenzbereich umfasste im Wesentlichen ein Auskunftsrecht über das städtische Wirtschafts- und Finanzwesen. Schöffenkollegium, Richerzeche und Enger Rat bestanden in ihrer Organisation immer aus drei Gruppen: Amtsinhaber, ausgeschiedene Amtsinhaber und Anwärter.[436]

Schöffenkollegium: Schöffenamtleute (Offiziale) = verdiente Schöffen

                     Schöffen = unverdiente Schöffen

                     Schöffenbrüder = Anwärter auf Schöffenamt

Richerzeche: verdiente Richerzechenamtleute (Offiziale)

                     zwei jährlich gewählte Bürgermeister

                     unverdiente Richerzechenamtleute = Anwärter

Enger Rat: vorgesessener Rat

                     sitzender Rat

                     nachgesessener Rat

Weiter Rat

Der Weite Rat kannte diese Einteilungen nicht; nur musste der scheidende Enge Rat für 82 amtierende Ratsherren 82 neue Kandidaten für den Weiten Rat in den Kirch-

---

[434] Manfred Groten, Die Kölner Richerzeche im 12. Jahrhundert (mit einer Bürgermeisterliste). In: Rh. Vjbl. 48 (1984) S. 34–85: S. 69.

[435] Herborn Führungsschicht S. 8 und Groten Köln im 13. Jh. S. 309 ff.

[436] Herborn Führungsschicht S. 81 f. und Groten Köln im 13. Jh. S. 309 ff.

spielen wählen. Die Selbstrekrutierung im dauernden Kreislauf schaffte den Kollegien eine Stabilität, die aber keine Dynamik zuließ. Sie führte auch zu einer Machtkonzentration in der Hand weniger.[437]

8.2 Die regionale Herkunft der Kanoniker (mit kartographischer Darstellung)

Während sich bei der ständischen Herkunft durch die Lagemerkmale Adel, Kölner Meliorat und Kölner Bürgertum gleichzeitig die regionale Herkunft festlegen lässt, gelingt dies für die regionale Herkunft von 362 Kanonikern nur bei 263 (58,6 %), 109 Kanoniker (41,4 %) geben keinen Hinweis auf ihre Herkunftsorte. Im Rheinland lassen sich 68 Herkunftsorte festmachen, wobei Köln mit 99 Kanonikern die zentrale Mitte bildet: 26 aus dem Meliorat, 69 aus dem Kölner Bürgertum und 4 aus der Kölner Einwohnerschaft, die vermutlich dem Landadel zuzurechnen sind. Die Herkunft aus Köln galt vom 11.–14./15. Jahrhundert für 26 % aller Kanoniker. In Westfalen gab es nur 15 Orte, aus denen 24 Kanoniker Mitglieder des Stiftes Mariengraden wurden. Die Zahl ist erstaunlich gering: Dortmund mit den Patronatsrechten für Mariengraden und der westfälische Landbesitz des Stiftes führten nicht zum Kanonikat im Kölner Stift. Weit gereist war der Kanoniker Jakob Hoet, die Regesten der Erzbischöfe weisen ihm Hameln in Niedersachsen als Herkunftsort zu. Sieht man den Rhein von Emmerich mit angrenzendem Utrecht und Nimwegen bis Bacharach als geografisches Kriterium, so ergeben die linksrheinischen Gebiete mit dem zentralen Köln eine eindeutige Priorität für die Herkunftsorte der Kanoniker. Von Neuss bis ins Ahrtal um Ahrweiler gibt es eine Ballung der Herkunftsorte: Vorgebirge, Eifel und Ahr sind die vorrangigen Gebiete. Aus dem unmittelbaren rechtsrheinischen Gebiet kamen nur 30 Kanoniker. In Westfalen waren für 24 Kanoniker Soest, Unna und Recklinghausen die Herkunftsorte.

Um diese Verteilung der Herkunftsorte in einer Karte sichtbar zu machen, wurde folgendes Verfahren gewählt. Wegen der Vielzahl, der Dichte und der vorgegebenen Größe der Karte werden die Orte durch Zahlen ersetzt (Orte ohne Zahlen dienen nur der Orientierung). In einer Legende werden allen Orten die Zahlen von 1–84 vorangestellt. Hinter dem Ortsnamen wird die Zahl der Kanoniker aus diesem Herkunftsort angegeben. Beispiel: 1/4: die Zahl 1 steht für Aachen, die Zahl 4 gibt die Anzahl der Kanoniker aus Aachen an. Eine ausführliche Personenliste mit Angabe der Herkunftsorte, der Zeit des Stiftsaufenthaltes und der Identifizierungsnummer der Kanoniker ist hinzugefügt, ebenso die Kanoniker, deren Herkunftsort nicht bestimmbar ist.

---

[437] Groten Köln im 13. Jh. S. 123 ff.

Rheinland

1 Aachen 4	2 Altenberg 1
3 Bacharach 1	4 Barle/Geldern 2
5 Bergerhausen/Kerpen 1	6 Bilk/Düsseldorf 2
7 Bintheim/Ahrweiler 1	8 Blatzheim/Kerpen 1
9 Bliesheim 4	10 Bonn 1
11Bornheim 1	12 Breitbach/Neuwied 2
13 Brühl 1	14 Catzenellenbogen 2
15 Dansweiler 3	16 Dernau (Ahr) 2
17 Deutz 3	18 Elfgen 1
19 Emmerich 2	20 Flamersheim 4
21 Frixheim/Neuss 1	22 Gebartshain/Altenkirchen 1
23 Gülsdorf/Bonn 1	24 Heimersheim 1
25 Heimbach 2	26 Hückeswagen 1
27 Kalkar 1	28 Kapellen/Grevenbroich 1
29 Kempen 2	30 Kerpen 1
31 Kierberg/Brühl 1	32 Köln 99
33 Lahnstein 1	34 Lipp/Bergheim 2
35 Lochem/Mönchengladbach 1	36 Longerich 3
37 Lüttich 1	38 Meckenheim 1
39 Merheim 1	40 Morenhoven/Waldorf 1
41 Morsdorf 1	42 Neuenkirchen/Rheinbach 1
43 Neuss 1	44 Nimwegen 2
45 Oberwesel 1	46 Öttgenbach/Neuwied 1
47 Palmersheim 1	48 Randerath/Solingen 1
49 Rees 4	50 Rheinbach 1
51 Rheinsberg/Wesel 2	52 Rheineck/Ahrweiler 3
53 Richrath/Solingen 1	54 Rolandswerth 4
55 Krickebeck/Nettetal 1	56 Schinne/Maastricht 1
57 Steinbüchel/Leverkusen 1	58 Straelen 1
59 Übach-Palenberg3	60 Unkel 5
61 Unkelbach 1	62 Utrecht 1
63 Vernich 3	64 Waldeck/Simmern 1
65 Waldorf/Bonn 8	66 Wichterich/Euskirchen 3
67 Wipperfürth 1	68 Zons 1

Westfalen

69 Acheberg/Coesfeld 1	70 Broichhausen/Soest 1
71 Dinslaken 1	72 Erwitte/Paderborn 1
73 Essen 1	74 Geseke 1
75 Hamm 1	76 Hemmerde/Unna 1
77 Heringen/Hamm 2	78 Marca/Hamm 1
79 Kamen 1	80 Lippstadt 1
81 Recklinghausen 3	82 Soest 6
83 Westerholt 1	

Niedersachsen

84 Hameln 1

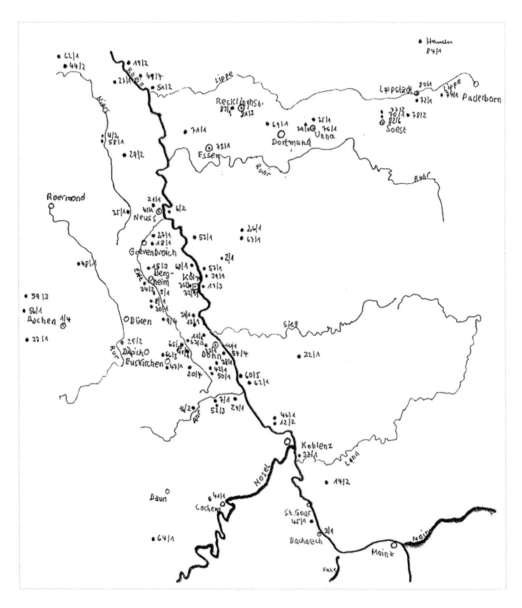

Abb. 13: Personenliste des Stiftes: Kanoniker nach festlegbarer Herkunft

Personenliste des Stiftes St. Mariengraden zu Köln (11.–14./15. Jh.)

31 Pröpste in der Personenliste
Pröpste nach regionaler Herkunft festlegbar (insgesamt 17)
11. Jh. schwäbisches Freiherrngeschlecht: 1, 2
12. Jh. Grafen von Are (Altenahr): 10
       Sayn/Neuwied: 12
13. Jh. Grafen von Are (Hochstaden): Eifelgau/Zülpichgau: 16, 17
       Berg an der Dhünn: 19, 20
       Bliesheim: 21
14. Jh./Anfang 15. Jh.
       Bergerhausen bei Kerpen: 23, 25
       Arnsberg/Westf.: 24
       Jülich: 26
       Köln: 27 (M/B), 29 (M/B)
       Blies an der Saar: 30
       Kerpen: 31

Pröpste, regional nicht festlegbar (insgesamt14)
11. Jh.   3, 4, 5
12. Jh.   6, 7, 8, 9, 11
13. Jh.   13, 14, 15, 18
14. Jh./Anfang 15. Jh. 22, 28

22 Dekane in der Personenliste
Dekane nach regionaler Herkunft festlegbar (insgesamt 13)
11. Jh.   0
12. Jh.   Hemmerde/Westf.: 35
       Köln: 36 (B)
13. Jh.   Unkel: 38
       Elfgen: 42
       Vernich: 43
14.Jh./Anfang 15. Jh.
       Köln: 44 (M/B), 29 (M/B) wird später Propst, 47(B), 49 (B)
       Waldorf/Bonn: 45
       Eschweiler: 46

Dekane regional nicht festlegbar (insgesamt 9)
11. Jh.   3, 5 (später Propst)

12. Jh.   32, 33, 34, 11
13. Jh.   37, 40
14. Jh./Anfang 15 Jh. 48

329 Kanoniker in der Personenliste
Kanoniker nach festlegbarer regionaler Herkunft: Rheinland (insgesamt 216)
1 Aachen   4 14. Jh. 210 (44), 235, 314
2 Altenberg   1 14. Jh. 323
3 Bacharach   1 14. Jh. 185
4 Barle/Geldern   2 14. Jh. 253, 252
5 Bergerhausen/Kerpen 1 14. Jh. 218
6 Bilk/Düsseldorf   2 13. Jh. 163, 14. Jh. 22
7 Bintheim/Ahrweiler   1 14. Jh. 172
8 Blatzheim/Kerpen   1 14. Jh. 342
9 Bliesheim   4 14. Jh. 250, 259, 295, 297
10 Bonn   1 14. Jh. 355
11 Bornheim   1 14. Jh. 276
12 Breitbach/Neuwied   2 13. Jh. 158, 14. Jh. 344
13 Brühl   1 14. Jh. 256
14 Catzenellenbogen/Unterlahnstein 2 14. Jh. 213, 216
15 Dannweiler   3 14. Jh. 248, 289, 317
16 Dernau (Ahr)   2 13. Jh. 142, 14. Jh. 175
17 Deutz   3 13. Jh. 145, 14. Jh. 237, 326
18 Elfgen   1 14. Jh. 196
19 Emmerich   2 14. Jh. 232, 279
20 Flamersheim   4 13. Jh. 107, 139, 14. Jh. 181, 182
21 Frixheim/Nettesheim/Neuss 1 14. Jh. 186
22 Gebhartshaim/Altenkirchen   1 14. Jh. 280
23 Gülsdorf/ Bonn   1 14. Jh. 280
24 Heimersheim   1 14. Jh. 347
25 Heimbach   2 14. Jh. 192, 301
26 Hückeswagen   1 13. Jh. 146
27 Kalkar   1 14. Jh. 325
28 Kapellen/Grevenbroich 1 13. Jh. 164
29 Kempen   2 14. Jh. 302, 352
30 Kerpen   1 14. Jh. 239
31 Kierberg/Brühl   1 13. Jh. 160
32 Köln   99, 11. Jh. M/B: 0
                           B: 0

E: 0

12. Jh.   M/B: 0

B: 36, 68, 69, 70, 72, 74, 76, 78, 80, 88, 89 = 12

E.: 1

13. Jh.   M/B: 39, 100, 101, 103, 114, 118, 131, 141, 144, 147, 152, 154 = 12

B: 41, 94, 98, 104, 113, 121, 124, 126, 127, 128, 132, 134, 136, 138, 143, 150, 151 = 17

E: 0

14. Jh.   M/B: 27, 29, 44, 215, 217, 222, 223, 227, 260, 263, 265, 270, 273, 305 = 14

B: 47, 49, 166, 178, 209, 214, 221, 225, 251, 252, 262, 267, 272, 281, 298, 302, 304, 306, 307, 308, 310, 312, 316, 322, 324, 327, 328, 329, 332, 334, 336, 337, 343, 344, 356, 359, 267, 274, 281 = 40

E: 170, 171, 245 = 3

33 Lahnstein	1	14. Jh.	331
34 Lipp/Bergheim	2	14. Jh.	168, 236
35 Lochem/Mönchengladbach	1	14. Jh.	333
36 Longerich	3	14. Jh.	177, 187, 197
37 Lüttich	1	14. Jh.	247
38 Meckenheim	1	14. Jh.	198
39 Merheim	1	14. Jh.	179
40 Morenhoven/Waldorf	1	14. Jh.	233
41 Morsdorf	1	11. Jh.	50
42 Neuenkirchen/Rheinbach	1	13. Jh.	155
43 Neuss	1	14. Jh.	300
44 Nimwegen	2	14. Jh.	348, 349
45 Oberwesel	1	14. Jh.	354
46 Öttgenbach/Neuwied	1	14. Jh.	224
47 Palmersheim	1	14. Jh.	190
48 Randerath/Solingen	1	12. Jh.	63
49 Rees	4	13. Jh. 120, 14. Jh.	290, 291, 321
50 Rheinbach	1	14. Jh.	199
51 Rheinberg/Kreis Wesel rechtsrhein.	2	14. Jh.	282, 335
52 Rheineck/Ahrweiler	3	13. Jh. 162, 14. Jh.	159, 207
53 Richrath/Solingen	1	14. Jh.	219
54 Rolandswerth	4	14. Jh.	173, 183, 184, 194
55 Krickebeck/Nettetal	1	14. Jh.	309

56 Schinne/Maastricht	1	14. Jh. 200
57 Steinbüchel/Leverkusen	1	13. Jh. 110
58 Straelen/Geldern	1	14. Jh. 249
59 Übach-Palenberg	3	14. Jh. 338, 358, 360
60 Unkel	5	14. Jh. 167, 174, 191, 195, 293
61 Unkelbach	1	14. Jh. 357
62 Utrecht	1	14. Jh. 228
63 Vernich	3	14. Jh. 208, 242, 284
64 Waldeck/Simmern	1	14. Jh. 292
65 Waldorf/Bonn	8	13. Jh. 125, 156, 14. Jh. 165, 180, (45), 283, 286, 315
66 Wichterich/Euskirchen	3	13. Jh. 129, 157, 14. Jh. 206
67 Wipperfürth	1	14. Jh. 268
68 Zons	1	14. Jh. 271

Kanoniker nach festlegbarer regionaler Herkunft: Westfalen (insgesamt 25)

69 Acheberg/Coesfeld	1	14. Jh. 278
70 Broichhausen/Soest	1	13. Jh. 123
71 Dinslaken	1	14. Jh. 350
72 Erwitte/Paderborn	1	13. Jh. 115
73 Essen	1	14. Jh. 201
74 Geseke	1	14. Jh. 361
75 Hamm	1	14. Jh. 285
76 Hemmerde/Unna	1	14. Jh. 188
77 Heringen/Hamm	2	14. Jh. 254, 275
78 Marca/Hamm	1	14. Jh. 258
79 Kamen	1	14. Jh. 264
80 Lippstadt	1	14. Jh. 257
81 Recklinghausen	3	14. Jh. 296, 339, 341
82 Soest	6	14. Jh. 202, 203, 204, 234, 241, 320
83 Westerholt/Westf.	1	14. Jh. 313

Kanoniker nach festlegbarer regionaler Herkunft: Niedersachsen (1)

| 84 Hameln: | 1 | 14. Jh. 340 |

Kanoniker nach regionaler Herkunft nicht festlegbar (insgesamt 87)

| 11. Jh. | 51, 52 |
| 12. Jh. | 53, 54, 55, 56, 57, 58, 59, 60, 61, 62, 64, 65, 67, 71, 73, 75, 77, 79, 81, 82, 83, 84, 85, 86, 87 |

| 13. Jh. | 91, 92, 93, 95, 96, 97, 99, 102, 105, 106, 108, 109, 111, 112, 116, 117, 119, 122, 130, 133, 135, 137, 140, 148, 149, 153, 161 |
| 14. Jh. | 169, 176, 189, 193, 205, 211, 212, 226, 229, 231, 240, 243, 244, 246, 255, 261, 266, 269, 277, 287, 288, 294, 299, 303, 309, 311, 318, 319, 330, 346, 351, 353, 362 |

9 Das Stift Mariengraden und die Bürgerschaft der Stadt Köln

9.1 Die personale Verflechtung der Kanoniker mit der Kölner Bürgerschaft

Helga Johag hat in ihrer Dissertation die Beziehungen zwischen Klerus und Bürgerschaft in Köln zwischen 1250 und 1350 untersucht.[438] Sie geht bei einer Einwohnerzahl der Stadt von 30000–35000 davon aus, dass 5–7% der Bevölkerung, also etwa 1600 Personen, dem Klerikerstand angehörten. Dem Stift Mariengraden weist sie 50% Kölner Bürgersöhne zu.[439] Durch die Untersuchung von Klaus Militzer für das Stift muss die Zahl Johags nach unten korrigiert werden. Bei 171 Kanonikern in der Personenliste zwischen 1250 und 1350 gehörten nach Militzer 18 dem Meliorat an, also 10,5%, 23 Kanoniker (13,5%) kamen aus der Bürgerschaft. Damit ergeben sich 24% Kölner Bürger an Stelle von 50%, die von Johag angenommen werden. Dies steht auch im Einklang mit der gesamten Kanonikerzahl von der Gründung des Stiftes im 11. Jahrhundert bis ca. 1400: Von 362 Kanonikern sind dem Bürgerstand 26% zu-zurechnen.

Generell sind nur wenige Spannungen zwischen Stift und Bevölkerung bekannt. Der Klerus war kein Fremdkörper in der Stadt. Eine Bevormundung des Stiftes durch die politische Führung des Meliorats ist nicht durch Zeugnisse belegt. Den Einfluss auf die Einsetzung von Kanonikern durch die Bürger kann man vermuten, lässt sich aber nicht nachweisen. Nur der indirekte Weg der Beteiligung ist feststellbar: bei Gründung von Bruderschaften auf religiöser Basis in Verbindung mit dem Stift, bei der Stiftung von Altären durch die Bürger,[440] bei Memorien- und Anniversarstiftungen und bei Testamenten zugunsten kirchlicher Institutionen. Schließlich waren die Stifte auch Versorgungsanstalten für die Kinder aus der Bürgerschaft. Die Bürger erhielten Ämter oder Pfründen bei den Stiften: Mariengraden verpachtete die Bäcker- und Steinmetzpfründe. Reibungspunkte ergaben sich, wie bereits gezeigt, in dem Institut der Immunität kirchlicher Einrichtungen:[441] nachweislich durch den von Immunität begünstigten Wein- und Bierverkauf durch Klerus und Stift, da Getreide und Wein abgabenfrei eingeführt werden konnten. Regelrechte Wirtschaftsbetriebe des Stiftes führten zu einer Konkurrenz mit den bürgerlichen Gaststätten. Der Klerus bemühte sich selbst um Einschränkung. Eine Klage der Bürgerschaft gegen den Erzbischof wegen der Privilegierung des Klerus beim Weinver-

---

[438] Helga Johag, Die Beziehungen zwischen Klerus und Bürgerschaft in Köln zwischen 1250 und 1350. Bonn 1977.

[439] Johag (S. 48 Anm. 89) meldet gegen die Zahlen Militzers (13% aus dem Meliorat und 37 % Bürgersöhne von Kölner Kaufleuten und Handwerkern) Bedenken an, da Schwankungen durch die Zufälligkeit der Quellen beachtet werden müssten.

[440] Johag S. 191: ca. 1350 Johannes de Cervo.

[441] Johag S. 196 ff.

kauf war erfolglos geblieben; die Bürgermeister waren in die Immunitäten eingedrungen und hatten Trinkgefäße zerschlagen. 1317 beschloss der Klerus selbst das Verbot des Weinausschankes bei Strafe der Einkerkerung. 1329 bestärkte eine Diözesansynode das Verbot: Bei Strafe der Exkommunikation durften in der Immunität die Getränke nicht *„laicali modo"* verkauft werden. Wenige Auseinandersetzungen um Zehntfragen sind bekannt, da Köln nicht mehr ländlich war. Für Mariengraden war dies ohnehin irrelevant, da das Stift im Zentrum der Stadt innerstädtisch nicht über landwirtschaftliche Flächen verfügte. Kleriker, insbesondere die Mendikanten, versuchten immer wieder, in der Stadt Haus- und Grundbesitz zu erwerben.[442] Das Stift selbst verfügte über Grundbesitz in der Stadt, 231 Liegenschaften sind nachweisbar, belegt durch 128 Eintragungen in Schreinskarten, 18 Besitzurkunden und 85 Eintragungen im stiftseigenen Schrein Dilles. Im städtischen Wirtschaftskreislauf war der wirtschaftliche Verkehr mit den Liegenschaften in der Grundherrschaft als auch in der Geldwirtschaft präsent. 1351 wandte sich der Stadtrat gegen eine weitere Immunitätsbildung, nämlich die Ausweitung des Besitzes der „Toten Hand" durch den Klerus. Zu den positiven Berührungspunkten zwischen Bürgerschaft und Klerus gehörte das verbindende Element zwischen weltlichem und geistlichem Leben in den zahlreichen Bruderschaften. Mariengraden gab der Tabbardenbruderschaft, der Arnulfsbruderschaft und der Heilig-Kreuz-Bruderschaft einen geistlichen Mittelpunkt.[443]

9.2 Seelsorge, Bildung und Caritas

Unter diesen drei Begriffen subsumiert Johag die Aufgaben der städtischen Stifte.[444] Inwieweit Mariengraden in diesen Aufgabenbereichen engagiert bzw. nicht engagiert war, bleibt zu zeigen. Sicher brachten die räumliche Nähe zur bischöflichen Kurie und besonders die Fähigkeiten der Kanoniker die Betätigung auch in anderen Aufgabenbereichen mit sich.

Die Bevölkerung der Stadt Köln war im kirchlichen und bürgerlichen Leben im hohen Mittelalter von einer tiefen Volksfrömmigkeit geprägt: Die Sorge um das Schicksal der eigenen Seele nach dem Tod trieb die Menschen um. Diese Volksfrömmigkeit kam der **Seelsorge** der Stifte entgegen; einmal bot die *vita communis* der Stifte viele Möglichkeiten der Teilhabe am religiösen Leben, zum anderen waren die Stifte mit der Seelsorge in einer oder mehreren Pfarren betraut. Ausnahmen machten hier nur die Stifte Mariengraden und St. Maria im Kapitol, denen keine städtischen Pfarren zugeordnet waren. Der Verzicht auf eine seelsorgliche Tätigkeit

---

[442] Johag S. 202.
[443] Siehe Kapitel 9.3.
[444] Johag S. 33 ff.

in einer Pfarrei lässt sich bei Mariengraden vermutlich aus den vielfältigen Aufgaben erklären, die das Stift im Zusammenhang mit der engen Verknüpfung zur Domkirche und dem Erzbischof hatte. Seelsorge des Stifts wurde den Bürgern auch außerhalb einer Pfarrei zuteil: Stiftsgottesdienst, Wallfahrten, Prozessionen, Stiftungen von Vikarien, Altäre und Kapellen, Ausschmückung und Beleuchtung der Kirche, Reliquienverehrung.

Bei der Seelsorge wurden aber auch Kirchenstrafen angewendet, die zum Seelsorgsentzug führten, die Exkommunikation und das Interdikt. Beide Kirchenstrafen gerieten durch allzu häufige Anwendungen und Aufhebungen, auch bei Mariengraden, oft bei geringen Anlässen in Misskredit und verloren ihre Wirkung. Die Exkommunikation bedeutet den permanenten oder zeitlichen Ausschluss aus der religiösen Gemeinschaft oder von bestimmten Aktivitäten in der religiösen Gemeinschaft. Die Exkommunikation bleibt solange bestehen, bis die Ursache beseitigt ist oder der Betroffene sein Vergehen wieder gutgemacht hat. Die realen Konsequenzen sind für die Betroffenen der Ausschluss von den Sakramenten der Buße, der Eucharistie und der Krankensalbung. Die Urkunden sind zahlreich, die die Exkommunikation androhen. Bei der Verhängung wird oft kirchliches und weltliches Recht vermischt. Eine Urkunde von 1319[445] zeigt die Verhängung durch Erzbischof Heinrich II. infolge des Krieges zwischen ihm und der Stadt wegen der Rheinzölle und anderer Dinge auf.

Das Interdikt (Untersagung) ist ein Verbot kirchlicher Amtshandlungen als Strafe für ein Vergehen gegen das Kirchenrecht. Das Interdikt wurde im Mittelalter oft verhängt. Es konnte gegen Personen ausgesprochen werden, meistens wurde es aber über Orte, einzelne Kirchengemeinden, ganze Städte, Gebiete oder Länder verhängt. Ein Interdikt untersagte den Vollzug von und die Teilnahme an gottesdienstlichen Handlungen der damit belegten Personen. Die Bestraften durften keine Sakramente oder Sakramentalien empfangen oder spenden. Danach durfte keine Kommunion gereicht, keine kirchliche Hochzeit gefeiert und der Gottesdienst gar nicht oder hinter verschlossenen Türen gefeiert werden. Die Taufe wurde nur auf ausdrückliches Verlangen erteilt. Die Bestimmungen des Interdikts wurden oft umgangen, so dass die Kirchenstrafe wirkungslos blieb. Im Mittelalter war das Interdikt eine starke Waffe gegenüber weltlichen Herrschern. Gründe für die Verhängung waren Raub von Kirchengut, Verletzung der Immunität und Schädigung des kirchlichen Eigentums.

Der Klerus hatte zunächst die Monopolstellung in der **Bildung**. Lesen und Schreiben lernte man nur im Kloster. Seit der Karolingerzeit wurde den Stiften und

---

445 REK IV 1141 (1319).

Abteien zur Pflicht gemacht, Schulen zu unterhalten. Die Leitung der Stiftsschule lag beim Scholaster, der für die Ausbildung der Scholaren verantwortlich war und sie zur Prüfung führte. Als der Scholaster den Rang eines Dignitars erhielt, traten an seine Stelle die Schulrektoren, die meistens studiert und mit einem Magisterexamen abgeschlossen hatten. Bis zum 13./14. Jahrhundert wurde die Ausbildung für alle angeboten, danach bildeten die Stifte nur noch Jungen zum geistlichen Stand aus.[446] Wohlhabendere Bürger schickten ihre Söhne und Töchter bis zur Einschränkung der Ausbildung für den geistlichen Stand auf diese Stiftsschulen. Die Organe der Bürgerschaft benötigten z.B. für die Eintragungen in Schreinsbücher immer mehr ausgebildete Männer. Die Einrichtung von weiteren Schulen übernahmen die Bettelorden. Jüngere Kanoniker, aber auch Söhne aus dem Meliorat und anderer wohlhabenderer Bürger gingen zum Studium nach Paris und erlangten den Magistertitel. Juristisch gebildete Berater gewannen immer mehr an Bedeutung, zumal sich die Kurie bei Streitigkeiten des römischen Rechts bediente.[447]

Bald reichten weder die Stiftsschulen noch die Schulen der Bettelorden aus. Die Abdeckung des Bedarfs verlangte die Bildung von Pfarrschulen, die durch Amtleute der Kirchspiele eingerichtet wurden. Die Pfarrschule von Sankt Martin wird als erste 1326 erwähnt.[448] Der Schritt von der Ausbildung durch Kleriker zur Bürgerschule war damit getan.

Nicht nur Seelsorge und Bildung, sondern auch **karikative Tätigkeiten** waren dem Klerus anvertraut. Die Aachener Regel von 816 trug den Stiften die Einrichtung von Hospitälern auf. Hospitäler waren Herbergen für Pilger und Fremde. Sie verteilten auch Gaben an Arme und nahmen Kranke auf, wenn die Pflege zu Hause nicht möglich war oder die Mittel fehlten. Um 1250 gab es zehn Hospitäler in der Stadt Köln, hinzu kam das Leprosenhaus außerhalb der Stadtmauern auf Melaten.[449] Das älteste Hospital wird für 1250 bei der Benediktinerabtei Sankt Pantaleon bezeugt. Die Aufnahme von Kranken, die Verteilung von Essen und den Bau von Wohnungen leisteten die Hospitäler des Georgsstifts, des Gereonstifts und des Andreasstifts. Größere Bedeutung kam dem Leprosenhaus zu, einer kleinen Kolonie mit Häusern, Kapelle, Kirchhof und Garten für etwa 100 Leprakranke.[450] Das Stift Mariengraden hatte kein eigenes Hospital. Die Annahme ist aber sicher richtig, dass die Stifte auch ohne eigene Trägerschaft finanzielle Unterstützung und Unterhalt für die anderen Hospitäler leisteten. Vor dem 13. Jahrhundert waren die Stifte Träger

---

[446] Johag S. 148.
[447] Johag S. 150 f.
[448] Johag S. 152.
[449] Johag S. 153.
[450] Johag S. 158.

der Hospitäler, im 13. und 14. Jahrhundert verlagerten sich die Aufgaben von den Stiften zu den Pfarren bzw. von den Klerikern zu den Laien oder den Gründerfamilien. Zehn Hospitäler hatten verschiedene Leitungen, vier standen unter der Leitung von Klerikern, vier unter der Leitung von Amtleuten der Kirchspiele, zwei unter der Leitung von Privatleuten, den Gründerfamilien. Bei den Stiftungen der Bürger wurden Legate ausgesetzt „für alle Hospitäler in Köln und Deutz"[451].

Bei der Einschätzung von Armut im Mittelalter ist die hohe Anerkennung des Armutsideals signifikant, daraus lässt sich der Glaube der Verdienstlichkeit für die Armen herleiten.[452] Beispiele sind Stiftungen aus nicht ausgezahlten Präsenzgeldern, Überschüsse aus Ernten, Geldzuwendungen, Lebensmittel und Kleidung, die Bereitstellung von Wohnungen. Das Heiliggeisthaus war die wichtigste Einrichtung der städtischen Armenpflege. Die Unterstützung von „Hausarmen", die sich in der Öffentlichkeit zu betteln schämten, war in den einzelnen Pfarren unterschiedlich hoch. Dieses Heiliggeisthaus (*domus spiritus sancti*) auf dem Domhof *in curia Coloniensi* bestand bereits seit dem 12. Jahrhundert.[453] Im 13. Jahrhundert lag die Leitung in den Händen der Bürger, um 1350 wurden von den Gütern des Hospitals ständig 1400 Leute unterhalten.[454] Dies bezeugt, dass das Heiliggeisthaus über große Mittel verfügte. Es besaß eine eigene Bäckerei und Brauerei. Aus gestifteten Barbeträgen wurden vielfach Häuser und Land erworben, um mit den Renten die Versorgung zu sichern.

9.3 Bruderschaften an St. Mariengraden

Neben Herkunft und Tätigkeit der Kanoniker von Mariengraden lässt sich eine weitere Brücke zur städtischen Bürgerschaft schlagen durch drei Bruderschaften. Von insgesamt 127 Kölner Bruderschaften hatten drei in St. Mariengraden ihr geistliches Zentrum: die Arnulfsbruderschaft von 1323[455], die Heilig-Kreuz-Bruderschaft 1292–1338[456] und die Tabbardenbruderschaft 1378–1552[457].

Die Bezeichnung *fraternitas* (Bruderschaft) hatte im mittelalterlichen Köln eine weite Bedeutungsspanne: Belegt sind 1149 *fraternitas* als Zunft der Decklakenweber,

---

[451] Johag S. 162.
[452] Johag S. 164 und v.d.Br. MG 1 S. 342–345 (Kanoniker-Testamente, die ein Vermächtnis für die Armen enthalten).
[453] Johag S. 173.
[454] Johag S. 174.
[455] Militzer Kölner Laienbruderschaften
[456] Militzer Kölner Laienbruderschaften Bd. II S. 1025–1032.
[457] Militzer Kölner Laienbruderschaften Bd. II S. 1033–1045. Urkunden: v.d.Br. MG 1 1358 U MG 105; v.d.Br. MG 1 1367 U MG 125; v.d.Br. MG 1 1713 Geistl. Abt. 165 b; v.d.Br. MG 1 Diöz. A Domarchiv E II 17. u. 18. Jh.; REK VI 1033 1358 (Text liegt der Darstellung zugrunde).

1246 *fraternitas Danica* als Kaufmannsgilde, 1179–1282 *fraternitas* für die Drechsler, 12./13. Jh. *fraternitas* für die Richerzeche. Terminologische Schwierigkeiten ergeben sich auch aus der Zusammensetzung: Es gab Priesterbruderschaften (deren älteste war die Lupusbruderschaft), im 14. Jahrhundert die Bruderschaft der Vikare an Mariengraden,[458] Priester und Laien in einer Bruderschaft oder nur Laien in der Bruderschaft. Die Ziele waren vielfältig: Gebet, Fürbitten, Totengedächtnis, gemeinsame Gottesdienste, gemeinsames Mahl, Verehrung eines bestimmten Heiligen als Patron; die *fraternitates* der Kaufleute oder Handwerker hatten freilich mehr wirtschaftliche Festlegungen als geistliche Bestimmungen. Als Merkmale lassen sich aufzeigen: Die Bruderschaften hatten jeweils ein Zentrum, in dem sich die Mitglieder trafen (sie lagen in den dicht besiedelten Gebieten der Altstadt und von Niederich), es gab regelmäßige Versammlungen mit verpflichtender Teilnahme für die Mit-glieder, sie wiesen eine Organisation mit selbst gegebenen Statuten auf.

Die Organisation der religiösen Bruderschaften war sehr gleichförmig. An der Spitze standen Meister, die jährlich wechselten, meist neu gewählt wurden und die Geschäfte führten, nämlich die Erhebung von Einnahmen und die Erledigung von Ausgaben. Am Ende der Amtszeit gaben sie Rechenschaft über ihre Tätigkeit, vor allem aber über die Kassenführung. Verpflichtend für die Mitbrüder war die Teilnahme an Prozessionen, ebenso das Erscheinen auf jährlich wiederkehrenden oder außergewöhnlichen Versammlungen. Einmal in ihrer Amtszeit als Meister bestand der Dienst für die Mitbrüder in der Ausrichtung eines Essens. Nach Ablauf ihrer Amtszeit wurden sie verdiente Meister. Die Meisterwahl war Aufgabe der Brüder. Obwohl Frauen in der Bruderschaft grundsätzlich zugelassen waren, ist eine weibliche Leitung nicht nachzuweisen. Die Aufbewahrung des Geldes erfolgte in einem Schrein, den die *provisores*, die jährlich gewählten Schreinsmeister beaufsichtigten. *Assessores* waren mit der Verwaltung der Gelder betraut. Feste Boten luden zu Zusammenkünften ein: Bruderschaftssitzung, Totenwache und Totengeläut.

Der überragende Zweck der Bruderschaften war die Totenmemorie. Sie war zunächst auf Klöster und Stifte beschränkt, spätestens im Spätmittelalter gehörte sie auch zur Pflicht der Laienwelt. Die Bruderschaften waren für Messstiftungen verantwortlich, die Exequien und das jährlich stattfindende Gedächtnis aller Toten der Bruderschaft am Tag des Patrons, an der Vigil des Tages und vor der Bruderschaftswahl. Zu ihren Pflichten gehörten die Totenwache und das Geleit der Leiche vom Sterbehaus zur Kirche. Die Gräber waren meist auf dem Friedhof. Für die Toten hatten die Bruderschaften kostbare Bahrtücher aus besticker Seide.

---

[458] v.d.Br. MG 1 Diöz. A Domarchiv E II 12 16.–18. Jh. S. 389.

Die *fraternitas* spielte in der städtischen Gesellschaft eine erhebliche Rolle, die Bruderschaften hielten sich aber aus der innerstädtischen Politik weitgehend heraus. Der Rat musste sie nicht bestätigen. Streitigkeiten wurden innerhalb der Bruderschaft gelöst, nur Klagen gegen Außenstehende gelangten an den Rat. Der Grundbesitz der Bruderschaft gehörte zur „Toten Hand". Wurden ihr Häuser oder Renten übertragen, so mussten diese innerhalb eines Jahres wieder verkauft werden. Rat und Erzbischof kümmerten sich kaum um die Bruderschaften. Sie gründeten sich ohne erzbischöfliche Genehmigung, sie gaben sich die Statuten selbst und regelten die *fraternitas*. Die Verbindung mit Kirche oder Stift hatte den Charakter eines Vertrages zu beiderseitigem Nutzen. Der geistliche Partner stellte den geweihten Raum, einen Altar oder wenigstens den Ort zur Errichtung eines solchen und Grablegen. Die Bruderschaften vermehrten das Ansehen des geistlichen Partners. Sie nahmen teil an den gottesdienstlichen Verrichtungen, sie suchten den Priester für ihren Altar aus. Dieser brachte das liturgische Gerät, Kelche, Patene, Altartücher, Messgewänder und Messbücher mit, wobei die Ausstattung einer Selbstdarstellung der *fraternitas* entsprach.

Die Tabbardenbruderschaft ist die bekannteste und beständigste für Mariengraden. Ein Text aus den Regesten der Erzbischöfe gibt einen guten Einblick: Namen der Mitglieder, Geld für Altar und Altar-Rektor, Aufnahme von Mitgliedern, Bestimmung von Altarrektoren und Vikaren, rechtliche Behandlung eines Widerspruchs gegen die Aufnahme eines neuen Mitgliedes. Die Hauptpatrone[459] der Tabbardenbruderschaft mit Zentrum Mariengraden waren Eustachius, Märtyrer des 2. Jahrhunderts, Jodokus, Heiliger des 7. Jahrhunderts, und Georg, Märtyrer des 4. Jahrhunderts. Ein Zusammenhang mit dem Stift lässt sich nur dadurch nachweisen, dass der Bruderschaftsaltar zunächst im Kapitelhaus, später in der Stiftskirche selbst dem heiligen Eustachius und seinen Gefährten geweiht war.

Die Tabbardenbruderschaft war überregional organisiert. 1358 bei der Ergänzung der Stiftungsurkunde[460] durch Statuten erfahren wir die Mitglieder der Bruderschaft. Sie zeigen die Exklusivität der Tabbarden, denn der Kölner Erzbischof und der Herzog von Jülich waren Mitglieder. Dazu kamen andere Adlige des Umlandes wie Gottfried von Neuenahr. 13 Mitglieder waren im Jahr 1358 Kölner Bürger, davon 12 aus dem Kölner Meliorat. Neben anderen Gruppen waren 47% der Mitglieder Kleriker, insgesamt kamen 40% der Mitglieder aus Köln. 1367 gehörte ein Priesterkanoniker dem Domstift an; ein Kölner Rentmeister, Gobelin von Lyskirchen, kam sogar aus einem alten Geschlecht. Ob hier ein Kanoniker und ein Bürger aus vornehmer Familie die Bruderschaft gemeinsam führten, lässt sich aus

---

[459] v.d.Br. MG 1 U MG 125 1367.
[460] REK VI 1033 (1358).

der Quelle nicht erschließen. Der Erzbischof und der Herzog von Jülich gaben den Ton an. Bei Bruderschaftsversammlungen ergab sich die Gelegenheit zum „Meinungsaustausch" zwischen Stadtherrn und städtischer Führungsschicht, in heutiger Zeit würde man von einem „Netzwerk" sprechen. Die Mitglieder trugen bei Gottesdiensten oder anderen Anlässen einen der *cappa* ähnlichen Mantel, eben einen Tabbard. Festkleider waren bei diesen Zusammenkünften geboten, keine besondere Tracht, nur Schürze und kurze Hosen waren verpönt.

Folgende Statuten wurden zu der verlorenen Stiftungsurkunde ergänzt: Eine Zusammenkunft fand in der Regel innerhalb von 14 Tagen einmal oder mehrmals statt, um über die Erweiterung des Gottesdienstes (*de amplificatione cultus divini*) zu beraten und die übrigen Bruderschaftsangelegenheiten zu besprechen. Damit diese Versammlung sich nicht so schnell auflöste, musste jedes Mitglied in fester Reihenfolge bei diesen Zusammenkünften den *confratres* „heiteren Angesichts (*vultu hilari*)" eine Mahlzeit spendieren, die aber nicht mehr als drei Gänge haben durfte, damit der Anschein von Unmäßigkeit vermieden wurde. Ort und Zeit dieser Mahlzeiten, zu denen keine fremden Gäste geladen werden durften, waren zwei bis drei Tage vorher anzukündigen. Die Bruderschaftsmeister setzten die Strafen für diejenigen *confratres* fest, die zu diesen Versammlungen nicht erschienen. Bei den Zusammenkünften waren Streit und böse Worte, die zum Streit führen konnten, verboten. Damit über die Kollation des Altares, den die Bruderschaft im Kapitelhaus von Mariengraden gestiftet hatte, kein Streit entstehen konnte, wurde das Besetzungsrecht dem Propst, Dekan und Kapitel von Mariengraden übertragen. Jeder, der in die Bruderschaft eintreten wollte, musste *pro suo iucundo ingressu* den Bruderschaftsmeistern ein Flasche Wein überreichen und für Abgaben zur Verbesserung des Bruderschaftsaltars sorgen. Jedes Mitglied der Gemeinschaft war zur brüderlichen Liebe verpflichtet. Für 1358 wird die Zahl der Mitglieder der Gemeinschaft auf 30 geschätzt.

Die Tabbardenbruderschaft stellte für die Messzeremonie am Altar im Kapitelhaus, seit 1330 in der Stiftskirche, Geräte, Gewänder und Bücher. Sie sorgte für Sänger, Glockengeläut, Orgelspiel, Kerzen, Kerzenhalter und kostbaren Schmuck für die Patrone. Für die Bruderschaft bestand auch die Pflicht, an den gemeinsamen Prozessionen in der Stiftsimmunität teilzunehmen. Eine wichtige Aufgabe der Bruderschaft war auch die Armenfürsorge, kein nach außen gerichtetes Ziel, sondern Versorgung verarmter Mitbrüder. Erst im 16. Jahrhundert wurde die allgemeine Armenfürsorge in den Aufgabenbereich aufgenommen.

Eine zweite geistliche *fraternitas* hatte an St. Mariengraden ihr genossenschaftliches Zentrum: die Arnulfsbruderschaft. Da Ziele und Organisation der Laienbruderschaften sehr gleichförmig waren, lassen sich die Aussagen über die Tabbarden auf diese Bruderschaft übertragen. Erhalten ist nur die Stiftungsurkunde von 1323: 30 Kürschner vom Pelzer- und Altkleidermarkt stifteten die Arnulfsbruderschaft. Die Kürschner hatten ihre Buden[461] am nordwestlichen Teil des Heumarkts zwischen Seidmachergässchen und Bolzengasse. Ihr Patron, St. Arnulf, vielleicht auf den heiligen Arnulf von Metz zurückführbar, einem Bischof des 9. Jahrhunderts, den die Karolinger als Schutzheiligen[462] verehrten, zählt nicht zu den kanonisierten Heiligen des Römischen Messbuchs. Der einzige Hinweis auf Mariengraden findet sich im 1. Statut, in dem sich die Bruderschaft verpflichtet, jährlich am Vigiltag ihres Patrons, dem 17. Juli, 12 Pfund Wachs für 12 Kerzen in Mariengraden zu spenden. Die Statuten sind als Verfassung in der Form einer mittelalterlichen Urkunde geschrieben, einer kurzen *invocatio* folgt die *intitulatio* mit den Namen von 30 Kürschnern, die sich zu einer Bruderschaft zusammenschließen. Nur der Name *„her Johan in der Stiftsgassen* lässt Militzer vermuten, dass es sich bei ihm um einen Bürgermeister oder gewesenen Bürgermeister handelt.[463] Die anderen Namen lassen sich nicht weiter zuordnen. Im Kontext beschreiben die Artikel 1–9 die Wahl des Brudermeisters mit seiner Verpflichtung zu Abgaben in Naturalien: Fleisch, Gemüse, Brot und Wein zugleich mit Geldzahlungen an den gemeinsamen Schrein. Seine Verpflichtungen werden durch Bürgen gesichert. Die Artikel 10–16 sind Regelungen beim Tode eines Mitbruders: die Überführung der Leiche in die Kirche, das Seelenamt, zu dem 12 Pfund Wachs von der Bruderschaft gestiftet werden, die Pflicht der Brüder zur Totenwache und zur Teilnahme am Begräbnis. Aus dem Erbe des Verstorbenen wird eine Mark und ein Pfund abgezweigt, eine Hälfte für die Bruderschaft, die andere Hälfte an den Schrein. Artikel 17 legt die Buße eines Bruders für die Gemeinschaft fest, wenn er gebannt wird, bis zu dem Zeitpunkt, da er sich vom Bann löst. Artikel 18 regelt die brüderliche Schlichtung, wenn unter den Brüdern eine Entzweiung, Zwist oder Feindschaft mit Worten oder Taten entstehen. Artikel 19 bildet das *Eschatokoll*: die Betonung der Beständigkeit der Statuten, die Anbringung der Siegel der im Protokoll genannten Brüder und die Datierung auf den 10. November 1323.

Durch zehn Schreinsnota zwischen 1292 und 1338 wird die Existenz der *fraternitas sancte Crucis apud sanctam Mariam ad Gradus Coloniensem* (Heilig-Kreuz-Bruderschaft) belegt.[464] Die Schreinsnota zeigen die Einkünfte der Bruderschaft. Es sind vier Kaufhandlungen von Immobilien durch Privatleute, in sechs Fällen sind Mitbrüder Handelssubjekte. 1292–1293 und 1338 wurden Häuser gegen Erbzins gekauft und verkauft. 1295–1325 wurde die *fraternitas* tätig durch Kauf und Über-

---

[461] Keussen I Sp. 15 a–16 b.
[462] Lexikon des Mittelalters Bd. I Sp. 1021.
[463] Militzer Kölner Laienbruderschaften Bd. II S. 1025.
[464] Militzer Kölner Laienbruderschaften Bd. II S. 1030–1033.

tragung von Häusern gegen Erbzins. Die Rückgabe eines Erbzinses im Namen der Bruderschaft war offenkundig besonders bedeutsam, denn über das Schreinsnotum hinaus wird eine Urkunde mit Siegel von Offizial, Propst und Archidiakon ausgefertigt. Die ausschließliche Übertragung mit Erbzins zeigt, dass die Bruderschaft nur über Eigentum der „Toten Hand" verfügte.

Die Pest von 1349/50 intensivierte das religiöse Leben der Bruderschaften: Die tägliche Sorge galt der Suche nach dem gnädigen Gott, worin die Bruderschaften das Gefühl der Sicherheit im Leben auf Erden und darüber hinaus im Jenseits fanden.

9.4 Das Stift Mariengraden als Zentrum von Rechtsgelehrten

Groten widmet in seiner Stadtgeschichte von Köln im 13. Jahrhundert ein Kapitel den juristisch gebildeten Klerikern, meist graduiert als Magister, in Köln im frühen 13. Jahrhundert.[465] Ursprünglich waren Magister-Titel Amtsbezeichnung für Scholaster der städtischen Stifte. „Aller Skepsis in der Forschung zum Trotz dürfte die überwiegende Mehrzahl der nicht mit einem Lehramt betrauten Magister in den Kölner Stiften ein Studium an einer der neuen Hohen Schulen absolviert haben. Anders wäre es nicht zu erklären, dass solche Magister gerade seit der Zeit auftreten, in der sich die Ausbildung der akademischen Grade vollzog."[466]

In einer Urkunde des Kölner Dompropstes Bruno von 1177 treten neben einem Scholaster als Zeugen *magister* Pyramus, Scholaster von Sankt Gereon, *magister* Bertram, Kanoniker von St. Gereon und *magister* Konrad von St. Aposteln auf.[467] Die Kombination lässt eine gelehrte Beschäftigung mit dem Kirchenrecht vermuten. Der Magister-Titel selbst trifft keine Aussage über die Art des Studiums. „In Paris lässt sich eine Überproduktion von fertig ausgebildeten Magistern ohne Rücksicht auf den Bedarf feststellen. Da der Magister-Titel im 12. Jahrhundert nicht reglementiert war, lassen sich hier neben den *magistri artium* sicher auch *magister* der Theologie und der Jurisprudenz vermuten."[468] Der Magister-Titel allein gibt keine Auskunft über die Art der Studien. Das Aufspüren von Texten mit juristischer Terminologie oder mit Zitaten aus Rechtsbüchern führen hier zum Ziel.

Groten weist auf den Kölner Kanoniker Heinrich Raze[469] vom Stift Mariengraden hin, nach Caesarius von Heisterbach ein *causarum advocatus peritissimus*. Auf Grund

---

[465] Groten Köln im 13. Jh. S. 45 ff.
[466] Groten Köln im 13. Jh. S. 45.
[467] Groten Köln im 13. Jh. S. 43.
[468] Groten, Der Magistertitel und seine Verbreitung im Deutschen Reich des 12. Jahrhunderts. In: Historisches Jahrbuch (HJb) 113 (1993). S. 21–40.
[469] Groten Köln im 13. Jh. S. 47.

seiner juristischen Tätigkeit bezeichnet ihn Groten als Klerikerjuristen von Beruf. Heinrich Raze war seit 1203 Kanoniker von Mariengraden, 1208 führte er den Magister-Titel, 1218 wurde er in einer Urkunde letztmalig als Zeuge benannt, für den 24.10.1219 wird sein Tod bezeugt. Fokussiert Heinrich Raze im Stift vorhandene juristische Interessen, war er der Begründer eines Rechtsgelehrtenzentrums an Mariengraden? Eine überzeugende Antwort auf diese Frage geben Urkunden aus den Regesten der Erzbischöfe von Köln (Bde. II–X), Quellen bei Ennen-Eckertz zur Stadtgeschichte (Bände II–VI) und das Westfälische Urkundenbuch (Band 11).[470]

Neben Mariengraden ist auch das Stift St. Aposteln als zweites Zentrum der Beschäftigung mit den gelehrten Rechten bekannt. In Urkunden des Dietrich von Hengebach[471], Erzbischof in der Nachfolge des Bruno von Sayn, aus dem Beginn des 13. Jahrhunderts lässt sich juristische Terminologie erkennen, z.B. zum Unterschied von Naturrecht und positivem Recht; deutlich werden auch Formeln aus dem römischen Recht. Kenntnisse des gelehrten Rechts haben sich in Köln im Laufe des 13. Jahrhunderts zunehmend verbreitet. Dies war nicht immer mit den Stiften von Mariengraden und St. Aposteln verbunden. Das Geschenk für eine juristische Bibliothek durch *magister* Gerhard von der Schaafenpforte im Jahre 1266 gibt einen Hinweis auf den Umfang der Rechtskenntnisse: Er schenkte dem Stift St. Aposteln das gratianische Dekret, die Dekretalen, die Summe Gottfrieds von Trani, den justinianischen Kodex, die Digesten, Institutionen und Novellen mit der Summe des Azo.[472] Für das 14. Jahrhundert ist in der Bibliothek von Mariengraden ein *corpus iuris*, vermutlich aus Bologna, belegt.[473]

Um die Existenz eines Rechtsgelehrtenzentrums in Mariengraden zu belegen, werden im Folgenden aus dem genannten Quellenmaterial Rechtsakte und Rechtsgeschäfte, die mit Mariengraden in Zusammenhang stehen, eruiert, exemplarisch an Beispielen gezeigt und weitere Belegstellen im inhaltlichen Kontext hinzugefügt. Sieben inhaltliche Bereiche, in denen sich Rechtsakte des Stiftes nachweisen lassen, sollen dabei unterschieden werden.

1 Juristische Tätigkeiten als Bevollmächtigte des Erzbischofs und des Papstes

REK III 178 (1217) und 195 (1218): Der *electus* Engelbert betraut den Propst Gerard von Mariengraden in einer Geldsache mit der Vertretung gegenüber römischen

---

[470] Westfälisches Urkundenbuch (WUB) XI. Band: Die Urkunden des Kölnischen Westfalen. Bearbeitet von Manfred Wolf. Lieferungen 1–3. Münster 1997–2005.
[471] Groten Köln im 13. Jh. S. 48.
[472] Groten Köln im 13. Jh. S. 49.
[473] v.d.Br. MG 1 Hamburg Staats- u. Universitätsbibl. Cod. 3 in scrin.

Bürgern, die eine Schuldklage erhoben haben. Romanus, Kardinaldiakon, trifft 1218 einen Vergleich zwischen dem Römer Johannes und Bevollmächtigten des Erzbischofs Engelbert unter Propst Gerard von Mariengraden, indem ein Darlehen gewährt wird.

Qu. Ennen II Nr. 52 (1217) und Nr. 63 (1218): gleicher Sachverhalt wie oben

Qu. Ennen V Nr. 164 (1372): Erzbischof Friedrich autorisiert den Propst von Mariengraden zur Absetzung der Bürgermeister, der Ratsherren und Bürger der Stadt zur Absolvierung von *censurae*.

WUB XI 3 Nr. 1808 Jahr 1322: Im Jahr 1322 ist die Kapelle zu Nordheringen mit Bewilligung des Pastors zu Heringen und des Patrons derselbigen Kirche durch den Abt von Deutz und den Dechanten ad Gradus Mariae zu Köln als Archidiakon[474] zu Dortmund fundiert und durch den Generalvikar im Auftrag des Erzbischofs Heinrich dem Bruder Hermann geweiht worden. Es wurde diese Fundation auch hiernach im Jahre 1327 durch Erzbischof Heinrich bestätigt.[475]

REK V 272 (1334): Papst Johannes XXII. beauftragt den päpstlichen Notar Bernhard auf Bitten des Erzbischofs von Köln bei Pfründeneinkünften vom Bonner Cassius-Stift. Bei Nichteinhaltung wird die Exkommunikation ausgesprochen. Subexekutoren sind u.a. der Dekan von St. Georg, der Propst von Xanten und der Propst von Mariengraden.

Qu. Ennen Nr. 100 (1275): Papst Gregor X. erteilt den Dechanten des Kölner Domstifts, des Mariengraden-Stifts und des Mainzer Domstifts die Vollmacht, den Grafen von Jülich von dem über ihn verhängten Bann und sein Land vom Interdikt loszusprechen. Diese Kirchenstrafen wurden vom Papst wegen der Gefangennahme des Erzbischofs Engelbert von Köln ausgesprochen.[476]

In den REK lässt sich inhaltlich die Vollmacht des Stifts über die Vertretung gegenüber den Bürgern, die Belehnung mit *beneficia*, Dotationen und Stiftungen, die Bezahlung des Zehnten und auch die Neuwahl der Äbtissin von Sankt Ursula feststellen. Vollmacht besteht auch bei Streitigkeiten zwischen Kanonikern und den

---

[474] Der Dekan von Mariengraden nimmt den Titel „Archidiakon" gewohnheitsrechtlich in Anspruch. Archidiakon in Westfalen ist grundsätzlich der Dompropst.
[475] Weitere Belege (Bevollmächtigung durch EB): REK VI 78 (1350) u. 646 (1355); REK VII 104 (1364), 762 (1368) u. 764 (1368); REK VIII 1616 (1377) u. 1261 (1375); REK IX 181 (1381), 634 (1383), 959 (1385); REK X 38 (1391), 795 (1395), 984 (1396), 1790 (1399), 2216 (1400); Ennen V 175 (1377) u. 179 (1377); WUB XI 2 Nr. 936 Jahr 1312, Nr. 1413 Jahr 1317, Nr. 1600 Jahr 1319; WUB XI 3 Nr. 1808 Jahr 1322 u. 1903 Jahr 1322.
[476] Weitere Belege (Bevollmächtigung durch Papst): REK VII 130 (1364); REK VIII 1087 a (1374), 765 (1378), 1415 (1376), 1927 (1378); REK IX 1972 (1390); REK X 929 (1395), 1503 (1398); Ennen IV 499 (1370); Ennen V 186 (1378), 267 (1380).

Bettelorden. Archidiakonale Aufgaben nimmt das Stift über die Priesterstellen von St. Reinoldi in Dortmund wahr. Bei Ennen sind Hauptaufgaben die Vollmacht über Kirchenstrafen, die Verhandlung über Freilassung und die Vollmacht über die Errichtung von Bauten. Im WUB sind die Befürwortung einer Kapellenstiftung im Auftrag des Erzbischofs, die Übertragung eines Altars, die Bildung einer Pfarrei und die Investitur eines Pfarrers bezeugt. Bei der päpstlichen Vollmacht spielt das Provisionswesen eine große Rolle, ebenso die Verhandlung über Einlager und Freilassung.

2 *testes* zu den Urkunden in verschiedenen Kombinationen

REK II 1148 (1180): Streit zwischen Erzbischof Philipp von Heinsberg und Kölner Bürgern über die Anlage eines Walls und die Veränderung von Aufbauten. Der Kaiser entscheidet und für den Erzbischof wird z.T. von den Prioren als Zeugen Garantie für den Baubestand gegeben. Die Zeugen zeichnen nach dem Rang im Priorenkolleg (1–8), Mariengraden (7): Bruno *prep.* und Wolframus *dec.*

REK III 73 (1209): Erzbischof Dietrich bekundet den Verzicht auf das Wildbannrecht zugunsten von Mariengraden. Zeugen: Henricus *decanus* Mariengraden, Henricus *custos* Mariengraden, Henricus Racio *can.* Mariengraden.

REK III 16 (1211): *electus* Bruno IV. gestattet, dass Einkünfte aus Oberpleis und Zülpich Siegburg zufließen. Zeugen: u.a. Henricus Racio *can.* Mariengraden.

REK III 78 (1210): Erzbischof Dietrich bestätigt der Kirche zu Rees verschiedene Zehnten. Zeuge: Henricus Ratio *can.* Mariengraden.

REK IV 636 (1311): Gemeinsames Vorgehen der Kapitel in einer Klageschrift gegen Erzbischof Heinrich wegen eigenmächtigen Handelns. Zeugen: einzelne Stifte, Mariengraden (5), acht Zeugen aus Mariengraden, z.T. aus Familien des Kölner Meliorats: Heinrich v. Bilke, Thesaurar, Heinrich *de Pomerio*, Hermann v. Steinbüchel, Heinrich de Griffone, Gerhard Schonewedder, Hildeger Roisgin, Konstantin von Liskirchen, Konrad de Riggode.

Qu. Ennen II Nr. 394 (1259): Erzbischof Conrad entsetzt den Bürgermeister Theoderich von der Mühlengasse ebenso wie sämtliche Schöffen mit Ausnahme des Bruno Cranz wegen Überschreitungen in ihrem Amt. Zeugen: weitgehend Priorenkolleg, aber auch andere Dignitare, Abt von St. Pantaleon, *viri nobiles*, Zeuge Henricus *decanus* Mariengraden.

WUB XI 1 Nr. 1068 Jahr 1313: Befehl an Hörige des Oberhofs zum Gehorsam. Siegel des Propstes Werner Mariengraden.[477]

Als Zeugen eines Rechtsaktes in einer Urkunde sind als Mitunterzeichner Pröpste bzw. Dekane, andere Dignitare oder Kanoniker von Mariengraden beteiligt. Dabei wird die Rangordnung des Priorenkollegs der Kölner Stifte eingehalten: Domstift (1) über Mariengraden (7) bis Sankt Georg (8). Bei der Beachtung der Rangordnung, die einem angenommenen Alter der Stifte entspricht, werden an einigen Stellen andere Persönlichkeiten hinzugezogen oder die Liste bleibt unvollständig. Einzelpersönlichkeiten des Stifts treten als Zeugen fast nie auf: einige Male sind es zwei Kanoniker oder Dignitare mit dem Kanoniker Heinrich Raze (s. *suo loco*). Mehrmals setzt Konrad von Hochstaden seinen Bruder Fridericus von Hochstaden, Propst von Mariengraden, als ersten Zeugen in einer bischöflichen Urkunde ein. Im WUB findet sich das Siegel des Propstes von Mariengraden zur Beglaubigung. Viele Testierungen lassen einen Bezug zu stadtgeschichtlichen Ereignissen erkennen.

3 Stiftsangehörige als Bürgen

REK IV 1838 (1329): Erzbischof Heinrich II. bekundet, sich mit der Bürgerschaft von Köln ausgesöhnt zu haben. Für die Befolgung dieser Abmachung bestellt der Erzbischof als Bürgen u.a. Propst Ruprecht von Mariengraden.

REK VI 330 (1353): Streitschlichtung zwischen Domkirche und Ritter Sobbe. Bürgen des Domkapitels, Propst Constantin und *decanus* Henricus von Mariengraden.

Qu. Ennen IV Nr. 155 (1329) s. REK IV 1838: Propst Ruprecht ist der einzige Bürge zwischen Erzbischof Heinrich II. und der Bürgerschaft von Köln.

Qu. Ennen IV Nr. 2 (1311): Verpfändung von Zoll an die Lombarden. Bürge: Propst Wenerus, Mariengraden.

Qu. Ennen V Nr. 272 (1379): Notarieller Akt: Der Kanoniker Johann von Kelze bekennt, dass bezüglich seiner Gefangenschaft hinreichend Genugtuung geschehen sei: *constitutus Colonie in domo habitationis venerabilis domini Johannis de Gryffe, prepositi ecclesie beate Marie ad Gradus Coloniensis.*

WUB XI 2 Nr. 875 Jahr 1311: Erzbischof Heinrich von Köln erklärt, dem Kölner Bürger Hildeger Rufus von der Stessen 3776 Mark schuldig zu sein. Gestellung von Bürgen durch den Erzbischof, an vorrangiger Stelle Propst Werner von Marien-

---

[477] Weitere Belege für *testes* aus Stift St. Mariengraden: REK II 1336 (1189), 363 (1138), 1015 (1174), 1584 (1200); REK III 1122 (1244); REK VI 429 (1353); REK VII 764 (1368); REK VIII 1203 (1375); REK IX 111 (1381), 38 (1391), 181 (1381), 590 (1382); Ennen II 174 (1238), 415 (1260), 460 (1263), 100 (1226), 27 (1270); Ennen III 465 (1298).

graden.[478] Die Einsetzung von Stiftsangehörigen als Bürgen nimmt den kleinsten Teil der Rechtsgeschäfte ein.

4 Mariengraden als Schiedsrichter in Streitigkeiten

REK VI 444 (1353): Erzbischof Wilhelm bekundet, dass er im Streit mit Ritter Dietrich Schinnemann über Burg und Amt Hardt auf Veranlassung des Rates der Stadt Köln einen Kompromiss angeboten hat. Propst Constantin vom Horne (Mariengraden) wird u.a. als Sachwalter bei Abwesenheit des Erzbischofs bestellt.

REK VII 316 (1365): Auseinandersetzung zwischen Bürgerschaft von Dortmund und Pfarre St. Peter in Dortmund über Dotationen. Dekan Johann von Mariengraden und Thesaurar Hilger von Mariengraden sind Schiedsrichter. Bei fehlender Übereinstimmung ist der Dekan *superior arbiter.*

Qu. Ennen IV Nr. 351 Jahr 1353: Schiedsspruch Erzbischof Wilhelm über Domkanoniker Ernst von Molenark und Streit mit Stadt Köln. Mitakteure: Constantin de Cornu (Urkunde ist ein Zeugnis des gesamten Prozesses: Darstellung, Prozessbeteiligte, Tatgeschehen, Schiedsspruch, Zeugen).

Qu. Ennen IV Nr. 413 (1369): Notarielles Instrument über den Vergleich zwischen den stadtkölnischen Pfarren und Bettelorden: *sigilla dominorum Constantini prepositi sancte Marie ad gradus. Intitulatio* der Urkunde: *Nos Constantinus prepositus sancte Marie ad gradus presentibus ibidem viris discretis Volquino rectore scholarum sancte Marie ad gradus Coloniensis.* Mariengraden hat den Vorrang.

WUB XI 1 Nr. 784 Jahr 1310: Erzbischof Heinrich von Köln benennt zum Schutz der Rechte und Freiheiten der ihm unterstellten Kirchen und geistlichen Personen für Streitigkeiten mit ihm, dem Domkapitel oder untereinander bestimmte Mitglieder des Domkapitels und Propst Werner von Mariengraden in Köln.[479]

Themen bei den Streitigkeiten in REK: Anlage des Walls 1180, Streit um Zehntpflicht, Streit über Ermordung von Dominikanern, Streit zwischen Kölner Pfarrkirchen und vier Bettelorden um Beichtehören, Fragen der Immunität (Weinzapf); bei Ennen: Streit um Zehnten, Besetzung der Pfarrstellen, Geldabgabe, Stadt Köln und Bettelorden, Streit mit Schöffen; im WUB: Gemeinsames Vorgehen der Stifte gegen Übergriffe des Erzbischofs, Vorgehen gegen Dominikaner in Dortmund.

---

[478] Weitere Belege für Bürgen: WUB XI 2 Nr. 998 Jahr 1312.

[479] Weitere Belege für Streitigkeiten und Schiedsrichter: REK II 1148 (1180) und 1336 (1189); REK III 1300 (1246); REK VI 1110 (1358) und 1286 (1360); REK VIII 890 (1369); Ennen II Nr. 43 Jahr 1214, Nr. 100 Jahr (1226), Nr. 182 Jahr 1328, Nr. 146 Jahr 1328; Ennen IV Nr.155 Jahr 1329, Nr. 176 Jahr 1376; WUB XI 2 Nr. 877 Jahr 1311, Nr. 1387 Jahr 1315, Nr. 1394 Jahr 1317, Nr. 1587 Jahr 1319; WUB XI 3 Nr. 1794 Jahr 1321.

5 Politische und wirtschaftliche Aktivitäten des Stifts mit Rechtscharakter

politisch:

REK III 3190 (1288): Kölner Bürger lassen Herzog von Brabant und seine Helfer in die Stadt und treten in öffentlicher Versammlung im Mariengradenstift zu deren Partei über gegen Erzbischof von Westerburg. Beschluss: Zerstörung der Burg zu Worringen. Die Schlacht bei Worringen (1288) führt zum Ende der erzbischöflichen Stadtherrschaft.

REK IV 636 (1311): Gemeinsames Vorgehen der Kapitel in Klageschrift gegen Erzbischof Heinrich wegen eigenmächtigen Handelns. Aufführung einzelner Stifte: Stift Mariengraden (5), Zeugen: acht Kanoniker von Mariengraden.

Qu. Ennen II Nr. 27 (1270): Verlesung des Appellations-Instrumentes gegen päpstlichen *nuntius*; *testes*: eine Vielzahl von Kanonikern von Mariengraden.

wirtschaftlich:

REK III 3629 (1299): König Albrecht verleiht über Erzbischof Wickbold auf seine Bitten den Stiften St. Andreas und Mariengraden für Wein und Getreidewuchs zu Bacharach und Diebach Freiheit von allen alten und neuen Rheinzöllen.

Qu. Ennen V Nr. 401 (1387): Beschwerdeschrift an Papst wegen Verbots des Weinschanks. Unterzeichner für Mariengraden: Dekan Johan von Ubach und Johann von Düren.

WUB XI 1 Nr. 431 Jahr 1305: Zeugenverhör wegen der gewaltsamen Inbesitznahme der Zehnten zu Bökenförde und Usnen durch den Edelherrn Simon zu Lippe in Soest mit Dechant und Kapitel von St. Patrokli Soest.

WUB XI 2 Nr. 41: *decanus et capitulum* der Soester Kirche gaben und geben dem Dekan und Kapitel von Mariengraden Köln 33 *solidi* jährlich. Aussagen von Zeugen über Verteilung der Zehnten, besonders Priester Conradus *dictus Preco*. (Stift St. Patrokli pachtete diesen Zehnten vom Stift Mariengraden in Köln im Jahr 1231).[480]

Politische und wirtschaftliche Aktivitäten betreffen den Zusammenschluss der Stifte zur Wahrung ihrer Rechte und Freiheiten gegenüber erzbischöflichen und

---

[480] Weitere Belege für politische und wirtschaftliche Aktivitäten des Stifts: politisch: REK III 3536 (1297); REK IV 1141/42 (1319); REK V 213 (1350) Landfrieden und Freundschaftsbündnis mit Schiedsgericht in Mariengraden; REK VII 744 (1372), 1406 (1376); REK IX 1307 (1323): Verhandlungen über Milderung des Interdikts in Köln, dabei Dekan von Mariengraden und *mag.* Gotschalk, Thesaurar; Ennen III Nr. 447 Jahr 1297; Ennen V Nr. 130 Jahr 1376. Wirtschaftlich: REK II 831 (1166); REK V 1183 (1345); REK X 851 (1395): Übereinkunft mit Universität: *praebenda primae gratiae*, Mariengraden zahlt in Wein; Ennen II 422 (1261); WUB XI 2 Nr. 1009 Jahr 1313 und Nr. 1394 Jahr 1317.

päpstlichen Forderungen, kirchliche Einkünfte (Weinschank), Zehntrechte in West-falen, Landfrieden mit Schiedsgericht in Mariengraden. Milderung des Interdikts in Köln, Zusammenarbeit mit Bürgern.

6 Das Stift Mariengraden als Ort von Rechtsakten

REK III 3190 (1288) s.o.: politische Aktivitäten des Stifts: Beschluss zur Schlacht von Worringen 1288 gegen Erzbischof Siegfried im Mariengradenstift.

REK V 213 (1334) s.o.: politische Aktivitäten des Stifts: Erzbischof Walram und Stadt Köln schließen wegen des Landfriedens auf Lebenszeit des Erzbischofs ein Freundschaftsbündnis: Bestimmungen und Ausnahmen bei Streitigkeiten, Schieds-gericht binnen acht Tagen in Immunität von Mariengraden: sechs Geschworene (drei vom Erzbischof und drei bestellte Bürger).

Qu. Ennen IV Nr. 44 (1317): Wilhelm, ältester Sohn des Grafen Gerhard von Jü-lich, gelobt, den zu Bacharach geschlossenen Landfrieden (1317) halten zu wollen. In Mariengraden wird der Landfrieden für Wilhelm verlesen.

WUB XI 2 Nr. 1389 Jahr 1317: Wilhelm Graf von Arnsberg verspricht die Einhal-tung des von König Ludwig mit Fürsten und Städten zu Bacharach vereinbarten Landfriedens. Im Stift von Mariengraden vorgelesen.[481]

7 Auflistung von wiederkehrenden Persönlichkeiten in Rechtsakten des Stifts

12./13. Jh.:
REK II 1148 (1180) Bruno prep.
REK II 1336 (1189) Bruno prep.
REK III 33 (1209) Henricus Racio can.
REK III 78 (1210) Henricus Racio can.
REK III 16 (1216) Henricus Racio can.
REK III 178 (1217) Gerhardus prep.
REK III 195 (1218) Gerhardus prep., auch Ennen II Nr. 52 Gerardus prep. (1218), auch Ennen II Nr. 63 Gerardus prep. (1219)
REK III 1122 (1244) Fidericus prep. (Bruder Konrads von Hochstaden)
REK III 1300 (1246) Fidericus prep., auch Ennen II Nr. 422 (1261)
Ennen II Nr. 43 (1214) Lupertus dec.
Ennen II Nr. 394 (1259) Henricus dec.

---

[481] Weitere Belege für Stift als Ort von Rechtsakten: REK III 2441 (1271); REK IV 1728 (1328): Veröffentli-chung päpstlicher Bullen *in ecclesia Mariengraden*.

Ennen II Nr. 415 (1260) Henricus dec.

Ennen II Nr. 466 (1263) Henricus dec.

14. Jh.:

REK IV 636 (1311) Henricus de Grifone can.

REK IV 1838 (1329) Ruprecht prep., auch Ennen IV Nr. 146 (1328) Ruprecht prep.; auch Ennen IV Nr. 155 (1329) Ruprecht prep.

REK VI 78 (1350) Constantin de Cornu

REK VI 188 (1351) Constantin der Cornu, auch Ennen IV Nr. 329 (1351)

REK VI 330 (1353) Constantin de Cornu, auch Ennen IV Nr. 351 (1353)

REK VI 429 (1353) Constantin de Cornu

REK VI 444 (1353) Constantin de Cornu

REK VI 1110 (1358) Constantin de Cornu, auch Ennen IV Nr. 405 (1359)

REK VI 1206 (1360) Constantin de Cornu

REK VII 104 (1364) Johannes de Grifone dec.

REK VII 316 (1365) Johannes de Grifone dec.

REK VII 762 (1368) Johannes de Grifone dec.

REK VII 764 (1368) Johannes de Grifone dec.

REK VIII 1190 (1374) Johannes de Grifone prep.

REK VIII 1203 (1375) Johannes de Grifone prep.

REK VIII 1415 (1376) Johannes de Grifone prep., auch Ennen V 136 (1377)

REK VIII 1616 (1377) Johannes de Grifone prep., auch Ennen V Nr. 164 (1377), auch Ennen V Nr. 175 (1377), auch Ennen V Nr. 179 (1377)

Ennen V Nr. 186 (1378) Johannes de Grifone prep.

Ennen V Nr. 277 (1379) Johannes de Grifone prep.

REK IX 111 (1381) Bernhard v. Fleckenstein prep.

REK IX 181 (1381) Bernhard v. Fleckenstein prep.

REK IX 590 (1383) Bernhard v. Fleckenstein prep.

REK VIII 1261 (1375) Tilmann v. Schmallenberg dec. und Archidiakon von Dortmund

REK IX 959 (1385) Tilmann v. Schmallenberg dec. u. Archidiakon v. Dortmund)

REK X 1028 (1396) Tilmann v. Schmallenberg dec.

REK X 1790 (1399) Tilmann v. Schmallenberg dec.

REK X 2216 (1400) Tilmann v. Schmallenberg dec.

In der folgenden Zusammenstellung wird deutlich: Pröpste, Dekane und Kanoniker des Stiftes Mariengraden waren im hohen Mittelalter zahlreich an Rechtsakten beteiligt und belegen für Mariengraden ein hohes Maß an Rechtsgelehrsamkeit.

12./13. Jh.:   Bruno 2 x – Henricus Racio 3 x – Gerhardus 4 x – Fidericus 3 x –
Lupertus 1 x – Henricus 3 x
14. Jh.:   Ruprecht 3 x – Henricus de Grifone 1 x – Constantin de Cornu 10 x –
Johannes de Grifone 15 x – Bernhard v. Fleckenstein 3 x –
Tilmann v. Schmallenberg 5 x

10 Personenlisten des Stiftes: Pröpste, Dekane, Kanoniker

Die folgende Personenliste ist in drei Teilen jeweils chronologisch angelegt: 31 Pröpste (1–31), 27 Dekane (32–49) und 309 Kanoniker (50–363). Die Dignitäten und Ämter Thesaurare, Scholaster, Kellner und Chorbischöfe werden den Kanonikern mit entsprechendem Hinweis zugeordnet. Ebenso werden Hinweise auf Weihegrad, akademische Graduierung, verwandtschaftliche Beziehungen und Einbindung in die Ereignisgeschichte *ad personam* hinzugefügt.

10.1 Quellen und Literatur zu den Personenlisten

Folgende Literatur und Quellen liegen der Personenliste[482] zugrunde: Von den Brincken, Das Stift S. Mariengraden zu Köln (Urkunden und Akten 1059–1817). Mitteilungen aus dem Stadtarchiv Hefte 57 und 58, I. Teil Urkunden und Regesten, II. Teil Textanhang und Register. Von den Brincken hat acht teilweise erhaltene Memorienbücher auf eine Schicht von 1370 unter Zuhilfenahme späterer Jahre kompiliert. Das Verfahren zur Kompilation und Filiation erläutert sie in der Einleitung zum I. Teil. Im II. Teil stellt sie im Orts- und Sachregister (S. 615 ff.) ihre Personenliste vor. Die Zusammenfassung der Memorienbücher in einem liturgischen Kalender mit den vorgeschriebenen Memorien wird als Fundstelle für die Stiftsangehörigen herangezogen. Um die Übersicht zu bewahren, wird die Bezeichnung des Tagesfestes oder Tagesheiligen mit Kalenderdaten weggelassen. Ausnahme bleibt die Angabe des Todesdatums (obitus) dessen, für den die Memorie gefeiert wird, soweit die Überlieferung dies zulässt. Die Doppelnennung des Todesdatums bei einigen Kanonikern ist die Folge der Kompilation verschiedener Memorienbücher auf eine Schicht von 1370. Die Regesten der Erzbischöfe von Köln im Mittelalter

---

[482] Abkürzungen in der Personenliste:

AEK: Diözesanarchiv Köln Slg. Roth Mappen 16 u. 17.

M/B: Bürgersohn aus dem Kölner Meliorat.

B.: Bürger aus Köln.

E.: Einwohner in Köln, Bürgerrecht nicht belegt.

reg. H.: regionale Herkunft.

ständ. H.: ständische Herkunft.

MG 1: v.d.Brincken, Urkunden und Regesten I. Teil.

MG 2: v.d.Brincken, Textanhang und Register II. Teil.

MB 1, 2, 2a, 2b: von den Brincken, Textanhang II. Teil: Memorienbücher 1, 2, 2a, 2b.

Mil.: Kölner Geistliche im Mittelalter, Bd. 1 Männer.

O: *Obitus* = Todesdatum.

prov.: erfolgreiche Provision.

REK: Regesten der Erzbischöfe von Köln, Bd. und Nr.

Sld.: Sauerland, Urkunden u. Regesten ... aus dem Vatikanischen Archiv Bde. I–VII.

WUB: Westfälisches Urkundenbuch.

(Bde. I–X, 1057–1401) geben die zweite Möglichkeit, die Personalliste quellenmäßig zu stützen: Ergänzungen, Präzisierungen und ereignisgeschichtliche Hinweise lassen sich hier der Personalliste zufügen. Militzer (Kölner Geistliche im Mittelalter Bd. 1. Mitteilungen aus dem Stadtarchiv Heft 91) hat bis 1500 95 Kölner Bürgersöhne als Angehörige des Stiftes S. Mariengraden zusammengetragen; sie spiegeln auch eine soziale Zusammensetzung des Stiftes wider. Die Sammlung Roth im Kölner Diözesanarchiv wurde ebenfalls für die Erstellung der Personenliste herangezogen. Es handelt sich um eine von Roth erstellte handschriftliche Zettelsammlung von Stelleninhabern an Kölner Stifts-, Pfarr- und Klosterkirchen. Die Sammlung enthält 45 Mappen mit ca. 14625 handschriftlich abgefassten postkartengroßen Zetteln. Die Mappen 16 und 17 enthalten die *Personalia* für das Stift S. Mariengraden. Der Mappe 16 sind die Pröpste, Dekane, die Chorbischöfe, die Thesaurare, die Kellner und die Scholaster entnommen. Die Zettel der Mappe 17 geben chronologisch die Namen der Kanoniker (Mappe 17.1 bis 1350, Mappe 17.2 1351–1400) an. Die mit Quellenangaben belegten Personalangaben übertreffen in ihrer Präzision bei der Datierung von den Brincken und auch die Regesten der Erzbischöfe. Oft sind Tages- und Monatsdaten angegeben, dazu finden sich die Stiftsangehörigen in ein Personengeflecht eingebunden oder es sind ereignisgeschichtliche Fakten zugeordnet.

Eine Überprüfung hat ergeben, dass sowohl von den Brincken, die Regesten der Erzbischöfe als auch Roth die Angaben aus den Urkundenbüchern von Lacomblet implizieren, daher ist eine zusätzliche Heranziehung für die Personenliste verzichtbar.

Sauerland (Urkunden und Regesten zur Geschichte der Rheinlande aus dem Vatikanischen Archiv. Bde. 1–7) ergibt die Personenliste für die providierten Stiftsangehörigen von Mariengraden. Für das 14. Jahrhundert, den Untersuchungszeitraum Sauerlands, zählen die Urkunden allein 90 Versuche von Provisionen für das Amt eines Kanonikers am Stift S. Mariengraden, nur 12 *provisiones canonicae* führten zur Aufnahme in das Kapitel.

10.2 Personenlisten: Überblick

Den folgenden Personenlisten sind zwei nummerierte Zusammenfassungen vorangestellt. Die aufsteigenden Zahlenangaben und Nullstellen zeigen, dass die Quellendichte vom 11.–14./15. Jahrhundert zunimmt. Dabei ist die regionale und ständische Herkunft der Zusammenfassung I bereits in einem vorhergehenden Kapitel erläutert und problematisiert worden. In der Zusammenfassung II zeigt sich bei den Weihegraden das ständige Dilemma im Stift: Trotz wiederholter päpstlicher und bischöflicher Vorgaben ist der Übergang in ein Diakonats- oder Priesteramt nicht erfolgt. Im Kapitel über die Vikare wurde die Problematik bereits erläutert.

Die akademische Graduierung wird im 13. Jahrhundert noch von der Universität Paris bestimmt, während durch die Gründung der Universität zu Köln von 1388 eine Zunahme der Magistertitel und Abschlüsse im juristischen Bereich für Kanoniker von Mariengraden nicht verwundert. Bei den Dignitäten sind vor allem die Thesaurare und Scholaster als Funktionsstellen Durchlaufstationen für Dekane, aber auch Rangerhöhungen für Kanoniker.

Zusammenfassung I: Personenlisten des Stiftes S. Mariengraden 1059–ca. 1400:

	Anzahl	Herkunft festlegbar	Herkunft nicht fest-legbar	aus Gesamt-zahl Bürger-söhne aus Köln M/B	aus Gesamt-zahl Bürger-söhne aus Köln B
11. Jh.					
Pröpste	5	2	3	0	0
Dekane	2	0	2	0	0
Kanoniker	3	1	2	0	0
12. Jh.					
Pröpste	7	2	5	0	0
Dekane	6	2	4	0	1
Kanoniker	38	13	25	0	11 u. 1 E
13. Jh.					
Pröpste	9	5	4	0	0
Dekane	7	5	2	2	1
Kanoniker	77	50	27	10	16
14./15. Jh.					
Pröpste	10 prov.2	8	2	2	0
Dekane	7 prov.1	6	1	2	2
Kanoniker	201 prov. 9	169	32	10	38 u. 3 E

Summe: 372 – 9 = 363
Doppelnennungen:
Dekane, die Propst wurden: Nr. 3, 5, 11, 29 = - 4
Kanoniker, der Propst wurde: Nr. 16 = - 1
Kanoniker, die Dekan wurden: Nr. 29, 38, 44, 45 = - 4

Zusammenfassung II: Personenlisten des Stiftes S. Mariengraden 1059–ca. 1400:

	Anzahl	Weihegrade subd., diac., presb.	akademische Graduierung, Ämter	Dignität
11. Jh.				
Pröpste	5	0 / 0 / 1	0	0
Dekane	2	0 / 0 / 0	0	0
Kanoniker	3	0 / 0 / 1	0	0
12. Jh.				
Pröpste	7	0 / 0 / 0	0	0
Dekane	6	0 / 0 / 0	0	Thesaurare: 3
13.Jh.				
Pröpste	9	0 / 0/ 0	0	0
Dekane	7	0 / 1 / 1	0	Thesaurar: 1
Kanoniker	77	0 / 1 / 1	procurator: 1	Thesaurare: 8
			mag.: 13	Scholaster: 5
			Notar: 1	Chorbischof: 1
			Jurist Raze	Kellner: 1
14./15.Jh.				
Pröpste	10	0 / 0 / 0	0	0
Dekane	7	0 / 2 / 2	*lic.iur.canonici mag.*: 2	0
Kanoniker			*mag.*: 21, davon: *med.*: 1, *iure et theol.*: 1 *scolaris in iure* Offizial: 1 Notar: 1 *lic. in decr.*: 2 *doctor decretorum procurator*: 1	Thesaurare: 7 Scholaster: 6 Kellner: 4

10.3 Personenlisten mit Angaben zur regionalen und ständischen Herkunft

Pröpste

11. Jh.[483]

1 vor 1061 Heimo od. Heymo, *avunculus archiep. Annonis*
reg. H.: Schwaben
ständ. H.: EB Anno aus schwäb. Freiherrengeschlecht
Fundstellen: MG 2: S. 459 f. MB 1: <u>31.3. O</u>;
REK I 839; AEK Slg. Roth 16, 2

2 1061 Wezelinus/Bruder Annos, gest. als EB v. Magdeburg
reg. H.: Schwaben; ständ. H.: schwäb. Freiherrengeschlecht
Fundstellen: MG 1: S. 256 Farr. Gel. I, 117 RS
REK I 839 REK I 882; AEK Slg. Roth 16, 2

3 1062 Luizo
reg. H.: nicht festlegbar; ständ. H.: nicht festlegbar
Fundstellen: MG 2: S. 427 U 1 (Volltext); REK I 900;
AEK Slg. Roth 16, 2

4 um 1075 Rudolfus, *presb. n. vita Annonis* II, 26 A 2: Fürsprache für Grablege Annos in MG
reg. H.: nicht festlegbar; ständ. H.: nicht festlegbar
Fundstellen: MG 2: S. 472 MB 1: <u>28.5. O</u>
REK I 1110, 1; AEK Slg. Roth 16, 2

5 1081–1091 Hezelinus
reg. H.: nicht festlegbar; ständ. H.: nicht festlegbar
Fundstellen: MG 2: S. 428 f. U 3 (Volltext); MG 1: S. 322 HUA 11,
S. 357 Farr. Gel. I, 120 RS; REK I 1162, 1200, 1205;
AEK Slg. Roth 16, 2

12. Jh.

6 1104–1126 Theodorius oder Dietrich
reg. H.: nicht festlegbar; ständ. H.: nicht festlegbar

---

[483] Die Jahreszahlen bei den 363 Stiftsangehörigen weisen Zeitpunkt oder Verweildauer im Stift aus. Die Jahreszahlen, entnommen den verschiedenen Fundstellen, differieren, so dass aus einem Vergleich der Quellen und dem zugehörigen Kontext die Jahreszahlen nur mit einem begrenzten Grad von Wahrscheinlichkeit angegeben werden können.
Die ständische Herkunft, besonders der Kanoniker, lässt sich mit Ausnahme der Kölner Bürgersöhne nur an wenigen Stellen belegen.

Fundstellen: MG 2: S. 432 U 4 (Volltext); MG 1: S. 323 HUA 12 u. 13; REK II 27, 31, 32; AEK Slg. Roth 16, 2

7 1130   Arnoldus
            reg. H.: nicht festlegbar; ständ. H.: nicht festlegbar
            Fundstellen : MG 1: S. 323 HUA 146; AEK Slg. Roth 16, 2

8 1138–1146 Wilhelmus
            reg. H.: nicht festlegbar; ständ. H.: nicht festlegbar
            Fundstellen: MG 2 : S. 432 U 6 (Volltext); AEK Slg. Roth 16, 2

9 1147 Gerardus
            reg. H.: nicht festlegbar; ständ. H.: nicht festlegbar
            Fundstellen: MG 2: S. 433 U 7 (Volltext); REK II 455
            AEK Slg. Roth 16, 2

10 1158–1179 Hugo de Are, auch Domdekan 1168–1179
            reg. H.: Altenahr; ständ. H.: Grafen von Are
            Fundstellen: MG 2: S. 434 U 8 (Volltext), S. 435 U 9 (Volltext);
            MG 1: S. 359: Farr. Gel. I, 127 RS u. 130 RS; S. 301 Farr. Gel. IV
            207; MG 2: S. 451 MB 2, S. 453 MB 2, S. 505 MB 1: 14.11. O
            AEK Slg. Roth 16, 2

11 1180 Theodericus
            reg. H.: nicht festlegbar; ständ. H.: nicht festlegbar
            Fundstellen: MG 1: S. 323 HUA 30; REK II 1152;
            AEK Slg. Roth 16, 2

12 1180–1193 Bruno v. Sayn, EB v. Köln
            reg. H: Sayn, Neuwied; ständ. H.: Grafen von Sayn
            Fundstellen: MG 1: S. 323 HUA 31, 34c, 37; REK II 1336, 1148;
            AEK Slg. Roth 16, 2; Mil. S. 574: weitere Propsteien in Koblenz
            u. Bonn
13. Jh.
13 1207 Conrad
            reg. H.: nicht festlegbar; ständ. H.: nicht festlegbar
            Fundstellen: MG 1: S. 417; St. A. Münster U Soest St. Patrocli 15

14 1217–1218 Gerardus
   reg. H.: nicht festlegbar; ständ. H.: nicht festlegbar
   Fundstellen:: MG 1: S. 369 Alfter Bde. 73 u. 131 (Liste v. Pröpsten Diözese Köln); REK III 171, 178, 194, 194, 195, 203;
   AEK Slg. Roth   16, 2

15 1220–1231 Henricus
   reg. H.: nicht festlegbar; ständ. H.: nicht festlegbar
   Fundstellen: MG 2: S. 437 f. U 12 (Volltext), S. 438 f. U 13
   (Volltext); MG 1: S. 361 Farr. Gel. IV 207; MG 1: S. 415 StA
   Koblenz 18, 47; MG 2: MB 1 S. 500: 19.10. O; REK III 107, 231
   322, 400, 685; REK III 402 Dekan des Domstifts; AEK Slg. Roth
   16, 2: Scholaster S. Gereon, *mag.* vor 1219–1223

16 1234–1238 Conrad von Hochstaden, EB 1238–1261
   reg. H.: Eifelgau/Zülpichgau; ständ. H.: Grafen von Are
   Fundstellen: MG 1: S. 324 HUA 103; REK III 90, 890, 907
   (Erhebung zum EB 1238); AEK Slg. Roth 16, 2

17 1251–1261 Friedrich v. Hochstaden, Bruder Konrads v. Hochstaden
   reg. H.: Eifelgau, Zülpichgau; ständ. H.: aus Haus der Grafen
   von Are
   Fundstellen: MG 1: S. 274: U Domstift 286; MG 1: Nr. 1712
   Geistl. Abt. 168 j Bl. 13; MG 1 Farr. Gel. IV 211 Sept. 6, 1260; MG
   2: MB 2 S. 478; 5.5. O; REK III 908; AEK Slg. Roth 16, 2

18 1271 Wilhelm
   reg. H.: nicht festlegbar; ständ. H.: nicht festlegbar
   Fundstellen: REK III 2461; AEK Slg. Roth 16, 2

19 1274 Conrad v. Berg
   reg. H.: Berg a. d. Dhünn; ständ. H.: Grafen von Berg
   Fundstellen: MG 2: MB 1 S. 474; REK III 2591

20 1274–1285 Walramus de Monte
   reg. H.: Berg a.d. Dhünn; ständ. H.: Grafen von Berg
   Fundstellen: MG 1: S. 14 f. U 25; MG 1: S. 360 Farr. Gel. IV 204
   RS; MG 1: S. 365 Alfter Bd. 14, 286; MG 2: MB 1 S. 454; 6.3. O
   MG 2: MB 2 S. 471; REK III 2985 (1283: *separatio bonorum*);

AEK Slg. Roth 16, 2

21 1293 Johannes de Ryneckgin
reg. H.: Bliesheim; ständ. H.: nicht festlegbar
Fundstellen: MG 1: S. 409 HStA Düsseldorf U Abtei Kamp 241;
MG 2: MB 2 S. 452, 458, 465, 498; MG 2: MB 1 S. 464, 472, 505;
REK III 3384, 3177; AEK Slg. Roth 16, 2

14.Jh.

22 1303 Otto von Rheinick
reg. H.: nicht festlegbar; ständ. H.: nicht festlegbar
Fundstellen: REK III 3914

23 1311 Wernerus de Thonbruch
reg. H.: Bergerhausen bei Kerpen
ständ. H.: verwandt mit Grafen v. Virneburg (EB Heinrich II. v.
Virneburg)
Fundstellen:
MG 1: S. 326 HUA 765; MG 2: MB 1 S. 508: 29.11. O, S. 450,
S. 469; REK IV 337; AEK Slg. Roth 16, 2; WUB XI 1 Nr. 784;
WUB XI 2 Nr. 998, 1068

24 1313–1325 Walramus de Arnzberch
reg. H.: Arnsberg; ständ. H.: Grafen von Arnsberg
Fundstellen: MG 2: MB 1 S. 476: 17.6. O; AEK Slg. Roth 16, 2;
Sld. II 1863

25 1325–1330 Ropreicht de Virneburg, Domherr v. Köln u. Trier; providiert
reg. H.: Stammburg in Osteifel; ständ. H.: Grafen v. Virneburg
Fundstellen: MG 1: S. 326 HUA 1266; REK IV 1838; AEK Slg.
Roth 16, 2; Sld. I 1052

26 1322–1332 Henricus de Juliaco, Domherr zu Köln; providiert
reg. H.: Jülich; ständ. H.: Grafen von Jülich
Fundstellen: MG 1: S. 369 Slg. Alfter Bd. 73; REK V 9;
AEK Slg. Roth 16, 2; Sld. II 1245

27 1339–1360 Constantinus de Cornu (M/B) Mil. S. 318/19
reg. H.: Köln; ständ. H.: Meliorat: Familie Birkelin vom Horne
Ratsgremien: Schöffenkollegium, Enger Rat, Bürgermeisteramt

Fundstellen: MG 1: S. 83f. U105; MG 1: S. 318 Geistl. Abt. 168 w;
MG 1: S. 327 HUA 2003; REK IV 78, 175, 188;
REK V 1214, 1328, 1498, 633, 864, 1181;
AEK Slg. Roth 16, 2; Mil. S. 318/19 MB s.o.; Sld. III 910, 631

28 1360 Thomas de Septenfontibus, providiert
    reg. H.: nicht festlegbar; ständ. H.: Neffe des EB' s Wilhelm
    Fundstellen: MG 1: S. 53 f. U 105 (als Kanoniker bezeugt);
    REK VI 1317, 1328; AEK Slg. Roth 16, 2; Sld IV 631;
    Sld IV 642, 656

29 1348-1381 Johann vom Grifen (M/B), *lic. iur. canonici*
    reg. H.: Köln; ständ. H.: Meliorat: Familie Gijr vom Tempel
    Ratsgremien: keine nachweisbar
    Fundstellen:
    MG 1: S. 69 U 140; S. 76 f. U 156; S. 328 HUA 2668; S. 329
    HUA 3089; S. 329 HUA 3241; MG 1: Briefeingang undatiert 1617
    (vor 1389); MG 1: GLA Karlsruhe cop. 30 c
    MG 2: MB 2 u. 2 a: S. 441, 444, 447, 453, 454, 457, 458, 481, 482,
    485, 507, 508, 514, 491, 496, 500, 503, 506, 460, 465, 467, 473,
    477, 488; MG 2: MB 2 u. 2 a S. 509: 6.12. O; REK VIII 1203, 1415,
    1616, 1680/81, 1686/87, 708, 1190; AEK Slg. Roth 16, 2; Mil. S.
    248

30 1391 Henricus de Vleckenstein
    reg. H.: Blies a. d. Saar
    ständ. H.: Grafen v. Saarwerden, verw. mit EB Friedrich v.
    Saarwerden (1370-1414)
    Fundstellen: MG 1: S. 258 Rep. u. Hss. MG Bl. 78;
    REK X 38; AEK Slg. Roth 16, 2

31 1417-1425 Walram III. v. Kerpen, auch Propst v. Münstereifel
    reg. H.: Kerpen; ständ. H.: nicht festlegbar
    Fundstellen. MG 1: S. 93 U 193, MG 1: S. 95 U 199, MG 1: S. 98 U
    206; MG 1: S. 350 Brief b. IX, 100 b; AEK Slg. Roth 16, 2

Dekane

11.Jh.

3   v. 1061 Luizo, später Propst s. Nr. 3
            reg. H.: nicht festlegbar; ständ. H.: nicht festlegbar
            Fundstellen: MG 2: S. 428 U 2 (Volltext); REK I 1070

5 1061–1104 Hezelinus oder Hecel, später Propst s. Nr. 5
            reg. H.: nicht festlegbar; ständ. H.: nicht festlegbar
            Fundstellen: MG 2: S. 427 U 1 (Volltext); MG 2: S. 430 f. U
            (Volltext); MG 1 Farr. Gel. I 117 RS; REK I 900, 1205;
            REK II 31; AEK Slg. Roth 16, 3

12. Jh.

32 1116 Christianus
            reg. H.: nicht festlegbar; ständ. H.: nicht festlegbar
            Fundstellen: MG 1: S. 369 Alfter Bd. 13,1

33 um 1136 Evero
            reg. H.: nicht festlegbar; ständ. H.: nicht festlegbar
            Fundstellen: MG 1: S. 369 Alfter Bd. 13,1

34   ca. 1137–1158 Volcwinus
            reg. H.: nicht festlegbar; ständ. H.: nicht festlegbar
            Fundstellen: MG 2: S. 433 U 6 (Volltext); MG 1: S. 358 f. Farr.
            Gel. I 124 RS; MG 1: S. 359 Farr. Gel. I 130 RS; REK II 415;
            AEK Slg. Roth 16, 3

35 1161–79 Gerardus
            reg. H.: Hemmerde (Westf.); ständ. H.: nicht festlegbar
            Fundstellen: MG 2: S. 434 U 8 (Volltext); MG 2: S. 436 U 9
            (Volltext); MG 2: S. 436 U 10 (Volltext); REK II 455, 136;
            AEK Slg. Roth 16, 3

36 1180–1182 Wolframus (B)
            reg. H.: Köln; ständ. H.: Bürger, keine Ratsgremien
            Fundstellen: MG 1: S. 323 HUA 31; REK II 1184;
            AEK Slg. Roth 16, 3; Mil. S. 702

11 1182–1200 Theodericus, später Propst s. Nr.11
        reg. H.: nicht festlegbar; ständ. H.: nicht festlegbar
        Fundstellen: MG 1: S. 323 HUA 38; REK II 1336;
        AEK Slg. Roth 16, 3

13. Jh.
37 1202–1212 Henricus, *presbyter*
        reg. H.: nicht festlegbar; ständ. H.: nicht festlegbar
        Fundstellen: MG 1: S. 358 Farr. Gel. I 126 RS; MG 2: MB 1 S.
        443; 10.1. O; MG 2: MB 2 S. 445; REK II 1610; REK III 49, 73;
        AEK Slg. Roth 16, 3

38 1214–1237 Lupertus
        reg. H.: Unkel; ständ. H.: nicht festlegbar
        Fundstellen: MG 2: S. 438 U 13 (Volltext), MG 1 S. 323 f. HUA 63,
        S. 324 HUA 96; MG 1: S. 361 Farr. Gel. IV 207, S. 363 Farr. Gel.
        IV 212; MG 1: S. 367 Alfter 15, 96; MG 1: S. 415 St A. Koblenz;
        MG 1: S. 422 Soest StA Hoh. Hosp. Urkb. 1215, 1230, 1237;
        MG 2: MB 1 S. 487: 14.8. O; MG 2: MB 1 S. 454, 459, 461;
        MG 2: S. 460, 485; REK III 139; AEK Slg. Roth 16, 3

39 1247 Gerhardus (M/B)
        reg. H.: Köln; ständ. H.: Meliorat: Familie von der Salzgasse
        Ratsgremien: Richerzeche, Bürgermeisteramt, Schöffen-
        kollegium
        Fundstellen: MG 2: MB 2 S. 488: 21.8. O;
        MG 2: MB 2 S. 487, 489, 506; MG 2: MB 1 S. 482; Mil. S. 220/221

40 1251–1253 Arnoldus
        reg. H.: nicht festlegbar; ständ. H.: nicht festlegbar
        Fundstellen: MG 1: S. 369 Alfter Bd. 73; MG 2: MB 1 S. 447: 31.1. O
        MG 2: MB 2 S. 452; REK III 1667; AEK Slg. Roth 16, 3

41 1262–1267 Henricus, *mag., thesaurarius* (B)
        reg. H.: Köln; ständ. H.: Bürger, keine Ratsgremien
        Fundstellen: MG 1: S. 10 U16; MG 1: S. 11 U 17;
        MG 1: S. 324 HUA 277; MG 1: S. 404 Dortmund Stadt A U 685;
        MG 1: S. 419 St. A. Münster Mscr. VII, 6102 Bl. 20;
        MG 2: S. 461 MB 1: 3.4. O; MG 2: MB 1 S. 447, 458, 487, 492, 497;
        MG 2 : MB 2 S. 511; REK III 2056, 2316; AEK Slg. Roth 16, 3;

Mil. S. 281

42 1271–1275 Wilhelmus
    reg. H.: Elfgen; ständ. H.: nicht festlegbar
    Fundstellen: MG 1: S. 13 U 21; MG 1 S. 325 HUA 408; MG 1: S.
    365 Alfter Bd. 10, 313; MG 2: MB 1 S. 506: 20.11. O;
    MG 2: MB 1 S. 473, 492, 499; MG 2: MB 1 S. 453, 461, 481;
    AEK Slg. Roth 16, 3

43 1281–1293 Pelegrinus
    reg. H.: Vernich; ständ. H.: nicht festlegbar
    Fundstellen: MG 1: S. 17 U 30 und U 31; MG 1: S. 18 U 33 a/b;
    MG 1: S. 19 U 35; MG 1: S. 51 U 100; MG 1: S. 79 U 160;
    MG 1: S. 292 Geistl. Abt. 166 a; MG 1: S. 360 Farr. Gel. IV 204 RS;
    MG 2: MB 1 S. 478: 30.6. O; MG 2: MB 1 S. 450, 454, 457, 462,
    465, 470, 488, 501, 502, 511; MG 2: MB 2 S. 463, 468, 473, 487, 512;
    REK III 1283, 2985; AEK Slg. Roth 16, 3

14.Jh.
44 1297–1316 Johannes de Aquis, mag. (M/B)
    reg. H.: Köln; ständ. H.: Meliorat, Familie Morart, keine Rats-
    gremien
    Fundstellen: MG 1: S. 18 U 33 a/b; MG 1: S. 21 U 40;
    MG 1: S. 23 U 42; MG 1: S. 297 Geistl. Abt. 164; MG 1: S. 308
    Geistl. Abt. 168 j, 317 Nr. 7; MG 2: MB 1 S. 509: 2.12. O;
    MG 2: MB 1 S. 446, 472, 476, 481, 484, 495, 499, 503;
    MG 2: MB 2 S. 443, 447, 453, 461, 462, 464, 466, 467, 473 ,475, 506;
    REK III 1283, 3962; AEK Slg. Roth 16, 3; Mil. S. 379;
    WUB XI 2 Nr. 936

45 1317–1329 Wiricus de Waildorf, nach Tod des Wiricus Vakanz im Amt bis
    1337
    reg. H.: Waldorf/Bonn; ständ. H.: nicht festlegbar
    Fundstellen: MG 1: S. 30 U 57; MG 1: S. 326 HUA 1267 a/b;
    MG 2: MB 1 S. 464: 17.4. O; MG 2: MB 1 S. 444, 441, 447, 448,
    450, 453, 454, 458, 462, 465, 467, 470, 473, 481, 484, 491, 492, 496,
    503, 504, 507, 508, 509, 511, 513; MG 2: MB 2 S. 446, 464, 475, 476,
    478, 480, 482, 485, 485, 487, 489, 505; REK IV 999; AEK Slg. Roth
    16, 3; WUB XI 2 Nr. 1413

46 1337–1358 Henricus de Iswirle, ab 1341 *decanus*, Kaplan des EB's Walram,
     presb.; providiert (1337)
     reg. H.: Eschweiler; ständ. H.: nicht festlegbar
     Fundstellen: MG 1: S. 41 U 81; MG 1: S. 54 U 107;
     MG 1: S. 308 Geistl. Abt. 168 j Bl. 20 Test. 8;
     MG 2: MB 1 S. 443: <u>10.1. O</u>; MG 2: MB 2 S. 448, 449, 471, 506, 508;
     REK V 448; REK VI 7; AEK Slg. Roth 16, 3; Sld. II 2284

29 1360–1381 Johannes vom Grifen (M/B), 1360–1371 Dekan, ab 1371 Propst
     reg H.: Köln; ständ. H.: Meliorat, Familie Gijr vom Tempel
     Ratsgremien: keine nachweisbar
     Fundstellen: MG 1: S. 60 U 121; MG 1: S. 64 U 128;
     MG 1: S. 307 Geistl. Abt. 168 j (1381); MG 1: S. 327 HUA 2301;
     REK VII 104, 172, 316, 762; AEK Slg. Roth 16, 3; Mil. S. 248;
     Sld. IV 750

14./15.Jh.
47 1372–1402 Tilmann de Smalenberg (B), Dekan 1391–1412, seit 1401 Uni Köln
     reg. H.: Köln (Schmallenberg/Krs. Meschede)
     ständ. H.: Bürger, keine Ratsgremien
     Fundstellen:
     MG 1: S. 65 U 132, S. 67 U 137 a, S. 68 U 137 b, S. 69 U 140, S. 70
     U 142, S. 71 U 143 a/b;
     MG 1: S. 72 U 144 a-d, S. 84 U 172, S. 88 U 187 u. U 183, S. 89 U
     184, S. 90 U 188;
     MG 1: S. 100 U 208, S. 145 U 320 1. Transsumpt, S. 146 U 320 2.-5.
     Transsumpt; MG 1: S. 188 U 401, S. 209 A MG 4 Bl. 1, S. 258
     Rep. u. Hss. MG 2 Bl. 78;
     MG 1: S. 260 Rep. u. Hss. MG 2 Bl. 80, S. 263 Rep. u. Hss.
     MG 2 Bl. 87;
     MG 1: S. 269 Rep. u. Hss. MG 4 S. 7; S. 270 Rep. u. Hss. MG 4 S. 12;
     MG 1: S. 330 HUA 6109, HUA 6426 a, HUA 6210, S. 332 HUA 10284;
     MG 1: S. 339 HUA – Nachträge 31;
     MG 1: S. 350 Briefeingang undatiert 880;
     MG 1: S. 418 St.A Münster U Soest 218; MG 2: MB 2 S. 257: <u>22.3. O</u>;
     MG 2: MB 2 S. 445, 450, 460, 463, 466, 470, 473, 476, 481, 487,
     494, 500, 505, 511;
     REK VIII 1261; REK IX 959, 1653; REK X 33, 795, 1028,
     1790, 1831, 2061; AEK Slg. Roth 16, 3; Mil. S. 616; Sld. V 700
     (*Annaten*) 838, 840; Sld. VI 536, 268, 968, 415, 626; Sld. VII 82, 190

15.Jh.
48 1413–1416 Johannes Quentyn von Schonenbach, providiert
               reg. H.: nicht festlegbar; ständ. H.: nicht festlegbar
               Fundstellen: MG 1: S. 350 Brief b. V 47 b und Brief b. VI 42;
               AEK Slg. Roth 16, 3; Sld. VII 918

49 1419–1453 Theodericus de Horst mag. (B), 1445–1449 Dekan, 1431 Priester-
               kanoniker am Kölner Domstift
               reg. H.: Köln; ständ. H.: Bürger, keine Ratsgremien
               Fundstellen: MG 1: S. 94 U 196, S. 95 U 197 U 198 U 199;
               MG 1: S. 110 U 233; MG 1: S. 106 U 223; MG 1: S. 261 Rep. U.
               Hss. MG 2 Bl. 82; MG 1: S. 285 Geistl. Abt. 166 a Bl.1;
               MG 1: S. 289 Geistl. Abt. 166 a Bl. 79; MG 1: S. 293 Geistl. Abt.
               166 a Bl. 153; MG 1: S. 334 HUA 1217 8 a; MG 1: S. 399 MG
               Suitbertus-Altar 6; MG 1: S. 421 BN. Paris für lat. 9282 u. 3;
               MG 2: MB 2 S. 454, 471, 490, 495, 512; AEK Slg. Roth 16, 3; Mil.
               S. 320

Kanoniker
11. Jh.
50 zw. 1081–1089 Elvero, Priester
               reg. H.: Mösdorf; ständ. H.: nicht festlegbar
               Fundstellen: MG 1 S. 356 Farr. Gel. I 118; REK I 118

51 1091 Tiederich
               reg. H.: nicht festlegbar; ständ. H.: nicht festlegbar
               Fundstellen: MG 1: S. 429 U 3 (Volltext)

52 1091 Ludewic
               reg. H.: nicht festlegbar; ständ. H.: nicht festlegbar
               Fundstellen: MG 1: S. 429 U 3 (Volltext)

12. Jh.
53 1138–1163 Berengerus, *diac., mag.*, Scholaster, 1. bekannter Vorsteher der
               Stiftsschule
               reg. H.: nicht festlegbar; ständ. H.: nicht festlegbar
               Fundstellen: MG 1: S. 433 U 6 (Volltext); REK II 415;
               AEK Slg. Roth 16, 7

54 zw. 1137 u. 1161 Everhardus
      reg. H.: nicht festlegbar; ständ. H.: nicht festlegbar
      Fundstellen: MG 1: S. 433 U 6 (Volltext); MG 1: S. 434 U 8
      (Volltext); REK II 415; AEK Slg. Roth 17, 1

55 zw. 1137 u. 1146 Gerhardus
      reg. H.: nicht festlegbar; ständ. H.: nicht festlegbar
      Fundstellen: MG 1: S. 432 U 6 (Volltext)

56 zw. 1137 u. 1146 Geroldus
      reg. H.: nicht festlegbar; ständ. H.: nicht festlegbar
      Fundstellen: MG 1: S. 433 U 6 (Volltext); REK II 415;
      AEK Slg. Roth 17, 1

57 zw. 1137 u. 1146 Hezelinus, Priester, Chorbischof
      reg. H.: nicht festlegbar; ständ. H.: nicht festlegbar
      Fundstellen: MG 1 S. 432 U 6 (Volltext); MG 1: S. 434 U8
      (Volltext); AEK Slg. Roth 16, 4

58 zw. 1137 u. 1146 Odo
      reg. H.: nicht festlegbar; ständ. H.: nicht festlegbar
      Fundstellen: MG 1: S. 433 U 6 (Volltext)

59 1143 Ludowicus, Thesaurar
      reg. H.: nicht festlegbar; ständ. H.: nicht festlegbar
      Fundstellen: AEK Slg. Roth 16, 6

60 zw. 1137 u. 1158 Poppo, *diac.*
      reg. H.: nicht festlegbar; ständ. H.: nicht festlegbar
      Fundstellen MG 1: S. 433 U 6 (Volltext);
      MG 1: S. 358: Farr. Gel. I 124 RS; MG 1: S. 359: Farr. Gel. I 130
      RS; REK II 41; AEK Slg. Roth 17, 1

61 1143 Rupertus
      reg. H.: nicht festlegbar; ständ. H.: nicht festlegbar
      Fundstellen: MG 1: S. 358 Farr. Gel. I 124 RS; REK II 455;
      AEK Slg. Roth 17, 1

62 1143 Hezelin, Chorbischof, ab 1161 Scholaster
      reg. H.: nicht festlegbar; ständ. H.: nicht festlegbar
      Fundstellen: AEK Slg. Roth 16, 4; AEK Slg. Roth 16, 7

63 ab 1147 Wilhelm de Randerode, auch can. in Bonn
      reg. H.: Randerath (Geilenkirchen); ständ. H.: nicht festlegbar
      Fundstellen: REK II 31 u. 455; AEK Slg. Roth 17, 1

64 1158 Arnoldus, *subdiac.*
      reg. H.: nicht festlegbar; ständ. H.: nicht festlegbar
      Fundstellen: MG 1: S. 359 Farr. Gel. I 130 RS

65 1158 Johannes, *subdiac.*
      reg. H.: nicht festlegbar; ständ. H.: nicht festlegbar:
      Fundstellen: MG 1: 359 Farr. Gel. I 130 RS

66 ca. 1160 Theodor *de muro* (v.d. Burgmauer) (E)
      reg. H.: Köln; ständ. H.: nicht festlegbar (E)
      Fundstellen: AEK Slg. Roth 17, 1

67 1158–61 Richolphus, Diakon
      reg. H.: nicht festlegbar; ständ. H.: nicht festlegbar
      Fundstellen: MG 1: S. 434: U 8 (Volltext);
      MG 1: S. 359 Farr. Gel. I 130 RS; AEK Slg. Roth 17, 1

68 1163–1178 Hermann (B)
      reg. H.: Köln; ständ. H.: Bürger, keine Ratsgremien
      Fundstellen: Mil. S. 291

69 1149–1178 Heinrich (B), Priester, Thesaurar
      reg. H.: Köln; ständ. H.: Bürger, keine Ratsgremien
      Fundstellen: AEK Slg. 16, 6 Thesaurar; AEK Slg. Roth 17, 1 can.
      Mil. S. 278

70 1167–1191 Konrad (B)
      reg. H.: Köln; ständ. H.: Bürger, keine Ratsgremien
      Fundstellen: AEK Slg. Roth 17, 1; Mil. S. 382

71 1170 Friedrich
    reg. H.: nicht festlegbar; ständ. H.: nicht festlegbar
    Fundstellen: AEK Slg. Roth 17, 1

72 1170-1190 Bertolphus (B)
    reg. H.: Köln; ständ. H.: Bürger, keine Ratsgremien
    Fundstellen: AEK Slg. Roth 17, 1; Mil. S. 94

73 1158-1179 Wolframus, Diakon
    reg. H.: nicht festlegbar; ständ. H.: nicht festlegbar
    Fundstellen: MG 1: S. 434 U 8 (Volltext);
    MG 1: S. 359 Farr. Gel. I 130 RS;
    MG 1: S. 341 Farr. Gel. IV 207; AEK Slg. Roth 17, 1

74 1170-1203 Gerhard (B)
    reg. H.: Köln; ständ. H.: Bürger, keine Ratsgremien
    Fundstellen: Mil. S. 220

75 1177-1179 Hermann
    reg. H.: nicht festlegbar; ständ. H.: nicht festlegbar
    Fundstellen: REK II 1096 u. 1097; AEK Slg. Roth 17, 1

76 1172 - 1178 Dietrich (Tidericus) (B)
    reg. H.: Köln; ständ. H.: Bürger, keine Ratsgremien
    Fundstellen: Mil. S. 146

77 1174 Reimboldus *mag.*, Scholaster
    reg. H.: nicht festlegbar; ständ. H.: nicht festlegbar
    Fundstellen: AEK Slg. Roth 16, 7

78 1178-1188 Gerlief (B)
    reg. H.: Köln; ständ. H.: Bürger, keine Ratsgremien
    Fundstellen: Mil. S. 227

79 1179 Tyricus de Nentesbruch
    reg. H.: nicht festlegbar; ständ. H.: nicht festlegbar
    Fundstellen: MG 1: S. 361 Farr. Gel. IV 207

80 1180–1203 Arnold, *mag.* (B)
  reg. H.: Köln; ständ. H.: Bürger, keine Ratsgremien
  Fundstellen: Mil. S. 69; AEK Slg. Roth 16, 5 (Kellner)

81 1179 Johann, Thesaurar
  reg. H.: nicht festlegbar; ständ. H.: nicht festlegbar
  Fundstellen: AEK Slg. Roth 16, 6

82 1179 Rudolphus, *mag.*, Scholaster
  reg. H.: nicht festlegbar; ständ. H.: nicht festlegbar
  Fundstellen: AEK Slg. Roth 16, 7

83 1179 Dietrich (II) von Rentesbrok
  reg. H.: nicht festlegbar; ständ. H.: nicht festlegbar
  Fundstellen: AEK Slg. Roth 17, 1

84 1179 Hermann (I)
  reg. H.: nicht festlegbar; ständ. H.: nicht festlegbar
  Fundstellen: AEK Slg. Roth 17, 1

85 zw. 1176 u. 1188 Gerard
  reg. H.: nicht festlegbar; ständ. H.: nicht festlegbar
  Fundstellen: AEK Slg. Roth 17, 1

86 1193–1196 Lambertus, *mag.*, Scholaster
  reg. H.: nicht festlegbar; ständ. H.: nicht festlegbar
  Fundstellen: REK II 1444; AEK Slg. Roth 16, 7

87 1198–1200 Henricus, Scholaster
  reg. H.: nicht festlegbar; ständ. H.: nicht festlegbar
  Fundstellen: REK II 1535; AEK Slg. Roth 16, 7

88 1183–1203 Immo (B)
  reg. H.: Köln; ständ. H.: Bürger, keine Ratsgremien
  Fundstellen: Mil. S. 327

89 1187–1200 Linbasti, Heinrich (B)
  reg. H.: Köln; ständ. H.: Bürger, keine Ratsgremien
  Fundstellen: Mil. S. 413

90 1188–1203 Luko, Heinrich (B)
    reg.: Köln; ständ. H.: Bürger, keine Ratsgremien
    Fundstellen: Mil. S. 435

13.Jh.
91 1199–1238 G.
    reg. H.: nicht festlegbar; ständ. H.: nicht festlegbar
    Fundstellen: REK II 1563; AEK Slg. Roth 17, 1 Streitschlichtung
    für *elekt* Konrad

92 1200–1205 Bruno
    reg. H.: nicht festlegbar; ständ. H.: nicht festlegbar
    Fundstellen: REK II 1584; AEK Slg. Roth 17, 1

93 1205 Gerhard
    reg. H.: nicht festlegbar; ständ. H.: nicht festlegbar
    Fundstellen: AEK Slg. Roth 17,1: EB Bruno IV: freie Vogtwahl
    für Abtei Maria Laach

94 1182–1203 Heinrich Saxo (B)
    reg. H.: Köln; ständ. H.: Bürger, keine Ratsgremien
    Fundstellen: MG 1: S. 418 StA Münster U Soest St. Patrokli 15;
    Mil. S. 579

95 1207–1209 Heinrich, Thesaurar
    reg. H.: nicht festlegbar; ständ. H.: nicht festlegbar
    Fundstellen: AEK Slg. Roth 16, 6

38 1207–1237 Lupertus, Dekan ab 1214
    reg. H.: Unkel; ständ. H.: nicht festlegbar
    Fundstellen: fast alle Fundstellen unter Nr. 38 Dekan Lupertus
    MG 1: S. 418 StA. Münster U Soest 15 zusätzlich

96 1207 Federicus, Chorbischof
    reg. H.: nicht festlegbar; ständ. H.: nicht festlegbar
    Fundstellen: AEK Slg. Roth 16, 4

97 1208 Hezelin
    reg. H.: nicht festlegbar; ständ. H.: nicht festlegbar
    Fundstellen: REK II 1563; REK III 48

98 1178–1215 Heinrich Locke, Thesaurar, *custos* 1207–1209 (B)
    reg. H.: Köln; ständ. H.: Bürger, keine Ratsgremien
    Fundstellen: Mil. S. 427

99 1205 Heinricus
    reg. H.: nicht festlegbar; ständ. H.: nicht festlegbar
    Fundstellen: REK II 1659

100 1197–1215 Heinrich Raze (M/B) Jurist
    reg. H.: Köln; ständ. H.: Meliorat: Familie Raize
    Ratsgremien: Schöffenkollegium, Richerzeche
    Fundstellen: MG 1: S. 358: Farr. Gel. I 126 RS;
    MG 1: S. 369: Alfter Bd. 131; MG 2: MB 1 S. 501: 24.10. O
    MG 2: MB 2 S. 492 Memorie; REK III 73, 16, 78;
    AEK Slg. Roth 17, 1; Mil. S. 541

101 1197–1215 Dietrich Raze (M/B), Bruder des Heinrich Raze
    reg. H.: Köln; ständ. H.: Meliorat: Familie Raize
    Ratsgremien: Schöffenkollegium, Richerzeche
    Fundstellen: Mil. S. 540

102 1215–1226 Theodericus
    reg. H.: nicht festlegbar; ständ. H.: nicht festlegbar
    Fundstellen: MG 1: S. 367 Alfter Bd. 15, 96
    MG 1: S. 422: Soest Stadt A Urkb lose Akten 264
    AEK Slg. Roth 17, 1

103 1188–1212 Gottfried (M/B)
    reg. H.: Köln; ständ. H.: Meliorat: Familie Hardevust
    Titel *domicellus,* keine Ratsgremien
    Fundstellen: Mil. S. 242

104 1188–1215 Gottfried (B), Kämmerer seit 1207
    reg. H.: Köln; ständ. H.: Bürger, keine Ratsgremien
    Fundstellen: Mil. S. 242

105 1218 H., Thesaurar
    reg. H.: nicht festlegbar; ständ. H.: nicht festlegbar
    Fundstellen: MG 2: S. 437 U 11 (Volltext)

106 1216–1225 Arnold *mag.*
       reg. H.: nicht festlegbar; ständ. H.: nicht festlegbar
       Fundstellen: REK III 138; AEK Slg. Roth 17, 1

107 1218–1226 Gerhard de Vlamersheim
       reg. H.: Flamersheim; ständ. H.: nicht festlegbar
       Fundstellen: MG 2: S. 437 U 11 (Volltext); MG 1: S.

108 1218–1238 Henricus Luco, *mag.*
       reg. H.: nicht festlegbar; ständ. H.: nicht festlegbar
       Fundstellen: MG 2: S. 437 U 11 (Volltext);
       MG 1: S. 363 Farr. Gel. IV 212

109 1218 R …
       reg. H.: nicht festlegbar; ständ. H.: nicht festlegbar
       Fundstellen: MG 2: S. 437 U 11 (Volltext)

110 1218 Theodericus de Steinbuchele
       reg. H.: Steinbüchel/Leverkusen; ständ. H.: nicht festlegbar
       Fundstellen: MG 2: S. 437 U 11 (Volltext)

111 1218 Gerhard de Suevo
       reg. H.: nicht festlegbar; ständ. H.: nicht festlegbar
       Fundstellen: MG 2: S. 437 U 11 (Volltext)

112 1224 Johannes, Kellner
       reg. H.: nicht festlegbar; ständ. H.: nicht festlegbar
       Fundstellen: MG 1: S. 361 Farr. Gel. IV 207; AEK Slg. Roth 17, 1

113 1228–1230 Vilhunt, Reiner (B)
       reg. H.: Köln; ständ. H.: Bürger, keine Ratsgremien
       Fundstellen: Mil. S. 190; AEK Slg. Roth 17, 1

114 1228–ca. 1230 Hermann Wijsse (Albus) vor der Marspforten (M/B)
       reg. H.: Köln; ständ. H.: Meliorat: Familie Kone
       Ratsgremien: Schöffenkollegium
       Fundstellen: Mil. S. 699 f.

115 1230–1244 Johannes de Erwete
      reg. H.: Erwitte bei Paderborn; ständ. H.: nicht festlegbar
      Fundstellen: MG 1: S. 422 Soest Stadt A Hoh. Hosp. Urkb.;
      MG 2: S. 439 U 13 (Volltext)

116 1231–1247 Arnoldus mag., seit 1239 Scholaster
      reg. H.: nicht festlegbar; ständ. H.: nicht festlegbar
      Fundstellen: MG 1: S. 324 HUA 131; MG 2: S. 439 U 14
      (Volltext); REK III 732; AEK Slg. Roth 16, 7

117 1231–1244 Theodericus
      reg. H.: nicht festlegbar; ständ. H.: nicht festlegbar
      Fundstellen: MG 2: S. 439 U 13 (Volltext) und U 14 (Volltext);
      MG 2: S. 440 Transfix (Volltext); AEK Slg. Roth 17, 1

118 1234–1240 Heinrich von Nusse (*Nussia*) (M/B)
      reg. H.: Köln; ständ. H.: Meliorat: Familie Raize
      Ratsgremium: Schöffenkollegium
      Fundstellen: Mil. S. 484; AEK Slg. Roth 17, 1

119 1231–1238 Gerhardus, gen. G
      reg. H.: nicht festlegbar; ständ. H.: nicht festlegbar
      Fundstellen: MG 1: S. 324 HUA 96 u. 110

16 1238 Conrad v. Hochstaden, zuvor Propst MG (16), EB v. Köln 1238–1261
      reg. H.: Eifelgau/Zülpichgau; ständ. H.: Grafen von Are
      Fundstellen: MG 1: S. IX EB von Köln;
      MG 1: S. 282 Geistl. Abt. 165 a Nr. 14;
      MG 1: S. 357 Farr. Gel. I 119 RS; MG 1: S. 360 Farr. Gel. IV 208
      RS; MG 1: S. 363 Farr. Gel. IV 207 RS; MG 1 S. 363 Farr. Gel. IV
      212; MG 1: S. 324 HUA 112 a; AEK Slg. Roth 17, 1

120 1239–1248 Godescalcus *mag.*, Notar des EB's, *procurator* am päpstl. Stuhl
      reg. H.: Rees; ständ. H.: nicht festlegbar
      Fundstellen: MG 1: S. 409 HstA Düsseldorf U Schillingskapellen
      1; REK III 1013, 1375, 1394, 1605; AEK Slg. Roth 17, 1

121 1236–1270 Werner *mag* (B)
      reg. H.: Köln; ständ. H.: Bürger, evtl. Sohn eines Rudolf v.

Stessen
keine Ratsgremien
Fundstellen: Mil. S. 680 f.

122 1244 Theodorus *mag.*
reg. H.: nicht festlegbar; ständ. H.: nicht festlegbar
Fundstellen: MG 2: S. 439 U 14 (Volltext)

123 1244 Joachim od. Jachinus *de curte* Broichhausen *iuxta Susatam*
reg. H.: Brochhausen bei Soest; ständ. H.: nicht festlegbar
Fundstellen: MG 2: S. 439 U 14 (Volltext),
MG 2: MB 1 S. 489: 25.8. O *(?)* MG 2: MB 1 S. 499: 13.10 O *(?)*
MG 2: MB S. 513 Memorie

124 1247 Heinriche von Ryle (B)
reg. H.: Köln; ständ. H.: Bürger, keine Ratsgremien
Fundstellen: Mil: S. 555

125 1250-1252 Godescalcus *mag.* Scholaster
reg. H.: Waldorf; ständ. H.: nicht festlegbar
Fundstellen: MG 2: MB 1 S. 445, REK III 1578;
AEK Slg. Roth 16, 7

126 1250 Gottfried (B)
reg. H.: Köln; ständ. H.: Bürger, keine Ratsgremien
Fundstellen: Mil. S. 243

127 ca. 1250 Heinrich (B), *clericus*
reg. H.: Köln; ständ. H.: Bürger, keine Ratsgremien
Fundstellen: Mil. S. 281

128 1250-1260 Heinrich (B) *mag., custos, thesaurarius* (*amasia* Gerberga bis 1260)
reg. H.: Köln; ständ. H.: Bürger, keine Ratsgremien
Fundstellen: Mil. S. 281

129 1248-1283 Conrad de Wichterich
reg. H.: Wichterich (Euskirchen); ständ. H.: nicht festlegbar
Fundstellen: MG 1: S. 13 U 21; MG 1: S. 308 Geistl. Abt. 168 Bl.
20 Nr. 2; MG 1: S. 360 Farr. Gel. IV 204 RS;

MG 1: S. 409 HStA Düsseldorf U Schillingskapellen 11;
MG 2: MB 1 S. 496: <u>30.9. O;</u>
MG 2: MB 1 S. 445, 470, 478, 482, 493, 494;
MG 2: MB 2 S. 449, 462, 471, 483;
MG 2: MB 2 a: S. 453, 460, 473, 483;
REK III 1392; AEK Slg. Roth 17, 1

130 1249–1280 Hermann
reg. H.: nicht festlegbar; ständ. H.: nicht festlegbar
Fundstellen: REK III 1488; AEK Slg. Roth 17, 1

131 1268–1294 Bruno v. Schonewedder (M/B), Pfr. v. S. Laurenz 1250–1252
reg. H.: Köln; ständ. H.: Meliorat: Familie v. Schonewedder,
keine Ratsgremien
Fundstellen: AEK Slg. 17, 1; Mil. S. 599

132 ca. 1260 Bruno (B)
reg. H.: Köln; ständ. H.: Bürger, keine Ratsgremien
Fundstellen: Mil. S. 123

133 1263 Rosmannus
reg. H.: nicht festlegbar; ständ. H.: nicht festlegbar
Fundstellen: REK III 2277; AEK Slg. Roth 17, 1

134 1262 Adolf v. Eppendorf (B)
reg. H.: Köln; ständ. H.: Bürger (Familie Landadel),
keine Ratsgremien
Fundstellen: Mil. S. 172

135 1264 Ludewicus
reg. H.: nicht festlegbar; ständ. H.: nicht festlegbar
Fundstellen: MG 1: S. 12 U 18

136 1264 Wennemar (B)
reg. H.: Köln; ständ. H.: Bürger, keine Ratsgremien
Fundstellen: Mil. S. 678

137 1264 Wilhelmus
reg. H.: nicht festlegbar; ständ. H.: nicht festlegbar

138 1266–1270 Dietrich Susato (B)
        reg. H.: Köln; ständ. H.: Bürger, keine Ratsgremien
        Fundstellen: Mil. S. 261

139 1270 Gerhard von Flamersheim, Thesaurar
        reg. H.: Flamersheim; ständ. H.: nicht festlegbar
        Fundstellen: AEK Slg. Roth 16, 6

140 1270 Heinrich, Scholaster
        reg. H.: nicht festlegbar; ständ. H.: nicht festlegbar
        Fundstellen: AEK Slg. Roth 16, 7

141 125–1274 Cuno Flacco (M/B)
        reg. H.: Köln; ständ. H.: Meliorat
        Ratsgremien: Schöffenkollegium, Richerzeche (Groten Köln im
        13. Jh.: Geschlechter nicht zuschreibbar)
        Fundstellen: MG 1: S. 113 U 21; Mil. S. 194

142 1272–v. 1300 Sifridus de Dernowe sen.
        reg. H.: Dernau (Ahr); ständ. H.: nicht festlegbar
        Fundstellen: MG 1: S. 13 U 21; MG 2: MB 1 S. 447, 465;
        MG 2: MB 2 S. 452, 505

143 1273–1284 Roisgin, Heinrich (B)
        reg. H.: Köln; ständ. H.: Bürger, keine Ratsgremien
        Fundstellen: Mil. S. 565 f.

144 127 –1283 Rape, Heinrich (M/B)
        reg. H.: Köln; ständ. H.: Meliorat: Familie Grijn, keine
        Ratsgremien
        Fundstellen: Mil. S. 538

145 1270–1276 Pelegrinus de Tuicio
        reg. H.: Deutz; ständ. H.: nicht festlegbar
        Fundstellen: MG 1: S. 13 U 21; AEK Slg. Roth 17, 1

146 1272–v. 1300 Gerlach de Huckenswagen, Scholaster
        reg. H.: Hückeswagen; ständ. H.: nicht festlegbar

Fundstellen: MG 1: S. 13 U 21;
MG 2: MB 1 S. 443, 450 ,456, 463, 470, 475, 481, 487, 499, 505, 511;
MG 2: MB 2 S. 448, 454, 462, 466, 474, 479, 486, 495, 498, 504, 512

147 1287–1323 Hermann vom Steynbuchele (M/B), Thesaurar bis 1311
reg. H.: Köln (berg. Landadel); ständ. H.: Meliorat: Familie
Kusim, keine Ratsgremien
Fundstellen: MG 2: MB 1 S. 448, 469, 474, 497, 509, 512;
MG 2: MB 2 S. 485, 490, 510; REK IV 636, 1595;
AEK Slg. Roth 17, 1; Mil. S. 634; Sld I 886

148 1279–1285 Theodor, *mag.*, Scholaster (gest. v. 1299)
reg. H.: nicht festlegbar; ständ. H.: nicht festlegbar
Fundstellen: REK III 2771; AEK Slg. Roth 16, 7

149 v. 1300 Henricus, Scholaster
reg. H.: nicht festlegbar; ständ. H.: nicht festlegbar
Fundstellen: MG 2: MB 1 S. 502: 2.11.: O

150 1289 Dietrich v. Bestrop (B)
reg. H.: Köln; ständ. H.: Bürger, keine Ratsgremien
Fundstellen: Mil. S. 95

151 1290–1299 Gobelinus Craynbaum (B)
reg. H.: Köln; ständ. H.: Bürger, keine Ratsgremien
Fundstellen: Mil. S. 389; AEK Slg. Roth 17, 1

152 1290 Johann von der Marsportzen (*Porta Martis*) *mag.* (M/B)
reg. H.: Köln; ständ. H.: Meliorat: Familie Kone–Marspforte,
keine Ratsgremien
Fundstellen: Mil. S .446; AEK Slg. Roth 17, 1;
MG 2: MB 1 S. 486: 12.8. O; MG 2: MB 1 S. 466, 500;
MG 2: MB 2 S. 511

153 1292 Adolf
reg. H.: nicht festlegbar; ständ. H.: nicht festlegbar
Fundstellen: AEK Slg. Roth 17, 1

154 1291–1323 Gerhard Schoneweder (M/B)
reg. H.: Köln; ständ. H.: Meliorat: Familie Schoneweder,

Ratsgremien: Bürgermeisteramt, Enger Rat
Fundstellen: MG 1: S. 25 U 49; MG 1: S. 26 U 49; MG 1: S. 28 U
54; MG 1: S. 326 HUA 768 c; REK IV 636, 1190, 4;
AEK Slg. Roth 17, 1; Mil. S. 600

155 1281 Adolphus de Nuvenkirchen
reg. H.: Neuenkirchen/Rheinbach; ständ. H.: nicht festlegbar
Fundstellen: MG 1: S. 308 Geistl. Abt. 168 j Bl. 20.2;
MG 2: MB 1 S. 451, 466, 478, 501; MG 2: MB 2 S. 455, 470, 513

156 1293–1311 Damarus od. Thamarus *mag. diac.*
reg. H.: Waldorf/Bonn; ständ. H.: nicht festlegbar
Fundstellen: MG 1: S. 23 U 42; MG 1: S. 325 HUA 586 a;
MG 2: MB 1 S. 492: <u>9.9. O;</u> MG 2: MB 1 S. 457, 494, 513;
MG 2: MB 2 S. 451, 468, 508; REK IV 636; AEK Slg. Roth 17,1

157 1294–1300 Arnoldus de Wichterich (Weterge)
reg. H.: Wichterich/Euskirchen; ständ. H.: nicht festlegbar
Fundstellen: MG 1: S. 295 Geistl. Abt. 166 b I;
MG 1: S. 308 Geistl. Abt. 168 j Bl. 20, 3; MG 2: MB 2 b: <u>2.12. O;</u>
MG 2: MB 1 S. 455, 456, 458, 478, 512;
MG 2: MB 2 S. 485, 488, 491, 493, 494, 499, 500, 502, 509

158 gest. 1297 Hermann de Bodelenberg *mag.*
reg. H.: Breitbach/Neuwied; ständ. H.: nicht festlegbar
Fundstellen: MG 1: S. 18 U 33 a/b;
MG 2: MB 1 S. 441: 1.1, S. 483 24.7, S. 502: 1.11, S. 508: <u>1.12 O;</u>
MG 2: MB 1 S. 484, 490, 496, 508;
MG 2: MB 2 S. 442, 470, 471, 472, 483, 506

159 1293 Joh. v. Rineckgin
reg. H.: Rheineck/Ahrweiler; ständ. H.: nicht festlegbar
Fundstellen: REK IV 3384

160 1297–1325 Godescalcus de Kirberg, *mag.*, Thesaurar seit 1315,
bis 1343 Offizial, Propst v. St. Severin
reg. H.: Kierberg/Brühl, ständ. H.: nicht festlegbar
Fundstellen: MG 1: S. 18–20 U 33 a/b; MG 1: S. 19 U 35;
MG 1: S. 25 f. U 49; MG 1: S. 28 U 54; MG 1: S. 32 f. U 62;

MG 1: S. 33 U 65; MG 1: S. 37 U 72; MG 1: S. 306 Geistl. Abt. Bl.
7; MG 2: MB 1 S. 454: <u>5.3. O;</u>
MG 2: MB 1 S. 444, 448, 450, 455, 461, 452, 467, 468, 480, 482, 486,
487, 493, 497, 501, 504, 511;
MG 2: MB 2 S. 456, 477, 479, 502, 501, 503; REK IV 1490, 1595;
Sld. I 784; Sld. II 2046

161 1297–1319 Heinrich de *Pomerio*
reg. H.: nicht festlegbar; ständ. H.: nicht festlegbar
Fundstellen: MG 1: S. 18–20 U 33 a/b; MG 1: S. 19 U 33 a/b, U
35; MG 1 S. 25 U 48; MG 1: S. 26 U 51; MG 1: S. 28 U 54;
MG 1: S. 326 HUA 765 a; MG 2: MB 1 S. 494: <u>23.9. O;</u>
MG 2: MB 1: S. 463, 496, 505, 511; MG 2: MB 2 S. 475, 476, 479,
481, 482; REK IV 636; AEK Slg. Roth 17, 1

162 1301–1303 Heinrich v. Rheineck
reg. H.: Rheineck/Ahrweiler; ständ. H.: nicht festlegbar
Fundstellen: AEK Slg. Roth 17, 1

163 1311 Henricus de Bilke, Thesaurar
reg. H.: Bilk bei Düsseldorf; ständ. H.: nicht festlegbar
Fundstellen: MG 1: S. 326 HUA 765 a; MG 2: MB 1 S. 495:
<u>28.9. O;</u> REK IV 636; REK IV 1595; AEK Slg. Roth 16, 6

164 1313 Ludolf de Capella *mag.* Scholaster *Dr. legum*, Dekan von S. Cassius
1304–1310 Bonn
reg. H.: Kapellen/Grevenbroich; ständ. H.: nicht festlegbar
Fundstellen: MG 2: MB 1 S .512: <u>20.12. O;</u>
MG 2: MB 1 S. 451, 461, 477, 485, 500; MG 2: MB 2 S. 444, 448;
AEK Slg. Roth 16, 7; AEK Slg. Roth 17, 1

165 1297 Henricus Roisgin
reg. H.: Waldorf/Bonn; ständ. H.: nicht festlegbar
Fundstellen: MG 1: S. 18 U 33a/b; MG 1: S. 311 Geistl. Abt. 168
m; MG 2: MB 1 S. 442: <u>9.1. O;</u>
MG 2: MB 1 S. 446, 447, 450, 451, 454, 455, 457, 462;
MG 2: MB 2 S. 453, 464, 469

166 1303–1304 Lutterus de Winterich (B) *mag.*
  reg. H.: Köln; ständ. H.: Bürger, keine Ratsgremien
  Fundstellen: MG 1: 18–20 U 33 a/b; MG 2: MB 1 S. 463 f.:
  13.4. O; MG 2: MB 2 S. 470, 471, 497, 499, 501, 507; Mil. S. 686

167 v. 1300 Adam, Priesterkanoniker
  reg. H.: Unkel; ständ. H.: nicht festlegbar
  Fundstellen: MG 2: MB 1 S. 454; MG 2: MB 2 S. 500, 501

168 v. 1300 Adelbertus od. Albertus
  reg. H.: Luppe/Bergheim; ständ. H.: nicht festlegbar
  Fundstellen: MG 2: MB 1 S. 497: 4.10. O

169 v. 1300 Arnoldus, Diakon
  reg. H.: nicht festlegbar; ständ. H.: nicht festlegbar
  Fundstellen: MG 2: MB 1 S. 489: 26.8. O

170 v. 1300 Ger. de Belle
  reg. H.: Köln; ständ. H.: adlige Familie in St. Apernstr.
  Fundstellen: MG 2: MB 1 S .498: 11.10. O; MG 2: MB 1 S. 509;
  MG 2: MB 2 S. 459, 461

171 v. 1300 Petrus de Belle
  reg. H.: Köln; ständ. H.: adlige Familie in St. Apernstr.
  Fundstellen: MG 2: MB 1 S. 470, 495; MG 2: MB 2 S. 450, 481

172 v.1300 Otto de Byntheim
  reg. H.: Bintheim; ständ. H.: nicht festlegbar
  Fundstellen: MG 2: MB 1 S. 488: 17.8. O; MG 2: MB 1 S. 472

173 v. 1300 Bernardus
  reg. H.: Rolandswerth; ständ. H.: nicht festlegbar
  Fundstellen: MG 2: MB 1 S. 496: 2.10. O
14. Jh.
174 v. 1300 Buchardus, Priester
  reg. H.: Unkel; ständ. H.: nicht festlegbar
  Fundstellen: MG 2: MB 1 S. 441, 448, 454, 461, 467, 473, 474, 479,
  485, 491, 497;
  MG 2: MB 2 S. 451, 459, 465, 470, 477, 484, 503, 509

175 v. 1300 Sifridus de Dernowe iun.
         reg. H.: Dernau/Ahr; ständ. H.: nicht festlegbar
         Fundstellen: MG 2: MB 1 S. 442: <u>7.1. O</u>;
         MG 2: MB 1 S. 492, 508; MG 2: MB 2 S. 446, 467, 475, 483, 505

176 v. 1300 Theodericus, *diac.*
         reg. H.: nicht festlegbar; ständ. H.: nicht festlegbar
         Fundstellen: MG 2: MB 1 S. 446: <u>24. 1. O</u>

177 v. 1300 Theodericus
         reg. H.: Longerich; ständ. H.: nicht festlegbar
         Fundstellen: MG 2: MB 1 S. 514: <u>28.12. O</u>

178 v. 1300 Albert de Duisburch, *mag.* 1305–19, Priester (B)
         reg. H.: Köln; ständ. H.: Bürger, keine Ratsgremien
         Fundstellen: MG 2: MB 1 S. 455; Mil. S.158

179 v. 1300 Egideus
         reg. H.: Merheim; ständ. H.: nicht festlegbar
         Fundstellen: MG 2: MB 1 S. 453: <u>1.3. O</u>; MG 2: MB 1 S. 512;
         MG 2: MB 2 S. 461

180 v. 1300 Theod. de Estorp *mag.*
         reg. H.: Waldorf; ständ. H.: nicht festlegbar
         Fundstellen: MG 1: S. 37 U 72; MG 2: MB 1 S. 462: <u>22.4. O</u>;
         MG 2: MB 1 S. 443, 450, 455, 462, 465, 471, 474, 475, 477, 481,
         487, 493, 496, 499, 502, 507, 510;
         MG 2: MB 2 S. 447, 446, 459, 460, 472, 480, 482, 492, 512, 513

181 v. 1300 Theod. Vilhunt
         reg. H.: Flamersheim; ständ. H.: nicht festlegbar
         Fundstellen: MG 2: MB 1 S. 462: <u>17.7. O</u>; MG 2: MB 2 S. 480

182 v. 1300 Reynerus Vilhunt
         reg. H.: Flamersheim; ständ. H.: nicht festlegbar
         Fundstellen: MG 2: MB 1 S. 494: <u>23.9. O</u>; MG 2: MB 2 S. 493, 495

183 v. 1300 Vogelo, Priester
         reg. H.: Rolandswerth; ständ. H.: nicht festlegbar

Fundstellen: MG 2: MB 1 S. 491: <u>2.9. O</u>; MG 2: MB 2 S. 495

184 v. 1300 Volcoldus de Buren, Priester
reg. H.: Rolandswerth; ständ. H.: nicht festlegbar
Fundstellen: MG 2: MB 1 S. 491: <u>26.11. O</u>; MG 2: MB 2 S. 504

185 v. 1300 Embrico Vodesac de Baberaca
reg. H.: Bacharach; ständ. H.: nicht festlegbar
Fundstellen: MG 2: MB 1 S. 449: <u>9.2. O</u>; MG 2: MB 1 S. 471, 498;
MG 2: MB 2 S. 456, 481, 491

186 v. 1300 Theodericus de Vritzheim
reg. H.: Frixheim b. Nettesheim/Neuss; ständ. H.: nicht
festlegbar
Fundstellen: MG 2: MB 1 S. 442: <u>8.1. O</u>; MB 1: S. 449: <u>7.2. O</u>;
MG 2: MB 1 455, 474, 486, 507

187 v. 1300 Gerardus, Priester
reg. H.: Longerich; ständ. H.: nicht festlegbar
Fundstellen: MG 2: MB 1 S. 457: <u>22.3. O</u>; MG 2: MB 2 S. 468

188 v. 1300 Gerardus in Hemerde, Thesaurar
reg. H.: Hemmerde/Unna; ständ. H.: nicht festlegbar
Fundstellen: MG 2: MB 1 S. 466: <u>28.4. O</u>; MG 2: MB 2 S. 449

189 v. 1300 Giselerus
reg. H.: nicht festlegbar; ständ. H.: nicht festlegbar
Fundstellen: MG 2: MB 1 S. 492: <u>7.9. O</u>; MG 2: MB 2 S. 447

190 v. 1300 Gyso de Palmersheim
reg. H.: Palmersheim, ständ. H.: nicht festlegbar
Fundstellen: MG 2: MB 1 S. 509: <u>3.12. O</u>;
MG 1: MB 1 S. 454, 455, 456, 458, 478, 511;
MG 2: MB 2 S. 474, 485, 486, 488, 489, 491, 492, 499, 502, 508

191 v. 1300 Godefridus in Unkele
reg. H.: Unkel; ständ. H.: nicht festlegbar
Fundstellen: MG 2: MB 1 S. 446; MG 2: MB 2 S. 449

192 v. 1300 Joh. de Hemsbach
        reg. H.: Heimbach; ständ. H.: nicht festlegbar
        Fundstellen: MG 2: MB 1 S. 512: <u>18.12.</u> O

193 v. 1300 Herdennus *diac.*
        reg. H.: nicht festlegbar; ständ. H.: nicht festlegbar
        Fundstellen: MG 2: MB 1 S. 476: <u>18.6</u> .O

194 v. 1300 Herm. Cunonis
        reg. H.: Rolandswerth: ständ. H.: nicht festlegbar
        Fundstellen: MG 2: MB 1 S. 489: <u>23.8.</u> O; MG 2: MB 2 S. 495

195 v. 1300 Hetzelo, Priester
        reg. H.: Unkel; ständ. H.: nicht festlegbar
        Fundstellen: MG 2: MB 1 S. 452: <u>27.2.</u> O; MG 2: MB 2 S. 457

196 v. 1300 Johannes, *mag.* (de Elveke)
        reg. H.: Elfgen; ständ. H.: nicht festlegbar
        Fundstellen: MG 2: MB 1 S. 450: <u>16.2.</u> O; MG 2: MB 1 S. 458, 506;
        MG 2: MB 2 S. 459, 470, 479

197 v. 1300 Johannes
        reg. H.: Longerich; ständ. H.: nicht festlegbar
        Fundstellen: MG 2: MB 1 S. 502: <u>31.10.</u> O; MG 2: MB 2 S. 475

198 v. 1300 Ludewicus, Priester
        reg. H.: Meckenheim; ständ. H.: nicht festlegbar
        Fundstellen: MG 2: MB 1 S. 499: <u>16.10.</u> O

199 v. 1300 Lodow de Reynbach
        reg. H.: Rheinbach; ständ. H.: nicht festlegbar
        Fundstellen: MG 2: MB 1 S. 449: <u>11.2.</u> O; MG 2: MB 2 S. 456

200 v. 1300 Wilhelm de Schinne
        reg. H.: Schinne nordöstl. v. Maastricht; ständ. H.: nicht
        festlegbar, Fundstellen: MG 2: MB 1 S. 475; MG 2: MB 2 S. 491

201 v. 1300 Henricus *Scriptor de Essinde*
        reg. H.: Essen; ständ. H.: nicht festlegbar

Fundstellen: MG 2: MB 1 S. 462; MG 2: MB 2 S. 480

202 v. 1300 Theodericus *de Susato*, Priester
      reg. H.: Soest; ständ. H.: nicht festlegbar
      Fundstellen: MG 2: MB 1 S. 482: <u>26.7. O</u>

203 v. 1300 Hermannus *de Susato*
      reg. H.: Soest; ständ. H.: nicht festlegbar
      Fundstellen: MG 2: MB 1 S. 459, 464, 471, 472, 473, 480;
      MG 2: MB 2 S. 463, 467, 497, 500, 501, 503, 507

204 v. 1300 Johannes *de Susato*
      reg. H.: Soest ; ständ. H.: nicht festlegbar
      Fundstellen: MG 2: MB 1 S. 490; MG 2: MB 2 S. 488, 489

205 v. 1300 Wernerus diac.
      reg. H.: nicht festlegbar; ständ. H.: nicht festlegbar
      Fundstellen: MG 2: MB 1 S. 475: <u>11.6. O</u>; MG 2: MB 2 S. 474

206 v. 1300 Paginus de Weterge
      reg. H.: Wichterich/Euskirchen; ständ. H.: nicht festlegbar
      Fundstellen: MG 2: MB 1 S. 463: <u>16.4. O</u>;
      MG 2: MB 1 S. 457, 459, 463, 504, 510

207 1301–1303 Henricus de Rynecgin
      reg. H.: Rheineck; ständ. H.: nicht festlegbar:
      Fundstellen: MG 2: MB 1 S. 498: <u>11.10. O</u>; MG 2: MB 2 S. 471;
      REK III 3792

208 1300 Bruno Schoneweder, Priester
      reg. H.: Vernich/Euskirchen; ständ. H.: nicht festlegbar
      Fundstellen: MG 1: S. 308 Geistl. Abt. 168 h Bl. 20 Nr. 4;
      MG 2: MB 1 S. 451, 477; MG 2: MB 2 S. 496, 476

209 1303 Gottschalk von Duytze (B)
      reg. H.: Köln; ständ. H.: Bürger, keine Ratsgremien
      Fundstellen: Mil. S. 160

210 1304 Joh. v. Aachen
    reg. H.: Aachen; ständ. H.: nicht festlegbar
    Fundstellen: REK IV 1595; AEK Slg. Roth 17, 1

211 1304-1333 Heinrich von dem Bongart
    reg. H.: nicht festlegbar; ständ. H.: nicht festlegbar
    Fundstellen: REK IV 636; AEK Slg. Roth 17, 1

212 1306 Godescalcus
    reg. H.: nicht festlegbar; ständ. H.: nicht festlegbar
    Fundstellen: MG 1: S. 23 U 42

213 1306 Theodor de Catzenellenbogen
    reg. H.: Katzenellenbogen/Unterlahnstein/Wiesbaden
    ständ. H.: nicht festlegbar
    Fundstellen: MG 1: S. 234 A MG 20 c;
    MG 1: S. 406 Düren Stadt A Hs. 17;
    MG 2: MB 1 S. 512: 22.12. O; MG 2: MB 2 S. 491

14. Jh.

214 1303-1307 Godefr. de Aldenkirchen, Priester (B)
    reg. H.: Köln (Altenkirchen); ständ. H.: Bürger, keine
    Ratsgremien
    Fundstellen: MG 1: S. 308 Geistl. Abt.168 j Bl. 20 Nr. 5;
    MG 2: MB 1 S. 481: 12.7. O; MG 2: MB 1 S. 447, 481, 488, 493,
    497, 503, 511; MG 2: MB 2 S. 455, 463, 502, 504, 512; Mil. S. 58

215 1307-1327 Henricus de Grifone, Priester (M/B)
    reg. H.: Köln; ständ. H.: Meliorat: Familie Grijn v. Tempel,
    keine Ratsgremien
    Fundstellen: MG 1: S. 23 U 43; MG 1: S. 308 Geistl. Abt. 168 j;
    MG 1: S. 326 HUA 7659; MG 2: MB 1 S. 464: 20.4. O;
    MG 2: MB 1 S. 443, 449, 472, 478, 480, 486, 496, 500, 505, 511;
    MG 2: MB 2 S. 446, 455, 456, 466, 473, 479, 481, 485, 504;
    REK IV 1595; AEK Slg. Roth 17, 1; Mil. S. 248

216 1308 Tilmann de Catzenellenbogen
    reg. H.: Katzenellenbogen/Unterlahnstein/Wiesbaden
    ständ. H.: nicht festlegbar
    Fundstellen: MG 1: S. 23 U 44

MG 1: S. 308 Geistl. Abt. 168 h, Bl. 20 Nr. 5; AEK Slg. Roth 17, 1

217 1308 Rutgerus Raze (M/B)
      reg. H.: Köln; ständ. H.: Meliorat: Familie Raitze
      Ratsgremien: Schöffenkollegium, Richerzeche, Enger Rat
      Fundstellen: MG 1 S. 326 HUA 712; MG 2: MB 2 S. 464: 20.4. O;
      MG 2: MB 1 S. 453; MG 2: MB 2 S. 463; REK IV 1199, 300;
      AEK Slg. Roth 17, 1; Mil. S. 541

218 1311 Const. de Lyskirchen od. *de Ecclesia Ludolfi*
      reg. H.: Bergerhausen; ständ. H.: nicht festlegbar
      Fundstellen: MG 1: S. 326 HUA 765 a; MG 2: MB 2 S. 471:
      25.5. O;
      MG 2: MB 1 S. 451, 460; REK IV 636, 1595; AEK Slg. Roth 17, 1

219 1311-1319 Conr. de Rychrode, Riggerode
      reg. H.: Richrath/Solingen; ständ. H.: nicht festlegbar
      Fundstellen: MG 1: S. 28 U 54; MG 1: HUA 7659;
      MG 2: MB 1 S. 483: 28.7. O; MG 2: MB 1 S. 455, 464, 468;
      MG 2: MB 2 S. 451, 474, 512; REK IV 636, 1190, 4;
      AEK Slg. Roth 17, 1

220 1311-1326 Heinrich v. Bilke, Thesaurar
      reg. H.: Bilk/bei Düsseldorf; ständ. H.: nicht festlegbar
      Fundstellen: MG 1: S. 326 HUA 765 a; MG 2: MB 1 S. 483:
      28.7. O; REK IV 636,1595

221 1321-1345 Hildegerus Roisgin (B)
      reg. H.: Köln; ständ. H.: Bürger, keine Ratsgremien
      Fundstellen: MG 1: S. 326 HUA 765 a; MG 2: MB 1 S. 480:
      11.7. O; MG 2: MB 1 S. 446, 451, 456, 465, 481, 486, 493, 513;
      MG 2: MB 2 S. 483, 489, 504, 505; REK 636, 1190;
      AEK Slg. Roth 17, 1; Mil. S. 566

222 131-1339 Johannes *comes* v. Aiche (Aquis) (MB)
      reg. H.: Köln; ständ. H.: Meliorat: Familie Morart: keine Rats-
      gremien
      Fundstellen: Mil. S. 379

45 1311 Wiricus de Waldorf, später Dekan
      reg. H.: Waldorf/Bonn; ständ. H.: nicht festlegbar
      Fundstellen: MG 1: S. 326 HUA 1267 a/b; REK IV 636; AEK Slg.
      Roth 17, 1

223 1324–1348 Heidenreich *de Novo Foro* (MB)
      reg. H.: Köln; ständ. H.: Meliorat: Familie Hirzelin de Novo
      Foro, Ratsgremien: Richerzeche u. Bürgermeisteramt
      Fundstellen: MG 2: MB 1 S. 442: <u>7.1. O</u>; AEK Slg. Roth 17, 1;
      Mil. S. 488

224 1315–1347 Johannes de Oytgenbach
      reg. H.: Öttgenbach/Neuwied; ständ. H.: nicht festlegbar
      Fundstellen: MG 1: S. 25–27 U 49; MG 1: S. 27 U 53;
      MG 1: S. 40 f. U 80 u. 81; MG 1: S. 45–48 U 88, 89;
      MG 1: S. 46 U 91 a; MG 1: S. 47 U 91 b; MG 1: S. 48 U 95;
      MG 1: S. 51 U 100; MG 1: S. 311: Geistl. Abt. 168 m;
      MG 2: MB 1: S. 444, 449, 451, 454, 461, 466, 469, 470, 475, 476,
      480, 481, 482, 489, 494, 490, 497, 499, 504, 509
      MG 2: MB 2 S. 443, 446, 450, 453, 457, 460, 462, 463, 464, 484, 485,
      486, 498, 512; AEK Slg. Roth 17, 1

225 1304–1332 Heinrich v. Dollendorp (B), *mag.*, 1317 *rector scolarum*, seit 1329
      can. MG
      reg. H.: Köln, Dollendorf/Siegkreis; ständ. H.: Bürger
      keine Ratsgremien
      Fundstellen: REK IV 1595; AEK Slg. Roth 17, 1; Mil. S. 149;
      Sld. II 1601 u. 1602

226 1315 Reinhard de Fovea, *feodans* des EB's in Neuss, Amtmann des Hofes
      Unkelbach
      reg. H.: nicht festlegbar; ständ. H.: nicht festlegbar
      Fundstellen: REK IV 1595; AEK Slg. Roth 17, 1; Sld. II 1981

227 1304–1322 Heidenreich Slefer (*Dormitor*) (M/B)
      reg. H.: Köln; ständ. H.: ursprünglich Meliorat: Familie Slefer,
      keine Ratsgremien
      Fundstellen: REK IV 1595; AEK Slg. Roth 17, 1; Mil. S. 614

228 1304–1332 Joh. v. Utrecht (*de Traiecto*) *mag.*, Leibarzt EB's Heinrich II.
    reg. H.: Utrecht; ständ. H.: nicht festlegbar
    Fundstellen: REK 1190, 4; AEK Slg. Roth 17, 1; Sld. II 1776;
    Sld. III 740

229 1319 Johannes, Kellner
    reg. H.: nicht festlegbar; ständ. H.: nicht festlegbar
    Fundstellen: MG 1: S. 28 U 54

230 1319 Rabinus de Salecgin (Saaleck)
    reg. H.: nicht festlegbar; ständ. H.: nicht festlegbar
    Fundstellen: MG 1: S. 326 HUA, 961 b RV; MG 2: MB 2 S. 493;
    MG 2: MB 1 S. 513: <u>24.12. O</u>; REK IV 1144; REK IV 1190, 4;
    AEK Slg. Roth 17, 1

231 1320 Michael, Schreiber des Grafen v. Jülich: 1320 Schiedsspruch EB H. II
    und Stadt Köln
    reg. H.: nicht festlegbar; ständ. H.: nicht festlegbar
    Fundstellen: MG 1: S. 326 HUA 999; AEK Slg. Roth 17, 1

232 1331 Arnold v. Emmerich, Einigung der Stadt Köln u. Burggraf um
    Grundbesitz
    reg. H.: Emmerich; ständ. H.: nicht festlegbar
    Fundstellen: REK IV 1595; REK IV 1972

233 1320–ca. 1360 Conrad de Morenhoven
    reg. H.: Morenhoven (Waldorf); ständ. H.: nicht festlegbar
    Fundstellen: MG 1: S. 30 U 58;
    MG1: S. 255 Rep. u. Hss. Mariengraden 1;
    MG 2: MB 1 S. 447, 461, 462, 466; MG 2: MB 2 S. 452, 454, 455,
    472, 476

234 1320 Ecbertus de Susato, Thesaurar von Bonn
    reg. H.: Soest; ständ. H.: nicht festlegbar
    Fundstellen: MG 1: S. 31 U 59; MG 2: MB 1 S. 502: <u>30.10. O</u>;
    MG 2: MB 2 S. 480

44 1324–1339 Joh. de Aquis, später Dekan
    reg. H.: Aachen; ständ. H.: nicht festlegbar

Fundstellen: MG 2: MB 2 S. 461; MG 2: MB 2 S. 502

235 v. 1325 Henricus de Aquis, *mag.*, Priester u. Organist
reg. H.: Aachen; ständ. H.: nicht festlegbar
Fundstellen: MG 2: MB 1 S. 473: <u>1.6. O</u>

236 v. 1325 Albero, Priester
reg. H.: Lipp, Krs. Bergheim; ständ. H.: nicht festlegbar
Fundstellen: MG 2: MB 1 S. 441: <u>1.1. O;</u>
MG 2: MB 2 S. 448: <u>6.2. O</u>
MG 2: MB 1 S. 459; MG 2: MB 2 S. 492, 494, 508

237 v. 1325 Tilm. de Tuicio, Priester
reg. H.: Deutz; ständ. H.: nicht festlegbar
Fundstellen: MG 2: MB 1 S. 510: <u>8.12. O;</u> MG 2: MB 1 S. 511;
MG 2: MB 2 S. 498, 513

238 v. 1325 Albero de Gevertzhane
reg. H.: Gebhartshaim/Altenkirchen; ständ. H.: nicht festlegbar
Fundstellen: MG 2: MB 1 S. 468: <u>8.5. O;</u> MG 2: MB 1 S. 492:
<u>11.9. O;</u> MG 2: MB 1 S. 445, 458, 463, 468, 480, 486

239 v. 1325 Gerhard de Karpena
reg. H.: Kerpen; ständ. H.: nicht festlegbar
Fundstellen: MG 2: MB 1 S. 487, 505; MG 2: MB 2 S. 470, 472

240 v. 1325 Henr. Koyge od. Kuge, Priester
reg. H.: nicht festlegbar; ständ. H.: nicht festlegbar
Fundstellen: MG 2: MB 1 S. 444, 449, 451, 455, 464, 476, 482, 488,
495, 497, 501, 503, 506, 512;
MG 2: MB 2 S. 459, 469, 472, 477, 490

241 1321–1327 Goitschalcus v. Soest, *mag.*, Scholaster, Offizial der Kölner
Kirche
reg. H.: Soest; ständ. H.: nicht festlegbar
Fundstellen: MG 2: MB 1 S. 497, 504; REK IV 1427, 1546, 1503;
AEK Slg. Roth 16, 7; WUB XI 3 1794

242 v. 1325 Ludolfus de Blysene, Scholaster
reg. H.: Vernich/Euskirchen; ständ. H.: nicht festlegbar
Fundstellen: MG 2: MB 2 S. 444, 448, 451, 454

243 v. 1325 Lutterus
reg. H.: nicht festlegbar; ständ. H:. nicht festlegbar
Fundstellen: MG 2: MB 1 S. 500

244 v. 1325 Tilm.de Mezhhinge
reg. H.: nicht festlegbar; ständ. H.: nicht festlegbar
Fundstellen: MG 2: MB 1 S. 466: 30.4. O

245 v. 1325 Ger. de Pedernaco
reg. H.: Köln, *domus sua apud Gradus*; ständ. H.: nicht festlegbar
(E) Fundstellen: MG 2: MB 1 S. 483: 27.7. O; MG 2: MB 1 S. 482;
MG 2: MB 2 S. 507

246 v. 1325 Henricus Rape
reg. H.: nicht festlegbar; ständ. H.: nicht festlegbar
Fundstellen: MG 2: MB 1 S. 444: 15.1.O;
MG 2: MB 1 S. 447, 452, 477; MG 2: MB 2 S. 452, 456, 486

247 v. 1325 Joh. Raitze Leodensis, auch can. in Lüttich
reg. H.: Lüttich; ständ. H.: nicht festlegbar
Fundstellen: MG 2: MB 2 S. 491; MG 2: MB 1 S. 498

248 v. 1325 Joh. de Silverenberge
reg. H.: Dansweiler; ständ. H.: nicht festlegbar
Fundstellen: MG 2: S. 491 MB 1: 6.9. O; MG 2: MB 2 S. 477, 480

249 v. 1325 Joh. de Stralen
reg. H.: Straelen/Geldern; ständ. H.: nicht festlegbar
Fundstellen: MG 1: S. 311 Geistl. Abt. 168 m;
MG 2: MB 1 S. 445: 19.1. O; MG 2: MB 1 S. 451: 22.2. O;
MG 2: MB 2 S. 442, 452

250 v. 1325 Simo de Themis
reg. H.: Bliesheim; ständ. H.: nicht festlegbar
Fundstellen: MG 2: MB 1 S. 467: 5.5. O;

MG 2: MB 1 S. 459, 472, 508; MG 2: MB 2 S. 444, 447, 450, 471

251 1326 Ludwig Cremer mag. (B)
   reg. H.: Köln; ständ. H.: Bürger, keine Ratsgremien
   Fundstellen: Mil. S. 392

252 v. 1329–ca. 1360 Theodor de Barle (B)
   reg. H.: Köln, Barle/Geldern; ständ. H.: Bürger, keine Ratsgremien
   Fundstellen: MG 1: S. 40 U 80; MG 1: S. 41 U 81; MG 1: S. 52 U
   102; MG 1: S. 255 Rep. u. Hss. m 41; MG 1: S. 326 HUA 1267 a/b;
   Mil. S. 79

253 1330–1350 Systrappus od. Segestanus de Barle
   reg. H.: Barle/Geldern; ständ. H.: nicht festlegbar
   Fundstellen: MG 2: MB 2 S. 513: 25.12. O;
   MG 2: MB 2 S. 444, 451, 452, 499, 513; REK IV 2014, 1595;
   AEK Slg. Roth 17, 1

254 1322–132 Gotschalk von Heringen, mag. Scholaste, providiert
   reg. H.: Heringen/Hamm; ständ. H.: nicht festlegbar
   Fundstellen: AEK Slg. Roth 16, 7; Sld. I 737; WUB XI 3 Nr. 2176

255 1323 Henricus Duo
   reg. H.: nicht festlegbar; ständ. H.: nicht festlegbar
   Fundstellen: REK IV 1427; AEK Slg. Roth 17, 1

256 1333–1362 Lutbertus de Brole
   reg. H.: Brühl; ständ. H.: nicht festlegbar
   Fundstellen: MG 1: S. 36 U 71; MG 1: S. 37 U 72;
   MG 1: S. 311 Geistl. Abt. 168 m; MG 1: MG 1 Rep. u. Hss. S. 255;
   MG 2: MB 2 S. 452, 480, 510

257 1334 Hermann de Lippia
   reg. H.: Lippstadt; ständ. H.: nicht festlegbar
   Fundstellen: MG 1: S. 37 U 72

258 1334–1343 Theodor de Marca
   reg. H.: Marca/Hamm; ständ. H.: nicht festlegbar

Fundstellen: MG 1: S. 37 U 72; MG 1: S. 306 Geistl. Abt. 168 j;
MG 2: MB 1 S. 507: 26.11. O; MG 2: MB 1 S. 507, 509, 513;
MG 2: MB 2 S. 445, 463, 499

259 1330–1340 Arnoldus Rex
reg. H.: Bliesheim; ständ. H.: nicht festlegbar
Fundstellen: MG 1: S. 37 U 72; MG 1: S. 41 U 81;
MG 2: MB 1 S. 496: 2.10. O;
MG 2: MB 1 S. 449, 456, 470, 476, 498, 503;
MG 2: MB 2 S. 454, 457 ,484; AEK Slg. Roth 17, 1; Sld IV 848

260 1331–1358 Johann Scherffgin (M/B)
reg. H.: Köln; ständ. H.:Meliorat: Familie Schergin, Ratsgremien: Schöffenkollegium, Richerzeche, Enger Rat, Weiter Rat
Fundstellen: AEK Slg. Roth 17, 1; Mil. S. 588

261 1336 Werner
reg. H.: nicht festlegbar; ständ. H.: nicht festlegbar
Fundstellen: AEK Slg. Roth 17, 1

262 1338 Dominicus von Werde (B), Priester
reg. H.: Köln/Werden; ständ. H.: Bürger, keine Ratsgremien
Fundstellen: Mil. S. 678 f.

263 1337–1360 Henricus de Cervo (M/B), auch Thesaurar (1355), Propst v.
Nideggen, Pastor v. St. Martin
reg. H.: Köln; ständ. H.: Meliorat: Familie Hirtze v. der
Landskrone; Ratsgremien: Enger Rat, Bürgermeisteramt
Fundstellen: MG 1: S. 57 U 115;
MG 1: S. 268 Rep. u. Hss. MG 3 Bl. 89;
MG 1: S. 40 U 78; MG 1: S. 44 U 86; MG 1: S. 45 U 89;
MG 1: S. 46 U 91 a; MG 1: S. 47 U 91 b; MG 1: S. 48 U 95;
MG 1: S. 51 U 100, U 101; MG 1: S. 53 f. U 105; MG 1: S. 57 U 115;
MG 1: S. 255 Rep. u. Hss. MG 1;
MG 1: S. 266 Rep. u. Hss. MG 3 S. 170;
MG 1: 270 f. Rep. u. Hss. MG 5; MG 1: S. 280 Geistl. Abt. 165;
MG 1: S. 285 Geistl. Abt. 166 S. 19;
MG 1: S. 289 Geistl. Abt. 166 a Bl. 79;
MG 1: S. 299 f. Geistl. Abt. 168 j;

MG 1: S. 314 f. Geistl. Abt. 168 r 1 14.1;
MG 1: S. 315 Geistl. Abt. 168 r 1 26.7; MG 1: S. 334, AEK XVI, 2;
MG 1: S. 386 Diöz. A Domarchiv E II, 2;
MG 1 : S. 408 Düren Stadt A Hs. 23: 9.4;
MG 2: MB 2 b S. 482: 24.7. O;
MG 2: MB 1 S. 443, 447, 450, 451, 452, 456, 457, 459, 472, 475, 477,
489, 501;
MG 2: MB 2 S. 444, 445, 449, 453, 454, 455, 457, 460 ,461, 462, 468,
470, 478, 481, 482;
MG 2: MB 2 S. 488, 494, 502, 506, 510;
REK VI 52; AEK Slg. Roth 17, 1; Mil. S. 303; Sld II 2055

264 ca. 1340 Burchardus de Camene, *subdiac.*, ca. 1350 Priester, Scholaster
reg. H.: Kamen; ständ. H.: nicht festlegbar
Fundstellen: MG 1: S. 255 Rep. u. Hss. MG 1;
MG 1: S. 307 Geistl. Abt. 168 j 1350; MG 2: MB 1 S. 479;
REK V 963, 1343, 1022, 1117, 1118, 1119; Sld. III 351, 352

265 1345–1365 Henricus de Kusimo (M/B)
reg. H.: Köln; ständ. H.: Meliorat: Familie Kusim
Ratsgremien: Schöffenkollegium, Richerzeche, Enger Rat,
Weiter Rat
Fundstellen: MG 1: S. 41 U 81; MG 1: S. 55 U 109;
MG 1: S. 5 7 U 116; MG 1: S. 62 U 123; MG 1: S. 64 U 128;
MG 1: S. 226 A MG 14 a; MG 1: S. 327 HUA 2003;
MG 2: MB 2 S. 466, 507; AEK Slg. Roth 17, 2; Mil. S. 402

266 1340 Jo. de Kanne
reg. H.: nicht festlegbar; ständ. H.: nicht festlegbar
Fundstellen: MG 1: S. 41 U 81; MG 2: MB 2 S. 462;
MG 2: MB 1 S. 491

267 1334–1389 Hilgerus Schechter, Kellner (B), gest. 1389 über 64 Jahre can.
reg. H.: Köln; ständ. H.: Bürger, keine Ratsgremien
Fundstellen: MG 1: S. 41 U 81; MG 1: S. 55 U 111;
MG 1: S. 62 U 124; MG 1: S. 64 U 128;
MG 1: S. 258 Rep. u. Hss. MG 2 Bl. 77;
MG 1: S. 307 Geistl. Abt. 168 j; MG 2: MB 2 S. 506: 16.11.O;
MG 2: MB 2 502, 458, 460, 501, 513; AEK Slg. Roth 17, 2;

Mil: S. 583

268 1342–1360 Wernerus de Wippelvurde
        reg. H.: Wipperfürth, ständ. H.: nicht festlegbar
        Fundstellen: MG 1: S. 42 U 80; MG 1: S. 51 U 101;
        MG 1: S. 55 U 109

269 1343 Johannes
        reg. H.: nicht festlegbar; ständ. H.: nicht festlegbar
        Fundstellen: REK V 963

270 1349–1358 Hermann von Lyskirchen, *mag.* (M/B)
        reg. H.: Köln; ständ. H.: Meliorat: Familie Lyskirchen
        Ratsgremien: Schöffenkollegium, Enger Rat
        Fundstellen: Mil. S. 422

271 1344–1368 Tilm. de Zoyns
        reg. H.: Zons; ständ. H.: nicht festlegbar
        Fundstellen: MG 1: S. 44 U 86; MG 1: S. 52 U 102;
        MG 1: S. 64 U 128

272 1344–1362 Thomas de Duisberch (B)
        reg. H.: Köln/Duisburg; ständ. H:. Bürger, keine Ratsgremien
        Fundstellen: MG 1: 47 U 92 u. 93; MG 1: S. 53 U 104;
        MG 1: S. 255 Rep. u. Hss. MG 1; MG 1: S. 272 Rep. u. Hss. MG 1;
        MG 1: S. 314 Geistl. Abt. 168 r 1: 28.1;
        MG 1: S. 315 Geistl. Abt. 168 r 1: 27.9;
        MG 1: S. 409 Düren Stadt A Hs. 23: 27.1; MG 2: MB 2 S. 461;
        AEK Slg. Roth 17, 2; Mil. S. 159

273 1348 Johannes de Templo (M/B)
        reg. H.: Köln; ständ.: H: Meliorat: Familie Gijr, providiert 1348
        Ratsgremien: Schöffenkollegium, Bürgermeisteramt, Enger Rat
        Fundstellen: MG 1: S. 50 U 97; MG 2: MB 1 S. 455: <u>9.3. O</u>;
        MG 2: MB 1 S. 455, 456, 462; Mil. S. 654 f.; Sld. I 1032

274 1353–1358 Christian Rode (Ruffus) (B)
        reg. H.: Köln; ständ. H.: Bürger, keine Ratsgremien
        Fundstellen: REK VI 78; Mil. S. 559

275 1350–1360 Ger. de Heringen
   reg. H.: Heringen/Hamm; ständ. H.: nicht festlegbar
   Fundstellen: MG 2: MB 1 S. 479: 7.7. O

276 um 1350 Wilh. Schilling de Brughe, Thesaurar, auch Dekan in Bonn
   reg. H.: Bornheim; ständ. H.: nicht festlegbar
   Fundstellen: MG 1: S. 37 U 72; MG 1: S. 40 f. U 80;
   MG 1: S. 41 U 80; MG 1: S. 45 f. U 89;
   MG 1: S. 255 Rep. u. Hss. MG 1; REK V 56 u. 256; Sld III 66

277 1334 Hildeger, gen. Wambus, Thesaurar, *Lizentiat in decretis*
   reg. H.: nicht festlegbar; ständ. H.: nicht festlegbar
   Fundstellen.: REK V 185

278 1345–1347 Johannes de Ascheberg, Thesaurar
   reg. H.: Ascheberg/Lüdinghausen; ständ. H.: nicht festlegbar
   Fundstellen: MG 1: S. 45 U 89; MG 1: S. 46 U 91 a;
   MG 1: S. 47 U 91 b; MG 1: S. 48 U 95; MG 2: MB 1 S. 455: 10.3. O
   MG 2: MB 1 S. 456; REK V 1144, 710; Sld. III 383

279 1353 Jacob de Embrica
   reg. H.: Emmerich; ständ. H.: nicht festlegbar
   Fundstellen: MG 1: S. 52 U 102

280 1355 Theod. de Gilsdorff
   reg. H.: Gilsdorf/Bonn; ständ. H.: nicht festlegbar
   Fundstellen: MG 1: S. 268 Rep. u. Hss. MG 3;
   MG 1: S. 307 Geistl. Abt. 168 j; MG 2: MB 2 a S. 494

281 1356 Heinrich von Wijs (Wijsse) (B)
   reg. H.: Köln; ständ. H.: Bürger, keine Ratsgremien
   Fundstellen: Mil. S. 698

282 v. 1360 Hermann de Berba
   reg. H.: Rheinberg/Moers; ständ. H.: nicht festlegbar
   Fundstellen: MG 2: MB 1 S. 455: 9.3. O

283 v. 1360 Bruno de Waldorp
   reg. H.: Waldorf/Bornheim; ständ. H.: nicht festlegbar
   Fundstellen: MG 2 : MB 1 S. 442, 451, 459, 463, 468, 474, 475, 478,
   492, 502, 503, 512

284 v. 1360 Dominicus (de Blysene)
   reg. H.: Vernich/Euskirchen; ständ. H.: nicht festlegbar
   Fundstellen: MG 2: MB 1 S. 441: 2.1. O ; MG 2: MB 1 S. 477 ;
   MG 2: S. 464

285 v. 1360 Wennemarus de Hamme
   reg. H.: Hamm; ständ. H.: nicht festlegbar
   Fundstellen: MG 2: MB 1 S. 504

286 v. 1360 Johannes, Priester
   reg. H.: Waldorf; ständ. H.: nicht festlegbar
   Fundstellen: MG 2: MB 1 S. 508: 28.11. O; MG 2: MB 2 S. 482

287 v. 1360 Jac. Keye, Priester
   reg. H.: nicht festlegbar; ständ. H.: nicht festlegbar
   Fundstellen: MG 2: MB 1 S. 445, 483, 506

288 v. 1360 Conr. de Koimen
   reg. H.: nicht festlegbar; ständ. H.: nicht festlegbar
   Fundstellen: MG 2: MB 1 S. 466: 29.4. O

289 v. 1360 Adam de Muylgin
   reg. H.: Dansweiler; ständ. H.: nicht festlegbar
   Fundstellen: MG 2: MB 1 S. 467

290 v. 1360 Everhardus de Reys, Priester od. Vikar
   reg. H.: Rees; ständ. H.: nicht festlegbar
   Fundstellen: MG 2: MB 2 S. 461

291 v. 1360 Henricus de Reys
   reg. H.: Rees; ständ. H.: nicht festlegbar
   Fundstellen: MG 2: MB 1 S. 459, 463, 468, 474, 475, 480;
   MG 2: MB 2 S. 446, 449, 451, 456, 481, 483, 484, 488, 490, 492;
   REK V 407

292 v. 1360 Wilh. de Waldequin (Waldecken)
        reg. H.: Waldeck: Hunsrück/Simmern; ständ. H.: nicht festlegbar
        Fundstellen: MG 2: MB 1 S. 459: <u>29.3.</u> O

293 ca. 1360 Adolphus
        reg. H.: Unkel; ständ. H.: nicht festlegbar
        Fundstellen: MG 1: 255 Rep. u. Hss. MG 1; MG 2: MB 2 S. 476

29 ca. 1360 Johannes de Grifone, *advocatus Col.* (M/B), seit ca. 1360 Dekan, ca. 1370 Propst
        reg. H.: Köln; ständ. H.: *Meliorat: Familie Gyr v. Tempel, keine Ratsgremien*
        Fundstellen: MG 1: S. 255 Rep. u. Hss. MG 1;
        MG 1: S. 327 HUA 2301; MG 1: S. 328 HUA 2668, 2685 a;
        MG 1: S. 329 HUA 3089, 3241; Mil. S. 248; Sld. V 833 u. 1212

294 ca. 1360 Jacobus
        reg. H.: nicht festlegbar; ständ. H.: nicht festlegbar
        Fundstellen: MG 1: S. 255 Rep. u. Hss. MG 1

295 ca. 1360, v. 1370 Lutterus
        reg. H.: Bliesheim; ständ. H.: nicht festlegbar
        Fundstellen: MG 2: MB 2 S. 455, 457

296 um 1360 Herm. de Recklinhusen
        reg. H.: Recklinghausen; ständ. H.: nicht festlegbar
        Fundstellen: MG 2: MB 1: S. 480: Haus des Herm. de R.

297 um 1360 Wennemarus *mag.*
        reg. H.: Bliesheim; ständ. H.: nicht festlegbar
        Fundstellen: MG 1: S. 255 Rep. u. Hss. MG 1

298 1360–1368 Joh. de Essendia, Kellner (B), providiert zum Jahr 1360
        reg. H.: Köln (Essen); ständ. H.: Bürger, keine Ratsgremien
        Fundstellen: MG 1: S. 55 U 111; MG 1: S. 61 U 122 a/b;
        MG 1: S. 64 U 128; MG 1: S. 255 Rep. u. Hss. MG 1;
        MG 1: 314 Geistl. Abt. 168 r 1: <u>11.8.</u> O;

MG 2: MB 2 S. 471, 493; REK VI 646; AEK Slg. Roth 17, 2;
Mil. S. 181; Sld. IV 631 u. 758

299 1360–1368 Arnoldus de Palatio
reg. H.: nicht festlegbar; ständ. H.: nicht festlegbar
Fundstellen: MG 1: S. 64 U 128; MG 1: S. 255 Rep. u. Hss. MG 1

300 gest. 1362 Federicus *de Nussia*
reg. H.: Neuss; ständ. H.: nicht festlegbar
Fundstellen: MG 1: S. 255 Rep. u. Hss. MG 1

301 1364 Wimmarus de Hembag
reg. H.: Heimbach; ständ. H.: nicht festlegbar
Fundstellen: MG 1: S. 58 U 118

302 1358–1387 Hilger v. Kampe, Thesaurar, *mag.* (B)
reg. H.: Köln (Kempen); ständ. H.: Bürger, keine Ratsgremien
Fundstellen: MG 1: S. 64 U 128; MG 1: S. 62 U 124;
MG 1: S. 327 HUA 2409 a; REK VI 316 (1368); REK VI 888 (1369);
AEK Slg. Roth 17, 2; Mil. S. 353

303 1366 Henricus de Bantheim
reg. H.: nicht festlegbar; ständ. H.: nicht festlegbar
Fundstellen: MG 1: S. 60 U 121

304 1362–1371 Reymarus de Brule (B) *mag., baccalaureus in iure civili, licentiatus in decretis*, Scholaster zu Bonn
reg. H.: Köln/Brühl; ständ. H.: Bürger, keine Ratsgremien
Fundstellen: MG 1: S. 60 U 121; MG 1: S. 62 U 124;
MG 1: S. 64 U 128; AEK Slg. Roth 17, 2; Mil. S. 120

305 1367–1378 Joh. Hirzelin v. Starkenberg (M/B), Scholaster, ebfl. Notar u. Propst von S. Kunibert
reg. H.: Köln; ständ. H.: Meliorat: Familie Hirzelin,
Ratsgremien: Enger Rat
Fundstellen: MG 1: S. 62 U 124; MG 1: S. 64 U 128;
MG 1: S. 74 U 150; MG 1: S. 77 U 156;
MG 1: S. 258 Rep. u. Hss. MG 2 Bl. 79 (Schol);
MG 1: S. 329 HUA 3209; MG 2: MB 2 S. 444, 502;

REK VII 870, 472, 430, 128, 130; Mil. S. 306

306 1363–1365 Theodor Backe (B)
reg. H.: Köln (Nimwegen); ständ. H.: Bürger, keine Ratsgremien
Fundstellen: MG 1: S. 64 U 128; MG 2: MB 2 S. 498; Mil. S. 75

307 1366–1392 Godefried de Berka (B)
reg. H.: Köln; ständ. H.: Bürger, keine Ratsgremien
Fundstellen: MG 1: S. 64 U 128; MG 1: S. 72 U 144 a–d;
MG 1: S. 308 Geistl. Abt. 168 Nr. 9; Mil. S. 91

308 1371–1374 Peter v. Cornelimünster (B)
reg. H.: Köln (Kornelimünster); ständ. H.: Bürger, keine
Ratsgremien
Fundstellen: Mil. S. 387

309 1368–1371 Christianus de Grickenbeck, *procurator in curia Romana*
reg. H.: Grickenbeck; ständ. H.: nicht festlegbar
Fundstellen: MG 1: S. 64 U 128;
MG 1: S. 309 Geistl. Abt. 168 j, Bl. 22,1; Sld. V 199 u. 212

310 1358–1387 Joh. de Starkenberg (B)
reg. H.: Köln; ständ. H.: Bürger, keine Ratsgremien
Fundstellen: MG 1: S. 64 U 128; MG 1: S. 99 U 207;
MG 1: S. 307 Geistl. Abt. 168 j; MG 1: S. 328 HUA 2667;
MG 2: MB 2 S. 469, 479, 512; AEK Slg. Roth 17, 2; Mil. S. 632

311 1368 Gotsch. Hoyfmann, *scolaris in iure canonico*
reg. H.: nicht festlegbar; ständ. H.: nicht festlegbar
Fundstellen: MG 1: S. 64 U 128

312 1368–1386 Adolphus v. Kaiserswerth, gt. Maristella, *mag. med.* (B)
reg. H.: Köln; ständ. H.: Bürger, keine Ratsgremien
Fundstellen: MG 1: S. 64 U 128; MG 1: S. 72 U 144 a–d;
MG 1: S. 75 f. U 152; MG 1: S. 271 f. Rep. u Hss. MG 5;
MG 1: S. 314 geistl. Abt. 168 r 1: 26.5.
MG 2: MB 2 S. 473: 31.5. O;
MG 2: MB 2: S. 452, 473, 487, 492, 469; Mil. S. 356

313 1372–1392 Peter v. Westerholt *mag.*, Priester, Notar
        reg. H.: Westerholt/Westf.; ständ. H.: nicht festlegbar
        Fundstellen: REK VIII 487, 1514, 1694, 1890, 1976, 2069;
        REK IX 61, 142, 347 ff., 1392–1399; REK X 297;
        AEK Slg. Roth 17, 2

314 v. 1370 Henricus de Aquis, Priester
        reg. H.: Aachen; ständ. H.: nicht festlegbar
        Fundstellen: MG 2: MB 2 S. 461, 487

315 v. 1370 Theodericus, *mag.*
        reg. H.: Waldorf; ständ. H. nicht festlegbar
        Fundstellen: MG 2: MB 2 S. 474

316 v. 1370 Henricus de Dollendorp (B) *mag., rector scolarum*
        reg. H.: Köln; ständ. H.: Bürger, keine Ratsgremien
        Fundstellen: MG 2: MB 1 S. 453, 458; MG 2: MB 2 S. 449, 461,
        479; Mil. S. 149; Sld. II 1601 f.

317 v. 1370 Gotschalcus *mag.*
        reg. H.: Dansweiler; ständ. H.: nicht festlegbar
        Fundstellen: MG 2: MB 1 S. 490: <u>31.8. O</u>
        MG 2: MB 1 S. 441, 443, 448, 453, 460, 467, 469, 470, 473, 478, 485,
        491, 497, 503, 508

318 v. 1370 Jac. Horlemann
        reg. H.: nicht festlegbar; ständ. H.: nicht festlegbar
        Fundstellen: MG 2: MB 2 S. 479

319 v. 1370 Lodov Horlemann
        reg. H.: nicht festlegbar; ständ. H.: nicht festlegbar
        Fundstellen: MG 2: MB 2 S. 486

320 v. 1370 Adolfus *de Susato, mag.*
        reg. H.: Soest; ständ. H.: nicht festlegbar
        Fundstellen: MG 2: MB 2 S. 486

321 v. 1378 Lambertus de Reys, *mag.*
        reg. H.: Rees; ständ. H.: nicht festlegbar

Fundstellen: MG 1: S. 386 Diöz. A. Domarchiv E II 2;
MG 2: MB 2 S. 474

322 1378-1397 Johann v. Lyskirchen, auch Kellner (B)
reg. H.: Köln; ständ. H.: Bürger, keine Ratsgremien
Fundstellen: MG 1: S. 71 U 143 a/b; MG 1: S. 72 U 144 a-d;
MG1: S. 77 U 156; MG 1: S. 78 U 158; MG 1: S. 79 U 160;
MG 1: S. 81 U 164; MG 1: S. 307 Geistl. Abt. 168 j, 1381;
AEK Slg. Roth 17, 2; Mil. S. 424

323 1379 Johannes *de Veteri Campo*
reg. H.: Altenberg; ständ. H.: nicht festlegbar
Fundstellen: MG 1: S. 71 U 143 a/b

324 1374-1386 Hilgerus Hofsteden de *Nussia* (B)
reg. H.: Köln (Neuss); ständ. H.: Bürger, keine Ratsgremien
Fundstellen: MG 1: S. 72 U 144 a-d; AEK Slg. Roth 17, 2;
Mil. S. 485; Sld. V 735

325 1379 Johannes Stakelwegge de Kalkar, providiert
reg. H.: Kalkar; ständ. H.: nicht festlegbar
Fundstellen: MG 1: S. 72 U 144 a-d; MG 1: S. 71 U 143 a/b;
Sld. V 1106

326 1389-96 Hermann de Castro
reg. H.: Deutz; ständ. H.: nicht festlegbar
Fundstellen: MG 1: S. 77 U 156;
MG 1: S. 255 Rep. u. Hss. MG 2 Bl. 2;
MG 1: S. 258 f. Rep. u. Hss. MG 2 Bl. 79;
MG 2: MB 2 a/b: S. 450, 460, 461, 496, 498; REK X 1858

327 1382-1402 Johann Stolle, Diakon (B)
reg. H.: Köln; ständ. H.: Bürger, keine Ratsgremien
Fundstellen: MG 1: S. 77 U 156; MG 1: S. 83 U 170;
MG 1: S. 84 U 171; MG 1: S. 85 U 172; MG 1: S. 87 U 178;
MG 1: S. 88 U 180; MG 1: S. 151 U 331;
MG 1: S. 258 f. Rep. u. Hss. MG 2 Bl. 79;
MG 1: S. 263 f. Rep. u. Hss. MG 2 Bl. 89;
MG 1: S. 266 f. Rep. u. Hss. MG 2 S. 109;

MG 1: S. 350: Briefbücher etc., Briefeingang undatiert 98;
MG 1: S. 374 f. Diöz. A Urk. AEK 62;
MG 2: MB 2 u. 2a S. 467, 469, 473, 480, 488, 493;
REK X 930; AEK Slg. Roth 17, 2; Mil. S. 642; Sld. VII 186 u. 307

328 1392 Bado Busse von Nederwesele, erst Priester, dann Diakon durch
        Pfründentausch (B)
        reg. H.: Köln (Wesel); ständ. H.: Bürger, keine Ratsgremien
        Fundstellen: MG 1: S. 80 U 161;
        MG 1: S. 259 Rep. u. Hss. MG 2 Bl. 79; REK X 489;
        AEK Slg. Roth 17, 2; Mil. S. 136; Sld. VI 533, 615, 1006, 1029,
        1033; Sld. VIII 188

329 1391 Johann v. Siberg (B)
        reg. H.: Köln; ständ. H.: Bürger, keine Ratsgremien
        Fundstellen: Mil. S. 609

330 1384 Johann v. Orsoy
        reg. H.: nicht festlegbar; ständ. H.: nicht festlegbar
        Fundstellen: REK IX 744

331 1387 Gobelin v. Lahnstein
        reg. H.: Lahnstein, südl. v. Koblenz; ständ. H.: nicht festlegbar
        Fundstellen: REK IX 1542

332 1393 Johann Draxenportz (B)
        reg. H.: Köln; ständ. H.: Bürger, keine Ratsgremien; providiert
        1389
        Fundstellen: MG 1: S. 80 u 161; Mil. S. 151; Sld. VI 177

333 1393–1403 Bruno Hacke, erst Diakon, dann Priester
        reg. H.: Lochem/Mönchengladbach; ständ. H.: nicht festlegbar
        Fundstellen: MG 1: S. 80 U 161; MG 1: S. 84 U 171;
        MG 2: MB 2 S. 463, 469

334 1396 Heinrich v. Waldorf (B), providiert 1396
        reg. H.: Köln (Waldorf); ständ. H.: Bürger, keine Ratsgremien
        Fundstellen: REK X 1039 u. 1043; AEK Slg. Roth 17, 2;
        Mil. S. 671; Sld. VI 822

335 1396 Nikolaus Konrad Suer, auch can. in Bonn; providiert 1396
reg.: H.: Stadt Rheinsberg; ständ. H.: nicht festlegbar
Fundstellen: REK X 1109; Sld. VI 891

336 1399 Wigant Schurmann de Erpel, Priester (B)
reg. H.: Köln (Erpel); ständ. H.: Bürger, keine Ratsgremien
Fundstellen: MG 1: S. 81 U 165; MG 1: S. 82 U 167;
MG 2: MB 2 S. 504; AEK Slg. Roth 17, 2; Mil. S. 604

337 1377–1396 Bruno de Ousheim (B), Priester
reg. H.: Köln (Aussem/Bergheim); ständ. H.: Bürger,
keine Ratsgremien
Fundstellen: MG 2: MB 2 S. 446, 458, 465, 472, 447, 483, 489, 415,
501, 513; AEK Slg. Roth 17, 2; Mil. S. 513

338 1397 Theoderich de Ubach iunior; providiert
reg. H.: Übach–Palenberg, südl. v. Geilenkirchen
ständ. H.: nicht festlegbar
Fundstellen: REK X 1393; Sld. VII 117; Sld. VI 994

339 v. 1400 Joh. de Erkenswich de Rickelinhausen
reg. H.: Recklinghausen; ständ. H.: nicht festlegbar
Fundstellen: MG 2: MB 2 S. 491

340 1355 Jac. Hoet
reg. H.: Hameln (Haus in Köln); ständ. H.: nicht festlegbar
Fundstellen: MG 2: MB 2 S. 463;
Groten: Mindermann 2, UB Nr. 733 (1355)

341 v. 1400 Joh Caput de Recklinghausen
reg. H.: Recklinghausen; ständ. H.: nicht festlegbar
Fundstellen: MG 2: MB 2 S. 499

342 um 1400, v. 1434 Wilh. v. Blaitzheym
reg. H.: Blatzheim/Kerpen; ständ. H.: nicht festlegbar
Fundstellen: MG 1: S. 258 f. Rep. u. Hss. MG 2 Bl. 79;
MG 1: S. 272 Rep. u. Hss. MG 5: 24.9;
MG 1: S. 290 Geistl. Abt. 166 a Nr. 52;
MG 1: S. 315 Geistl. Abt. 168 r 1; MG 2: MB 2 S. 455;

AEK Slg. Roth 17, 2

343 1396–1409 Johann von Rodengewele (B)
         reg. H.: Köln; ständ. H.: Bürger, keine Ratsgremien
         Fundstellen: Mil. S. 561 f.

344 1394–1423 Joh. v. Breydbach, providiert
         reg. H.: Breidbach; ständ. H.: nicht festlegbar
         Fundstellen: MG 1: S. 351 Briefbücher: Briefeing. undatiert 1097;
         Sld. VII 303

345 1387–1393 Johann v. Düren (B)
         reg. H.: Köln (Düren); ständ. H.: Bürger, keine Ratsgremien
         Fundstellen: AEK Slg. Roth 17, 2; Mil. S. 155

346 um 1400 Joh. Gotingen
         reg. H.: nicht festlegbar; ständ. H.: nicht festlegbar
         Fundstellen: MG 1: S. 259 Rep. u. Hss. MG 2

347 1399/1400 Joh. de Lude, *mag. ius et theol.*
         reg. H.: nicht festlegbar; ständ. H.: nicht festlegbar
         Fundstellen: MG 2: MB 2 S. 449, 466, 486, 503; AEK Slg.
         Roth 17, 2

348 1404– 1411 Jac. *de Novimagio*
         reg. H.: Nimwegen; ständ. H.: nicht festlegbar
         Fundstellen: AEK Slg. Roth 17, 2

349 1398–1403 Petrus Adolf *de Novimagio*, Domvikar 1403
         reg. H.: Nimwegen; ständ. H.: nicht festlegbar
         Fundstellen: MG 1: S. 259 Rep. u. Hss. MG 2 Bl. 79;
         MG 2: MB 2 S. 462 f.; AEK Slg. Roth 17, 2

350 1398–1405 Gottfried v. Dynslaken, *doctor decretorum*, Dekan v. S. Kunibert
         reg. H.: Dinslaken; ständ. H.: nicht festlegbar
         Fundstellen: MG 1: S. 84 U 171;
         MG 1: S. 263 Rep. u. Hss. MG 2, Bl. 89; REK X 1050;
         AEK Slg. Roth 17, 2; Sld. VII 194 und 285

351 um 1400 Reymarus *mag.*
        reg. H.: nicht festlegbar; ständ. H.: nicht festlegbar
        Fundstellen: MG 2: MB 2 S. 153

352 1400 Dietrich v. Kampen
        reg. H.: Kempen; ständ. H.: nicht festlegbar
        Fundstellen: REK X 2216

353 ca. 1400 Ulrich Reytzer
        reg. H.: nicht festlegbar; ständ. H.: nicht festlegbar
        Fundstellen: MG 2: MB 2 S. 469

354 um 1400 Henricus de Wesalia
        reg. H.: Oberwesel; ständ. H.: nicht festlegbar
        Fundstellen: MG 1: S. 259 Rep. u. Hss. MG 2 Bl. 79;
        AEK Slg. Roth 17, 2

355 um 1400 Joh. de Bunna
        reg. H.: Bonn; ständ. H.: nicht festlegbar
        Fundstellen: MG 1: S. 259: Rep. u. Hss. MG 2 Bl. 79

356 um 1400 Henricus de Schepen
        reg. H.: nicht festlegbar; ständ. H.: nicht festlegbar
        Fundstellen: MG 2: MB 2 S. 491

357 nach 1400 Joh. de Gerisheym, *mag.*, Schulrektor (B)
        reg. H.: Köln (Geresheim); ständ. H.: Bürger, keine Ratsgremien
        Fundstellen: MG 1: S. 259 Rep. u. Hss. MG 2 Bl. 80; Mil. S. 226

358 nach 1400 Henricus de Piro
        reg. H.: Unkelbach; ständ. H.: nicht festlegbar
        Fundstellen: MG 2: MB 2 S. 501

359 nach 1400 Johannes de Ubach
        reg. H.: Übach–Palenberg; ständ. H.: nicht festlegbar
        Fundstellen: MG 2: MB 2 S. 479; AEK Slg. Roth 17, 2;
        Sld. VII 117

360 1402 Heinrich Schmallenberg (B)
   reg. H.: Köln; ständ. H.: Bürger, keine Ratsgremien
   Fundstellen: Mil. S. 616

361 1401–ca. 1412 Theodericus de Ubach, später Scholaster
   reg. H.: Übach-Palenberg; ständ. H.: nicht festlegbar
   Fundstellen:
   MG 1: S. 83 U 168; MG 1: S. 259 Rep. u. Hss. MG 2 Bl. 79;
   MG 1: S. 261 Rep. u. Hss. MG 2 Bl. 82;
   MG 1: S. 263 ff. Rep. u. Hss. MG 2 Bl. 87;
   MG 1: S. 271 f. Rep. u. Hss. MG 5 26.2;
   MG 1: S. 289 Geistl. Abt. 166 a Bl. 79;
   MG 1: S. 308 Geistl. Abt. 168 j Bl. 20 Nr. 6;
   MG 1: S. 293 Geistl. Abt. 166 a Bl. 109;
   MG 1: S. 314 EB. Diözesanbibl. Hs. 260: 15. Jh.;
   MG 1: S. 408 Düren Stadt A Hs. 23 Bl. 5;
   MG 1: S.422 f. Soest Stadt A Ahlen;
   MG 2: MB 2 S. 490, 494 f., 502, 511; AEK Slg. Roth 17, 2

362 um 1403 Henricus v. Geseke, Dekan v. S. Kunibert
   reg. H.: Geseke; ständ. H.: nicht festlegbar
   Fundstellen: MG 1: S. 84 U 171;
   MG 1: S. 259 Rep. u. Hss. MG 2 Bl. 79; MG 2: MB 2 S. 508

363 1413–1416 Johannes Quentus von Schonenbach, providiert
   reg. H.: nicht festlegbar; ständ. H.: nicht festlegbar
   Fundstellen: Sld. VII 918

11 Der Grundbesitz des Stiftes

11.1 Grundbesitz des Stiftes in der Stadt Köln[484]

Durch das Kölner Schreinswesen sind die zeitliche Festlegung und örtliche Feststellung der Liegenschaften des Stifts Mariengraden möglich. M. Groten[485] datiert nicht nur den Anfang des Kölner Schreinswesens, sondern schildert auch den Vorgang der Anschreinung und die *notitiae* in den Schreinskarten. W. Herborns Beitrag zum *Lexikon des Mittelalters*[486], der sich der Datierung von Groten anschließt, lassen sich weitere Informationen entnehmen.

Groten sieht den Anfang des Schreinswesens in Schreinskarte Laurenz I, einem Pergamentblatt (54x76 cm), dessen Vorderseite durch Säulenarkaden in fünf Kolumnen eingeteilt ist, in der Form vergleichbar einer Synopse der Synoptiker. In den Kolumnen I–III der Karte sind in großer kalligraphischer Schrift Personennamen eingetragen. Viele Namen sing wegradiert und durch neue ersetzt. Es ist die Bürgerliste des Kirchspiels St. Laurenz, die immer wieder aktualisiert wurde. Neben der Bürgerliste findet man etwa seit 1130 sporadische Aufzeichnungen von Rechtsgeschäften im Kirchspiel St. Laurenz. Es handelt sich fast ausschließlich um Rechtsgeschäfte mit Juden oder kirchlichen Institutionen, also Personen und Gruppen, die nicht zur Gemeinde von St. Laurenz zählten. Daher legte man besonderen Wert darauf, dass die Zeugen schriftlich benannt wurden.

Die Erweiterung der Schreinskarte mit der Bürgerliste um die Aufzeichnung einer Reihe von Rechtsgeschäften, vor allem Liegenschaftsübereignungen[487], lässt sich in der Weise vorstellen, dass sie vor dem Geburhaus (*domus civium* = Rathaus des Sprengels) in Anwesenheit der Gemeinde abgeschlossen wurde, im Regelfall im Beisein eines Richters. Die Bürgermeister und Bürger übernahmen gegen eine Gebühr von 1 Ohm Wein (1/6 Fuder = ca. 160 Liter) und 1 Scheffel Nüsse die Verpflichtung, den Vollzug des Geschäftes im Bedarfsfall vor Gericht zu bezeugen. Die

---

[484] Zur Feststellung des Stiftsgrundbesitzes in der Stadt Köln und der Eintragung in Schreinskarten wurden folgende Beiträge herangezogen (in der Zusammenstellung der 231 Liegenschaften getrennt ausgewiesen): Hoeniger, Robert: Die Kölner Schreinsurkunden des 12. Jahrhunderts. Publ. Ges. Rh. Gkd. 1. 2 Bde. Bonn 1884–1894. Keussen, Hermann: Topographie der Stadt Köln im Mittelalter. 2 Bde. Bonn 1910–1918. Neudruck Düsseldorf 1986. Von den Brincken, Anna-Dorothee: Das Stift Mariengraden zu Köln. Urkunden und Akten 1059–1817. In: M Stadt A Köln 51. Köln 1969.
[485] Groten, Manfred: Die Anfänge des Kölner Schreinswesens. In: Jahrbuch des Kölnischen Geschichtsvereins 56 (1985).
[486] Herborn, Wolfgang: Schreinswesen, -buch, -karte. In: Lexikon des Mittelalters VII Sp. 1557 f.
[487] Die Anschreinung erfolgte auf freiwilliger Basis. In Köln gab es auch freie Grundstücke, die siegelfähige Parteien mit Privaturkunden veräußern konnten.

schriftliche Fixierung brachte größere Sicherheit. Voraussetzung war, dass die Gemeinde die Aufzeichnung eines Rechtsgeschäfts als authentisch anerkannte. So gibt die Gemeinde auf der Karte Laurenz ihr Zeugnis mit *huius rei testes et erunt omnes magistri civium S. Laurentii.*

Groten sieht in den Anfängen des Kölner Schreinswesens drei Entwicklungsschritte: Seit etwa 1130 gab es im Kirchspiel St. Laurenz sporadische Aufzeichnungen von Rechtsgeschäften. 1136/37 begann in St. Martin eine intensive Kartenführung. 1138/39 wurde das Schreinswesens St. Martin im Einvernehmen mit dem Erzbischof neu geordnet, gleichzeitig begann die Kartenführung in den anderen Kirchspielen und Sondergemeinden. Um 1140 war eine *carta civium* selbstverständliche Ausstattung der Kirchspiele und Sondergemeinden. Die Eintragungen in der Bürgerliste zeigen die Gemeinde als genossenschaftlichen Verbund mit einem gewissen Autonomiegrad, aber auch als Gerichtsgemeinde.[488] Die weitere Entwicklung des Schreinswesens ist bei Herborn skizziert: Im steigenden Maß trat im 12./13. Jahrhundert die Schreinseintragung neben das mündliche Zeugnis, als Beweismittel hatte es einen höheren Rang (ab 1250). Die Eintragung wurde rechtsetzender Akt, eine Anfechtung konnte nach Jahr und Tag nicht mehr erfolgen. Die Entwicklung des Schreinswesens war 1473 abgeschlossen. Und: 1798 wurde die Schreinsordnung durch die französischen Behörden aufgehoben.

Wichtigstes Daten- und Kartenmaterial für die Ortung von Liegenschaften und die Kenntnisse der sie betreffenden Rechtsgeschäfte in der Stadt Köln im Mittelalter stellt heute immer noch die *Topographie der Stadt Köln im Mittelalter* von Hermann Keussen zur Verfügung. Grundlage seiner Materialsammlung sind vor allem Schreinskarten, dann aber auch weitere Quellen zur mittelalterlichen Geschichte Kölns aus dem Kölner Stadtarchiv. Wenn auch die Quellen aus verschiedenen Jahrhunderten stammen, so sind die Ortsbezeichnungen in Köln über die Zeit gleich geblieben. Keussen hat Fundstellen so genau wie möglich beschrieben und 12 Schreinsbezirken zugeordnet. Verbunden mit der Darstellung städtischer „Infrastruktur" (Straßennetz, Plätze, Einrichtungen für den Markt, andere hervorgehobene Punkte) schuf er maßgeblich die Voraussetzung für die Ortung von Liegenschaften im mittelalterlichen Köln. Seine topographischen Angaben haben also einen gewissen Grad von Wahrscheinlichkeit, eine wirklich genaue Ortung in den Schreinsbezirken lässt sich jedoch nur selten erreichen. Unwägbarkeiten sind also

---

[488] In der Altstadt und der Rheinvorstadt sind die Sprengel mit den Pfarrbezirken identisch. Die 1106 umwallten Gebiete Niederich im Norden und Airsbach im Süden mit mehreren Pfarrkirchen bildeten jeweils eine bürgerliche Sondergemeinde. Bei der Stadterweiterung 1180 wurden die Bezirke St. Severin, St. Pantaleon und St. Gereon hinzugenommen. Bis zur Verfassungsänderung 1396 lassen sich 12 Sprengel nachweisen.

nicht auszuschließen. Die topographischen Hinweise sind verbunden mit einer Datierung und einer kurzen Nennung des Gegenstandes (Besitz oder Besitzer), manchmal erweitert um die Angabe von Zahlungen. In seinem Register (Bd. II S. 423) finden sich für Mariengraden 128 Fundstellen aus den Schreinskarten.

Die Urkunden-Regesten von den Brinckens nennen für Mariengraden ergänzend weitere 19 Liegenschaften. Ihnen lässt sich zwar das Rechtsgeschäft entnehmen, die Ortung gestaltet sich jedoch schwierig. Das Regest gibt die Urkunde in der Form der Reversion, die Formensprache der Schreinsnota wird nicht angewandt, am Anfang fehlt das *notum sit tam futuris quam presentibus, quod … etc.* (Inhalt des Rechtsgeschäfts).

85 Eintragungen für Mariengraden lassen sich der Edition der Schreinsurkunden Dilles durch Robert Hoeniger entnehmen (Bd. II 1, S. 271–286). Die Akten des Schreins wurden beim Abbruch des Stiftes Mariengraden 1817 in einem Mauerschrank hinter dem Hochaltar entdeckt. Sein Name lässt sich möglicherweise von seinem mittelalterlichen Aufbewahrungsort herleiten, einer mit Bohlen gedielten Stelle des alten Rheinarms unterhalb der Kirche Mariengraden. Die Ausführung der Schreinsnotizen zeigt die gleiche Sorgfalt, wie sie bei allen Schreinen der frühen Anfangszeit begegnet. Sie belegen Anschreinungen aus den Jahren 1175 bis 1230.

In den drei genannten Editionen lassen sich bei der Nennung und Ortung von Liegenschaften im Stadtgebiet Überschneidungen so gut wie nicht nachweisen, lediglich in zwei Fällen dokumentieren Keussen und von den Brincken eindeutig dieselbe Liegenschaft. Der Nachweis weiterer Überschneidungen wird erschwert durch die Nennung flächenmäßig zu großer Ortslagen. Auch der Weg über die Namen der im Rechtsgeschäft handelnden Personen kann mögliche Identitäten nicht belegen: Bei der Auswertung des Personen- und Ortsregisters bei Keussen zeigen sich Differenzen zwischen dem Zeitpunkt Anschreinung durch das Stift und den Personennamen, manchmal über Generationen hinweg.

Der Schrein Dilles stellt eine Besonderheit in der Geschichte der Kölner Stifte dar: Nur Mariengraden hat einen solchen Schrein angelegt, die anderen zehn Kölner Stifte kennen einen eigenen Stiftsschrein nicht. Gericht und Schrein standen unter dem Einfluss der *familia* des Stifters, Groten sieht sie als Verband mit der Autonomie einer Gerichtsgemeinde. Als quasi Grundbuchamt trug das Stift die Anschreinungen selbst ein, und zwar für einen geballten Besitz von Liegenschaften im Bezirk der Martins- und Brigidenpfarre, also im Bereich des städtischen Marktgebietes, und verzichtete damit auf Schreinsnota in diesen Kirchspielen. Im Schrein Dilles wurde nicht der gesamte Besitz des Stiftes beurkundet, sondern nur eine Anzahl von Häusern und Verkaufsläden in diesem Bereich. Ob diese den Charakter von

Immunitätsgebieten hatten, wie Hoeniger annimmt, ist nicht eindeutig belegt. Die Aufzeichnung von Rechtsgeschäften fand in Gegenwart der versammelten Gemeinde statt, die sorgfältige schriftliche Fixierung und die Benennung von Zeugen brachte Authentizität und größere Sicherheit. In Entsprechung zum geringen räumlichen Umfang des Schreinsgebietes ist die Zahl der erfolgten Beurkundungen mit 85 Eintragungen nicht groß. Sie verteilen sich auf einen Zeitraum von 55 Jahren. Die Ortsangaben Hoenigers sind oft spärlich und weitflächig. Fast alle Notierungen haben lediglich Wahrscheinlichkeitscharakter und lassen sich, wenn überhaupt, nur über Keussen konkretisieren. Beachtung verdient, dass die erste Notierung der Schreinskarte sich mit einer Eintragung zwischen 1172 und 1178 im Martinsschrein deckt. Beurkundungen im Martinsschrein wären überflüssig gewesen, wenn der Schrein Dilles mit den gleichen Garantien bürgerlichen Besitzstandes bereits existiert hätte. Nach Begründung des Schreins Dilles hatte die Übernahme von Notierungen nichts Auffallendes. Mit der Einführung des Schreinswesens in den Außengemeinden um 1180 wurden analoge Beurkundungen für die Mariengraden zugehörigen Liegenschaften möglich.

Die im Schrein Dilles beurkundeten Vorgänge entsprechen in der Art des Rechtsgeschäftes denen der anderen Schreine. Im direkten[489] Immobilienverkehr regeln sie Kauf und Verkauf eines Hauses, Übergabe eines Hauses an Verwandte, Eintragung des Besitzes, Kauf von Hausteilen (z.B. Keller), Verkauf aus einer Pfändung, Auflagen der Bauordnung für Grund und Boden (Anpassung an die Umgebungsbebauung), Leitungsrechte. Sie regeln in Erbschaftsangelegenheiten u.a. Testamentsvollstreckung, Vermächtnis, Kauf einer Erbschaft, Übergabe einer Erbschaft oder Erbschaftsverfügung (Nießbrauch), Verpfändung einer Erbschaft, Antritt eines Erbes, Schenkung einer Erbschaft mit Prozess über Rechtmäßigkeit, Verwendung der Erbschaft für die Beleuchtung von Mariengraden. Den Karten I–IV des Schreins Dilles sind Angaben über Provisionen an den Propst oder das Stift für die Anschreinungen jeweils vorausgeschickt. Sie fehlen bei Dilles V–IX; ein Grund dafür lässt sich nicht ausmachen. Gezahlt wurde eine in Geld bezeichnete Menge Gold, 1 Pfund Pfeffer und 1 Sextarius Wein. In der Schreinsnotiz selbst sind die jährlich oder an bestimmten Festtagen fälligen Abgaben an Mariengraden festgelegt. Über die Eintragung hinaus verpflichtete die Provisionszahlung das Stift, die Authentizität der Schreinsnotiz vor Gericht zu bezeugen.

Auf der Rückseite von Dill. 1 VI 3 ist ein Prozess von 1229 in allen Einzelheiten aufgezeichnet: Verhandlungsverlauf, Zeugenaussagen und Urteil. Gegenstand des Prozesses war ein Widerspruch: Blithildis schenkte unter Sicherung des Nießbrauchs bis an ihr Lebensende ihr Erbe an das Kloster Gottesweiher. Ein Mönch aus

---

[489] Das Kirchenrecht ließ keine Veräußerung kirchlicher Liegenschaften, sondern nur Verpachtung zu.

Lüttich widersprach dieser Vergabe des Erbes, indem er behauptete, dass die Tochter eines Sohnes der Blithildis, die erst sechs Jahre alt war, rechtmäßige, nicht bedachte Erbin sei. Der Prozess wurde mit in sich wiederholenden Zeugenaussagen vor einem geistlichen Gericht durchgeführt. Der Urteilsspruch endete mit der Feststellung des rechtmäßigen Handelns der Blithildis.

Zur Darstellung der Untersuchungsergebnisse

Die nachfolgende tabellarische Auflistung erfasst die von Keussen, von den Brincken und Hoeniger für Mariengraden nachgewiesenen Liegenschaften, insgesamt 231 Eintragungen, davon 217 in elf Schreinsbezirken. Bei Keussen liegen der Zahl nach die Schwerpunkte der Eintragungen in den Bezirken Hacht und Niederich, im Bezirk St. Brigida sieht er 35 Eintragungen. Von den Brincken belegt Liegenschaften in St. Brigida und St. Laurenz. Aus dem Schrein Dilles weist Hoeniger Eintragungen in den Schreinsbezirken St. Martin und St. Brigida aus.

Die Liegenschaften sind mit laufender Nummer und geordnet nach Editionen in der Reihenfolge Keussen, von den Brincken und Hoeniger aufgelistet. Für jede Liegenschaft ist die Fundstelle in der jeweiligen Edition angegeben, dazu Ort und Lage in Köln, das Jahr der Anschreinung und der Gegenstand des Rechtsgeschäfts, z.T. auch handelnde Personen und Zahlungen. Überschriften geben vorab eine inhaltliche Zusammenfassung. Um die lateinische Textform der von Hoeniger edierten Schreinsnota zu zeigen, wurden diese textnah und möglichst vollständig ins Deutsche übersetzt.

I. Quellen nach der Topographie der Stadt Köln von Hermann Keussen

Karte lfd. Nr.	Quelle bei Keussen	Ort und Lage in Köln	Datum Keussen	Gegenstand des Besitzes / Bemerkungen
0	2,302a–2,303a a	Geschichte der Stiftskirche MG Frankenplatz ehemals Große Sporergasse und Mariengredenkloster XIV Hacht	1052–1483	Geschichte in diesem Abschnitt nicht wiedergegeben
Ursprünglicher Besitz der Stiftskirche				
1	2,73 b c	*in litore Rheni* Am alten Ufer, I–VII, westl. unbestimmt IX Niederich	1178/83	Haus-Erwerb durch MG von Engelbert u. Bruno *domus cum fundo*
2	2,87 a k	Goldgasse, unbestimmt und allgemein IX Niederich	1180/85	Haus – Erwerb *camera* für MG *in platea Hermanni cum barba* Uda verzichtet auf Recht
3	2,93 a 33	Pm in Niederich =*A pristino et* Maximinenstr. Schrb. 257–260 Johannisstr. I westl. zw.Machabaerstr. und Maximinenstraße IX Niederich	1346	Vermächtnis eines Hauses *dom. ad Cuculum contig. domui ad novum Calarium* an Altaristen vom Dom u. MG vermacht s. auch 2,93 b 32
4	2,98 b 2	Johannisstr. III, östl. zw. Servas- und Penzgasse IX Niederich	1188/1203	Verkauf einer *area area contra domum Conradi Ruffi* kommt von MG an Bruno, durch Kl. Altenberg gekauft, Zins: 5 solidi an MG
5	2,99 a 2.5	Johannisstr. IV, östl. zw. Penzgasse u. Platzgässchen IX Niederich	1289	Haus in Erbleihe *dom. et area. ex opp. contra domum civium*, durch MG an Eg. Lapicidia,

Karte lfd. Nr.	Quelle bei Keussen	Ort und Lage in Köln	Datum Keussen	Gegenstand des Besitzes / Bemerkungen
				dictus Achilius in Erbleihe.
6	2,101 a 11	Johannisstr. VI, östl. von Goldgasse bis Kostgasse IX Niederich	1271	Haus in Erbleihe *dom. in fine* Waidmannsgazzen *prope dom. Aquilam:* von MG dem Vikar Arch. Scurpot in Erbleihe gegeben
7	2,114 b c	An der Linde II, östl. vom Kunibertskloster bis Machabaerstr. IX Niederich	1170/78	Haus in Erbleihe *dom. iuxta S. Cunibertum:* durch Mauricius von MG in Erbleihe genommen
8	2,143 b c	Maximinenstr. unbestimmt u. allgemein IX Niederich	1277	Überlassung eines Hauses *dom. versus Max., quae fuit quondam Ludolfi,* durch Margar. u. Helwigis an MG überlassen
9	2,164 a e – g	Trankgasse, unbestimmt u. allgemein IX Niederich	1178–1203	Vermächtnis, Vergabe, Kauf eines Hauses 1178/83 e: *dom* in Gravegassen (= Trankgasse) durch Godefr. an MG vermacht 1180/85 f: Erben *in vallo* (Trankgasse): durch Ludowicus an MG gegeben 1183/1203 g: *dom. et area contra ecclesiam b. Petri,* durch MG von Aleidis gekauft

Karte lfd. Nr.	Quelle bei Keussen	Ort und Lage in Köln	Datum Keussen	Gegenstand des Besitzes / Bemerkungen
10	2,167 b b	Ursulastr. unbestimmt und allgemein IX Niederich	1183/92	Überlassung eines Hauses (*maior dom. in Monticulo iuxta S. Virgines: durch Eustachius, sacerdos de porta Martis*, dem Dom übergeben) *maior dom contigua* an MG
11	2,250 a 17	Gereonstr. I, südl. zw. Kattenbug u. Gereonsdriesch XII S. Christoph	1325	Vermächtnis eines Hauses durch Joh. *sacerdos de Arwilre dictus de Geilstorp* an St. Gereon u. MG vermacht
12	2,310 b f	Trankgasse I- IV, südl. vom Frankenturm bis unter Fettenhennen XIV Hacht	1261	Verzicht auf Haus (Bibliothek) Haus u. Güter am Turm der alten Domkirche, wo die Bücher der Domkirche gelagert werden, *ex opp.* Wolkenburg in Trankgasse: MG verzichtet auf Recht gegenüber Domkapitel
13	2,303 a	Lage nicht festlegbar, Hoeniger, Schrb. II,1 118 m f	1178/83	Hauserwerb durch MG Kauf eines Hauses von Henr. Halverogge
14	2,303 a	Lage nicht festlegbar, Hoeniger Schrb. II,1 120 m 10	1178/83	Hauserwerb durch MG Kauf eines Hauses von Uda u. Goswin
15	2,303 a	Lage nicht festlegbar, Hoeniger Schrb. II,1 128 n 5.	1180/85	Hauserwerb durch MG Kauf von *dom. et area* von Herm, deWiktere
16	2,303 a	Lage in Sporergasse neben MG Anm. 71,6 nicht festlegbar	1312	Hauserwerb durch MG Haus, bewohnt von Wissmar

Karte lfd. Nr.	Quelle bei Keussen	Ort und Lage in Köln	Datum Keussen	Gegenstand des Besitzes / Bemerkungen
	Kanonikal- häuser MG:Ver- zeichnis 14 Jh. (Düss. Archiv) A59, 49 b	16 Häuser, welche Zins zahlen, darunter: s. Nr.17 ff.		
		Hacht XIV		
17	2,303 a 1	*iuxta capellam S. Afrae versus prepositura*	14 Jh.	Besitz MG 1. Klaustralhaus
18	2,303 a 2	*dom. iuxta capellam, quam inhabitat decanus*	14. Jh.	2. Klaustralhaus
19	2,303 a 8	*iuxta cellarium* (= Keller) *dominorum*	14. Jh.	8. Klaustralhaus
	1598 Revision der Kanonikal- häuser (~1723) = 21Kano- nikalhäuser, darunter:Düss. Archiv R.N. 5			
20	2,303 a 1	Lage nicht festlegbar	16. Jh.	Besitz MG 1. des Baumeisters Haus
21	2,303 a 2	stößt an Trankgasse	16. Jh.	2. die Propstei
22	2,303 a 3	beim Frankenturm	16. Jh.	3. Haus b. Frankenturm
23	2,303 a 4	südl. Rand der Im- munität	16. Jh.	4. Kapelle S. Afra
24	2,303 a 8	Schützenhof = *infra novum murum et emunitatem*	16. Jh.	8. Klaustralhaus
25	2,303 a 10	nicht festlegbar	16. Jh.	10. Haus des Dechanten
26	2,303 a 11	nahe der Kirche	16. Jh.	11. Klaustralhaus an der Kette bei der Treppe
27	2,303 a 15	nahe der Trankgasse	16. Jh.	15. Haus des *scholasticus*
28	2,303 a 16	Lage nicht festlegbar	16. Jh.	16. die Pistorei

Karte lfd. Nr.	Quelle bei Keussen	Ort und Lage in Köln	Datum Keussen	Gegenstand des Besitzes / Bemerkungen
				(=Bäckerei)
29	2,303 a 17	Lage nicht festlegbar	16. Jh.	17. die Schule
	im 14.Jh.Düss. A. 59 erwähnt:			
30	2,303 b 1 (3b1)	XIV Hacht *domus contig. pistrino* (= Bäckerei) *versus S. Lupum*	14. Jh.	(3 b 1) *dom. decani Henrici* de Yswirle
31	2,303 b (21 a)	*domus iuxta puteum versus pistrinum*	14. Jh.	(21 a) *dom. decani* Wilhelmi
32	2,303 b (26 a)	*domus contig. prepositurae versus monasterium*	14. Jh.	(36 a) *dom. Godefridi* de Aldenkyrchen
33	2,303 b (34 b)	*domus in vico Sporgasse iuxta ecclesiam*	14. Jh.	(34 b) *dom. dicti* Crayvois
	im 14./15.Jh. Düss. A. 60			
34	2,303 b (7b)	*domus iuxta pistrinum*	14./15. Jh.	Besitz MG: (7 b) *domus claustrales*
35	2,303 b (9b)	*iuxta S. Afram (capellam)*	14./15. Jh.	(9 b) *pomerium* (= Baumgarten) Th. de Austorp, can.
36	2,303 b (30b u.67b)	*in ambitu eccl.* (Kreuzgang MG)	c. 1450	(30 b) 5 dom, jedes Haus zahlt 13 m 4 sol. Zins
37	2,303 b (31 a)	*iuxta S. Afram*	14./15. Jh.	(31 a) *dom. decani Peregrini*
38	2,303 b (32 a)	*prima in introitu pasculi* (= Weide) *extra pistrinum dominorum* MG	1400	(32 a) *dom. claustralis*
39	2,303 b (34 a)	*curia in opp. putei iuxta pistrinum*	14./15. Jh.	(34 a) *curia* = unbekannter Hofraum
40	2,303 b (33 b)	*iuxta ferrum* s. Eisenmarkt/	c. 1400	(33 b) 2 *dom. claustrales*

Karte lfd. Nr.	Quelle bei Keussen	Ort und Lage in Köln	Datum Keussen	Gegenstand des Besitzes / Bemerkungen
		Thurnmarkt		
41	2,303 b (60a)	*situata* in MG *versus* Sporgassen	15. Jh.	(60 a) *domus decani*
42	2,303 b (74 a)	*dom.* in der Sporgasse *contigua MG apud ferrum*	c. 1450	(74 a) *domus claustralis*
43	2,303 b (91 a)	*contig.* in MG *apud ferrum iuxta* Spor-gassen	14./15. Jh.	(91 a) *domus nova*
44	2,303 b (74 b)	*in angulo vici* Dancgasse	c. 1450	(74 b) *domus claustralis*
	Altes Archiv repetorium MG (GA168 j)			
45	2,303 b	*antiquum pistrinum iuxta scholam in platea potatoria* *potatoria platea* = Trankgasse	1366/1425	Besitz MG: *antiquum pistrinum et novum pistrinum*
46	2,303 b	*in vico* Trank-gassen	1378	*domus claustralis*
47	2,303 b	*supra ferrum*	1469	*domus claustralis, quam inhabitat campanarius*
48	2,303 b	*incorporatur decanatui* XIV Hacht	1489	*domus decanalis*
49	2,303 b	*murus in Dillis* (Ge-richt) *inter dom.* Dr. Hieronymus *et dom.* d. Waltheri Altsteden, can. MG	1533	*murus in Dillis*
50	2,303 b	*versus puteum iuxta scholam*	1543	*locus,* durch Schuster eingenommen
51	2,303 b	*versus turrim Franconicam*	1662	*domus claustralis*
52	2,303 b	im Loch (am	1677	*domuncula*

Karte lfd. Nr.	Quelle bei Keussen	Ort und Lage in Köln	Datum Keussen	Gegenstand des Besitzes / Bemerkungen
		Frankenturm)		
53	2,303 b, 7b	*versus forum piscium* = Fischmarkt	nicht datiert	*domus claustralis*
		Stift MG (Richtung) unklar		
54	1,56 a 9	*contig. cimeterio eccl. S. Martini et alio latere cimiterii versus* Ryngassen I S. Martin	1300	*domus ad auream Barbam*
55	1,56 a 9	in Nähe Kirche S. Martin (Kirchspiel) zu Malzbüchel, westl. zw. Joachimstr. und Malzbüchel I S. Martin	1400	Haus zum Goldenen Bart mit der Hofstelle u. allem Zubehör wird 1422 dem Pastor von S. Martin gegen eine Erbrente von 8 Gl. überlassen
56	1,109 b 3	*dom. et area* = westl. vom Margredenkloster bis zur Kammachergasse =Auf dem Brand I IIS. Brigida	1304	Haus Spitzungi, vom Klaustralhaus des schol. MG getrennt, 1307 im Besitz des Henricus de Speculo
57	1,110 b 18	in Schozlingassen II S. Brigida	1371	3 Mansen bei Haus Schapeln
58	1,119 b 1	*super vico dicto* Koninxgasse *versus turrim Trium regum* am Frankenturm II S. Brigida	1342	domus claustralis, durch Schöffe Werner de Speculo von MG erworben
59	1,127 a 6	Unter Käster I = westl. von Butter-	1268	*cubicula inter Lanen iuxta cub. plebani*

Karte lfd. Nr.	Quelle bei Keussen	Ort und Lage in Köln	Datum Keussen	Gegenstand des Besitzes / Bemerkungen
		gasse bis Hühner-gasse II S. Brigida		S. Brigida, 1/3 durch Robin de Salecgen an MG überlassen
60	1,134 a 2	östl. u. nördl. vom Altermarkt bis Ju-dengasse II S. Brigida	1269	*dom. prope portam Martis* durch Kl. Benden, vorbehaltl. MG an Joh.verkauft
61	1,150 b c	Trichtergasse II, nördl. Unter Käster bis Altermarkt II. S. Brigida	1175/95	5 *domuncula* (lan) von MG erworben, Weitergabe an versch. Pächter
62	1,363 b 5	Römergasse I westl. zw. Burgmau-er u. Rechtsschule VI S. Kolumba	1286	2 Häuser unter 1 Dach n MG, je 10
63	2,69 a 5, 8	*in litore Rheni contig. domui conv.* de Brunswilre Am alten Ufer: westl. Machabaerstr. bis Servasgasse IX Niederich	1234	*domus et area* durch Gisebert Braxator gekauft
64	2,294 b b	östl. Große Sporergasse bis Dra-chenpforte XIV Hacht	1210	3 *mans. prope* MG von EB Dietrich gegeben 3 Pfd. Pfeffer und 2 Denare
65	2,295 b m	Domhof III östl.von Großer Sporergasse bis Drachenpforte XIV Hacht	1376	Stall und Halle auf Domhof, Türe zu MG
66	2,301 a	Domkloster IV östl. Domkirche XIV Hacht	1580	Tür gegenüber Altar des Hl. Kreuzes zu MG
67	2,310 a a	neben MG beim Rhein, über dem	1528	Kapelle S. Agnes in S. Afra

Karte lfd. Nr.	Quelle bei Keussen	Ort und Lage in Köln	Datum Keussen	Gegenstand des Besitzes / Bemerkungen
		Gang, der von MG ausgeht Trankgasse I–IV, südl. vom Frankenturm bis Unter Fettenhennen XIV Hacht		
68	2,302 b	Frankenplatz: Große Sporer-gasse u. MG Kloster XIV Hacht	1059	Chor der Stiftskirche
69	1,347 b 1	Mörsergasse I, westl. zw. Kupfergasse u. Breite Str. VI S. Kolumba	1393	Altar S. Agatius, Streit um Zins von 8 sol. zw. Dom u. Agatiusaltar in MG
70	2,108 a 8	Komödienstr.III, nördl.v.Marzellenstr. bis Kattenbug IX Niederich	1374	Altar Allerheiligen *domus* in Smirstr. vermacht MG Vikar Wilh. de Blaitzheim
71	2,264 b c d	Zeughausstr. I südl. v. Komödienstr bis zum Berlich XII S. Christoph	1259	*vinea et area* von can. Cuno an Altar S. Johann Baptist in MG vermacht
72	2,140 a 31	Maximinenstr III, nördl.zw.Johannis-str. u. Hofergasse IX Niederich	1306	Kreuz–Altar in MG in pl. S. Max. vom Vikar MG an Stift
73	2,302 b	s. Gesch. MG XIV Hacht	1446	Marienaltar
74	1,114 b 13 u. 2,302 b	Gesch. MG II S. Brigida	1446	Altar der Tabbertsges. 1 Haus, gezimmert v. Tabbertges. in MG, dem Rat überlassen
75	2,302 b	s. Geschichte MG XIV Hacht		Kapelle S. Nicolaus
76	2,303 b	s. Gesch. MG XIV Hacht		*monasteria*

Karte lfd. Nr.	Quelle bei Keussen	Ort und Lage in Köln	Datum Keussen	Gegenstand des Besitzes / Bemerkungen
77	2,158 b	Trankgasse V nördl. vom Alten- Ufer bis Johannisstr. IX Niederich	1290	*claustrum* *dom. in pl.* Drankgasse gegenüber MG, vom EB in Erbleihe gegeben
78	2,102 a e	Johannisstr. unbest. u. allgemein IX Niederich	nach 1215	Immunität *platea incipiens ab emunitate a S. Lupo ad S. Cunibertum*
79	2,310 a a	XIV Hacht		Kapelle in S. Afra
80	2,303 b	s. Gesch. MG XIV Hacht		*pasculum* Wiese in MG
81	2,303 b	s. Gesch MG XIV Hacht		*ferrum* Schmiede in MG
82	2,297 q	Domhof unbestimmt XIV Hacht		trappe Haus bei MG trappen
83	2,303 b	s. Gesch .MG XIV Hacht		*ambitus* Umgang bei MG
84	2,296 a a	Domhof IV nördl. von der ehemaligen Sporergasse bis Domkloster XIV Hacht	1075	Kirchhof *cimiterium interiacens a MG ad S. Petrum*
85	2,294 a	XIV Hacht		*dormitorium* 2 Stätten zu der Haupt- pforte
86	2,303 a 8	Haus beim Schützenhof s.o. XIV Hacht		*cellarium* Haus
87	2,303 a 17	XIV Hacht		Schule s.o.
88	2,303 a 1b	XIV Hacht		Pistorei s. o., alte u. neue
89	2,303 a b	Am Frankenturm I II S. Brigida	1342	Kanonikalhaus oberhalb Königsgasse *versus turrim 3 regum,* durch Ritter, Schöffe

Karte lfd. Nr.	Quelle bei Keussen	Ort und Lage in Köln	Datum Keussen	Gegenstand des Besitzes / Bemerkungen
				Werner de Speculo erworben
90	2,73 b d 2,164 b c	XIV Hacht		Propstei, *s. iuxta dom. prepositi de Gradibus usque ad Cunibertum*
90	2,303 a 1.2	s. Gesch. MG XIV Hacht		Häuser zur Propstei u. zur Propstei gehörender Hof
91	2,310 a b	XIV Hacht		Propstei (Trankgasse) Absteigequartier f. EB von Mainz
92	2,303 b	s. Gesch. MG XIV Hacht		Dechanei
93	2,310 b e	XIV Hacht		Platz Propstei
94	1,312 a 3	*ad Gryffonem infra parochiam S. Columba*: Unter Fettenhennen VI S. Columba	1379	*domus habitationis* Joh. de Griffe, Propst MG
95	2,114 e	An der Linde I, westl. v. Unter Krahnenbäumen bis zur Machabaerstr. IX Niederich	1351	*domus* in Erbleihe an Propst von MG durch Vikarie S. Kunibert an C. v. Horne
96	2,277 a p	Unter Krahnenbäumen I westl. Thürmchenswall bis Unter Krahnenbäumen XIII Eigelstein	1338	Übergabe Haus an Propst Const. vom Horne, MG
97	2,303 a 2 10	Frankenplatz XIV Hacht		Haus des Dekans (Gesch. MG)
98	2,303 b	Frankenplatz XIV Hacht	1394	Bau einer *nova fabrica* durch dec. Tilm.
99	2,303 b	Frankenplatz XIV Hacht	Haus auf Breite Str.	*domus claustralis* des dec. Henricus Yswilre

Karte lfd. Nr.	Quelle bei Keussen	Ort und Lage in Köln	Datum Keussen	Gegenstand des Besitzes / Bemerkungen
			datiert	
100	2,303 b	Frankenplatz XIV Hacht	(21 a)	*domus claustralis decani Wilhelmi iuxta puteum*
101	2,303 b	Frankenplatz XIV Hacht	(31 a)	*domus claustralis decani Peregrini*
102	2,109 b 3	Auf dem Brand I, westl. von Margredenkloster bis zur Kammachergasse II S. Brigida		*domus claustralis* des scholasticus
103	2,303 a 15	Frankenplatz XIV Hacht		Haus des scholasticus (nahe Trankgasse)
104	2,89 a a a	Hunnengasse (nicht festgelegt) IX Niederich	1202	Haus et *area* des *custos*
105	2,89 a	*in platea* der Hunnengasse, nicht festlegbar		Haus et *area* des *custos*
106	2,87 a c	Goldgasse, un-bestimmt u. allge-mein IX Niederich	1164/76	Hauskauf *in vico Hermanni barbati* durch can. MG, von Kuno gekauft
107	2,278 b a	Unter Krahnen-bäumen I südl. An der Linde bis Eigel-stein XIII Eigelstein	1180	Vermächtnis eines Hau-ses *domus in bivio* durch Arnold, can. MG an Th. vermacht
108	2,144 a b	Penzgasse, unbe-stimmt und allgemein IX Niederich	1178	Hauskauf *domus* durch Heinr. can. MG von Hezelinus gekauft
109	2,93 b 42 43	*area iuxta curiam civium et via* Johannisstr. I, westl. zw. Machabaerstr. u.	1183	Kauf einer *area* durch Immo, can. MG, von Godeschalk gekauft

Karte lfd. Nr.	Quelle bei Keussen	Ort und Lage in Köln	Datum Keussen	Gegenstand des Besitzes / Bemerkungen
		Maximinstr. IX Niederich		
110	2,143 a 53	Maximinenstr IV, nördl. von Hofer- gasse bis Eigelstein IX Niederich	1365	Geschenk eines Hauses Geschenk von 4 Häu- sern unter 1 Dach durch Dietr. de Bache an Rek- tor von 2 Altären in S. Ursula
111	2,133 a 9	Maximinenstr I, südl. von Johannis- str. bis Hubertus- gasse IX Niederich	1228	Hauskauf Haus mit benachbarter *area* durch Rein. Vilhout, can. MG gekauft
112	2,262 b 16	Steinfeldergasssse II, östl. zw. Gereons- driesch u. Friesenstr. XII S. Christoph	1259	Übergabe einer *area* *2 areae inter aream Greci* *et portam Leonis* von Herm. Flagge an Sohn Kuno, can. MG, gegeben
113	2,264 b c	Zeughausstr. II nördl. v. Kattenbug bis Steinfeldergasse (Morthof einge- zeichnet) XII S. Christoph	1259	Übergabe der Erbschaft Erbschaft Morthof durch Herm. Flacco u. Sohn v. Kl. Füssenich gekauft, später an Sohn Cuno, can. von MG gegeben
114	1,309 b 12	Elstergasse, südl. zw. Drusus- gasse u. Auf der Ruhr VI S. Kolumba	1336	Besitz eines Hauses *domus* Gob. Cramboim, can. MG im Besitz des Hauses
115	1,367 a f	Auf der Ruhr, östl. zw. Elstergasse u. Breite Str.VI S. Kolumba	1299	Haus in Erbleihe *domus et area* in pl. de Mailmansputze durch Gob. Craynboum in Erbleihe genommen
116	1,6 b 11	Buttermarkt II,	1265	Hausbesitz u. *cellarium*

Karte lfd. Nr.	Quelle bei Keussen	Ort und Lage in Köln	Datum Keussen	Gegenstand des Besitzes / Bemerkungen
		westl. zw. Salzgasse u. Fr.Wilh.Str. I S. Martin		im Besitz des Henr. Rape, can. MG
117	1,33 b 3	Hohe Pforte III a, östl. von. Stephans- str. (Mühlenbach) I S. Martin	1277	Hausvergabe durch Henr. Rape, can. MG, für Beleuchtung des Deutschordens ge- geben
118	1,109 b 2	Auf dem Brand I, westl. von Margredenkloster bis zur Kammachergasse II S. Brigida	1197	Hauskauf durch Heinrich Raze für Sohn Heinrich, can. MG, erworben
119	1,412 b 2	Hahnenstr. I, südl. zw. Benesisstr. u. Mauritiuswall VIII Aposteln		Vergabe in Erbleihe durch Brauer Hey- dendricks von Hilgerus Scheitger um 40 m in Erbleihe gegeben
120	1,413 a 6,9 13,15 6:	Hahnenstr. I, südl. zw. Benesisstr. u. Mauritiuswall VII Aposteln	1363	Vergabe in Erbleihe *2 dom. sub 1 tecto in vico Gallorum ante portam lapidinem* von Hilger Scheitger, can. MG, um 3 sol. an Christina in Erbleihe vergeben
120	9:	s.o.	1363	Vergabe in Erbleihe *2 dom.sub 1 tecto in vico Gallorum* von Hilgerus Scheitger, can. MG, an Söhne des Bruno B. um 20 m in Erbleihe ver- geben
120	13:	s.o.	1365	Vergabe in Erbleihe *2 dom. sub 2 tectis in platea Gallorum* von

Karte lfd. Nr.	Quelle bei Keussen	Ort und Lage in Köln	Datum Keussen	Gegenstand des Besitzes / Bemerkungen
				Hilgerus Scheitger an Joh. Schankenheuwer um 10 m in Erbleihe vergeben
120	1,413b 15	s.o.	1363	Vergabe in Erbleihe *2 dom sub 2 tectis in vico Gallorum* von Hilgerus an Schmied Arn. Wrede um 9 m in Erbleihe vergeben
121	1,414 a 22	s.o.	1363	Vergabe in Erbleihe *dom in vico Gallorum* durch Hilg. Sch. an Math. K. in Erbleihe vergeben
122	143 9 a a	Schafenstr. II, nördl.von Benesisstr. bis Mauritiuswall VII Aposteln	1358	Besitz eines Hauses ½ Erbschaft *in domo Tollhus* im Besitz des Hilgerus Scheitger
123	1,172 b 16	Obere Mars- pforte I südl. zw. Martinstor und Jülichplatz III S. Alban	1291	Vergabe eines Hauses Herm. de Steynbuchele, can. MG, vergibt an Herm. Pint Haus
124	2,101 a 11	Johannisstr. VI östl. von Goldgasse bis Kostgasse IX Niederich	1271	Vergabe in Erbleihe *dom. in fine Waidmansgazzen* dem Vikar Arn. Scurpot in Erbleihe gegeben
125	2,108 a 8	Komödienstr. III nördl. von Marzellenstr. bis Kattenbug IX Niederich	1374	Vermächtnis eines Hau- ses *dom* in Smirstrayssen von Vikar Wilh. de Blaitzheim an Allerhei- ligenaltar in MG

Karte lfd. Nr.	Quelle bei Keussen	Ort und Lage in Köln	Datum Keussen	Gegenstand des Besitzes / Bemerkungen
126	2,92 b 32	Johannisstr. I westl. zw. Machabaerstr u. Maximinenstr IX Niederich	1312	Vermächtnis eines Hauses *dom. contra murum de Veteri monte* durch Richmodis an die Altaristen von Dom und MG vermacht
127	2,93 a 33	Johannisstr. I westl. zw. Machabaerstr. u. Maximinenstr. IX Niederich	1346	Vermächtnis eines Hauses *dom. ad cuculum* an Dom u. MG vermacht durch Pistor Johannes
128	2,101 a 2	Johannisstr. VII östl. zw. Kost- u. Trankgasse IX Niederich	1300	Vergabe in Erbleihe *dom. et area super plateam* Waidmannsgassin von Joh., campanarius MG, in Erbleihe gegeben

II. Quellen nach den Regesten bei von den Brincken

Karte lfd. Nr.	Quelle bei v.d.Br.	Ort und Lage in Köln	Datum v.d.Br.	Gegenstand des Besitzes / Bemerkungen
129	U 5 S. 4	(3 Häuser) *infra muros civitatis, de quibus Officialis dominorum recepit census* Haus oberhalb des Rheins Lage nicht festlegbar	1118–26	Stiftung aus Besitz des Propstes an MG 3 Häuser vom Propst mit Zinserträgen an MG
130	U 6 S. 4–5	Haus in der Vorstadt IX Niederich Lage nicht festlegbar	1137–46	Übergabe Haus mit kleiner Kammer an Wizela durch can. Gerardus, im Todesfall an MG zurück
131	U 8 S. 5 f.	Haus *super* Stezenen Große Budengasse IV S. Laurenz Lage nicht genau festlegbar	1161	Übergabe eines Hauses an Henricus u. Ehefrau, Propst, Dekan u. Stift Übergabe eines Hauses mit geordneter Erbfolge jährlich: 7 solidi u. 6 Denare
132	U 17 S. 11	Häuser innerhalb Stiftsbereich, bei Keussen allgemein XIV Hacht	1262	Grete sowie Henricus de *Dormitorio* u. Aleydis Kammer neben *cellarium* und alter Schule, jährl. Zins als Präsenzgeld für Gottesdienst
133	U 21 S. 13 = Keu 2,264 a 7c	Weingarten Morthof, Zeughausstr. I, südl. v. Komödienstr. bis Berlich XII S. Christoph	1272	Testamentsvollstreckung für Cuno Flacco durch MG als Testamentsverfügung für Bruder
134	U 36 S. 20 = Keu 1,149 a 3.4	östl. von Gr. Neugasse bis Altermarkt versus Palacium II S. Brigida	1300	Verpachtung eines Hauses durch MG Unter Taschenmacher an Eheleute gegen 30 Schilling Kölnisch
135	U 43	an der Münze	1307	Vermietung der Kammer bei Kam-

Karte lfd. Nr.	Quelle bei v.d.Br.	Ort und Lage in Köln	Datum v.d.Br.	Gegenstand des Besitzes / Bemerkungen
	S. 23	Richtung *porta Martis* I S. Martin		mern der Riemenschneider (*coricidarum*) an der Münze nach Erbrecht
136	U 46 S. 24 = Keu 1,129 b1	Haus, Hofstätte in Pfarre S. Brigida am Pfühl (*lacus*) Kammergasse II a nördl. dem Brand bis zur Grenze des Hachtbezirks II S. Brigida	1313	Verpflichtung zur Beleuchtung von MG aus Hausbesitz von Bela, 2 Kölner Denare am 2.2.
137	U 47 S. 25 = Keu 1,125 b	Unterlan II S. Brigida	1314	Vererbpachtung einer Kammer in Unterlan an Eheleute Kusimo gegen jährl. Zins von 8 Kölner Denaren U 50 = Bestätigung der Eheleute
138	U 50 S. 26	Unterlan II S. Brigida	1316	Vererbpachtung einer Kammer in Unterlan, 8 Schilling, Wein u. Hühner
139	U 52 S. 27 = Keu 1,5 b 1.5	Bolzengasse II, nördl. zw. Unter Hutmacher und Steinweg I S. Martin	1317	Verpachtung ¼ der 2. Kammer Unter Gewandschneider an Eheleute auf 12 Jahre für jährl. Zins von 5 Schilling
140	U 71 S. 37 = Keu 1,119 b 1	Haus Königsgasse am Frankenturm I, westl. zw. Frankenturm u. Brandgasse II. S. Brigida	1333	Vererbpachtung eines Hauses nahe Stiftsbezirk im Besitz eines can. in Immunität für Bürger Werner de Speculo, jährl. Zins 18 Schilling Kölnisch
141	U 96 S. 49	Unter Kästner I, westl. Buttermarkt bis Hühner gasse II S. Brigida	1347	Vererbpachtung von Kammer neben Münze durch MG an Kölner Eheleute (Unter Kästner I), jährl. Zins von 6 kl. Gulden
142	U 102 S. 52 =Keu	Kleine Sporgasse IV S. Laurenz	1353	Testament für MG aus Haus u. Werkstatt der Conegundis *de Wesalia* in der Sporgasse

Karte lfd. Nr.	Quelle bei v.d.Br.	Ort und Lage in Köln	Datum v.d.Br.	Gegenstand des Besitzes / Bemerkungen
	1,190 a 13			
143	U 107 S. 54 = Keu 2,303 b 7b	*domus claustralis versus forum piscium* II S. Brigida	1360	Verpachtung eines Hauses gegenüber Fischmarkt an Johannes Scherffgin, can. MG, 10 m Empfangsgeld, jährl. Zins im Präsenzregister
144	U 120 S. 60 = Keu 1,125 b	Hühnergasse, li. unten Unterlan II S. Brigida	1365	Verpachtung 1/3 Kammer auf Gasse Unterlan an Bela, jährl. Zins von 2 kl. Gulden
145	U 121 S. 60 = Keu 1,149 a– 150 a	Haus Unter Taschenmacher, östl. Große Neugasse bisAltermarkt II. S. Brigida	1366	Hausverpachtung gegen Erbzins, Dekan vererbpachtet Haus an Eheleute Petrus und Metze, jährl. Erbzins: 30 Kölner Schillinge
146	U 134 S. 66 = Keu 1,202 a 3	Haus zu der Lilien under Helmslegheren Am Hof II, südl. zw. Pützhof u. Goldschmied IV S. Laurenz	1374	Ankauf eines Hauses durch MG gegen Erbzins, Ankauf des Hauses zu der Lilien unter Helmslegheren, Wert: 280 Goldgulden, für jährl. Erbzins von 16 Goldgulden
147	U 156 S. 77 = Keu 1,266 b 14	2 Häuser in der Sternengasse, II, südl. von Hosengasse bis Kämmergasse V S. Peter	1389	Testamentsvollstreckung durch Kölner Offizial zugunsten MG, jährl. Einkünfte aus 2 Häusern *in vico stellarum* (Sternengasse) neben Haus Moylich

III. Quellen nach der Edition von Hoeniger (Schrein Dilles)

Karte lfd. Nr.	Quelle bei Hoeniger Dilles	Ort und Lage in Köln	Datum Hoeniger Dilles	Gegenstand des Rechtsgeschäftes / Bemerkungen
148	1, I, 1	*in litore Rheni* bei Keu 11 b 2: Name Halverogge: Friedr.-Wilh.- Str.VIII I S. Martin	c.1175–1185	Kaufvertrag über ein Haus zw. 2 Eheleuten: Selvungus u. Bertherada an Henricus Halverogge u. Duva, Zahlung: versch. Renten: 18 solidi Provision an Propst: 1 Pfd. Gold (= *manc*), Wert 30 den. u. 1 sextarius Wein
149	1, I, 2	*in litore Rheni* bei Keu 64 b 3 Name Henricus Rufus zw. Thurmmarkt u. Filzengraben I S. Martin	c.1190–1210	Kauf einer Erbschaft = *werft* zw. 2 Eheleuten: Henricus de Duisburg u. Adelheidis an Henricus Rufus, Zahlung: einmalige jährl. Rente 3 solidi Provision: s. 148
150	1, I, 3	*in litore Rheni* nicht festlegbar	c.1190–1210	Übergabe der Erbschaft an Ehefrau bei Kinderlosigkeit auf Lebenszeit, andere Erben des Godefried ohne Zahlung
151	1, I, 4	*in litore Rheni* Trankgasse V, nördl. Altes Ufer bis Johannisstr. IX Niederich	c.1190–1210	Kauf von 2 Kellern mit Grund u. Boden, Godefridus u. Richmudis an Wernerus de Friesheim u. Heilewigis. Anpassung an Umgebungsbebauung Zahlung: 6 solidi jährlich Renten für sich u. ihre Erben Provision: s. 148
152	1, I, 5	*in litore Rheni* Keu 2, 248 a c ? Gereonsdriesch nicht festlegbar	c.1190–1210	Kauf eines Hauses mit Grund u. Boden zw. Eheleuten: Theodericus de Kateenbruch u. Ida an Henricus de Dusburch u. Aleidis Zahlung: jährlicher Zins (keine Höhe) Provision: s. 148
153	1, I, 6	*super litore Rheni* (oben an) I S. Martin	c.1200–1215	Kauf eines Hauses mit Grund u. Boden: Teodericus u. Ida sowie beide Erben an Lufridus u.

Karte lfd. Nr.	Quelle bei Hoeniger Dilles	Ort und Lage in Köln	Datum Hoeniger Dilles	Gegenstand des Rechtsgeschäftes / Bemerkungen
				Hathewigis; Zahlung: jährlich an MG 6 solidi, anfangs an *camerarius* MG, dann 3 *marcii* Provision: s. 148
154	1, I, 7	*in foro butiri* I S. Martin	c.1200–1215	Kauf einer Erbschaft am Buttermarkt: Jacobus, Sohn des Eigilmarus, seine Söhne u. alle Erben an Leo u. Irmendrut; Zahlung: jährlich 18 den auf Geburt Mariens Provision: s. 148
155	1, I, 8	*prope Rhenum* = gegenüber Erbschaft des Lufridus (s. 151) I S. Martin	c.1205–1220	Kauf einer Erbschaft Geradus Dunkil u. Betrada an Thimarus de Linnephe u. Gertrud; Zahlung: jährlich 6 solidi Provision: s. 148
156	1, II, 1	*in litore Rheni et casten:* Heumarkt X–XIV, östl. Salzgasse u. FriedrichWilh.Str. hier *inter casten in foro iuxta butiri* II S. Brigida	c 1180–1189	Übergabe eines geerbten Hauses an Ehefrau des Henricus de Wolkenbruch, an Ehefrau und ihre Erben; Zahlung: jährlich 3 sol. auf Mariae Geb.;Provision: 1 Pfd. Pfeffer u. 1 Sextarius Wein
157	1, II, 2	*casten: domus iuxta domum* Henrici (s.154) II S. Brigida	c.1180–1200	Eintragung des Hausbesitzes Besitzer: Egilmarus, Aleidis u. ihre Erben Zahlung: jährl. 18 den. auf Aufnahme Mariens Provision: s.156
158	1, II, 3	*casten: 3 mansiones* (=Wohngesch.) *in foro butiri* II S. Brigida	c.1180–1200	Eintragung des Besitzes für Heiliggeistbruderschaft Kauf von 2 *mans.* für Heiliggeistbruderschaft Zahlung: 4 sol. u. 6 den auf Aufnahme Mariens Übergabe von 3 *mans.* an Heiliggeistbruderschaft

Karte lfd. Nr.	Quelle bei Hoeniger Dilles	Ort und Lage in Köln	Datum Hoe-niger Dilles	Gegenstand des Rechtsgeschäftes / Bemerkungen
				Zahlung: jährlich an Kirche von Königsdorf: 9 solidi auf Weihnachten Provision: s. 156
159	1, II, 4	*casten: domus ante* Marsporten, wo Heilkräuter verkauft werden "Apotheker" bei Keu 1,113 b 1 II S. Brigida	c.1190–1206	Kauf eines Hauses mit Erbverfügung: Überlebender Ehepartner freie Verfügung Hermannus u. Ehefrau verkauft an Walterus Vivianus u. Blithildis; Zahlung: keine Eintragung Provision: s.156
160	1, II, 5	*casten, Mart.* 13 IV 3–5, *inter illos, qui sal vendunt* = Salzmarkt I S. Martin	c.1190–1206	Eintragung u. Erbverfügung Rihwinus Norman übergibt Aleidis ¼ von Haus u. Boden: Nachkomme erhält Besitz, ohne Nachkomme freie Verfügung des Überlebenden; Zahlung: keine Eintr.; Provision: s. 156
161	1, II, 6	*casten* (= Verkaufsstände) I S. Martin	c.1190–1206	Eintragung Besitz u. Erbverfügung 1 Haus: 2 Besitzer 1/2 Jacobus und1/2 Iso u. Uda mit freier Verfügung für Überlebenden im Erbfall Zahlung: keine Eintragung Provision: s.156
162	1, II, 7	*casten*: Salzmarkt I S. Martin	c.1190–1206	Eintragung des Besitzes ¼ des Hauses gehört Rihwinus Norman, 1/4 des Hauses im Besitz von Gerardus Norman, Margarete u. deren Erben Zahlung: keine Eintragung Provision: s.156
163	1, II, 8	*casten*: Brig. 3, IV 13 bei Keu 1,106 b 13	c.1190–1206	Kauf eines Hauses mit Grund u. Boden Kauf durch Bernardus u.

Karte lfd. Nr.	Quelle bei Hoeniger Dilles	Ort und Lage in Köln	Datum Hoe-niger Dilles	Gegenstand des Rechtsgeschäftes / Bemerkungen
		II S. Brigida		Gertrudis, *sub lobio* (= Oberge-schoss) in Besitz von Erlebolt u. Ehefrau: Zahlung: keine Eintra-gung, Provision: s. 156
164	1 ,II, 9	*casten* II S. Brigida	c.1190–1210	Verpfändung einer Erbschaft aus Besitz von MG Francho u. Friderun verpfänden gemeinsam Erbschaft, die MG gehört, dem Ricolfus für 8Mark. Bedingung: bei Tod des Mannes oder Verlassen der Stadt tritt Frau an Stelle des Mannes, spä-ter besitzen Ymezo u. ihr Sohn Gerardus denselben Boden, wenn sie Richolfus verabredetes Geld geben. Wenn sie nicht am 24.6. zurückkaufen, besitzt Richolfus es als seinen Besitz. Zahlung: keine Eintragung Provision: s.156
165	1, II, 10	*casten*, bei Keu 1,147 a 1 am Ende der Salzgasse II S. Brigida	c.1190–1210	Kauf eines Hauses mit Grund u. Boden Kauf von Vugelo u. Rilint von Wolframmus, zinspflichtig ge-genüber MG Zahlung: jährliche Zinspflicht für MG Provision: s. 156
166	1, II, 11	*casten super litus* II S. Brigida	c.1200–1215	Übergabe eines Erbteils Justina übergab 3. Teil des Erbes, wel-chen Egilmarus u. Aleidis besa-ßen, ihrem Mann Harpenus. Bedingung: Überlebender darf über Erbe frei verfügen Zahlung: keine Eintragung Provision: s. 156

Karte lfd. Nr.	Quelle bei Hoeniger Dilles	Ort und Lage in Köln	Datum Hoeniger Dilles	Gegenstand des Rechtsgeschäftes / Bemerkungen
167	1, II, 12	*casten sub Ingebrando* von S. Martin V, östl. zw. Geyergasse u. Wahlgasse I S. Martin	c.1200–1215	Verzicht aller Erben auf Hälfte eines Kellers; alle Erben Hermann u. Godelindis u. Alberon u. Gertrudis verzichten auf 1/2 Keller außer einem Jungen, der Mönch geworden war. Zahlung: keine Eintragung Provision: s. 156
168	1, II, 13	*casten* (gegenüber Keller) I S. Martin	1200–1215	Verzicht aller Miterben auf Haus gegenüber Keller, alle Miterben verzichten auf Haus gegenüber erwähntem Keller im Besitz des Thitmarus, des Hermann u. Godelindis, Alberos u. Gertrudis außer einem Jungen, der Mönch geworden war Zahlung: keine Eintragung Provision: s. 156
169	1, II, 14	*casten* bei Keu 6 a 5.6 Buttermarkt II zw. Salzgasse u. Fr.Wilh.-Str. I S. Martin	c.1205–1220	Besiegelung des Verzichts auf Erbe Henricus Rube kauft von Ingebrandus u. seinen Erben einen Keller, nahe dem Haus des Lufridus. Ingebrandus u. seine Erben verzichten, Zeugnis durch Brüder bekräftigt. Bei Bruch dieses Zeugnisses soll Haus des Kiron verpfändet werden. Zahlung: 3 x 2 solidi in 3 Abschnitten: Mai, Aug., Fest des Gereon; Provision : s. 156
170	1, III, 1	*super vetus forum* (= Heumarkt), sonst in	1175–1185	Kauf von ¼ eines Hauses Gerhardus Norman u. Gertrudis kaufen ein Viertel eines Hauses

Karte lfd. Nr.	Quelle bei Hoeniger Dilles	Ort und Lage in Köln	Datum Hoe-niger Dilles	Gegenstand des Rechtsgeschäftes / Bemerkungen
		Brigidenpfarre gelegener Altmarkt *et inter custercen (casten)* Heumarkt XV zw. Fr.-Wilh. Str. u. Pelzer-gasse bei Keu 1,26 b6 I S. Martin		von Bruno, Gerbirne u. Erben Zahlung: Ostern 5 sol. u.6 den Laurenz 5 sol. u. 6 den. Severin 5 sol. u. 6 den. Provision: 1 Pfd. Pfeffer u. 1 SextariusWein
171	1, III, 2	*super vetus forum platea Marcmanni* = Markmanns-gasse Martin XV I S. Martin	c.1175–1185	Kauf von ein Viertel eines Hau-ses Geroldus u. Richmudis kaufen ¼ desselben Hauses von Forthlivus, Wilhelm u seinen Erben Zahlung: Ostern 5 sol. u. 6 den, Laurenz 5 sol. u. 6 denare, Severin 5 sol. u. 6 den. Provision: s. 170
172	1, III, 3	*versus Rhenum: vetus forum,* Eckpkt. Buttermarkt bei Keu 1,63 a 1 I S. Martin	c.1175–1185	Kauf eines Viertels eines Hauses Giselbertus und Adelheydis kaufen ein Viertel desselben Hauses vom Sohn des Bruders Johannes für alle Zukunft Zahlung: Ostern 3 sol., Laurenz 3 sol., Severin 3 sol. Provision: s. 170
173	1, III, 4	*vetus forum: curia Saxorum:* Sassenhof I S. Martin	c.1180–1189	Kauf eines Hauses (Sassenhof) Conrad von Boppard *inter costercen* u. Hathewigis kaufen Haus von Bruno u. seiner Schwester mit Grund u. Boden Zahlung: Suitbert 5 sol., 15.8: 5 sol. Provision: s. 170
174	1, III, 5	inter custercen	c.1180–	Erbe eines Hauses

Karte lfd. Nr.	Quelle bei Hoeniger Dilles	Ort und Lage in Köln	Datum Hoeniger Dilles	Gegenstand des Rechtsgeschäftes / Bemerkungen
		I S. Martin	1189	Haus *inter custercen* im Besitz von Giselbert u. Adelheid gelangt durch Erbrecht an Wolfram u. Adelheid Zahlung: Ostern: 3 sol., Laurentius: 3 sol., Severin: 3 sol. Provision: s.170
175	1, III ,6	*vetus forum ante portam Martis,* südl. vom Steinweg bis zur Marspforte I S. Martin	c. 1189	Übergabe eines Hauses an Ehefrau während Dauer eines Kreuzzuges Franco, der sich eilig auf Kreuzzug nach Jerusalem begibt, übergibt die Hälfte eines Hauses seiner Ehefrau Elisabeth; bei Rückkehr freie Verfügung über Besitz. Bei Tod auf Kreuzzug besitzt Ehefrau Erbschaft. Bei Kinderlosigkeit fällt Haus an Erben Francos. Zahlung: keine Provision s. 170
176	1, III, 7	Schrein Laurenz IV S. Laurenz	c.1190– 1210	Kauf eines Hauses Wolfinus und Loveradis kaufen Haus und Grund von Godefridus Surdus u. Ida Zahlung: jährl. *census* an MG Provision: s 170
177	1, III, 8	Schrein Laurenz bei Keu 1,232 a -b nicht festlegbar IV S. Laurenz	c.1200– 1215	Kauf eines Erbes Kauf einer Erbschaft ohne Keller durch Ingebrandus, seiner Frau Hadewigis u. seinen Erben neben Haus des Lufridus; bisherige Besitzer: Wolfwinus mit Frau u. Erben Zahlung: Mitte Mai: 2 sol., 15.8.:2 sol. Hieronymus: 2 sol.

Karte lfd. Nr.	Quelle bei Hoeniger Dilles	Ort und Lage in Köln	Datum Hoeniger Dilles	Gegenstand des Rechtsgeschäftes / Bemerkungen
				Provision: s. 170
178	1, III, 9	*vetus forum in* Sasinhovin = Sassenhof I S. Martin	c.1200–1215	Kauf einer Erbschaft Kauf einer Erbschaft in Sasinhovin durch Bertolphus Suevus u. Methildis vom Konvent S. Martin, Willerus u. seine Erben Zahlung: Anfang März: 5 sol., Fest Egidius: 5 sol. Provision: s. 170
179	1, III, 10	inter costercen Unter Käster I S. Martin	c.1200–1215	Kauf eines Hauses Berwaldus u. Heilewigis kaufen Haus von Bernardus, seiner Frau u. ihren Erben Zahlung: Ostern 3 sol., Laurenz 3 sol., Severin 3 sol. Provision: s. 170
180	1, III, 11	*vetus forum* nicht festlegbar bei Keu I S. Martin	1205–1225	Übergabe eines Erbes Gerunc u. Richmut übergaben Erbschaft ihrer Tochter Richmudis u. Ricolfus Zahlung: Ostern 5 sol. u. 6 den., Laurenz: 5 sol. u. 6 den., Severin: 5 sol. u. 6 den. Provision: s. 170
181	1, IV, 1	*ante portam Martis* Marspforte, östl.zw. Marspforte u. Winkel gegenüber Ostausgang der Höhle, Martinstr.V I S. Martin	c.1175–1185	Antritt des Erbes Waldaverus, Evec und ihre Erben übernehmen das Haus in Erbrecht, in dem er von seinen Eltern her wohnt. Zahlung: Ostern: 7 sol. et 3 den., Laurenz 7 sol. et 3 den. Provision: 1 Pfd. Pfeffer u. 1 Sextarius Wein
182	1, IV, 2	*ante portam*	c.1175–	Antritt des Erbes

Karte lfd. Nr.	Quelle bei Hoeniger Dilles	Ort und Lage in Köln	Datum Hoeniger Dilles	Gegenstand des Rechtsgeschäftes / Bemerkungen
		Martis, bei Keu 116 a 3 (Name Kyron): Butter-markt II Lint-gasse u. Salz-gasse II S. Brigida	1185	Kyron nimmt ein Drittel eines Hauses, in dem er von seinem Vater her wohnt, nach Erbrecht an, damit er selbst u. Frideswindis dies besitzen Zahlung: Laurenz 33 den. Provision: s. 181
183	1, IV, 3	*ante portam Martis* II S. Brigida	c.1180–1189	Kauf eines Hauses Hermannus de Legia u. Maria kaufen ein Drittel eines Hauses, das Heribert gehörte, für sich u. ihre Erben Zahlung:Laurenz 33 den. Provision: s. 181
184	1, IV, 4	*ante portam Martis*, südl. Marsplatz II S. Brigida	c.1180–1189	Kauf eines Hauses Christianus u. Adelheid kaufen ein Drittel eines Hauses iuxta portam Martis von Gerardus, dem Sohn des Heribert u. all seinen Erben Zahlung: Laurenz: 33 den. Provision: s. 181
185	1, IV, 5	*ante portam Martis inter Iudeos* m Judengasse II S. Brigida	c.1180–1189	Übergabe eines Hauses mit Nießbrauch Bela Iudea übergab ½ Haus *inter Iudeos* ihrem Sohn Mannon unter Bedingung eigenen Nießbrauchs Zahlung: jährl. Laurenz 8 sol. et 3 den. Provision: s. 181
186	1, IV, 6	*ante portam Martis* Judengasse II bei Keu 1,126 a II S. Brigida	c.1185–1206	Kauf eines Hauses Vivis *Iudeus* et Gudit kauften ein Haus mit Grund u. Boden von Herewinus u. Richet u. ihren Miterben neben Haus

Karte lfd. Nr.	Quelle bei Hoeniger Dilles	Ort und Lage in Köln	Datum Hoeniger Dilles	Gegenstand des Rechtsgeschäftes / Bemerkungen
				Seligede Zahlung: jährlich Laurenz 3 den. Provision: s. 181
187	1, IV, 7	*ante portam Martis* Heumarkt II–IV, westl. Unter Seidenmacher I S. Martin	c.1189–1206	Verkauf eines Hauses Franco, Sohn des Erwevinus, u. Ehefrau Clemente verkauften ½ Haus unter demselben Recht, unter dem sie es besaßen. Zahlung: jährlich Laurenz 6 sol. Provision: s. 181
188	1, IV, 8	*ante portam Martis* bei Keu 1,83 a 1 Sassenhof III östl .u. nördl. Altermarkt I S. Martin	c.1191–1210	Besitzerwechsel Haus u. Boden, bisher im Besitz von Henricus Rufus u. Ida, jetzt im Besitz von Gerardus Dunkil u. Bertradis, Rechtsverhältnisse wie Vorbesitzer; Zahlung: keine Eintragung Provision: s. 181
189	1, IV, 9	*ante portam Martis* bei Keu 1,133b1r Marsplatz III östl. u. nördl. Altermarkt I S. Martin	c.1200–1215	Kauf eines Hauses Kauf von ein Drittel Haus *ante portam Martis* durch Walterus Vivianus u. Blithildis von Herimannus, Ehefrau u. ihren Erben Zahlung: jährl. Laurenz 33 den. Provision: s. 181
190	1, IV, 10	*iuxta portam Martis* Marspforte/ Marsplatz I S. Martin	c.1200–1215	Kauf eines Hauses Walterus Vivianus u. Blithildis kauften Haus von Jacobus u. Ehefrau Iso und ihren Erben Zahlung: jährl. Laurenz 12 sol. Provision: s. 181
191	1, IV, 11	*iuxta portam* Martis Marspforte/ Marsplatz I S. Martin	c.1200–1215	Gegenseitige Einsetzung f. Erbfall Walterus Vivianus u. Ehefrau Blithildis übergeben sich gegenseitig Erbschaft: Überlebendem

Karte lfd. Nr.	Quelle bei Hoeniger Dilles	Ort und Lage in Köln	Datum Hoeniger Dilles	Gegenstand des Rechtsgeschäftes / Bemerkungen
				steht freie Verfügung zu. Zahlung: keine Eintragung Provision : s. 181
192	1, IV, 12	*iuxta portam Martis* I S. Martin	c.1191– 1210	Erbverfügung mit Nießbrauch Volquinus u. Ehefrau Jutta überlassen Tochter Margarete u. deren Mann Albero 5. Teil. Bei Tod des Erben Rückfall an Tochter, so dass Albero u. Margarete frei verfügen können u. Jutta Nießbrauch erhält. Zahlung: keine Eintragung Provision: s. 181
193	1, IV, 13	*ante portam Martis* bei Keu 133b1 Marsplatz III I. S. Martin	c.1205– 1220	Kauf eines Hauses Ingebrandus kauft von Kiro u. Fridesvindis Haus mit Grund u. Boden, gelegen zw. Vivianus und Christianus mit demselben Besitzrecht wie Kiro auch an Fenstern und Türen. Zahlung: keine Eintragung Provision: s. 181
194	1,V, 1	ohne Ortsangabe bei Keussen 1,165 a 6 ? Kaufhausgasse I zw. Martinstr. u. kleiner Sandkaule III S. Alban	c.1210– 1225	mehrere Besitzerwechsel u. Verkauf der Erbschaft Luthfridus u. Sohn Johannes übergaben Waldeverus und Elysabeth die Hälfte des Hauses, wo sich die Möglichkeit zur Teilung anbot; dieselbe Erbschaft haben Waldeverus u. Elisabeth dem Herimannus, seiner Frau Elisabeth und Christianus mit Frau Gertrud verkauft nach dem geordneten Recht der Kirche.

Karte lfd. Nr.	Quelle bei Hoeniger Dilles	Ort und Lage in Köln	Datum Hoeniger Dilles	Gegenstand des Rechtsgeschäftes / Bemerkungen
				Zahlung: Laurenz 3 sol. für Propst und Anfang März 18 den. für *camerarius*. Provision: keine Eintragung
195	1, V, 2	*area versus Udeinsgraven* = Heumarkt XV, östl. zw. Fr.Wilh.-Str. u. Pelzergasse bei Keu 1,26b 6 I S. Martin	c.1210–1225	Kauf und Übergabe von Besitzungen Theodericus u. Methildis kauften 2 Teile des Wohngeschosses u. Bodens, was nach Udeinsgraven neben der Wohnung des Richolfus Clockrinches liegt. Dies war nach dem Tod des älteren Richolfus Parfusus u. Gertrudis dem Sohn Richolfus u. seiner Gattin Petrisse der Schwester Betradis des erwähnten Rigolfus u. ihrem Mann Emundus u. Miterben zugefallen. Dies bringt Erträge zu best. Zeiten für die Kirche. Zahlung: unbestimmt zu best. Zeiten für Kirche Provision: keine Eintragung
196	1, V, 3	*in foro pullorum* = Hühnermarkt = Altermarkt II. S. Brigida	ca.1210–1225	Kauf einer Erbschaft unter Auflagen Hartmannus, gen. Avarus u. Guderadis kauften von Henricus u. Gertrudis Einkünfte von einer Mark von einem 4. Teil der Erbschaft auf dem Hühnermarkt, die bisher Heinricus und seine Frau G. in Besitz hielten. Heinricus und seine Frau Gertrudis werden dem Hartmannus und seiner Frau G. am 1. Jan. oder später innerhalb von 4 Wo-

Karte lfd. Nr.	Quelle bei Hoeniger Dilles	Ort und Lage in Köln	Datum Hoeniger Dilles	Gegenstand des Rechtsgeschäftes / Bemerkungen
				chen die besagte Mark zahlen. Bei Nichtzahlung wird vor dem Vertreter des Propstes nach Beschluss des Stiftskapitels dem Hartmannus u. Guderadis der 4. Teil der Erbschaft zugewiesen. Zahlung: 1 Mark am 1.1. oder innerhalb von 4 Wochen, Folgen bei Nichtzahlung. Provision: keine Eintragung
197	I, V, 4	*versus* Malebuckele I S. Martin	c.1210–1230	Kauf eines Hauses Theodericus u. Methildis kauften 4.Teil des Hauses von Aleudes u. seinen Erben zu dem Recht, das sie selbst besitzen. Es liegt neben dem Haus des Ricolfus Clocrinc gegen Malzbüchel. Zahlung: keine Eintragung Provision: keine Eintragung
198	1, V, 5	*inter ferrarios*: Schmiedegasse unbestimmt I S. Martin	c.1210–1230	Vergabe eines Erbrechts Das Haus des Gerardus Normannus in der Schmiedegasse ist durch Erbrecht an Richolfus u. seine Gattin gelangt – ¼ Teil - . Er selbst beschaffte einen anderen Teil von seinem Schwager Evergeldus, den er rechtmäßig besitzen wird. Zahlung: keine Eintragung Provision: keine Eintragung
199	1, V, 6	ohne Ortsangabe nicht festlegbar	c.1210–1230	Kauf eines Hauses G. Vivianus u. Hinbrandus kauften ein Häuschen (= *domuncula*) von Christian, Gattin u. Erben,

Karte lfd. Nr.	Quelle bei Hoeniger Dilles	Ort und Lage in Köln	Datum Hoe-niger Dilles	Gegenstand des Rechtsgeschäftes / Bemerkungen
				welches zw. dem Haus des Vivianus u. Hincbrandus liegt, zu dem Recht des Christian. Jeder kann seinen Teil nutzen, wie er will.
	1, VI 1–3 auf der Rückseite des Schreins			Prozess der Blithildis Prozessvorgang und Urteil bereits dargestellt im Einführungstext zum Dillesschrein
200	1, VI, 1	ohne Ortsangabe nicht festlegbar	c.1190–1205	Verkauf aus einer Pfändung Henricus de Dusburg u. Aleidis verpfänden zusammen Haus und Boden neben dem Haus des Henricus Halverogge u. verkauften es für 50 Mark an Theodericus von Catzinbruh u. seine Frau. Wenn sie nicht am 6. Januar zahlen, gelangt das Haus am nächsten Tag in Eigentum des Theodericus von Catzinbruh u. Ida. Zahlung: keine Eintragung Provision: keine Eintragung
201	1, VI, 2	Sassenhof III, nördl. von Auf der Aar bis Heumarkt I S. Martin	c.1210–1225	Verfügung über Erbe Bertolfus (Suevus) u. Methildis einigen sich über Erbschaft: Wer von beiden überlebt, kann frei hingehen, wohin er will, ohne Verletzung des Rechts von MG. Zahlung: keine Eintragung Provision: keine Eintragung
202	1, VI, 3	*porta Martis* u. Kirche Maria *de Piscina*	c.1210–1225	Geschenk der Erbschaft an Kloster Weiher, Gr.Budengasse Blithildis, Ehefrau des Vivianus

Karte lfd. Nr.	Quelle bei Hoeniger Dilles	Ort und Lage in Köln	Datum Hoeniger Dilles	Gegenstand des Rechtsgeschäftes / Bemerkungen
		Marspforte/ Marsplatz I S. Martin		Valterus, schenkte ihr ganzes Erbe, das sie von MG besaß, an Kirche *Maria de Piscina*. Das Erbe ist in freiem Besitz, gelegen in der Nähe der porta Martis. Bedingung der Schenkung: Blithildis behält Nießbrauch bis Lebensende. Zahlung: keine Eintragung Provision: keine Eintragung
202	1, VI, 4	*circa portam Martis* Steinweg I, westl. zw. Marsplatz u. Bolzengasse I S. Martin	c.1210– 1225	Kauf einer Halle u. eines Stalls, Schenkung an Sohn Der Arzt, mag. Alelmus, kaufte überwölbte Halle und Stall von einem Juden, mit Namen Christianus, in Nähe der porta Martis. Erbschaft schenkte er an Sohn Alelmus unter Vorbehalt des Nießbrauchrechts bis Lebensende des mag. A. Zahlung: jährl. Laurentius 3 sol an MG Provision: keine Eintragung
203	1, VI, 5	*apud forum butiri* Buttermarkt, westl. zur Lintgasse I S. Martin	c. 1220– 1230	Kauf eines Hauses Henricus u. Elisabet kauften 1/6 eines Hauses mit Grund und Boden beim Buttermarkt von Laurentius u. Frau Elisabet unter Beachtung des Rechts von MG. Zahlung: keine Eintragung Provision: keine Eintragung
204	1, VI, 6	*in foro butiri* Buttermarkt westl. zw. Lint-	c.1220– 1230	Kauf eines Hauses Godeschalcus von Linnefe u. Jutta übergeben ein Viertel eines

Karte lfd. Nr.	Quelle bei Hoeniger Dilles	Ort und Lage in Köln	Datum Hoe-niger Dilles	Gegenstand des Rechtsgeschäftes / Bemerkungen
		gasse u. Salzgasse I S. Martin		Hause auf dem Buttermarkt an Lambert und Hildegund unter Wahrung des Rechts von MG. Davon gibt er Zeugnis Zahlung: keine Eintragung Provision: keine Eintragung
205	1, VI, 7	*in foro butiri* I S. Martin	c.1220–1230	Vergabe einer Teilerbschaft mit Nießbrauch 1/4 der Erbschaft kam an Gertrud, Gattin des Hermann, welche Waldaverus, dem Schwager Lufridus gehörte, und seinem Sohn Albert; Gertrud aber behielt zu ihrer Lebzeit den Nießbrauch. Nach ihrem Tod wird Albert frei verfügen. Daher verzichteten alle, die gebunden waren. Dies ist bezeugt. Zahlung: keine Eintragung Provision: keine Eintragung
206	1, VII, 1	*inter lobia* = Fassbindergasse Heumarkt XIII: zw. Halbmond-gässchen u. Fr. Wilh.-Str. I S. Martin	1210–1225	Übergabe einer Erbschaft Elisabeth übergab nach Tod ihrer Eltern Vogelo u. Rilindis ihrem Mann Gerard Erbschaft, die ihr nach Erbrecht zugefallen war. Zahlung: keine Eintragung Provision: keine Eintragung
207	1, VII, 2	*inter lobia* Heumarkt XII I S. Martin	c.1220–1225	Kauf einer Erbschaft Theodericus u. Gertrudis erwarben von Gerard u. Elisabeth o.g. Erbschaft nach Erb- und Kirchenrecht Zahlung: *in pascha* 3 sol., Laurentius 3 sol., Gereon 3 sol.

Karte lfd. Nr.	Quelle bei Hoeniger Dilles	Ort und Lage in Köln	Datum Hoeniger Dilles	Gegenstand des Rechtsgeschäftes / Bemerkungen
				Provision: keine Eintragung
208	1, VII, 3	*in curia Saxonum* Sassenhof I S. Martin	c. 1210–1225	Übergabe einer Erbschaft Bertolfus Suevus übergab Erbschaft seiner Frau Elisabeth u. seinen Söhnen nach Erbrecht zum Besitz Zahlung: Anfang März 5 sol., Egidius 5 sol. Provision: keine Eintragung
209	1, VII, 4	*in foro* = Marktviertel in Rheinvorstadt I S. Martin	c.1210–1225	Verzicht auf Erbschaft Constantinus u. Albertus, Bruder des Gerardus Normannus, verzichten auf jegliche Erbschaft *in foro* Zahlung: keine Eintragung Provision: keine Eintragung
210	1, VII, 5	*in curia Saxonum* Sassenhof Heumarkt XVIII I S. Martin	c. 1210–1225	Regelung einer Erbschaft Elisabeth, Witwe des Bertolfus Suevus, übergab die Hälfte ihres Hauses, welches nach Tod ihres Sohnes Godefridus nach Erbrecht zufiel, ihrem Gatten Herimannus de Hersele Zahlung: keine Eintragung Provision: keine Eintragung
211	1, VII, 6	*sub lobia* Fassbindergässchen I S. Martin	c.1210–1225	Kauf eines Hauses Theodericus de Achern u. Gertrud kauften sich ein Haus von Helewegis, Gattin des Berwelp und von ihrem Sohn Herimannus. Bedingung: Rentenzahlung an MG wie Vorbesitzer; Zahlung: *pascha* 3 sol., Laurenz 3 sol., Gereon 3 sol. Provision: keine Eintragung

Karte lfd. Nr.	Quelle bei Hoeniger Dilles	Ort und Lage in Köln	Datum Hoeniger Dilles	Gegenstand des Rechtsgeschäftes / Bemerkungen
212	1, VII, 7	*inter isirn-mengerin in foro* (Eisenmenger-gasse) Eisenmarkt: nördl. Heumarkt, Malzbüchel I S. Martin	c. 1210–1225	Kauf eines Hauses mit mehreren Eigentümern Teodericus de Acherin mit Gertrud kauften ¼ Haus mit Grund u. Boden von Gerardus Norman, seiner Frau Margarete, Hermann von Ariete u. Elisabet von ihrem Schützling Durigin u. von Simon Ottin u. allen Miterben. Außerdem haben alle verzichtet, durch Zeugnis belegt. Zahlung: keine Eintragung Provision: keine Eintragung
213	1, VII, 8	*sub lobia* Fassbinder-gässchen I S. Martin	c.1210–1225	Verzicht auf eine Erbschaft Über die Erbschaft hinaus, die Theodericus von Acherin u. Gertrud von Helewigis und Hermann gekauft haben, verzichtete Gertrud u. alle, die gebunden waren, durch Zeugnis belegt. Zahlung: keine Eintragung Provision: keine Eintragung
214	1, VII, 9	*apud portam Martis conventus de Piscina* I S. Martin	c.1220–1230	Übergabe einer Erbschaft durch Konvent Gottesweiher Der Konvent von Gottesweiher übergibt mit seinem Advokaten eine Erbschaft von MG in gleicher Weise dem Apotheker Gerardus u. Petronilla und deren Nachfahren unter Beachtung des Kirchenrechts eine Erbschaft für Zahlung 16 den. et 6 ob. Außerdem wird Gerardus dem Konvent u. Ingebrandus eine Mark

Karte lfd. Nr.	Quelle bei Hoeniger Dilles	Ort und Lage in Köln	Datum Hoeniger Dilles	Gegenstand des Rechtsgeschäftes / Bemerkungen
				an versch. Festtagen geben. Nach diesem Termin wird er bei Nichtzahlung eine Frist von 6 Wochen ohne Bestrafung haben, danach Rücktritt von Übergabe der Erbschaft. Was auch immer bei Erbschaft zu kaufen sein wird, werden Gerardus u. seine Erben machen. Bei Zerstörung durch Brand werden der Konvent u. Ingebrandus den Wiederaufbau übernehmen; Zahlung: s. Text Provision: keine Eintragung
215	1, VIII, 1	*in foro butiri* I S. Martin	c.1210– 1225	Kauf von ½ Haus und Verzichterklärungen Godescalcus de Lunefe und Jutta kauften die Hälfte eines Hauses mit Grund und Boden von Waldaverus und Hadewigis. Bei diesem Kauf verzichteten Lufridus u. Hadewigis sowie die Vorbesitzer von MG. Zahlung: keine Eintragung Provision: keine Eintragung
216	1, VIII, 2	*apud casten* Heumarkt X – XIV zw. Salzgasse u. Friedr.Wilh. Str. I S. Martin.	c.1210– 1225	Kauf von 1/3 Haus Theodericus u. Methildis kauften 1/3 Haus mit Boden von Christina, der Witwe des Constantinus Parfusus, die auf „lifzit" (Nießbrauch auf Lebenszeit) verzichteten und von Hilgerus, Gertrud u. Richolf, die auf ihr Eigentum verzichtet hatten (sie haben 3 Teile) nach

Karte lfd. Nr.	Quelle bei Hoeniger Dilles	Ort und Lage in Köln	Datum Hoeniger Dilles	Gegenstand des Rechtsgeschäftes / Bemerkungen
				Recht des Propstes von MG, auch für das Mädchen Margarete, das noch nicht ins heiratsfähige Alter gekommen war und nicht verzichten konnte. Zahlung: keine Eintragung Provision: keine Eintragung
217	1, VIII, 3	*inter casten* bei Kirchspiel S. Martin Heumarkt X–XIV, zw. Salzgasse u. Fr.-Wilh.-Str. I S. Martin	c. 1210–1225	Verzicht auf Erbteil Aachener Kanoniker Richolfus u. sein Bruder Teodericus, Söhne des Gerardus Normannus u. Margarete, verzichteten auf ihr Erbteil, welches nach Tod ihrer Eltern oder Tod ihrer Brüder und Schwestern an sie fallen konnte, und geben es im Gegenzug ihrem Bruder Gerard u. Margarete nach kirchl. Recht. Zahlung: keine Eintragung Provision: keine Eintragung
218	1, VIII, 4	*inter casten* bei Kirchspiel S. Martin Heumarkt X– XIV, zw. Salzgasse u. Fr.-Wilh. -Str. I S. Martin	c. 1210–1225	Kauf einer Erbschaft Teodericus von Aachen u. Gertrudis kauften ¼ der Erbschaft, von der sie 3 Teile besitzen, von dem jüngeren Gerard Normann u. Margarete (im Besitz nach Kirchenrecht). Vorbehalt: Herimannus u. Otto, 2 Brüder des Gerardus u. 2 Schwestern Durche u. Elisabet haben noch nicht verzichtet. Zahlung: keine Eintragung Provision: keine Eintragung
219	1, VIII, 5	*apud casten* nicht festlegbar	c.1210–1225	Verzicht auf Erbschaft Herimannus Dens u. Margaret

Karte lfd. Nr.	Quelle bei Hoeniger Dilles	Ort und Lage in Köln	Datum Hoeniger Dilles	Gegenstand des Rechtsgeschäftes / Bemerkungen
		(auch nicht durch Namen bei Keussen) I S. Martin		haben auf Erbschaft verzichtet, die Teodericus, genannt de Achara, von Christina, der Witwe des Constantius Parfusus u. seinen Miterben gekauft hat. Zahlung: keine Eintragung Provision: keine Eintragung
220	1, VIII, 6	*domus inter Iudeos* (Judengasse) II S. Brigida	1220–1230	Verkauf von 1/3 Haus Nathan (Jude), Sohn des Gersin (Jude), verkaufte für Leodinus (Jude) u. Ehefrau Genanne 1/3 Haus mit Grund u. Boden, das unter Recht von MG stand. Zahlung: keine Eintragung Provision: keine Eintragung
221	1, VIII, 7	Buttermarkt in Richtung Salzgasse I S. Martin	1220–1230	Übergabe von ½ Haus Gerardus mit Beinamen Husman u. Gertrud übergaben zusammen ihrer Tochter Jutta u. Waldaverus die Hälfte eines Hauses mit Grund u. Boden auf dem Buttermarkt, wie es MG vorschreibt. Zeugnisbeweis Zahlung: keine Eintragung Provision: keine Eintragung
222	1, VIII, 8	Buttermarkt in Richtung Salzgasse I S. Martin	1220–1230	Übergabe von ½ Haus Gerardus mit Beinamen Husman u. Gertrud übergaben ihrem Sohn Peregrinus die Hälfte eines Hauses mit Grund u. Boden *in foro butiri* zu demselben Recht, wie es MG vorschreibt. Teilung durch Los. Zahlung: keine Eintragung Provision: keine Eintragung

Karte lfd. Nr.	Quelle bei Hoeniger Dilles	Ort und Lage in Köln	Datum Hoeniger Dilles	Gegenstand des Rechtsgeschäftes / Bemerkungen
223	1, VIII, 9	*forum butiri* I S. Martin	1220– 1230	Erbverzicht Der Mönch Hermann u. sein Bruder Vogelo, Söhne des Heinrich Halverogge verzichten mit Abt u. Konvent von S. Martin u. deren Anwalt auf ihre Erbschaft, die von MG auf dem Buttermarkt gehalten wird, welche ihnen nach dem Tod des verehrten Vaters zufällt und überlassen diese ihrer Mutter Cunze unter Beachtung des Rechts von MG. Zahlung: keine Eintragung Provision: keine Eintragung
224	1, IX, 1	ohne Ortsangabe, nicht festlegbar	1215– 1230	Erbverzicht Waldaverus, Sohn des Heinrich und Kunze, verzichten auf die ganze Erbschaft, die ihm zufiel und aus der MG bezahlt wird. Zahlung: keine Eintragung Provision: keine Eintragung
225	1, IX, 2	ohne Ortsangabe, nicht festlegbar	1215– 1230	Eintragung eines Leitungsrechts (Bauordnung) Die Kloake, geführt über die Erbschaften von Ingebrandus u. Lufridus, muss einen Übergang ohne einen Einspruch durch die Erbschaft des Thimarus von Linnephe haben. Wenn in Zukunft dort etwas zu reparieren ist, geschieht dies auf gemeinsame Kosten derer, denen Erbschaften zufallen.
226	1, IX, 3	*versus* Marc - mannsgassen	1215– 1230	Eintragung von Grundbesitz gegen Pachtgeldzahlung

Karte lfd. Nr.	Quelle bei Hoeniger Dilles	Ort und Lage in Köln	Datum Hoe-niger Dilles	Gegenstand des Rechtsgeschäftes / Bemerkungen
		= Fr.Wilh.Str. nicht genau festlegbar		Cunza, die Gattin des Henricus Halverogge, übertrug ihrem Sohn Peregrinus und Christine mit Erben die Hälfte des Bodens Marcmannsgassen. Für diesen Boden sollten sie jährlich der Cunza u. ihren Erben 20 sol., 10 sol. am Fest Laurenz und 10 sol. Mitte März zahlen. Diese Raten haben die Söhne der Cunza Reinart, Theodericus u. Waldaverus unter o.g. Bedin-gung zu zahlen. Wenn ihnen der Christine und ihren Erben nicht gezahlt wird, wird die Erbschaft von MG eidlich bekräftigt. Dies ist verhandelt vor dem Propst, den Hausgenossen und den Magistern dieses Amtes. Eintragung: Pachtzahlung der Vertragspartner im Text Provision: keine Eintragung.
227	1, IX, 4	*versus* Smide-gassen nicht festlegbar	1215–1230	Eintragung von Grundbesitz gegen Pachtgeldzahlung Cunza, Gattin des Henricus Halverogge, übergibt mit ihren Erben (R,T,W) dem Alardus und Methildis und ihren Erben die Hälfte des Bodens *versus* Smidegazzen, so dass Alardus u. Frau sowie die Erben jährlich 2 Mark zahlen, 1 Mark auf Lau-renz, 1 Mark Mitte März. Cunze und ihre Erben bestätigen die Sicherheit für Alardus, wenn

Karte lfd. Nr.	Quelle bei Hoeniger Dilles	Ort und Lage in Köln	Datum Hoeniger Dilles	Gegenstand des Rechtsgeschäftes / Bemerkungen
				andere Kinder Hindernisse aufzubauen suchen. Die besagte Erbschaft wird für sie von MG offengelegt und eidlich für Alardus und seine Erben bekräftigt. Zahlung: Pachtgelder im Text Provision: keine Eintragung
228	1, IX, 5	ohne Ortsangabe (Haus des Waldaverus = Neugasse II) S. Brigida	1215–1230	Erbverzicht bei Teilnahme am Kreuzzug Waldaverus, Sohn der Cunza und Halverocde, im Aufbruch nach Jerusalem, verzichtete auf den Teil der Erbschaft, den er mit den Brüdern von der Kirche hatte. Zahlung: keine Eintragung Provision: keine Eintragung
229	1, IX, 6	ohne Ortsangabe *parrochia S. Laurentii* IV S. Laurenz	c. 1220–1230	Verpfändung einer Erbschaft Cunza und ihr Sohn Reinardus u. seine Frau und dessen Sohn Theodericus, Johannes u. Evergeldus verpfänden die Erbschaft, die sie von MG haben, dem Adolfus für 50 Mark, bis Kunza, seine Tochter, zu den Jahren der Weisheit gelangt und verzichtet auf 1/5 des Hauses im Kirchspiel S. Laurenz. Wenn sie dies nicht macht, geht ihr die besagte Erbschaft zum Preis von 50 Mark verloren. Zahlung Geldangaben im Text Provision: keine Eintragung
230	1, IX, 7	*in foro butiri* I S. Martin	c. 1210–1230	Festlegung einer Erbfolge für ein Haus

Karte lfd. Nr.	Quelle bei Hoeniger Dilles	Ort und Lage in Köln	Datum Hoeniger Dilles	Gegenstand des Rechtsgeschäftes / Bemerkungen
				Der dritte Teil von Haus und Boden auf dem Buttermarkt, der Heinrich von Wolkinbruch u. Aleidis gehört, fällt nach deren Tod durch Erbrecht an ihren Sohn Johannes, welcher dem Gerard Birkelin u. Richmudis, einer Verwandten des bereits erwähnten Johannes unter der Bedingung, dass sie einen Sohn haben, diesem selbst weicht. Solange derselbe Gerardus lebt, wird er den Nießbrauch haben. Im Todesfall wird der Erbteil an Richmudis und ihre Erben fallen unter Beachtung des Kirchenrechts von MG. Zahlung: keine Eintragung Provision: keine Eintragung
231	1, IX, 8	*in foro butiri* I S. Martin	c.1210– 1230	Festlegung einer Erbfolge für ein Haus 1/3 von Haus und Boden *in foro butiri*, das dem Heinrich von Wolkinbruch u. Aleidis gehörte, ist nach dem Tod dieser nach Erbrecht an ihre Tochter Richmudis gelangt. Ein dritter Teil gelangte an ihre beiden Töchter Christina und Richmudis, Gattin des Gerardus Birkelin, den 6. Teil der ganzen Erbschaft übertrug sie mit ihrem Anwalt an ihren Gatten Gerardus unter der Bedingung, dass, wenn sie einen Nachkommen haben, der Teil diesem zu-

Karte lfd. Nr.	Quelle bei Hoeniger Dilles	Ort und Lage in Köln	Datum Hoe- niger Dilles	Gegenstand des Rechtsgeschäftes / Bemerkungen
				fällt, wenn aber Gerardus Richmudis überlebt, erhält er den Nießbrauch, wenn er aber tot ist, werden die nächsten Er- ben sich über eine solche Erb- schaft freuen nach dem Recht von MG. Zahlung: keine Eintragung Provision: keine Eintragung

Zahl der Eintragungen in Karten der Schreinsbezirke nach der Topographie von Keussen

	Keu	v.d.Br.	Hoeniger	Summe
I S. Martin	4	1	56	61
II S. Brigida	10	9	16	35
III S. Alban	1	0	1	2
IV S. Laurenz	0	3	3	6
V S. Peter	0	1	0	1
VI S. Kolumba	5	0	0	5
VII S. Aposteln	4	0	0	4
IX Niederich	27	1	1	29
XII S. Christoph	3	1	0	4
XIII Eigelstein	3	0	0	3
XIV Hacht	67	1	0	68

Insgesamt sind von 231 Eintragungen 217 in 11 Schreinsbezirken nachgewiesen. Bei Keussen liegen der Zahl nach die Schwerpunkte der Eintragungen in den Bezir- ken Hacht und Niederich, in S. Brigida gibt es 35 Eintragungen. Bei von den Brincken lassen sich entsprechend der geringen Zahl Liegenschaften in S. Brigida und S. Laurenz ausmachen. Der Schrein Dilles weist Eintragungen in den Schreinsbezirken S. Martin und S. Brigida auf.

Karten von vier Schreinsbezirken mit den Höchstzahlen sind ausgewählt, um –
soweit wie möglich – die Ballung der Liegenschaften exemplarisch zu zeigen: I S.
Martin (61), II S. Brigida (35), IX Niederich (29) und XIV Hacht (68). Alle Karten:
Keussen/Rustemeyer.[490]

---

[490] In den Karten der vier Schreinsbezirke wird mit der laufenden Nummer die Provenienz der Quelle
gezeigt: rot für Keussen, grün für von den Brincken und blau für Hoeniger.

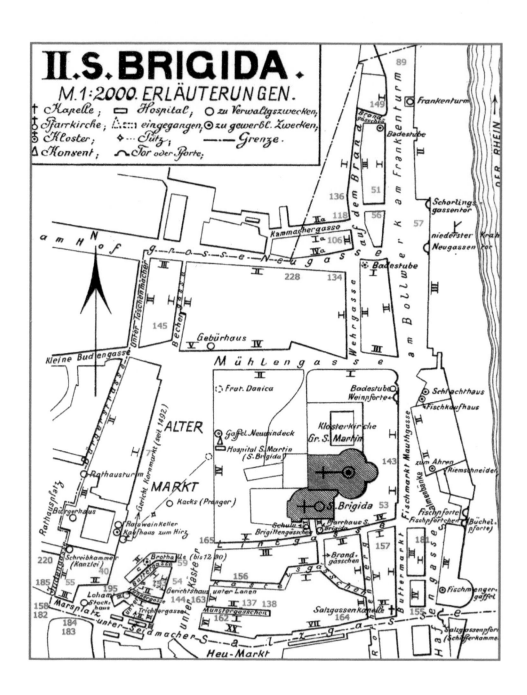

II. S. BRIGIDA.

M. 1:2000. ERLÄUTERUNGEN.

† Kapelle; ⊡ Hospital; ○ zu Verwaltgszwecken;
♀ Pfarrkirche; ⌂:m eingegangen; ◉ zu gewerbl. Zwecken;
♀ Kloster; ◈ Sutz; —— Grenze.
△ Konsent; ⌒ Tor oder Pforte;

89
Frankenturm
149
Brandgässchen
Badestube
Brand
auf dem
136
51
118
Kammachergasse
IIa
56
Ia
106
57
niederster Krah
IVa
Neugassen tor
am Hof
N
grosse-Neugasse
Wehrgasse
Bollwerk am Frankenturm
Schorlingsgassentor
Unter Taschenmacher
III
Badestube
228
134
Becherga
Bollwerk
145
Gebührhaus
IV
Kleine Budengasse
Mühlengasse
Frat. Danica
Badestube
Weinpforte
Schlachthaus
Fischkaufhaus
ALTER
(seit 1492)
Gaffel Neuwindeck
Klosterkirche
Gr. S. Martin
Fischmarkt Mauthgasse
zum Ähren
Riemschneider
Gericht Kornmarkt
Hospital S. Martin
(S. Brigida)
143
Rathausplatz
Rathausturm
MARKT
IV
S. Brigida
53
Fischmarenbänke
Burgerhaus
Kacks (Pranger)
Schule
Brigittengässchen
Pfarrhaus S.
Brigida
Fischpforte
Fischpförtchen
Büchel.pforte)
Ratsweinkeller
Kaufhaus zum Hirz
165
157
181
220
Schreibkammer
(Kanzlei)
Brothalle (bis 12 90)
59
Brandgässchen
156
Buttermarkt
185
55
40
54
Kaste
195
Gerichtshaus
unter Lanen
144 163
137 138
Fischmenger-gaffel
158
Loham
Stockshaus
164
155
Münstergässchen
162
Salzgassenkapelle
Salzgassenpfor
(Schifferkamme
182
184
Trichtergasse
XV
Salzgassen
183
unter-Seidmacher-S
Heu-Markt

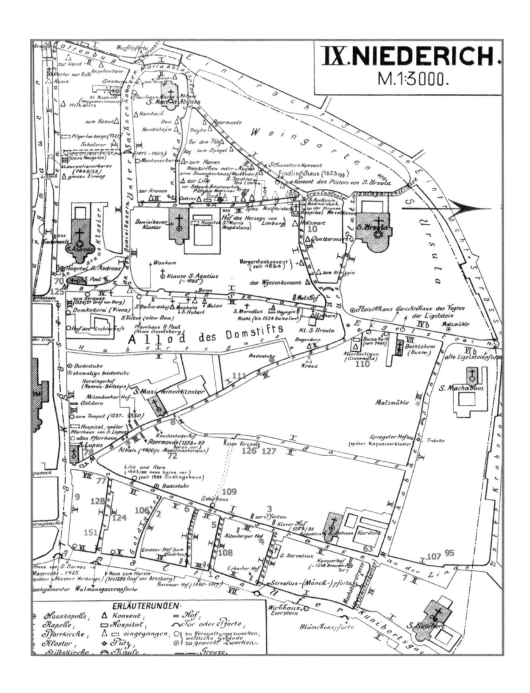

IX. NIEDERICH.
M. 1:3000.

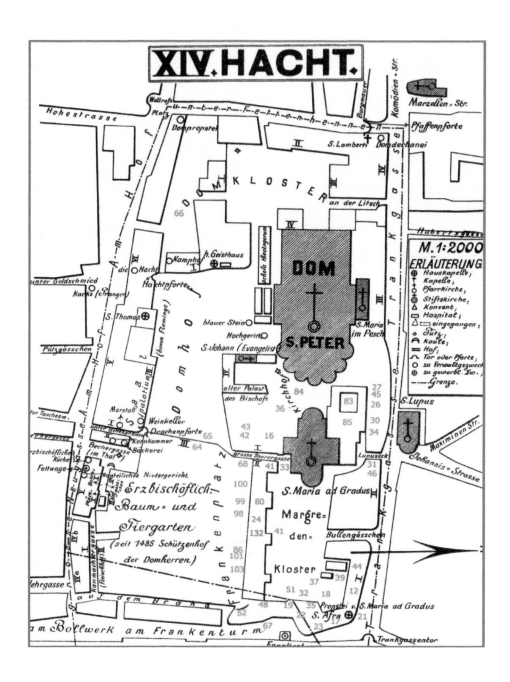

XIV. HACHT.

Hohestrasse

Wallrafs Platz

Dompropstei

unter Fettenhennen

Burgmauer - Str.

Komödien - Str.

Marzellen - Str.

Pfaffenpforte

S. Lamberti   Domdechanei

KLOSTER

an der Litsch

H o f

DOM

66

D O M K L O S T E R

h. Geisthaus

Kamphe

Schola Theologorum

IV

die Hacht

unter Goldschmied

Kaeks (Sprangen)

Hachtpforte

S. Thomas

(innen Fleminge)

A - m - H o f

D o m h o f

blauer Stein

Hochgericht

S. Johann (Evangelist)

DOM

S. PETER

S. Maria im Pesch

M. 1:2000

ERLÄUTERUNG.

Hauskapelle;
Kapelle;
Pfarrkirche;
Stiftskirche;
Konvent;
Hospital;
eingegangen;
Sütz;
Kaule;
Hof;
Tor oder Pforte;
zu Verwaltgszweck.
zu gewerbl. Zw.;
Grenze.

Hubertusstr.

Pützgässchen

alter Palast des Bischofs

84

27
45
26

83

S. Lupus

Maria ad Gradus

Marstall

Weinkeller

Drachenpforte

Kornkammer

Bäckerei

unter Goldschmied

Bechergasse (im Thal)

erzbischöfliche Küche

Fettwage

36

43
42

16

65

64

III

85

30
34

Maximinen Str.

Johannis = Strasse

vogteiliches Niedergericht

68

41

33

100

99
98

80

24

132

41

Lunuseck

31
46

grosse Sporergasse

Erzbischöflich:
Baum = und
Tiergarten
(seit 1485 Schützenhof
der Domherren)

S. Maria ad Gradus

Margre=

den=

Kloster

Bullengässchen

Frankenplatz

86
101
103

37

44

39

51
32

18

12

Kammacherrgasse

(Reinenhof)

auf dem Brand

48   19   35

52

Mehrgasse

am Bollwerk   am Frankenturm

67

22   S. Afra

23

Pronstei v. S. Maria ad Gradus

21

Trankgassentor

11.2 Grundbesitz des Stiftes und Einkünfte außerhalb Kölns

11.2.1 Quellen, Fundstellen, Ortslagen

11.2.1.1 Urkunden

Jahr Quelle	Inhalt der Urkunde über Grundbesitz	Art und Verwaltung des Grundbesitzes
1062 U MG 1	Schenkung einer Besitzung mit Zubehör (10 Hintersassen) an Mitglieder des Kapitels in Westrem und Elpe durch Fitherius	Schenkung: Grundbesitz an Kapitel
1075 U MG 2	interpolierte Urkunde im Hinblick auf verschiedene Zeitabschnitte der Schenkung: EB Anno, von EB Hermann bereits vorgesehen: Güter in Bliesheim, Vettweiß, Methel, Niederheimbach, Elfgen, Flamersheim; von Irmentrudis erworbene Güter im Aachengau: Valkenburg, Montzen, Gymnich, Epen, Wjilre; EB Anno, von Königin Richeza u. Erben erworben: Güter in Meckenheim, Demrath, Asselt, Klotten, *ecclesia matrix* in Dortmund mit Dekanie, Brockhausen bei Soest; Zehnter in Saxonia (Westf.) Klotten, von Richeza vertraglich übertragen; Verzichtgeld an Brauweiler; Zülpichgau: Propst erhält Dekanie mit Bann	Schenkung: Höfe als Grundausstattung/ Kirche/Dekanie Hof, Zehnter, Schenkung: Weingut, kirchl. Recht
1091 U MG 3	Propst Hezelinus schenkt Hofstätte mit Haus u. Gebäude, 11 Stücke, Weinberg in Oberdiebach, Weitergabe des Gutes als Lehen an Verwandte, bei Tod Weitergabe an Kanoniker aus Verwandtschaft; Versprechen einer Pfründe	Schenkung: Hof als Lehen
1104 U MG 4	Übergabe durch Meginherus: Gut in Horich 12 Kölner Schilling u. 12 Maß Weizen Erbrente. Gesamter Besitz in Dorweiler mit Zubehör, Vorbehalt: Nießbrauch, geregelte Aufgabenverwaltung; Zeugen: Ministeriale des Erzbischofs	Verwaltung des Besitzes durch Mitglied des Kapitels, Regelung des Pachtzinses

Jahr Quelle	Inhalt der Urkunde über Grundbesitz	Art und Verwaltung des Grundbesitzes
1147 U MG 7	Kreditvergabe von 100 Mark für Pilgerfahrt, dingliche Sicherung: Landgut in Dorweiler, bei Rückkehr Neukauf	Kreditvergabe für Pilgerfahrt mit dinglicher Sicherung durch Landgut
1166 U MG 9	EB Reinald: Streitschlichtung zw. MG u. Leuten von Wengern, Dahlhausen, Eiberg, Mecklenbeck wg. Zehnt EB: Ersatzzehnt zu Altendorf: 5 Talente Getreideabgabe in Dortmunder Währung	Zehnt: Streitschlichtung, Vergabe eines Ersatzzehnts mit Kleinzehnt
1179 U MG 10	Dekan Gerardus erwirbt Lehen nach 60 Jahren zurück in Hemerde; Domdekan Hugo (Propst in MG) kauft Weinberg in Unkel; weitere Einkünfte in Unna, Kamen, Dortmund u. anderen westf. Orten; Verteilung der Geldeinkünfte an Kapitel	Rückerwerb Lehen, Kauf eines Weinbergs Verteilung von Geldeinkünften in Westfalen durch Dekan MG an Kapitel
1218 U MG 11	Übergabe des Besitzes der Margarete von Flamersheim, frei nach Wachszinsigenrecht an MG	Besiegelung der Verzichtleistung
1220 U MG 12	Propst Henricus übergibt zwei Lehnsmannen in Westfalen mit Erben u. Nachfolgern u. zugehörigen Lehen an Dekan Lupertus	Übergabe eines Lehens in Westfalen an Dekan
1231 U MG 13	Verzicht auf Zehnten in Böckenförde, Übertragung des Zehnten mit gleicher Zahlungsverpflichtung an can. des Stiftes zu Soest	Verzicht u. Übertragung des Zehnten auf can. von Stift Soest
1244 U MG 14	Entscheidung über Anrecht an Gut Brockhausen mit Zubehör, Anerkennung v. Eigentumsrecht MG u. Rückgabe des Gutes mit Zinszahlung von MG, bei Erwerb 36 Mark Zinszahlung, frei bei Verkauf an MG	Feststellung des Eigentumsrechts von MG an Gut Brockhausen
1260 U MG 15	Priorin u. Schwestern von Schweinheim verzichten zugunsten von MG auf Ansprüche aus Äcker gegen Zahlung einer Rente in Palmersheim	Äcker von Palmersheim an MG durch Verzicht gegen Zahlung einer Rente
1260/61 U MG 16 Reg.DU	für Aufbesserung der Pfründe Übergabe von St. Reinoldi Dortmund (Kollation bei MG) an Kanoniker v. MG, dafür Einkünfte seiner Stiftspfründe an Kirchenfabrik; Wahl des geeignetsten Kanonikers	Einsetzung eines can. an St. Reinoldi in Dortmund, Verzicht auf Stiftspfründe

Jahr Quelle	Inhalt der Urkunde über Grundbesitz	Art und Verwaltung des Grundbesitzes
B 1,111, S. 11		
1264 U MG 18	Frixheim: Verkauf eines Hofes zu Frixheim mit 30 Joch Ackerland u. Holzschlagrecht von Erwinus, Rückgabe an Erwinus nach Erbrecht gegen Zins: im Todesfall 30 den. curmede u. 5 Schilling gewerf	Verkauf eines Hofes an MG u. Rückgabe gegen Pachtzins, bei Todesfall curmede u. gewerf
1264 U MG 19	Bestätigung des Verkaufs in Frixheim, ein can. von MG wird belehnt	Bestätigung von UMG 18 u. Belehnung eines can. MG
1270 [1269] U MG 20	Vergleich der Söhne des Vogts von Muffendorf mit MG: Dienstleistungen aufgrund der Verleihung von Mulenmark in Meckenheim u. Flamersheim u. Vogtei bzw. Stiftshöfe; Verzicht: Zahlung von 30 köln. Mark, Einforderung von anderen nach Schöffenspruch auf Bestellung von Schultheißen	Verzicht auf Dienstleistungen Stiftshöfe in Meckenheim, Flamersheim u. Zahlung an MG aus Vogtei
1279 U MG 22	Bestätigung der Vergabe der Güter zu Brockhausen bei Soest in Erbrecht; bei Zahlungssäumigkeit Verdoppelung des Pachtzinses, bei Zinsrückstand über 1 Jahr Rückfall an Stift	Vergabe von Gütern zu Pachtzins, Modalitäten bei Zahlungssäumigkeit
1282 U MG 23	Bestätigung von Richtern aus Hamm u. Kamen für Zehnt in Osttünnen im Kirchspiel Rhynern auf 11 Jahre: 3 Mark u. 6 Schillinge jährlich in Dortmunder Denare, Stift erhält Gastrecht oder 3 Dortmunder Schillinge	Bestätigung eines Zehnt in Osttünnen
1282 U MG 24	MG kauft Hof in Merheim und quittiert Verkäuferin 125 Mark	Bestätigung des Kaufs Hof in Merheim rrh.
1285 U MG 25	Vergleich über Hof von Merheim: Adolf Graf v. Berg u. MG: Ritter Engelbertus Hof Allod u. Eigengut mit Ausnahme einer Manse, Verzicht zugunsten MG wird Allod des Stiftes, Zahlung für Manse Hof zu Kalk, Abgabe von 9 Schilling herfstbede	Ausgleich von Ungenauigkeiten bei Verkauf des Hofes von Merheim
1286	Bestätigung für Güter in Brockhausen in Erb-	Bestätigung über Pacht-

Jahr Quelle	Inhalt der Urkunde über Grundbesitz	Art und Verwaltung des Grundbesitzes
U MG 26	recht, Säumigkeitsregel; bei Mannfall 1 Mark Kölnisch gewerf	zins in Brockhausen
1287 U MG 27	Kloster Kottenforst verkauft wg. erheblicher Verschuldung Hof in Palmersheim mit 90 Joch Ackerland, von MG in Leihe zu Pachtzins, belastet mit Vogteiabgaben von 7 Schilling Kölnisch u. 1 Huhn an MG	Verkauf eines Hofes wg. Überschuldung (Leihe v. MG) an Stift
1290 U MG 28	Bestätigung der Familie Cleyngedank über Rente von 50 Malter Hafer, die MG jährlich zahlte. Verzicht auf Anspruch auf Haferrente; Siegel: Offizial	Rückkauf einer Rente
1292 U MG 29	Bestätigung eines Pachtzinses in Erbrecht der Güter zu Brockhausen ... Säumigkeitsregeln	Bestätigung über Pachtzins
1292 U MG 30 DUB I,231	Richter, Ratsherren u. Gemeinde von Dortmund bezeugen Bau einer Kapelle an Westpforte von S. Reinoldi durch Bürger und jährliche Einkünfte zur Ausstattung der Kapelle, Dekan Pelegrinus konsekriert Kapelle St. Jakobus als Patronatsherr	Bestätigung: Bau einer Kapelle an S. Reinoldi; Konsekration durch Patronatsherr Pelegrinus
1293 U MG 31 DUB Ergbd. 1, 354	Streit über Archidiakonatsrechte in Dekanie Dortmund: Dekanie v. EB Anno an MG, ausgenommen Besetzungsrecht von 6 Kirchen: Recklinghausen, Lütgendortmund, Unna, Kamen, Methler, Kurl mit Tochterkirchen u. S. Reinoldi. In diesen Kirchen steht Introitus dem Dompropst zu, in allen übrigen dem Dekan von MG, er zahlt dafür an Archidiakon 2 Mark.	Archidiakonatsrechte MG in Dekanie Dortmund, Ausnahme: Besetzungsrechte für Dompropst in 6 Kirchen
1295 U MG 32	Erwinus: Versprechen über Zahlung für Haus und Hofstätte mit Zubehör bei Frixheim sowie Holzrecht vom Kloster Werden für Zins von 30 Denaren; 30 Denare bezahlt von MG bei Strafe des Verlustes jeden Anrechts und Hinauswurf durch weltl. Richter von Frixheim	Versprechen über Zahlung von Pacht
1297	Übertragung des Hofes zu Merheim an	Übertragung des Hofes

Jahr Quelle	Inhalt der Urkunde über Grundbesitz	Art und Verwaltung des Grundbesitzes
U MG 33 a/b	Mitkanoniker Henricus für jährl. Zins von 15 Mark, 1 Mark für 15 Joch Ackerland, damit verbunden ½ Anrecht an Mühlenamt in Zündorf, ½ Fischereirecht gt. travil, 10 Malter Korn bei Säumigkeit Einlager im Klosterkreuzgang u. im Karzer, bei Säumigkeit über 6 Wochen Einlager im Haus der Pfarrei St. Lupus bis zur Genugtuung, bei Tod eines Bürgen Einsatz eines neuen Bürgen, bei Krankheit oder Kreuzfahrt Verzicht auf Hof; bei Tod Rückfall an MG	Merheim mit weiteren Rechten an Mitkanoniker, bei Zahlungssäumigkeit Einlager (4 Bürgen)
1296 U MG 34	Ablass in MG	Beschreibung u. Ablassforderungen
1299 U MG 35	Vermittlung von Schiedsleuten über best. Äcker beim Hof Merheim u. Herne; MG zahlt 3 Mark Entschädigung	Ungenauigkeiten bei Höfen in Merheim u. Herne: Entschädigung durch MG
1301 U MG 37	Wilhelm Graf v. Berg befreit Hof bei Merheim von allen Abgaben, ausgenommen 9 Schilling Herbstbede; Amtleute von Bensberg dürfen keine weiteren Forderungen stellen	Befreiung von Abgaben für Hof Merheim
1303 U MG 38	Goswinus von Soest, Ritter, verkauft Zehnten zu Osttünnen an Galen nach Lehnrecht; bei Tod Zurückbleibender erhält Rente ohne herwadium	Verkauf des Zehnten zu Osttünnen unter Privatleuten, Beurkundung MG
1303 U MG 39	Goswinus Verkauf einer Rente aus Zehnten in Osttünnen, Rückkaufrecht für 4 Jahre, nach 4 Jahren Erbbesitz derer von Galen, bei Tod oder Klostereintritt ein anderer ohne herwadium	Verkauf einer Rente aus Zehnten in Osttünnen, Beurkundung durch MG
1304 U MG 40	Errichtung eines Altars in Nikolaikirche Dortmund: Einvernehmen mit Rat v. Dortmund u. Zustimmung des Dekans MG. Dotation mit 15 ½ Joch Ackerland, Naturalien (Getreide). Patronatsfest über Altar u. Kirche steht Rat zu. Einsetzung des Priesters: Dekan	Errichtung eines Altars u. Einsetzungsrecht des Vikars durch Dekan von MG

Jahr Quelle	Inhalt der Urkunde über Grundbesitz	Art und Verwaltung des Grundbesitzes
	v. MG, genaue Regelungen zum Dienst, keine weitere Einkünfte, Vikar in Verfügung des Plebans	
1306 U MG 41	Einigung von MG u. Kloster Altenberg: Weinberg innerhalb des Stiftshofes zu Nieder- heimbach: 1/3 Ertrag an MG: Beschwerde- über mangelhafte Bebauung des Streitobjek- tes; Einigung: Teilung in 2 Hälften: Altenberg Eigentumsrecht, 2. Teil MG zur freien Verfü- gung	Weinberg in Niederheimbach: Best. über Pacht u. Bebauung des Weinbergs
1306 U MG 42	Streitschlichtung durch Graf v. Jülich zw. Stift und Privatleuten über Güter bei Vernich, von MG gekauft; Übergabe von Gütern nach 4 Tagen, MG zahlt 15 Mark Kölner Währung	Streitschlichtung über Gut, v. MG gekauft
1308 U MG 44	Weinbergstücke bei Heimbach vom Stift nach Erbrecht: eine Hälfte der Frucht u. Zehnten an Stift liefern, Weinbergstücke mit allen Besse- rungen Rückfall an Stift, nicht an Erben	Rückfall eines Erbrechts an Stift
1310 U MG 45	Verkauf von Weingärten in Unkel; vor Schöf- fen von Unkel erhalten Verkäufer Kaufobjekt von Käufern zurück, jährlicher Zins: 1 Ohm Wein besseren Wuchses, Siegel Schöffen von Unkel	Verkauf von Weingärten in Unkel
1315 U MG 48	Adolph Graf v. Berg befiehlt Amtleuten von Bensberg, Freiheiten und Rechte des Hofes Merheim zu beachten	Bestimmungen für Amtleute wg. Hof Merheim
1315 U MG 49	Thesaurar MG zeigt Stift Verpachtung des Stiftshofes Elfgen mit Verwaltung u. Zubehör auf 6 Jahre an. Einkünftesystem für Verpach- tung, Regel über Katastrophenfall: Schieds- leute	Einkünfte am Stiftshof Elfgen (Verpachtung)
1316 U MG 51	Henricus de Pomerio, can. von MG, verpach- tet seinen Kolonen Hof bei Merheim; Be- schreibung: Erträgnisse aus Hof, Form der Bewirtschaftung u. Einsatz von Arbeits- kräften; Siegel: Pleban Henricus in Merheim	Verpachtung durch Mitcan. u. Bewirt- schaftung Hof Merheim
1318	MG verkauft jährliche Rente von 12 Malter	Rentenverkauf

Jahr Quelle	Inhalt der Urkunde über Grundbesitz	Art und Verwaltung des Grundbesitzes
U MG 53	Roggen (Getreiderente aus Stiftsscheuer) an Mitkanoniker, für Kaufpreis Erwerb der Mühle bei Bliesheim durch Stift von Zisterzienserinnenkloster, zugehörig Stiftshof zu Bliesheim	und Kauf einer Mühle bei Bliesheim
1319 U MG 54	Einigung über Hof u. Schultheißenamt zu Elfgen, Transfix: Schlichtungsform um 1 Woche verschoben	Recht des Eingriffs in Hof Elfgen
1319 U MG 55	EB Heinrich II. berichtet Pfarrern von Dortmund-Derne u. Brechten bei Lünen auf Bitten des Rates von Dortmund: Neubau einer Kirche (Westpforte) wg. Größe u. Verstreutheit der Reinoldipfarre; Stephanus-Altar von Reinoldi in neue Kirche verlegt, ohne Beeinträchtigung der Mutterkirche, was nicht geschah; daher Pfarrern von Derne u. Brechten Untersagung von gottesdienstl. Handlungen	eb. Ordnung in Pfarreien von Dortmund
1319–22 U MG 55	Pfarrer bestätigen Auftrag des EB	Bestätigung Des eb. Auftrags
1319 U MG 56	Offizial: Entscheidung über Nichtzahlung der Pacht für Güter in Brockhausen, Strafgebühr von 28 Schilling, Regeln über Zahlungssäumigkeit nicht eingehalten	Strafe für Zahlungssäumigkeit in Brockhausen
1319 U MG 57	Stift gestattet Richter, Rat u. Gemeinde der kaiserl. Stadt Dortmund, Stephanus-Altar mit Einkünften und Oblationen in neue Pfarrkirche zu übertragen	Übertragung von Geld auf neue Pfarrkirche
1320 U MG 58	Verkauf von Hof der Abtei Deutz zu Langel aus zwingender Not an MG für 40 Mark in Kölner Währung, Rente von 5 Maltern jährlich; Verzicht der Verkäufer vor Schultheiß, Provisor Abtei Deutz und Schöffen	Verkauf an MG
1320 U MG 59	Laie Conradus entsagt allen Ansprüchen von MG: Güter der Hilla von Vernich, Ehefrau geschieden	Rückfall von Gütern an MG
1320	Verkauf aus zwingender Not: Zehnter zu	Rückgabe eines Lehen

Jahr Quelle	Inhalt der Urkunde über Grundbesitz	Art und Verwaltung des Grundbesitzes
U MG 60	Bergerhausen in Pfarrei Blatzheim, vom Propst als Lehen Bürge: Amtmann zu Blatzheim, Sicherheitspfand, da Verkaufseinwilligung des Bruders fehlt, Transfix: Übertragung von 17 Joch Ackerland als Sicherheitspfand an MG	von MG Sicherheitspfand an MG
1321 U MG 61	Verpachtung des Zehnten bei Bergerhausen auf 3 Jahre: jährlich 40 Malter Getreide Gestellung von Bürgen	Bestätigung einer Verpachtung
1324 U MG 62	Propst Henricus v. Bonn: Entscheidung im Streit um jährliche Rente aus Stiftsmühle in Vettweiß	Rente aus Stiftsmühle in Vettweiß
1324 U MG 66	Verkauf des Konvents von Brauweiler wegen Verschuldung: Hof zu Dansweiler, zahlreiche Einzelposten in versch. Lagen an MG (1000 Mark Kölnisch) Siegel: EB u. Domkapitel	Verkauf des Hofes zu Dansweiler
1325 U MG 67	Vererbpachtung von 30 Joch Ackerland in Roggendorf u. Sinnersdorf nach Lehnrecht im Hof des Klosters Deutz bei Langel	Vererbpachtung von Land bei Langel
1328 U MG 68	Weingärten in Rolandseck: Wertminderung durch Bauten des Dekans von Bonn, MG übergibt Patronatsrecht, Zehntrecht u. Zehnten in Dorf u. Pfarrei Bliesheim vom EB, Kirche von Bliesheim MG inkorporiert	Zehntrecht u. Zehnt an MG
1332 U MG 69	Bestätigung der Vererbpachtung des Hofes zu Klein-Vernich mit Zubehör als Sicherheitspfand	Verpachtung des Hofes zu Klein-Vernich
1333 U MG 70	Schöffen und Geschworene v. MG erkennen alleiniges Zehntrecht von MG in Heimbach an	Zehntrecht von MG in Heimbach
1339 U MG 72	can. v. MG bestätigt Verpachtung der Höfe bei Flamersheim u. Meckenheim mit Meierei u. allem Zubehör auf 3 Jahre, erhebliche Abgaben	Verpachtung der Höfe von Flamersheim u. Meckenheim
1334	EB Walram beauftragt Rektor der Petrikirche	Dotation Petrikirche in

Jahr Quelle	Inhalt der Urkunde über Grundbesitz	Art und Verwaltung des Grundbesitzes
U MG 73	in Dortmund: Ausstattung ohne Schädigung von S. Reinoldi	Dortmund
1335 UMG 74	Ritter Gerhardus verkauft an MG in Köln, Waldorf u. anderen Orten, Haus u. Hof in Waldorf, Verpflichtung u. Gestellung von Bürgen	Verkauf an MG in Waldorf
1336 U MG 75	Bestätigung des Verkaufs in Waldorf durch EB	Bestätigung des o.g. Ver- kaufs durch EB
1336 U MG 76	Überlassung eines Stücks Weinberg zur Er- weiterung des Kirchhofs in Heimbach an MG	Überlassung an MG
1336 U MG 77	Ritter Gerardus verkauft seine Güter bei Wal- dorf als Allodialgüter; Einschätzung: Ent- schädigung an MG, Rückgabe an Ritter für jährl. Zins von 34 Schilling	Entschädigung bei ungesetzl. Überlassung
1337 U MG 78	Eheleute verkaufen wg. Verschuldung an MG Haus u. Hofstätte mit Weinberg in Nieder- heimbach, Verkauf vor Hofeschöffen	Verkauf an MG
1378 U MG 79	Bestätigung der Verpachtung des Hofes bei Elfgen mit Meierei u. Zubehör auf 3 Jahre für jährl. Zins, Übernahme aller Lasten, Instand- haltung, Einholung von Baugenehmigungen	Verpachtung mit Aufla- gen
1339 U MG 80	notarielle Übernahme der Urkunde UMG 64	Notarakt
1340 U MG 81	Urkunden (U MG 38 u. 39) notariell über- nommen in Archiv (*armarium*)	Notarakt
1341 U MG 82	Offizial verpflichtet Knappe Gerardus zur Zahlung der Einkünfte aus Zehnten zu Ost- tünnen, sonst Einlager u. Exkommunikation	Verpflichtung zur Zahlung des Zehnten
1342 U MG 83	can. erhält Hof zu Palmersheim auf Lebens- zeit gegen Zahlung eines Pachtzins	Verpachtung mit Pachtzins
1342 U MG	Markgraf Wilh. v. Jülich verzichtet, Stift Per- son seiner Wahl für Hof von Vettweiß vorzu-	Regelung bei Verzichterklärung: Tei-

Jahr Quelle	Inhalt der Urkunde über Grundbesitz	Art und Verwaltung des Grundbesitzes
83a	schlagen; daher verzichten Tilmann u. seine Ehefrau auf alle Forderungen aus Hof von Vettweiß: Gerichtsbarkeit, Vogtei, Erbrecht, Mühlenrecht, Mannlehen, dafür von Stift 390 kleine Gulden, Markgraf: freies Verfügungsrecht über Hof; Stift zahlt 100 Gulden	lung
1343 U MG 84	Ritter Gerardus bestätigt MG Belehnung mit Zehnten zu Osttünnen; Zinszahlungen: gewerf bei Mannfall	Belehnung mit Zehnten zu Osttünnen
1343 U MG 85	EB Walram bestätigt auf Bitten von MG für Schultheiß u. Schöffen in Bacharach in 4 Urkunden: 1) 1325: Schultheiß u. Schöffen zu Bacharach dürfen Rechte von MG in Heimbach nicht schmälern 2) 1341 Lechenich: Bestätigung der Rechte 3) 1343 eb. Auftrag zur Untersuchung des Streits MG mit Schultheiß u. Schöffen 4) Berichterstattung an EB: Geschworene von Heimbach, Besitz Zehntrechte, keine Gewalt, Abhaltung von Versammlungen, Bestellung von Weinberghütern, Buße nehmen u. unter sich verteilen, dagegen: Hofgeschworene von Heimbach besitzen Jurisdiktion über Allode u. Beiträge zum Wegebau, EB : entscheidet zugunsten der Rechte der Hövener von Heimbach bzw. MG	Arbeit der Schöffen: Jurisdiktion auf Hof und Gebiete der Zehntrechte, Verwundung, Totschlag u. Gewalt etc.
1344 U MG 86	Verkauf des Hofes zu Wichheim bei Merheim mit zwei Hofstätten, versch. Abgaben u. Rechtsverhältnisse Familie Scherfgin, Kölner Schöffe involviert	Verkauf von Hof Wichheim
1344 U MG 87	Abwesende holen Beurkundung nach: schwangere Ehefrau Yda, Abt v. St. Pantaleon abwesend	Beurkundung nachgeholt
1345 U MG 88	Verkauf von Gütern in Bornheim an can. v. MG gegen jährl. Erbzins, Weingärten, Haus und Hof, Verkauf vor Schöffen von Brenig	Verkauf von Gütern in Bornheim

Jahr Quelle	Inhalt der Urkunde über Grundbesitz	Art und Verwaltung des Grundbesitzes
1345 U MG 90	Erweiterung des o.g. Verkaufsgeschäfts	Erweiterung des Verkaufs in Bornheim
1345 U MG 91 a/b	Kanoniker: Kauf in Bornheim durch Urkunde	Beurkundung eines Rentenkaufs
1345 U MG 93	MG: Rückkauf von 1 Fuder Frankenwein für Mitkanoniker aus Stiftskeller zu Heimbach	Rückkauf von Wein
1346 U MG 94	Markgraf von Jülich entscheidet zw. Zins-pflichtigen zu Dorweiler u. MG: Verweige-rung der Zahlung wegen Hagel u. Miss-wuchs. MG mit Schöffen von Nörvenich entscheidet zugunsten MG	Zahlung bei Missernte
1347 U MG 95	erneute Bestätigung des Kaufs in Bornheim	Bestätigung eines Kaufs
1347 U MG 96a	Gerardus hat Hof zu Elfgen von MG gepach-tet. Hinweis auf Zahlungsverpflichtung	Pacht des Hofes Elfgen
1361 UMG 96a	Transfix: Prominente Bürgen für MG, von Dekan St. Severin eingesetzt	Bürgen für MG
1348 U MG 97	Abt von St. Pantaleon als Lehnsherr geneh-migt Verkauf der Güter von Hof Wichheim (Merheim), Belehnung eines can. v. MG	Belehnung eines can. Von MG
1348 U MG 98	Verkauf von Stück Land (Driesch = unbebau-tes Land) in Waldorf an MG	Verkauf an MG
1350 U MG 99	Verzicht auf Zehnten zu Westtünnen in Pfar-rei Rhynern, mit dem Knappe belehnt war, Vorschlag zu weiterer Belehnung	Verzicht auf Zehnten (Lehen), weitere Belehnung
1351 U MG 100	Verkauf an Henricus de Cervo: Roggen u. Abgaben an MG als Fehlbetrag für Memorie	Verkauf von Roggen und Abgaben *sigillum maius*
1351 UMG	Henricus de Cervo u. Mitkanoniker Wernerus de Wippelvurde bestätigen Stift Verpachtung	Oboedienzen in Mecken-heim und Flamersheim

Jahr Quelle	Inhalt der Urkunde über Grundbesitz	Art und Verwaltung des Grundbesitzes
101	der Höfe bzw. Oboedienzen in Meckenheim u. Flamersheim auf Lebenszeit, Einzelheiten über Abgaben, Zahlungssäumigkeit: für Oboedientare: Einlager im Stiftskarzer, Pfründenverlust u. tägl. 12 Denare Buße; nach 6 Wochen Rückfall der Oboedienz; bei Streitigkeiten Schadenersatz an Stift; bei aufsässigen Stiftsmitgliedern Hilfe des Stifts für Oboedientiare	
1355 UMG 103	Knappe: Belehnung mit Zehntem zu Westtünnen in Erbrecht, 2 Mark Dortmunder Währung	Belehnung mit Zehntem
1358 UMG 104	Zahlung einer Schuld aus Ansprüchen in Boppard für Mitkanoniker	Schuldbegleichung
1358 UMG 105	Ergänzung der Statuten für Tabbarden	Tabbarden
1358 UMG 106	Belehnung mit Zehntem zu Osttünnen, Zahlung von Zins in Dortmunder Währung	Belehnung mit Zehntem
1360 UMG 108	Verkauf eines Gutes zu Dorslar mit Zubehör: behändigte Summe und Versicherung Siegel: Schöffen von Blatzheim	Verkauf eines Gutes
1360 UMG 109	Henricus de Kusimo, can. MG, bestätigt: Stift Verpachtung des Hofes zu Palmersheim; freiwilliger Verzicht can. Wernerus de Wippelvurde, Zinszahlung	Verpachtung Palmersheim
1360 UMG 110	Hof zu Dorslar an Wilhelm u. Ehefrau Mettel als Wittum überlassen	Überlassung eines Hofes als Lehnsgut
1360 UMG 111	notarielle Überweisung der Höfe zu Muschenbach in Erbrecht = Allod des Stiftes, genaue Beschreibung des Hofes nach Größe u. Nutzung	Überlassung eines Hofes in Erbrecht
1360 UMG	Schonung des Hofes von MG zu Elfgen	Hof Elfgen

Jahr Quelle	Inhalt der Urkunde über Grundbesitz	Art und Verwaltung des Grundbesitzes
112		
1360 UMG 113	Verkauf eines Stücks Wiese neben Mühle zu Füssenich, zu Hof Vettweiß gehörig; Verkäufer geloben Währschaft	Verkauf einer Wiese
1361 UMG 114	Verkauf eines Gutes zu Dorslar mit Zehntem u. Zubehör	Verkauf eines Gutes mit Zehntem
1362 UMG 115	Übertragung von Einkünften zu Bornheim an Mitkanoniker Henricus de Cusimo	Übertragung von Einkünften
1362 UMG 116	Verpachtung des Hofes bei Elfgen mit Meierei u. Zubehör, Verpachtung an Person gebunden, Eigenbewirtschaftung, Objekt auf Lebenszeit; Einzelbestimmungen über Anpflanzung, Schadensersatz, ungebotene Dingtage	Verpachtung eines Hofes bei Elfgen
1363 UMG 117	Verpachtung der Zehnteinkünfte zu Bergerhausen, Bürgschaft für Pächter	Verpachtung der Zehntrechte
1364 UMG 118	MG gibt Mitkanoniker als Belohnung Rente aus Mühle zu Loysenich (vgl. U MG 113), außerdem Kreditvergabe	Kreditvergabe
1364 UMG 119	Ritter Karsilius pachtet auf Lebenszeit Hof bei Bliesheim mit Meierei u. Zubehör Abgaben: 16 Malter Hafer für Pfründe des Steinmetzes, 8 Hühnerdienste an Koch des Stiftes; alle unter Jurisdiktion des Hofes benutzen dessen Mühle; Pächter: 3 ungebotene Dingtage: pers. Streit, bauliche Erhaltung des Pachtobjektes, Bürgen aus alten Geschlechtern	Verpachtung des Hofes von Bliesheim mit Einzelheiten
1366 UMG 122 a/b	Landverkauf aus Not in Pfarrei Mansteden an versch. Stellen, Kaufpreis 390 Mark Kölnisch. Das Objekt ist belastet.	Verkauf einer Rente
1366 UMG 123	Verkauf einer Erbrente im Feld von Mansteden wg. Verschuldung, 36 Morgen an versch. Stellen, Eintragung im Schöffenschrein	Verkauf einer Rente

Jahr Quelle	Inhalt der Urkunde über Grundbesitz	Art und Verwaltung des Grundbesitzes
	von Brauweiler	
1367 UMG 124	Verpachtung an Mitkanoniker von versch. Höfen (Dansweiler, Longerich etc.) mit Weizenrenten, Zehnter zu Bergerhausen	Verpachtung versch. Höfe mit Weizenrenten
1368 UMG 125	Verkauf an Meister der Tabbardengesellschaft zum Nutzen des Altars: Erbrente aus Hof zu Liblar	Verkauf einer Erbrente
1368 UMG 126	Aussöhnung über Stiftszins	Stiftszins
1368 UMG 127	Klage gegen Knappen, da er Erträge aus Klein-Vernich weiter nutzt, obgleich Stift wg. Pachtrückstand Verfahren betreibt	Verfahren wg. Pachtrückstand
1368 UMG 128	MG: in Sondersitzung des Kapitels Prokurator für Verfahren gegen Knappen gewählt	Verfahren wg. Pachtrückstand
1371 UMG 129	Urteil im o.g. Verfahren: Veröffentlichung des Urteils	Urteil im Verfahren
1371 UMG 130	Beichte der Kanoniker MG bei Prior des Kölner Predigerordens	Beichte
1372 UMG 131	Rückfall des Hofes zu Klein-Vernich, Ausbesserung des baulichen Zustandes durch ehemaligen Pächter	Rückfall eines Hofes
1372 UMG 132	Belehnung mit Zehnten zu Westtünnen, dafür 2 Mark in Dortmunder Währung	Belehnung mit Zehnten
1373 UMG 133	Verpachtung des Hofes Palmersheim an Pfarrer von Flerzheim auf Lebenszeit, bei Resignation: einjährige Kündigungsfrist	Verpachtung des Hofes in Palmersheim
1374 UMG 135	Verkauf eines Gutes zu Dorslar: Eigengut: Abgaben: Gottespfennig u. Wein	Verkauf eines Gutes
1375 UMG 136	Nese bekennt rückständige Pacht aus Abgabe von Hof Vettweiß	Zahlung rückständiger Pacht

Jahr Quelle	Inhalt der Urkunde über Grundbesitz	Art und Verwaltung des Grundbesitzes
1375 UMG 137a	Belehnung einer Witwe mit Zehnt zu Osttünnen gegen jährliche Zahlung, Gewährung von Gastrecht	Belehnung mit Zehnt
1375 UMG 137b	Bestätigung o.g. Belehnung	Bestätigung o.g. Belehnung
1375 UMG 138	Verpachtung der Güter zu Waldorf u. Bornheim auf Lebenszeit, Verpflichtung zur baul. Unterhaltung und Düngung der Weingärten Schadensersatz bei Brand oder Krieg	Verpachtung von Gütern
1375 UMG 138	Transfix: s.o. Gestellung von Bürgen	Bürgen
1375 UMG 139	Übernahme von Gütern in Elfgen, Schuld 80 Gulden, Zahlungsmodus	Übernahme von Gütern
1375 UMG 140	Entfremdung von Mitteln aus Stiftshof Elfgen in Kirche Gustorf, Folge: geistl. Gericht in Köln: Ausspruch des Banns, Einstellung des Kirchengesangs, dann Schlichtung	Entfremdung von Mitteln aus Stiftshof Elfgen
1376 UMG 141	Verpachtung des Hofes zu Elfgen, bauliche Unterhaltung, Düngung, Pachtbetrag, Einzelbestimmungen	Verpachtung Hof zu Elfgen
1376 UMG 142	Eintragungen in Memorienbuch: für Königin. Richeza: Heimbach u. Oberdiebach: Wein für Brüder für Hg. Cuno: an Brüder 30 Denare *ad propinationem*	Abgaben bei Memorien
1378 UMG 143	Streitschlichtung wg. mangelnder Zahlung aus Weingärten u. Gut zu Heimbach u. Oberdiebach; Weinzölle bei Boppard, Stift zahlt Abfindung von 87 Goldgulden	Mangelnde Zahlung in Heimbach u. Boppard, Weinzölle
1378 UMG 143 a/b	Klärung durch 4 Schöffen von Boppard auf Bitte von MG: Verhör über Herbergsrecht: herzogliche Jäger mit Hunden	Herbergsrecht
1379 UMG	rechtl. Festlegung des Bannbezirks Unkel, Schultheiß des Stiftshofes von Unkel	Bannbezirk Unkel notariell

Jahr Quelle	Inhalt der Urkunde über Grundbesitz	Art und Verwaltung des Grundbesitzes
144 a-d	Bannbezirk gehört dem Stift: Abgaben an Stift Unkel = Allod des Stiftes MG	
1381 UMG 145	Verzicht auf Güter mit Zehnten aus Dorslar samt Zubehör, Entschädigung durch Pastor, der Zehnten erhält, 5 Jahre im Besitz des Verzichtenden	Verzicht auf Gut mit Zehntem
1381 UMG 146	Bestätigung des Verzichts	Verzichtsbestätigung
1381 UMG 147	Verwalter u. Meister bezeugt für sich u. seine Gesellen: Junker Werner hat auf Gut Dorslar Verzicht geleistet. Als Lehnsherr belehnt Aussteller Pastor zu Geilrath mit gt. Gut	Belehnung eines Pastors
1381 UMG 148	Übertragung auf Joh. Schüne, Pfarrer zu Geilrath, alles Gut u. Besitz von Bergerhausen; Zeugen, Notar, Schöffe zu Kerpen, Schultheiß zu Blatzheim Anerkennung der Belehnung durch Lupusbrüder	Belehnung mit Gut
1381 UMG 149	Pastor zu Geilrath hat vollen Preis für Güter u. Zehnten bezahlt	Bestätigung über Zahlung
1384 UMG 150	Scholaster MG bestätigt Verpachtung des Stiftshofes zu Waldorf mit Zubehör u. Jurisdiktion sowie Einkünfte zu Bornheim (Pachtbrief); Abgaben: 34 schwere Goldgulden, Pflicht: baul. Instandhaltung, wg. Herabwirtschaftung 34 Goldgulden Unterstützung, bei höherer Gewalt Zahlungserleichterung	Verpachtung des Stiftshofes zu Waldorf
1394 UMG 151	Lyse: Verzicht auf alle Forderungen des Stifts zu Elfgen, in Pacht vergeben, Schadensersatz von MG	Verzicht auf Forderungen aus Stiftshof
1385 UMG 152	Verzicht vor zuständigem Amtmann (Aussteller Wilh. v. Jülich, Hzg. von Berg) Verkauf an mag. med. Alyff 16 Morgen Ackerland, zehntfreies Allod im Kirchspiel Merheim	Verzicht auf Land bei Merheim, Verkauf
1386	Beglaubigung durch Hzg. von Berg: Jutta von	Übergabe

Jahr Quelle	Inhalt der Urkunde über Grundbesitz	Art und Verwaltung des Grundbesitzes
UMG 153	Ayrscheidt, Witwe erhält Haus in Wichheim mit Zubehör	eines Hauses
1386 UMG 154	can. von S. Gereon verkauft an *mag.med.* Allyff, can. MG, zehntfreies Allod zu Wichheim (Kirchspiel Merheim), gleichzeitig Verzicht auf Objekt durch Witwe des Ritters Korf, Käufer Bewässerungspflicht aus Graben	Verkauf zehntfreies Allod zu Wichheim
1388 UMG 155	Vor Schöffen aus Bonn Verkauf einer jährl. Erbrente auf offener Straße zu Bonn, silvermetze u. halm	Verkauf einer jährl. Erbrente auf offener Straße
1389 UMG 156	Vor Kölner Offizial Testamentsvollstreckung für Joh. de Gryffe, MG: 1) jährl. Einkünfte von Haus in Sternengasse neben Haus Moylich, MG aus Nachlass des Propstes 40 Mark 2) aus Hof zu Sinthern in Pfarrei Brauweiler 10 Malter Weizen, im Schöffenschrein Brauweiler 3) jährl. Rente aus einem Garten bei Bonn 4) 3 Renten für Anniversarienfeier des gt. Propstes (Gestaltung Gottesdienst)	Testamentsvoll-streckung und Abgaben für MG
1390 UMG157	Verkauf an MG ½ Morgen Weingarten zu Waldorf, Wert: 60 Gulden	Verkauf eines Stücks Weingarten
1391 UMG158	Eheleute bestätigen Joh. v. Lysenkirchen, can. MG, Stiftshof zu Merheim, gt. Dechenshof, für jährl. Pacht von 18 Malter Roggen, Holz nach Deutz oder Mülheim aus Brücker Busch, Instandhaltung des Hofes u. Bebauung; Auflagen gegenüber Landesherrn u. dessen Amleuten; einjährige Kündigungsfrist: Best. über Einsaat, Katastrophenfall. Pächter erhält vom Stift Unterstützung; Fehdefall: Stift hat keine Verpflichtung; unangetastet Rechte des Landesherrn	Einsatz eines neuen Pächters auf Stiftshof Merheim
1391 UMG	Wilh. v. Jülich, Hzg. v. Berg, Verzicht für MG auf alle Abgaben für 2 Höfe Dechenshof u.	Verzicht des Landesherren

Jahr Quelle	Inhalt der Urkunde über Grundbesitz	Art und Verwaltung des Grundbesitzes
159	Entzgelershof zu Wichheim im Kirchspiel Merheim, zusätzlich Stiftung von 2 Erbmemorien	auf Abgaben
1392 UMG 160	Joh. v. Lysenkirchen, can. MG., bestätigt Belehnung mit Stiftshöfen in Merheim u. Wichheim im Lande Berg, Memorie für Hzg. und Hzgin. v. Berg, bei Säumigkeit Karzer (Geistl. Abt.166, 101), Entscheidung bei Fehden: eb. Gericht; Kündigungsfrist: 1 Jahr	Bestätigung der Belehnung mit 2 Stiftshöfen, Lehnsbrief
1392 UMG 161	Pfründentausch in Abwesenheit des EB's durch Offizial Joh. de Cervo	Pfründentausch
1396 UMG16 2	Bestätigung der Verpachtung des Stiftshofs zu Bliesheim durch MG mit hohem u. niederem Gericht, Vogtei, Schultheißenamt, Mühle, Einkünfte, Weiden, Fischerei, Wasserrecht, Wald, Groß- u. Kleinzehnt, alle Dienste, mit Zubehör, auch Überlassung des Hofes zu Muschenbach mit Zubehör, Ermäßigung der Pacht wg. Hausbau, Instandhaltung des Pachtobjektes, Wahrung von Mühlenrecht u. Mühlenpflicht, Hofleute u. Gerichtseingesessene: 3 Dingtage, Kündigungsfrist: 1 Jahr, Erben ohne Rechte, Teilnahme an Fehde nur auf Seiten des EB's	Verpachtung des Stiftshofs Bliesheim: Rechte u. Pflichten
1396 UMG 163	Pastor Johan Schüne verkauft MG sein Gut zu Dorslar für 900 schwere Gulden, Übergabe der Vorurkunden (U MG 145 ff.)	Verkauf eines Gutes
1397 UMG 164	Bestätigung des Verkaufs des Gutes in Dorslar durch Lupusbrüder an Pastor Johann in Geilrath. Als Lehnsherr belehnt Stift dessen Dekan-Stellvertreter Joh. Von Lysenkirchen	Bestätigung des o.g. Verkaufs
1399 UMG 165	Tilmann Schurmann, Priester, überträgt als Testamentsvollstrecker MG Kornzehnten, Weinzehnten u. übrige Zehnte mit Haus, Scheuer, Kelterhaus, Krugabgaben (krochengriffe), die der Verstorbener zu	Testamentsvollstreckung durch Lehnsherrn

Jahr Quelle	Inhalt der Urkunde über Grundbesitz	Art und Verwaltung des Grundbesitzes
	Heimersheim an der Ahr besaß. Aussteller: Abt v. Prüm als Lehnsherr des Gutes, Abt von Prüm belehnt im Beisein seiner Lehnsmannen MG. Ein can. als Lehnsmann gestellt.	
1400 UMG 166	Übertragung des Hofes Langel durch Wilh. v. Jülich, Herzog von Berg u. Ehefrau Anna als erbliches Mannlehen	Übertragung des Hofes Langel

11.2.1.2 Akten

v.d.Br.: s.d. [ca. 1310] A Mariengraden 41 S. 251-253
Heberegister der Einkünfte des Kapitels bzw. des Dekans von Mariengraden in
Westfalen: Eintragungen mit ergänzenden Urkunden vor und nach 1310.

Orte/Namen in Westfalen	Eintragung im Heberegister mit ergänzenden Urkunden
Das **Kapitel** erhält von:	
Wengern	Zehnter u. Herbergsrecht für Dekan: 1166 U MG 9 S. 6: Zehnter: Vergleich EB Reinald von Dassel mit Leuten aus Wengern: 5 Talente in Dortmunder Währung als Getreideabgabe u. Kleinzehnt, Abgabenpflichtige: Leute aus Altendorf (Winmarus) 1179 U MG 10 S. 7: Dekan Gerardus stiftet 2 Schilling für Kleidung der Brüder
Wattenscheid	Zehnter und Herbergsrecht für Dekan Herminus n. 1434 Geistl. Abt. 166 a Bl. 77 S. 288: Zahlungen in Westfalen
Buer	Zehnter und Herbergsrecht für Dekan: Abgabenpflichtiger: Henricus n. 1434 Geistl. Abt. 166 a Bl. 171 S. 294 Zehnter zu Buer
Dorstfeld	Zehnter von Dortmunder Bürgern für Maternusaltar und Dekan 1179 U MG 10 S. 7: Dekan Gerardus für Kleidung der Brüder 5 Schilling 1284 Farr. Gel. IV 204 S. 360: Rat von Dortmund bezeugt:

263

Orte/Namen in Westfalen	Eintragung im Heberegister mit ergänzenden Urkunden
	Dekan Pelegrinus Überlassung an Zehntpflichtige gegen Zins: Geld, Gerste, Hafer, Hühner
Fröndenberg	Zisterzienser-Konvent vom Hof 10 Schilling Dortmunder Denare nach 1434 Geistl. Abt. 166 a Bl. 77 S. 288: Zahlungen in Westfalen aus dem Archidiakonat Dortmund
Hemmerde	Pleban zu Hemmerde: 5 Mark Denare für Großzehnt u. 5 Schilling Kleinzehnt nach 1434 Geistl. Abt. 166 a Bl. 77 S. 288: Zahlungen aus dem Archidiakonat Dortmund
Osttünnen	in Pfarrei Rhynern, für Zehnten u. für Herbergsrecht des Dekans Abgabenpflichtiger Gerardus de Wickede 1282 (1281) U MG 23 S. 14: Richter von Hamm bestätigte Zehnt in Osttünnen, Kauf von Goswin, Gastrecht für Stift 1303 U MG 38 S. 20: Verkauf einer Rente aus Zehntem zu Ost- tünnen, Besitz nach Lehnrecht 1303 U MG 39 S. 21: Verkauf einer Rente aus Zehntem 1341 U MG 82 S. 41: MG-Beschwerde: Knappe Gerardus de Galen schuldet 6 Mark aus Zehntem zu Osttünnen 1343 U MG 84 S. 43: Ritter Gerardus bestätigt Belehnung mit Zehnt aus Osttünnen: 1358 U MG 106 S. 54: Witwe des Gerardus bestätigt Beleh- nung mit Zehntem aus Osttünnen 1375 U MG 137 a S. 67: Witwe Herzeloye bestätigt Beleh- nung mit Zehntem zu Osttünnen 1375 U MG 137 b S. 68: Verpflichtung zur Zahlung eines Herbergsrechts nach 1434 Geistl. Abt. 166 a Bl. 77 S. 288: Zahlungen aus Westfalen
Westtünnen	Zahlung für Zehnten in Westtünnen in derselben Pfarrei 2 Dortmunder Mark durch Everardus de Herburne s.o. 1341 U MG 82 S. 41

Orte/Namen in Westfalen	Eintragung im Heberegister mit ergänzenden Urkunden
	s.o. 1343 U MG 84 S. 43 1350 U MG 99 S. 50: Verzicht auf Belehnung durch MG für Zehnten in Westtünnen, Vorschlag für Nachfolger 1355 U MG 103 S. 52: Knappe Ludolphus bestätigt Belehnung mit Zehntem zu Westtünnen, *gewerf* gleiche Summe nach 1434 Geistl. Abt. 166 a Bl. 77 S. 288: Zahlungen aus Westfalen
Vöckinghausen	30 Schilling von Bernardus Lupus für Zehnten und Herbergsrecht nach 1434 Geistl. Abt. 166 a Bl. 77 S. 288: Zahlungen aus Westfalen
Böckenförde	in Pfarrei Erwitte: Kapitel Soest Zahlung für Zehnten u. Herbergsrecht 1231 U MG 13 S. 8: Verzicht auf Zehnten in Böckenförde, Übertragung des Zehnten an can. Jacobus des Stiftes Soest nach 1434 Geistl. Abt. 166 a Bl. 77 S. 288: Zahlungen aus Westfalen
Haus Heiliggeist zu Soest	Zehnter und 2 Herbergsrechte für Dekan = 6 Schillinge 1179 U MG 10 S. 7: für Kleidung der Mitbrüder 3 Schilling oder einen Dienst 1231 U MG 13: S. 8 Übertragung Zehnt auf can. des Stiftes Soest
Konvent Himmelpforten (de porta celi)	Pachtzins 18 Schilling, 4 Dortmunder Denare nach 1434 Geistl. Abt. 166 a Bl. 77 S. 289: Zahlungen aus Westfalen
Brockhausen	Eppynch, Soester Bürger, 25 Schilling in Kölner Währung 1075 U MG 2 S. 2: Gut Brockhausen: EB Anno von Sigehardus *cancellarius* erhalten 1244 U MG 14 S. 9 Verzicht auf Gut Brockhausen, für MG Anerkennung des Eigentumrechts 1279 U MG 22 S. 13: Henricus de Winda, Bürger v. Soest erhält Güter von Brockhausen gegen jährlichen Zins 1286 U MG 26 S. 15: Gertrudis de Winda empfing Gut zu Brockhausen für Zins in Erbrecht 1292 U MG 29 S. 16: Eppnich, Bürger v. Soest, erhält Güter zu Brockhausen auf Erbrecht mit jährlichem Zins

Orte/Namen in Westfalen	Eintragung im Heberegister mit ergänzenden Urkunden
	1319 U MG 56 S. 29: Entscheidung des Kölner Offizials im Streit bei Säumigkeit um Zins nach 1434 Geistl. Abt. 166 a Bl. 77 S. 289: Zahlungen aus Westfalen
Oedingen, Schönholthausen, Kirchhundem, Kirchveischede	Theodericus, gt. Rump, Ritter, vom Zehnten in der Pfarrei Elspe 10 Mark Attendorner Denare, nach 1434 Geistl. Abt. 166 a Bl. 77, S. 289: Zahlungen aus Westfalen
Affeln, Tiefenbach, Schönholthausen	Tilmannus gt. Crane, Groß- und Kleinzehnt in Geld u. Getreide: 2 Schilling Attendorner Denare
Elspe	Rutgerus de Oysterindorp: 4 Schilling Attendorner Denare
Isingheim	vom Zehnten zu Isingheim 6 Denare auf Jacobi
Attendorn	Tilmannus in Angulo vom Zehnten in Drolshagen
Der **Dekan** erhält von:	
Hof Reken- hardinchoven	Geld in Soester, Osnabrücker oder Dortmunder Währung ca. 1310 A MG 41 S. 253 Pfarrei Rhynern für Zehnten auf Lamberti in Dortmunder Währung: 8 Schilling 4 Denare Dortmunder Währung 1232 U MG 23 S. 14: Bestätigung des Zehnten im Kirchspiel Rhynern auf 11 Jahre, Zahlung jährlich, Zehnter von Goswin de Hofstat gekauft, Gastrecht für Stift oder 3 Dortmunder Schillinge 1350 U MG 99 S. 50: Verzicht d. Knappen Johannes auf Zehnten in Rhynern zugunsten von 2 Bürgern aus Hamm 1375 U MG 137 a S. 67: Dekan Tilmann belehnt Herzeloye, Witwe mit Zehnten in Rhynern 1375 U MG 137 b S. 68: Herzeloya bestätigt Zehnt in Rhynern
Wambeln	3 Schilling Dortmunder Denare auf Lamberti 1304 U MG 40 S. 21: Dotierung des Altars mit 15,5 Joch bei Wambeln
Afferde	in Pfarrei Unna 3 Schilling Dortmunder Denare auf Lamberti nur 1310 A MG 41 S. 253
Obermassen	in Pfarrei Unna: 3 Schilling in Dortmunder Denare für Zehnten nur 1310 A MG 41 S. 253
Kamen	vom Hof des Grafen von der Mark 4 Schilling in Dortmun-

Orte/Namen in Westfalen	Eintragung im Heberegister mit ergänzenden Urkunden
	der Währung für Zehnten 1179 U MG 10. S. 7: Dekan Gerardus für Kleidung der Brüder 6 Schillinge 1293 U MG 31 S. 17: in 6 Kirchen und in Reinoldi Besetzungsrecht durch Dompropst 1341 U MG 82 S. 41: Verpflichtung zum Einlager in Kamen bei Zahlungssäumigkeit, Beschwerde über Knappen
Pfarrei Kamen	vom Hof des Grafen von der Mark 4 Schilling in Dortmunder Währung für Zehnten auf Lamberti s.o. U MG 10, 31, 82: 1179, 1293, 1341
Hamm	2 Schilling in Pfarrei Camen 1303 U MG 38 S. 70: Verkauf einer Rente von 2 Soester Mark aus Zehnten in Osttünnen 1341 U MG 82 S. 41: s.o. 1293
Lütgendortmund	Pfarrei Parva Tremonia vom Hof Delewich 4 Schilling Dortmunder Denare 1293 U MG 31 S. 17: in 6 Kirchen u. in Reinoldi Besetzungsrecht für Dompropst
Lünern oder Büderich	10 Schilling in Dortmunder Währung und im Schaltjahr Herbergsrecht nur 1310 A MG 41 S. 53
Dortmund	Kirche St. Reinoldi: 20 Schilling *de laterculis* (= Ziegelsteine?) 1262 U MG 16 S. 10: Besetzung mit Stiftsmitglied von MG 1293 U MG 31 S. 17: Besetzungsrecht des Dompropstes 1319 U MG 55 S. 28: Errichtung einer neuen Kirche bei St. Reinoldi 1334 U MG 73 S. 37: EB von Köln beauftragt Schöffen von Dortmund mit Dotierung der Petrikirche
Hemmerde	5 Mark aus Großzehnt: 35 Schilling für Kapitel u. 25 Schilling für Dekan und Herbergsrecht im Schaltjahr 1293 U MG 10 S. 7: Dekan Gerardus stiftet 6 Schillinge für Kleidung der Brüder

Das Heberegister ist in zwei Abschnitte gegliedert: Einkünfte des Kapitels und Einkünfte des Dekans von Mariengraden nach Orten in Westfalen.

Einkünfte des Kapitels:

Wengern: Aus dem vergebenen Zehnten des Stifts erhält das Kapitel von Winmarus de Aldendorp 8 Dortmunder Mark weniger 2 Schilling und 3 Schilling für das Herbergsrecht an den Dekan, die er für die Visitation von Wengern erhält. In den ergänzenden Urkunden von 1166 wird eine Streitschlichtung zwischen den Leuten von Wengern und dem Stift durch Erzbischof Reinald von Dassel aufgezeigt:[491] Die Abgabe aus dem Zehnten wird auf 5 Talente in Dortmunder Währung als Getreideabgabe und der Kleinzehnt festgelegt. Die Abgabe wird hier begründet. Für 1179 wird angemerkt, dass der Dekan aus der Abgabe 2 Schilling für die Kleidung der Brüder stiftet.[492]

Wattenscheid: Herminus zahlt eine Abgabe aus dem Zehnt von 6 Mark 8 Schilling Dortmunder Denare und 3 Schilling für das Herbergsrecht an den Dekan auf Lamberti. Dies wird auch in den Zahlungen aus dem Archidiakonat Dortmund erwähnt.[493]

Das gleiche Abgabeverfahren wie in Wattenscheid aus dem Zehnten wird festgesetzt bei Buer, Vöckinghausen und Haus Heiliggeist zu Soest, jedoch mit zwei Herbergsrechten. Bei Oedingen (usw.), Affeln (usw.), Elspe, Isingheim und Attendorn fehlt jedoch eine Abgabe zum Herbergsrecht des Dekans. Für weitere Orte gibt es abweichende Eintragungen von Einkünften für das Kapitel:

Dorstfeld: Dortmunder Bürger zahlen aus dem Zehnten 5 Mark Dortmunder Denare für den Maternusaltar und die Abgabe des Kleinzehnts für den Dekan auf Lamberti; in ergänzenden Quellen wird die Verwendung der Abgabe für die Kleidung der Brüder hinzugesetzt. 1284 überlässt der Dekan Pelegrinus den Kleinzehnt in Dorstfeld an Zehntpflichtige gegen Zins: Geld, Gerste, Hafer, Hühner und Gänse.[494]

Hemmerde: Der Pleban zu Hemmerde zahlt 5 Mark Dortmunder Denare für den Großzehnt und 20 Schilling für den Kleinzehnt (cf. Zahlungen aus dem Archidiakonat Dortmund).

---

[491] v.d.Br. MG 1 1166 U MG 9.
[492] v.d.Br. MG 1 1179 U MG 10.
[493] v.d.Br. MG 1, nach 1434 Geistl. Abt. 166 a Bl. 77 S. 288.
[494] v.d.Br. MG 1, Farr. Gel. IV 204, S. 366.

Osttünnen: In der Pfarrei Rhynern zahlt der Abgabenpflichtige Gerardus de Wickede 3 ½ Dortmunder Mark für den Zehnten. In den ergänzenden Quellen von 1282–1350 erfolgt eine Bestätigung der Abgabenvereinbarung: Verkauf einer Rente aus Zehntem und verschiedene Neubelehnungen (cf. Zahlungen aus dem Archidiakonat Dortmund).

Westtünnen: In der Pfarrei Rhynern zahlt Everhardus de Herburne 2 Dortmunder Mark für den Zehnten. Die ergänzenden Urkunden von 1350–1355 bringen Verzicht und Neubelehnungen (cf. Zahlungen aus dem Archidiakonat Dortmund).

Für **Böckenförde** gilt die Abgabe von 30 Schilling Dortmunder Denare für den Zehnten in der Pfarrei Erwitte. 1231 wird auf den Zehnt verzichtet und die Abgabe auf einen Kanoniker Jacobus des Stiftes Soest übertragen. In **Fröndenberg** zahlt der Zisterzienser-Konvent vom Hof 10 Schilling Dortmunder Denare Pachtzins (cf. Zahlungen aus dem Archidiakonat Dortmund). Der **Soest**er Bürger Eppynch zahlt vom Hof Brockhausen 25 Schilling in Kölner Währung. 1244 werden die verschiedenen Vergaben in Pachtzinsen dokumentiert (cf. Zahlungen aus dem Archidiakonat Dortmund).

Einkünfte des Dekans:

Im zweiten Teil des Heberegisters sind die Einkünfte des Dekans niedergelegt. Aus dem Hof von Rekenhardinchoven erhält der Dekan einen Pachtzins in Soester, Osnabrücker oder Dortmunder Währung. Für die Pfarrei Rhynern werden für den Zehnten 8 Schilling und 4 Denare in Dortmunder Währung festgelegt. Die ergänzenden Urkunden zeigen von 1232 bis 1375 die wechselnden Leistungen und Abgaben verschiedener Zahlungspflichtigen. Für Wambeln, Afferde und Obermassen werden die verschieden Abgaben aus dem Zehnten aufgezeigt. Für den Hof des Grafen von der Mark in der Pfarrei Kamen sind 4 Schillinge in Dortmunder Währung zu zahlen. In den Ergänzungen wird 1179 festgelegt, dass der Dekan für die Kleidung der Brüder 6 Schilling bereitstellt, 1293 wird das Besetzungsrecht durch den Dompropst für 6 Kirchen und in Reinoldi formuliert und 1341 wird auf eine Zahlungssäumigkeit verwiesen. Die Pfarrei von Kamen erhält 4 Schilling in Dortmunder Währung für den Zehnten aus dem Hof des Grafen von der Mark. Für die Pfarrei Camen werden 2 Schilling in Dortmunder Währung und für Lütgendortmund vom Hof Delewich 4 Schilling Dortmunder Denare festgesetzt. Der Dekan erhält von den Pfarreien Lünen oder Büderich 10 Schilling in Dortmunder Denaren und im Schaltjahr das Herbergsrecht. Die Kirche St. Reinoldi in Dortmund entrichtet 20 Schilling. In den ergänzenden Mitteilungen werden 1262 die Besetzung mit einem Stiftsmitglied und 1293 das Besetzungsrecht des Dompropstes festgehalten. 1319 wird auf die Errichtung einer neuen Kirche bei St. Reinoldi hingewiesen. Der Erzbischof von Köln beauftragt die Schöffen von Dortmund, die Petrikirche zu dotieren. Hemmerde gibt von den 5 Mark aus dem Großzehnt 35 Schilling für das Kapitel und 25 Schilling für den Dekan und das Herbergsrecht im Schaltjahr. Der Dekan Gerardus stiftet 6 Schilling für die Kleidung der Brüder.

11.2.1.3 Repertoires und Handschriften

v.d.Br. S. 254–256: Memorienbuch des Stiftes St. Mariengraden ca. 1300–1400: Einkünfte, Abgaben, Zahlungen

Jahr Quelle	Eintragung im Memorienbuch von St. Mariengraden
ca. 1300 Rep.u. Hss. MG 1, Bl. 48 RS	Einkünfte des Stifts aus Bliesheim, Vernich, Elfgen, Meckenheim, Dorweiler, Flamersheim, Hockenbruch, Dottel, Weingärten bei Unkelstein von Volcmarus u. Petrus Ausgaben: Zinszahlungen an Erben des Ludewicus für Weingärten bei Unkelstein u. Steinhanc Abgaben: für Ludewicus de Arena für Ackerland zu Unkel, Ludewicus gt. Cruckemann an Stiftsschultheiß zu Unkel Baumeister des Stifts für Weingärten (Amt in Unkel) für Erben der Christine de Berge und Gobelinus, Glöckner von Winterhof Zahlungen um 1350 von Unkel an Stift
Bl. 49 RS	um 1350 Einkünfteregister von Heimbach mit Erwähnung des Hospitals von Heimbach, Hebamme (*obstirix*), Witwe, Personennamen als Zahlender Henricus für Besitz von Altenberg als Anlieger und Vorbesitzer der Weingärten, des Karzers, der Kapelle und Friedhof von MG und der Burg Forstenberg Einkünfteregister um 1360 über Stiftskurien (nur Häuser in Verwaltung des Stiftes) Haus bei Afrakapelle gegenüber Propstei, Dekanei und Häuser einzelner Kanoniker in Köln
ca. 1370 Rep. u. Hss. MG 2 Bl. 2	1396 Stift verspricht Mitkanoniker Hermannus de Castro für Stiftung von 100 rh G Erbrente von 4 rh G: 2 Memorien 100 rh G während Lebenszeit in Hand Hermanns, 4 rh. G vom Gut Dorsfeld 1395 Stift v. MG verpflichtet sich, für Johannes de Cervo für 480 Mark Einkünfte von 6 Maltern Weizen alljährlich am Todestag des Stifters und 6 anderen Festen Memorien zu feiern
Bl.2 RS	1404 Memorien zu Quatemberzeiten für Kleriker Wilhelmus de Herne, Stiftung: 60 Goldgulden 4 Gewölbe im Kirchenschiff und Restaurierung der Chorfenster für 228 Goldgulden 83 Goldgulden für Silbermonstranz, nicht veräußerbar

11.2.1.4 Faragines Gelenii

v.d.Br. S. 356–363, HAStK Bestand: 1039: 1061–1290

Jahr Quelle	Inhalt der Urkunde über Besitz	Art und Verwaltung des Besitzes
1061 Farr. Gel. I 117 RS	Anno schenkt 10 Talente Gold für Bildtafel, Verpfändung von 3 Häusern wegen Mordes an Ministerialem	Schenkung
s.d.[1081-89] Farr. Gel. I 118	EB Seguinus an MG Rottzehnt einer Manse bei Morsdorf auf Veranlassung eines Kanonikers, der gt. Manse als Lehen hat	Rottzehnt aus Lehen
1063 Farr. Gel. I 118 RS	Kg. Heinrich IV. auf Veranlassung des EB`s von Hamburg, von Magdeburg, Bischofs von Halberstadt und besonders EB`s Anno geben den 9. Teil des Reichsschatzes an Kölner Kirche, vor allem Klöster dieser Kirche für Memorien	königliche Memorienstiftung
1090 Farr. Gel. I 120	EB Hermann III.: Streitschlichtung zw. MG und Brauweiler wegen Klotten: Brauweiler behält Klotten und MG erhält Güter in Unkelbach, ½ Arpent zu Remagen, 1 Hufe = 5 Schilling, 18 Schillinge zu Voerendal, gesamter Besitz zu Enkirch, sowie 9 Arpent zu Senhals	Streitschlichtung: MG erhält Ausgleich über Verzichtgelder, Rückerstattung
1084 Farr. Gel. I 120 RS	EB Sigewinus überträgt vom Vorgänger Anno MG zu Bedingungen als Wachszinsige jährlich 2 Denare, bei Todesfällen Bestgewand	wachszinsige Geldleistung
1143 Farr. Gel. I 124 RS	EB Arnold bestätigt Stiftung des Volmarus für Seelenheil: 17 Joch, 10 Malter Weizen zur Aufbesserung der Pfründen von MG, nach Tod des Stifters: 4 weitere Joch, die 11 Malter einbringen	Schenkung zur Aufbesserung der Pfründen
1209 Farr. Gel. I 126 RS	Schenkung des Wildbanns in Wäldern zu Kalenburne und Rolandswerth durch Graf v. Kleve, fügt zu eigenem Seelenheil Rottzehnt zu Kaldenburne hinzu zur Vermehrung der Propsteigüter	Schenkung des Rottzehnts
1209 Farr. Gel. I 127	Graf Theodericus von Kleve schenkt für Seelenheil Wildbann im Wald Kalenburne und auf Gütern in Rolandswerth	Schenkung des Wildbanns

Jahr Quelle	Inhalt der Urkunde über Besitz	Art und Verwaltung des Besitzes
s.d.[1169-79] Farr. Gel. I 127 RS	Propst Hugo = Domdekan gibt zur Besserung der Kanonikalpraebenden an Stift *servitium* des Hofes Blissime, das er für 20 Mark von Lambertus de Blissime zum Pfand erhielt, ein Lehen von Hermannus de Hengebach, bei Einlösung des *servitium* nach Hugos Tod Geld an MG	Lehen als Pfand
1158 Farr. Gel. I, 130 RS	Chirograph: Kloster Königsdorf erhält Gut Kunrode gegen Zahlung von 5 Schilling	Abgabe für Gut
1336 Farr. Gel. IV 200	Vernachlässigung der Zahlung eines jährl. Zins in Dorweiler und Isweiler wegen Unwetters bei Graf Wilhelm von Jülich, gräfliche Beamte mit Schöffen von Hochkirchen führen eine Untersuchung durch	Überprüfung der Zahlungssäumigkeit
1284 Farr. Gel. IV 204	Rat von Dortmund bezeugt: Dekan Pelegrinus hat Kleinzehnt den Zehntpflichtigen überlassen: Geld, Gerste, Hafer, Hühner: 7 Schilling 9 Denare in Dortmunder Währung	Bestätigung des Kleinzehnts für Zehntpflichtige
1283 (1282) Farr. Gel. IV 204 RS	Abschichtungsvertrag: Überweisung an Propst: Hof Götzenkirchen mit Zubehör und Kirchenpatronat, 30 Malter Zehntweizen von Palmersheim und 26 Malter von Elfgen, Zehnte zu Gartzweiler u. Schirk: 44 Malter Weizen in Kölner Maß, Dekanie Zülpichgau, Oboedienzen in Schwelm, Kaltenborn, Dottel, Sindorf, das *officium* in Lipp und Much, die Oboedienz in Vernich, die Thesaurie und die Pfründe des Steinmetzen werden vom Propst Mitkanonikern übertragen, der Propst behält die Vasallen von altersher, alle bisherigen Rechte, Besitzungen und Ämter des Propstes kommen dem Dekan u. Kapitel zu	Propsteigut und Abschichtung zugunsten des Stifts
1260 Farr. Gel. IV 206 RS	Graf Wilhelm von Jülich verzichtet vor EB auf Lehen, Vogtei Bliesheim gemeinsam mit Lehnsträger zugunsten MG	Lehnsverzicht zugunsten MG
1251	Graf v. Berg überlässt MG Allod Longerich, zuvor im	Tausch von

Jahr Quelle	Inhalt der Urkunde über Besitz	Art und Verwaltung des Besitzes
Farr. Gel. IV 209	Besitz des Bruders des Kölner Vogtes Gerardus, Godefridus erhält Allod zu Konradsheim	Gütern
1251 Farr. Gel. IV 209	Verzicht auf alle Rechte an einer Manse zu Longerich, Übertragung für Geldzahlung	Übertragung für Geldzahlung
1285 Farr. Gel. IV 210	Theodericus verkauft die Vogtei über den Hof von MG zu Elfgen, Vogtei vom Lehnrecht befreit Ersatz: Zinszahlung, Ackerland	Auflösung von Vogtei unter Lehnrecht
1260 Farr. Gel. IV 211	Vogtei Bliesheim, von Aussteller (Graf v. Jülich) zu Lehen, an MG verkauft	Verkauf der Vogtei Bliesheim an MG
1260 Farr. Gel. IV 211	EB Konrad bestätigt Verkauf von Vogtei Bliesheim, vom Grafen Jülich zu Lehen Lehnsherr von Jülich bestätigt Verkauf	Bestätigung des Verkaufs der Vogtei
1290 Farr. Gel. IV 214	Entscheidung des Kölner EB's im Streit mit Rat von Dortmund: MG: St. Reinoldi u. Altäre in Kirche, Patronat Bürger v. Dortmund: Anspruch auf Patronat über Pfarrkirchen S. Marien u. S. Nikolai	Regelung der Patronatsrechte

11.2.1.5 Drei Zinsroteln des Hofes Elfgen
v.d.Br. 1300–1314 Geistl. Abt. 166 b S. 295–297

Rotel von 1300 mit den Namen der Zinspflichtigen

Die Namen von vier Zinspflichtigen sind in der unvollständigen Rotel erwähnt: Franco von Elfgen, Ronkinus, Druda und Gertrudis. Nur bei Franco wird die Zinspflicht auf Getreide und Ackerland festgelegt (*de maldris, de inurnalibus*). Aus dem kurzen Stück des Pergaments lässt sich keine Systematik erschließen, weder terminlich noch geographisch.

Rotel von 1314 mit Nennung der Zahlungspflichtigen

Die Zinsrotel II von 1314 weist 95 Eintragungen namentlich vom Stiftshof Elfgen auf, einige Namen werden mehrfach genannt. Zahlungspflichtiger ist ein Synonym für Zinspflichtiger oder, weiter gefasst, eine Pflicht zur Abgabe von Renten und Zinsen, Naturalien und bestimmte Zinszahlungen (*pensiones pro preposito*).[495] Franco de Elveke wird als einziger Zahlungspflichtiger aus der Zinsrotel I (1300) mit Sicherheit in die Rotel II (1314) übernommen. Der Wechsel von dem ursprünglichen Zahlungspflichtigen zu einer neuen Person in Abhängigkeit wird angezeigt:

> *Tabbardus*[496] *nunc frater Johannes de Odendorph domus Thetonice:* Tabbardus, *jetzt* Johannes aus Odendorf (Elfgen/Rheinbach), Bruder im Deutschen Orden.

Der Zusatz *nunc* zeigt den Wechsel des Zahlungspflichtigen an.[497] Bei Namen und Wechsel werden häufig die Verwandtschaftsverhältnisse zugefügt: *filius, filia, pater, relicta, liberi*. Die Namen stehen im Zusammenhang mit einem Personenverhältnis oder Amt:[498] *Wernerus de Gosdorph miles*: der Lehnsmann Werner – *Renardus scabinus*: der Schöffe Renardus – *Godeschalcus famulus thesaurarii*: Godeschalcus, der Diener des Thesaurars – *Geradus de Wilre portenarius*: der Pförtner von Weiler (bei Euskirchen). Dem Stiftshof Elfgen zugehörige Orte[499] werden angegeben: Bollenberg, Weiler, Reisdorf, *parrochia de Overmarke:*[500] Kirchspiel Obermorken/Bergheim. Zahlungstermine werden für den Stiftshof selbst und die zugehörigen Mansen festgesetzt: auf Remigius (1. Oktober), in Elveke *in medio Maio*: in Elfgen Mitte Mai, auf *Martini in Wilre* (Weiler). Die Zinsrotel schließt mit neu erworbenen Zinszahlungen: *pensiones de novo comparatae.*[501]

Rotel von 1314 Februar 7

Die Zinsrotel III von 1314 weist die Namen der Zins- und Zahlungspflichtigen aus, die 1314 bereits ihre Abgaben geleistet haben. Die Kriterien für die Namensangabe stimmen mit denen aus der Zinsrotel II überein. Auffällig ist bei den 54 Eintragungen mit 46 Namen – sieben Namen zweimal und ein Name dreimal – die Vielzahl der Zweinamigkeit, während der Bezug auf Verwandtschaftsverhältnisse und zugehörige Höfe des Stiftshofes Elfgen zurücktritt. Vielleicht lässt sich durch diese

---

[495] v.d.Br. MG 1 1300–1314 Geistl. Abt. 166 b S. 296.
[496] v.d.Br. MG 1 1300–1314 Geistl. Abt. 166 b S. 295.
[497] v.d.Br. MG 1 15.–17. Jh. A MG 13 S. 224: Stiftsbezirk zu Elfgen mit häufiger Verwendung des „*nunc*".
[498] v.d.Br. MG 1 1300–1314 Geistl. Abt. 166 b S. 295.
[499] Oediger Liber valoris VIII 52 S. 61.
[500] v.d.Br. MG 1 1300–1314 Geistl. Abt. 166 b S. 296.
[501] v.d.Br. MG 1 1300–1314 Geistl. Abt. 166 b S. 296.

Zweinamigkeit, wenn sie nicht durch den Übergang von der Einnamigkeit zur Zweinamigkeit bedingt ist, eine genaue persönliche Zuordnung derer erzielen, die Abgaben bereits gezahlt haben. Ein Tausch in der geleisteten Abgabe (*facta computacione*) wird nur einmal erwähnt: von Godeschalk zur Gertrudis *relicta cum Wilhelmo*.[502] Fünf Namen sind Kirchspielen zugeordnet: Druda *in parrochia de* Fremersdorf,[503] Gobelinus *in parrochia de* Neurath,[504] Gertrudis et Christina *in parrochia de* Wevelinghoven,[505] *soror* Gerbernis *in parrochia de* Nuenhusen,[506] Roynginus *in parrochia* Overmarke.[507] Vergleicht man die Namenseintragungen – einige mehrfach – in der II. Rotel mit denen, die Abgaben bereits geleistet haben, so ergeben sich 25 Übereinstimmungen von Namen. Ein Name ist bereits in der I. Rotel erwähnt: Gertrudis de Presterrode.

Die drei Zinsroteln sind auf 37 cm, 220 cm und 85 cm Pergament geschrieben und aneinander genäht.

11.2.1.6 Kurmieten: Unkel, Bruchhausen, Rheinbreitbach, Erpel
v.d.Br. nach 1434 Geistl. Abt. 166 a, Bl. 16, S. 286

„Die *curmede* oder auch *Besthaupt* ist die Abgabe eines Abhängigen an den Herrn beim Tode in Form des besten Stücks Vieh (Pferd, Rind). Die Herleitung aus der Unfreiheit ist umstritten. Es besteht ein Zusammenhang zum kirchlichen Seelgerät, und zwar in dem Sinne, dass das Schutzverhältnis auch die Fürsorge nach dem Tode beinhaltete und sich von daher der Anspruch auf diese Leistung erklärte. Mit dem Wandel der Grundherrschaft und der Aufhebung persönlicher Dienstleistungen seit dem 12./13. Jahrhundert wurde die Besthauptleistung allgemein verbindlich ... Sie konnte – rein dinglich oder von der persönlichen Rechtsstellung her – begründet sein, als Besitzwechselabgabe oder Erbschaftssteuer verstanden werden ..."[508]

Bei Mariengraden wurden die Kurmieten in Form von Geld als Besitzwechselabgabe von den Erben gezahlt.[509] Das vorliegende Verzeichnis der Kurmieten ist nach den Orten Unkel, Bruchhausen, Rheinbreitbach und Erpel geordnet. Die 36 Namen der Abgabenpflichtigen für Kurmieten sind nur in dieser Quelle verzeichnet. Hinzu kommen 21 Lehen, die ebenfalls mit einer Besitzwechselabgabe belegt sind.

---

[502] v.d.Br. MG 1 1300–1314 Geistl. Abt. 166 b S. 296.
[503] Oediger Liber Valoris VIII 76 S. 63.
[504] Oediger Liber Valoris VIII 85 S. 64.
[505] Oediger Liber Valoris VIII 75 S. 63.
[506] Oediger Liber Valoris VIII 82 S. 64.
[507] Oediger Liber Valoris VIII 52 S. 61.
[508] Lexikon des Mittelalters Bd. I Sp. 2071 f.
[509] Beispiel: v.d.Br. MG 1 1264 U MG 18.

11.2.1.7 Urkunden aus Beständen anderer Archive

v.d.Br. S. 372–374, s.d.

[ca. 1250] mit Nachtr. [–1300] DiözA Urk AEK 8:

Verzeichnis von Einkünften des Mariengradenstifts zu Köln, angelegt vor Abschichtung der Propstei von 1283 März 24: Es zahlen bzw. leisten Dienste Güter in Meckenheim, Bliesheim, Elfgen, Demerath, Vernich, Enkirch, Götzenkirchen, Rommersheim, Rheder, Drees, Wittersheim, Ludendorf, Berzdorf, Odendorf, Osse, Weidesheim, Kuchenheim, Roitzheim, Billig, Stotzheim, Kastenholz, Arendorf.

1285 Sept. 5 Dortm. Stadt A U 720 S. 405 f., auch DUB I 172:

Auszug aus 55 Klageartikeln des Dekans von Mariengraden wegen des Streits um das Patronatsrecht über die Dortmunder Kirchen (in der Darstellung über den Patronatsrechtsstreit ausgewertet)

1378 DiözA Domarch. E II 2:

Memorien- und Einkünfteverzeichnis des Severinus-Altars und der übrigen Vikarien in Mariengraden aus einem alten Missale dieses Altars: Stiftungen und Memorien (vorwiegend innerstädtisch).

um 1400 Darmstadt LB Hs. 544 S. 404:

Evangeliar aus St. Mariengraden zu Köln, darin Bl. 152 RS/153: 18 Memorienstiftungen

1802 Städtische Akten: Franz. Verw. 1587 a:

Güterbesitz des Kapitels Mariengraden von der Gründung bis ca. 1400 in der Säkularisationsakte von 1802, ausgewertet im Kapitel über die Verwaltung des Grundbesitzes.

11.2.2 Grundbesitz und Rechte des Stiftes außerhalb Kölns: Regionale Verteilung, Rechtsformen und wirtschaftliches Handeln (bis ca. 1400)

Der rheinische und westfälische Grundbesitz in diesem Zeitraum und die damit verbundenen Rechte, Naturallieferungen und Geldleistungen sind den in den obigen Tabellen genannten Quellen (allesamt bei v.d.Br.) entnommen. Die Karte auf Seite 110 dieses Buches zeigt die Lage des Grundbesitzes. Die Hauptorte sind in alphabetischer Reihenfolge als Legende angeordnet und im Kartenbild durch Ordnungszahlen gekennzeichnet.

Im rheinischen Teil stehen im Mittelpunkt die Villikationen:[510] *curtis* des Grundherrn (Fronhof mit eingesetztem *villicus*) und die von ihm abhängigen Bauernstellen (*mansi*). Dem Grundherrn war das Hofgericht zugewiesen. Sieben Fronhöfe lassen sich im rheinischen Teil nachweisen: Hof Bliesheim (Ordnungszahl 3) - Hof Elfgen (11) - Hof Flamersheim (12) - Hof Meckenheim (21) - Hof Merheim rrh. (29) - Hof Niederheimbach (23) - Hof Vettweiß (30). Der Grundbesitz ballte sich linksrheinisch zwischen den Flüssen Niers, Erft und Ahr in Ville, Voreifel, Eifel und Ahrgebirge. Geringer Grundbesitz findet sich an der Mosel (Klotten) und am Rhein von Bonn bis Bacharach. Auf dem rechten Rheinufer lassen sich nur Merheim und Unkel nachweisen.

Der westfälische Grundbesitz war Streubesitz zwischen Lippe und Ruhr. Dortmund[511] und seine Kirchen spielten eine zentrale Rolle. Die Stadt, zum ersten Mal im 9. Jahrhundert erwähnt, besaß im Mittelalter einen Hof des Erzbischofs von Köln. Die Hauptpfarrkirche St. Reinoldi wurde von Erzbischof Anno Mariengraden mit Dekanie als Grundausstattung 1065/75 übertragen, ebenso das Dekanat Dortmund, das sich von der rheinischen Grenze bis zum Werler Salzbach erstreckte. Die Auseinandersetzung des Stifts mit Dortmund wird in einem gesonderten Teil (s.u.) dargestellt. Drei weitere Dortmunder Kirchen St. Marien (1170–1200), die Nikolaikirche von 1198 und die Pfarrkirche St. Petri von 1319 standen in engem Bezug und Abhängigkeit von der *ecclesia matrix St. Reinoldi*. Aussagen über den weiteren Grundbesitz von Mariengraden in Böckernförde, Brockhausen, Hemmerde, West- und Osttünnen, Wengern und Westrem lassen sich den Tabellen entnehmen.

Betrachtet man die Tabellen über den Grundbesitz und die Rechte des Stiftes Mariengraden außerhalb der Stadt Köln im Rheinland und in Westfalen, zusammengestellt aus den Beständen des Stadtarchivs Köln, nämlich Urkunden, Akten, Repertorien und Handschriften, Geistlicher Abteilung und den Farragines Gelenii, sowie Urkunden aus anderen Archivbeständen zusammen mit dem Dortmunder Urkundenbuch, so zeigt sich das Stift als ein Wirtschaftsunternehmen, in dem die Marktteilnehmer als Produzenten und Konsumenten von Waren und Dienstleistungen agieren. Will man einen Gesamtüberblick über die Verwaltung von Grundbesitz und Rechten geben, so bietet sich eine Zweiteilung an: Bis 1802 bestand das Aktivvermögen aller Kölner Klöster und Stifte zu 61,2 % aus Grund und Boden. Die Stifte bewirtschafteten den Grundbesitz entweder selbst, verpachteten ihn oder verfügten

---

[510] Villikation: Lexikon des Mittelalters Bd. VIII Sp. 1694 und Bd. IV Sp. 989–990.
[511] Dortmund: Lexikon des Mittelalters Bd. III Sp. 1326/1327.

über darauf liegenden Rechten.[512] Die Beziehung des Stiftes zu Dortmund wies schwerpunktmäßig andere Aspekte auf: kirchliche Rechte und das Patronatsrecht in Dortmund standen im Widerstreit von Stift und Dortmunder Bürgern. Zentrale Urkunden finden sich hierzu bei den Regesten von den Brincken; das Dortmunder Urkundenbuch[513] geht jedoch ins Detail. Eine Teilung des Gesamtüberblicks über das wirtschaftliche Handeln des Stiftes mit den Grundgütern einerseits und über die Auseinandersetzung der Dortmunder Bürger mit dem Stift aus kirchenrechtlichen und machtpolitischen Erwägungen andererseits bietet sich daher an.

Die geradezu akribische Haushaltsführung im Bereich des Grundbesitzes, die Zuordnung von Einnahmen und Ausgaben, fast eine moderne Budgetierung über Jahrhunderte lassen Wolfgang Rosen die Vermutung äußern, dass die Stiftsvorsteher vorher das Amt des *cellerarius* verwaltet haben.[514] Belege für diese These gibt es nicht. Trotz aller fragmentarischen Überlieferung lässt sich auch für die Jahrhunderte von der Gründung des Stiftes bis 1400 ein kenntnisreiches „Personal-Management" in den Urkunden des Grundbesitzes, in den Hebe- und Einkünfteregistern und in den Verpachtungsformen erkennen.

Schenkung

Bei der Gründung des Stiftes 1050 sind in den Urkunden Schenkungen von Grundbesitz und Rechten aufgeführt, die den wirtschaftlichen Unterhalt von Mariengraden sichern sollten. Schenkungen der Erzbischöfe Hermann II. und Anno II., von Pröpsten und Laien sind von 1062[515] bis 1179[516] belegt. Eine zentrale Aussage über Schenkungen bringt die Urkunde von 1075.[517] Die Quellenkritik sieht diese Urkunde als eine Zusammenstellung aus verschiedenen zeitlichen Abschnitten: Erzbischof Anno, einer Absicht von Erzbischof Hermann folgend, schenkte dem Stift die Höfe von Bliesheim, Vettweiß, Methel, Niederheimbach, Elfgen, Flamersheim und Güter im Aachengau. Ebenso schenkte er *sua sponte* aus der Prekarie der Königin Richeza Meckenheim, Demrath, Asselt und Klotten. Außerdem gab er dem Propst die Dekanie mit Bann im Zülpichgau. In Westfalen sind es das Gut Brockhausen bei Soest, der Zehnte in *Saxonia* und die *ecclesia matrix* in Dortmund mit Dekanie.[518] Die Schenkung des Fitherius mit Höfen und Hintersassen

---

[512] Mölich/Oepen/Rosen S. 224 f.

[513] Karl Rübel: Dortmunder Urkundenbuch (DUB). Dortmund 1881 (ND Osnabrück 1975).

[514] Wofgang Rosen, in: Klosterkultur und Rheinland S. 240 f.

[515] v.d.Br. MG 1 1062 U MG 1. Diese und weitere Fundstellen zum Thema sind in den Tabellen ausführlicher erläutert.

[516] v.d.Br. MG 1 1179 U MG 10.

[517] v.d.Br. MG 1 1075 U MG 2.

[518] Der Patronatsstreit um St. Reinoldi erhält weiter unten eine gesonderte Darstellung.

in Westrem und Elpe erfolgte 1062. 1091 übertrug Propst Hezelinus eine Hofstätte in Oberdiebach mit der ausdrücklichen Verfügung, diesen Hof als Lehen auszutun.[519] 1104 bestätigte Erzbischof Friedrich I., dass Menginherus de Randerode sein eigenes Gut in Horich[520] Mariengraden übertragen hat. Als Motive für die Schenkungen wird die Sicherung des Seelenheils der Stifter und ihrer Verwandtschaft hinzugefügt. 1062 und 1075 geben die Urkunden keinen Hinweis auf die Frage, ob das Stift den geschenkten Grundbesitz als Grundausstattung selbst bewirtschaftet hat oder eine Fremdbewirtschaftung anzunehmen ist. 1091 wurde die Weitergabe als Lehen ausdrücklich verfügt. Die gängige Praxis, Grundbesitz eines städtischen Stifts in Fremdbewirtschaftung zu übergeben, wird ausschlaggebend gewesen sein. Die häufige Übertragung an Mitkano-niker[521] lässt die Frage der Eigenbewirtschaftung oder Fremdbewirtschaftung ebenso offen. Wirtschaftliche Erwägungen sprechen eher für eine Fremdbewirtschaftung. Drei Formen der Verwaltung des Grundbesitzes lassen sich aus den Urkunden ablesen: die Leihe, die Pacht, der Kauf und der „Verkauf".

Leihe

Die Leihe[522] ist die Weitergabe von Grundstücken unter bestimmten Bedingungen. Der Begriff der Leihe ist dem Lehnsrecht entnommen. Das Lehnsrecht kennt die höhere Form der Leihe als persönliches Treueverhältnis mit Kommendation, Handgang, Treueid und Lehen. In den Urkunden von Mariengraden lässt sich mit Sicherheit nur die niedere Leihe im bäuerlichen und städtischen Bereich aufzeigen: Alle an einem Grundstück haftenden Nutzungsrechte werden vom Eigentümer auf Leihenehmer übertragen. Der Beliehene erhält eine eigentumsrechtliche Position. Das Lehnrecht wird zur Form des Bodennutzungsrechts.[523] Unter Zurückdrängung des personalen Elements wird das Lehnsrecht verdinglicht. In 21 Urkunden und den Farragines Gelenii werden im Zeitraum von 1091 bis ca. 1400 Begriffe des Lehnsrechts „eingeflochten".[524] Dies gilt auch für die Urkunden bis zur Auflösung des Stiftes 1802. Die Aufnahme von Begriffen des Lehnsrechts – einen zusammenhängenden Lehnsbrief gibt es nicht – geschah vom Kapitel sicherlich mit Absicht: Zum einen werden Form und Herkunft der Leihe deutlich, zum anderen lässt sich ein Hinweis zum Treueverhältnis gegenüber Mariengraden ableiten. Ein Hinweis auf eine Systematik in der Anwendung ist nicht erkennbar, wenn man davon ab-

---

[519] v.d.Br. MG 1 1091 U MG 3.
[520] v.d.Br. MG 1 1104 U MG 4. Der Ort Horich ist geographisch nicht festlegbar.
[521] Beispiele: v.d.Br. MG 1 1279 U MG 33 a/b, 1316 U MG 51, 1320 U MG 58.
[522] Lexikon des Mittelalters Bd. V Sp. 1856 f.
[523] Lexikon des Mittelalters Bd. V Sp. 1809.
[524] v.d.Br. MG 1 1091 U MG 3; U MG 12, 19, 20, 27, 38, 67, 83 a, 84, 97, 99, 103, 106, 132, 137a, 139, 160, 164, 165; 1400 U MG 166; auch Farr. Gel. IV 206 RS u. 211.

sieht, dass lehnsrechtliche Begriffe sporadisch bei geistlichen oder weltlichen Fürsten und den Orten West- und Osttünnen auftreten.

An acht Urkunden werden die Nachweise über die Verwendung lehnsrechtlicher Begriffe gezeigt:

1091 schenkt der Propst einen Hof in Oberdiebach und verfügt die Weiterabe als Lehen und setzt die Zahlungen der Lehnsträger fest.[525]

1220 übergibt Propst Henricus zwei Lehnsmannen in Westfalen mitsamt Erben und Nachfolgern ein Lehen, wie er selbst es hatte. Die Bezeichnung des Lehens fehlt in der Urkunde.[526]

1287 Das Kloster Kottenforst verkauft wegen Verschuldung bei Juden und anderen den Hof bei Palmersheim mit 90 Joch Ackerland, den es gegen Zins zur Leihe von Mariengraden hatte.[527]

1343 Ritter Gerardus bestätigt die Belehnung mit dem Zehnten zu Osttünnen gegen Treueid. Neben den Abgaben werden drei Mark 6 Schillinge in Soester Währung als *gewerf* bei Mannfall angegeben.[528]

1348 Abt Conradus von St. Pantaleon genehmigt als Lehnsherr die Belehnung des Kanonikers Johannes de Templo in Gegenwart mehrerer Lehnsmannen.[529]

1392 Johannes von Lyskirchen, Kanoniker von Mariengraden, bestätigt die Belehnung mit Stiftshöfen zu Merheim und Wichheim mit inseriertem Lehnsbrief.[530]

1397 Der Verkauf des Gutes zu Dorsfeld durch die Lupusbrüder wird bestätigt. Der Lehnsherr belehnt das Stift Mariengraden zu Köln mit dem Kaufobjekt.[531]

1399 In einer Testamentsvollstreckung für einen verstorbenen Kanoniker wird Mariengraden im Beisein von einem Lehnsmann mit einem Gut zu Heimersheim belehnt.[532]

---

[525] v.d.Br. MG 1 1091 U MG 3.
[526] v.d.Br. MG 1 1220 U MG 12.
[527] v.d.Br. MG 1 1287 U MG 27.
[528] v.d.Br. MG 1 1343 U MG 84.
[529] v.d.Br. MG 1 1348 U MG 97.
[530] v.d.Br. MG 1 1392 U MG 160.
[531] v.d.Br. MG 1 1397 U MG 164.
[532] v.d.Br. MG 1 1399 U MG 165.

Pacht[533]

Die Pacht ist eine Form der freien Bodenleihe, eine frei und individuell ausgehandelte Vereinbarung, die zwischen einem Verpächter und einem Nutzungsberechtigten auf der Basis weitgehender Gleichberechtigung geschlossen wird. *Pactum, conductio* und *locatio* sind die *termini* für das gesamte Rechtsverhältnis und den Pachtzins. Es ist ein zeitlich begrenztes Nutzungsverhältnis bei landwirtschaftlich nutzbaren Grundstücken und Weingärten. Bei Mariengraden finden sich die Formen der Erbpacht, der Pacht auf Lebenszeit, vor allem aber die Zeitpacht. Im Pachtvertrag sind die Partner Mariengraden als Verpächter und Einzelpersonen sowie Personengruppen als Pächter. Die Pachtzinsen werden in unterschiedlichen Kombinationen angegeben: Geld, Getreide, Vieh, gewerbliche Produkte, dazu festgelegte Abgaben zur Anerkennung der Gerichtsbarkeit. Mariengraden präferierte bis zur Säkularisation in fünf von acht Pachtverträgen Naturalabgaben.[534] Waren die Pachtverträge kurzfristig abgeschlossen, so weist dies auf intensiv betriebene und gewinnorientierte Landwirtschaft hin. Pachtvertäge ohne lehnsrechtliche Elemente und Hinweise auf die dingliche Leihe sind bei weitem in der Überzahl. Daher werden einige Pachtverträge mit den Schwerpunkten Zins, Zahlungsmodalitäten und Verfahren bei Zahlungssäumigkeit hier dargestellt.

1264[535] kauft das Stift bei Frixheim Güter auf und vergibt diese wieder in Erbrecht gegen Pachtzins. Im Todesfall fällt das Pachtobjekt an das Stift zurück. In den meisten Fällen wurde das Pachtobjekt gegen Zahlung einer *curmede*, einer Erbschaftssteuer – hier 30 Denare – weiter an die Erben verpachtet. Die Weiterverpachtung war so häufig, dass Mariengraden Verzeichnisse der Kurmieten angelegt hat. In diesen Kurmietenverzeichnissen[536] sind die Orte (hier: Unkel, Bruchhausen, Rheinbreitbach, Erpel) der verstorbenen Pächter und die Namen der neuen Pächter angegeben. Dazu sind die Bezeichnungen der Güter mit dem Zusatz Lehen gekennzeichnet: „*Lutzen* Lehen, *Aldes* Lehen, *Dornichs* Lehen ..." sowie weitere 18 Lehen. Wird das Pachtobjekt zu gleichen Bedingungen an die neuen Pächter vergeben, so ist an das Kapitel ein *gewerf*, hier 5 Schilling, meist eine geringe Summe zu zahlen.

1279[537] gibt eine Pachturkunde Auskunft über das immer wiederkehrende Verfahren bei Zahlungssäumigkeit: Der Zahltermin ist meist der 15. August. Ein solcher Termin ist nicht willkürlich gewählt, sondern ergibt sich aus dem Erntetermin. Bei Säumigkeit am 15.8. verdoppelt sich der Zins. Bei einem Zinsrückstand von einem

---

[533] Lexikon des Mittelalters Bd. VI Sp. 1607/08.
[534] Rosen a.a.O. S. 236.
[535] v.d.Br. MG 1 1264 U MG 18.
[536] v.d.Br. MG 1 nach 1434 Geistl. Abt. 166 a, Bl. 16 S. 286.
[537] v.d.Br. MG 1 1279 U MG 22.

Jahr fällt das Pachtobjekt mit allen Anrechten an Mariengraden zurück. Ein Pächterwechsel wird fällig und der neue Pächter zahlt 1 Mark *gewerf*. Das Säumigkeitsverfahren wird bei der Übertragung des Hofes zu Merheim 1279 an einen Mitkanoniker geregelt:[538] Bei Säumigkeit wird er im Kreuzgang des Stiftes ermahnt, dann folgt das Einlager für den Mitkanoniker und seine Bürgen im Stift. Die Zahlungssäumigkeit bzw. die Verweigerung der Zahlung des Pachtzinses werden oft mit „Hagel und Misswuchs" begründet. 1346[539] verweigern die Zinsleute von Dorweiler die Zahlung. Das Stift ordnet eine genaue Untersuchung an: Die Schöffen von Nörvenich entscheiden auf Zahlung an Mariengraden. Wilhelm, Markgraf von Jülich, bestätigt den Spruch der Schöffen von Nörvenich. Bei Streitschlichtung zog das Stift oft weltliche Instanzen heran.

Aus dem Jahre 1368 ist ein ganzes Verfahren gegen den Knappen Wilhelmus wegen mehrjährigen Pachtrückstands für den Hof von Klein-Vernich dargestellt.[540] Obgleich rechtlich der Rückfall an Mariengraden gegeben ist, nutzt der Knappe den Hof weiter. Mariengraden bestellt den Dekan von St. Kunibert zum Richter und Privilegienbewahrer im päpstlichen Auftrag. Der Knappe wird vorgeladen. In einer Sonderversammlung des Kapitels bestellt das Stift einen Prokurator im Prozess. Der Knappe wird wegen zweijährigen Zinsrückstandes zur jährlichen Zahlung von 18 Maltern Roggen verurteilt. Wegen unrechtmäßiger Beibehaltung des Pachtobjektes wird das Urteil veröffentlicht.

1375 werden die Güter zu Waldorf und Bornheim auf Lebenszeit verpachtet.[541] Neben der Verpflichtung zur baulichen Unterhaltung und Düngung der Weingärten wird der Schadensersatz im Falle von Brandstiftung oder Krieg, gerichtet gegen den Pächter oder die Stadt Köln, geregelt. Der Pächter hat in diesem Fall Schadensersatz zu leisten. Wenn sich aber Brandstiftung oder Krieg gegen das Stift richten, ohne dass die Pächter rechtzeitig unterrichtet wurden, entfällt die Pflicht zum Schadensersatz.

Neben der Zinszahlung bringen die Pachtverträge weitere Auflagen für die Pächter: Instandhaltung des Hofes und Bebauung.[542] „Besserungen",[543] Aussagen zur Bewirtschaftung,[544] sparsame Abholzung, Einsatz von Arbeitskräften, Aussagen zur Zahlung in Katastrophenfällen und bei Brandstiftung oder Krieg, wie bereits

---

[538] v.d.Br. MG 1 1279 U MG 33 a/b.

[539] v.d.Br. MG 1 1346 U MG 49.

[540] v.d.Br. MG 1 1368 U MG 127, 128, 129.

[541] v.d.Br. MG 1 1375 U MG 138.

[542] v.d.Br. MG 1 1391 U MG 158.

[543] v.d.Br. MG 1 1308 U MG 44.

[544] v.d.Br. MG 1 1316 U MG 51.

gezeigt.[545] Die Verpachtung des Stiftshofes von Bliesheim 1396[546] zeigt wie keine andere Urkunde die Vielzahl von möglichen Auflagen und Rechten: die Gerichtsbarkeit auf drei Dingtagen, die Vogtei, das Schultheißenamt, Mühlenrecht und Mühlenpflicht, Einkünfte, Weiden, Fischerei, Wasserrechte, Wald, Groß- und Kleinzehnt, das Verbot zur Teilnahme an Fehden gegen den Erzbischof und die Pflicht zur gastlichen Aufnahme der Stiftsherren. Bei der Erwähnung des Stiftshofes Bliesheim stellt sich die Frage nach der Struktur der Höfe. Bei den Verpachtungen lässt sich nicht einfach beantworten, ob ein Einzelhof oder ein Stiftshof Pachtobjekte sind. Der Stiftshof lässt sich an der Erwähnung von Gerichtsbarkeit, Dingtagen und Schultheißenamt festmachen. Mit Sicherheit sind die Höfe von Meckenheim, Flamersheim, Vernich, Merheim, Elfgen, Bliesheim, Vettweiß, Waldorf als Stiftshöfe auszuweisen. Fehlen iuridische Elemente in den Urkunden, so bleibt ein *non liquet*.

In einer Urkunde von 1351[547] wird eine größere Einheit sichtbar: die *Oboedienz*: *„Henricus de Cervo und Wernerus de Wippelvurde,* Kanoniker von Mariengraden, bestätigen dem Stift die Verpachtung der Höfe bzw. Oboedienzen Meckenheim und Flamersheim mit Einkünften und Belastungen auf Lebenszeit. Oboedienzen sind Verpachtungen durch den Propst, die über die Stiftshöfe flächenmäßig und rechtlich hinausgehen. Die Pröpste haben sie vor ihrer Abschichtung geschaffen, um ihre kirchlichen Aufgaben aus dem Priorenkolleg besser wahrnehmen zu können. Die Urkunden für Meckenheim und Flamersheim beschreiben die Aufteilung der Pacht an Propst und andere Dignitäten und ihre Verteilung an die Mitglieder des Stifts, aber auch an die Ämter des Schlafsaalwächters und des Kochs. Die Fälligkeitstermine sind genau festgelegt. Die Zahlungssäumigkeit führt bei den Oboedientaren nicht nur zum Einlager im Stiftskarzer, sondern auch zum Pfründenverlust und 12 Denaren Buße täglich. Sind beide Oboedientiare säumig, so fallen die Oboedienzen an das Stift zurück. Bei Katastrophen wird die Pacht für ein Jahr gestundet. Bei Streitigkeiten treten die Oboedientiare füreinander ein und ersetzen den Schaden aus der Oboedienz an Mariengraden. Entsteht ein Streit mit aufsässigen Stiftsmitgliedern, sagt das Stift die Hilfe für die Oboedientiare zu.

Kauf und Verkauf

Kauf und Verkauf sind im unternehmerischen Handeln des Stifts sensible Bereiche, da sie die kirchenrechtliche Bestimmung von der Unveräußerlichkeit des Kirchengutes tangieren. Der alleinige Kauf von Grundstücken ist in den Urkunden sehr selten dokumentiert. Es sind daher Grundbesitz von geringem Wert oder wichtige

---

[545] v.d.Br. MG 1 1346 U MG 94 u. 1375 138.
[546] v.d.Br. MG 1 1396 U MG 162.
[547] v.d.Br. MG 1 1351 U MG 101.

Ergänzungen von Höfen. 1282 kauft daher das Stift für die Arrondierung des Hofes von Merheim ein Stück Land für 125 Mark,[548] 1318 wird für den Hof von Bliesheim der Kauf einer Mühle bezeugt.[549]

Für den Verkauf an Mariengraden bzw. den Rückkauf durch Mariengraden gibt es jedoch eine Vielzahl von Beispielen. Diesen Rückkauf verbindet das Stift in den meisten Fällen mit einer unmittelbaren Rückgabe in Pachtverträgen. 1264 wird der Hof zu Frixheim mit der sofortigen Rückgabe nach Erbrecht gegen Zins gekauft.[550] 1303 Verkauf einer Rente mit vier Jahren Rückkaufrecht ohne *hervadium* (= bestes Stück einer Rüstung)[551] und 1318 Verkauf von Weingärten in Unkel, Rückgabe in Zins. Oft wird der Rückkauf durch Mariengraden mit erheblicher Verschuldung begründet: 1287 kauft das Stift Güter des Klosters Kottenforst wegen erheblicher Verschuldung und vergibt es an das Kloster in Leihe zurück[552], 1320 Verkauf einer Rente von 40 Mark in Kölner Währung aus zwingender Not und Rückgabe gegen Zahlung einer Kornrente.[553] Für diese Form von Rückkauf und Wiedergabe an Käufer ließe sich noch eine Fülle von Beispielen anführen.

Zehnt

Betrachtet man das ökonomische Handeln von Mariengraden, so lässt sich der Einsatz des Zehnten, eine Abgabe meist in Naturalien, in seiner Vielzahl und seiner Verwendung mit einem „Zahlungsmittel" vergleichen. Als Beispiele sind sieben verschiedene Formen für die Verwendung des Zehnten aufgezeigt: 1166 wird mit der Zahlung eines Kleinzehnts eine Streitschlichtung durchgeführt,[554] 1231 wird der Zehnt in Soest übertragen,[555] 1282 berichtet eine Urkunde vom Kauf des Zehnten in Osttünnen[556] und 1320 vom Verkauf des Zehnten zu Bergerhausen.[557] 1321 wird der Zehnte bei Bergerhausen für 40 Malter Getreide verpachtet,[558] 1328 übergibt der Erzbischof für Weingärten den Zehnt und das Zehntrecht an Mariengraden,[559] 1343 erfolgt die Belehnung mit dem Zehnten zu Osttünnen.[560]

---

[548] v.d.Br. MG 1 1282 U MG 24.
[549] v d.Br. MG 1 1318 U MG 53.
[550] v.d.Br. MG 1 1264 U MG 18.
[551] v.d.Br. MG 1 1303 U MG 39.
[552] v.d.Br. MG 1 1287 U MG 27.
[553] v.d.Br. MG 1 1320 U MG 58.
[554] v.d.Br. MG 1 1166 U MG 9.
[555] v.d.Br. MG 1 1231 U MG 13.
[556] v.d.Br. MG 1 1282 U MG 23.
[557] v d.Br. MG 1 1320 U MG 60.
[558] v.d.Br. MG 1 1321 U MG 61.
[559] v.d.Br. MG 1 1328 U MG 68.
[560] v.d.Br. MG 1 1343 U MG 84.

Der Zehnte als Abgabe in Naturalien ist seit dem 5. Jahrhundert[561] für den Kultusaufwand der Kirche und die Unterstützung der Armen bekannt. Um 700 wurde er als eine rechtlich geforderte Abgabe an die Kirche definiert. Für die Kölner Kirche wurde die Existenz 891 zum ersten Mal bestätigt.[562] Der Große Zehnt oder auch Kornzehnt wurde von den Äckern, Weinbergen, Gärten und gerodeten Stücken gezogen, der Kleine Zehnt oder auch blutige Zehnt umfasste Lein, Vieh und alles andere Zehntbarrecht. Eine Besonderheit war der Rottzehnt, gezahlt seit der letzten großen Rodungsphase in der Mitte des 11. Jahrhunderts. Dieser Zehnt wurde nicht mehr als Pfarrzehnt ausgewiesen und wurde nur vom Erzbischof gesondert verliehen. Der Rottzehnt findet sich im Urkundenbestand von Mariengraden selten: Er ist für ca. 1081 aus einem Lehen bekannt[563], und 1209 schenkte Erzbischof Dietrich dem Stift den Rottzehnt.[564]

Friedrich Wilhelm Oediger hat in seiner Edition des *liber valoris* für die Erzdiözese Köln um 1300 ein Verzeichnis des angeblichen Ertrags der Einkünfte einer jeden kirchlichen Würde, eines kirchlichen Amtes oder einer Kapelle mit der Berechnung des 10. Teils dieses Ertrags zusammengestellt.[565] Die *taxae*, die geschätzten Jahreseinkommen für die Berechnung des Zehnten, sind nach Oediger aus einer beeidigten Erklärung der Abgabepflichtigen entstanden. In welchem Verhältnis die *taxa* zum wirklichen Einkommen bestand, ist nicht erklärbar, da für die Zeit um 1300 keine Angaben vorhanden sind. Oediger macht in seinem *registrum decimarum omnium ecclesiarum infra et extra civitatem* auch über das Zehntrecht von Mariengraden einige Angaben:[566] Für den Zehnt sind die Höhe der Abgabe entsprechend den Ämtern angegeben: *Ad gradus S. Marie: prepositus 2 mrc, decanus 2 mrc, canonici 30 mrc*[567]. Von den Brincken berichtet zum Jahr 1075, dass Erzbischof Anno seinen Gründungen St. Georg und Mariengraden das Zehntrecht für die Bereiche der ihnen verliehenen *decaniae* geschenkt hat:[568] Für die Dekanie im Zülpichgau ergab dies ein Zehnt von 88 marc, 3 sol., 3 den.,[569] für die Dekanie von Dortmund 161 mrc, 6 sol., 1 den.[570] Die Kirche St. Reinoldi in Dortmund war für 25 mrc, 30 sol. abgabepflichtig.

---

[561] Lexikon des Mittelalters Bd. IX Sp. 419.
[562] Geschichte des Ebtums. Köln Bd. I S. 303.
[563] v.d.Br. MG 1 [1081– 1089] Farr. Gel. I 118.
[564] v.d.Br. MG 1 1209 Farr. Gel. I 126 RS.
[565] Oediger S. 9.
[566] Oediger S. 14 Anm. 20.
[567] Oediger S. 29.
[568] v.d.Br. MG 1 1075 U MG 2 u. Geschichte des Ebtums. Bd. I S. 306.
[569] Oediger S. 47.
[570] Oediger S. 89.

Mitwirkende und Formen im wirtschaftlichen Handeln des Stifts

Wie genau Einnahmen und Ausgaben des Wirtschaftsunternehmens Stift im Rheinland und Westfalen budgetiert festgehalten sind, zeigen die verschiedenen Formen des wirtschaftlichen Handelns: Schenkungen, Leihe, Pacht, Kauf und Verkauf, Zehnt und eine Vielzahl von Heberegistern. Wer aber waren die Handelnden in der Verwaltung des Stiftes? Auf der einen Seite natürlich Propst, Dekan und Kapitel, bestätigend findet man den Erzbischof[571] und seine Ministerialen. Der Vogt[572] und der Offizial[573] vertraten die geistliche Gerichtsbarkeit. Die Grafen von Berg[574] und Jülich[575] waren im Wirtschaftskreislauf unmittelbar durch Schenkungen, Vergleich und Gericht vertreten. Ritter finden sich ebenfalls als Teilhaber am Wirtschaftsgeschehen.[576] Als Richter[577] fungierten die Ratsherren von Dortmund. Schöffen[578] und Schiedsleute[579] werden in Gerichten genannt. Schultheiße[580] und Amtleute[581] gehörten zur Gerichtsbarkeit der Stiftshöfe. Bürgen[582] und Zeugen werden in einer Vielzahl von Urkunden genannt.

Beispiele für Formen des wirtschaftlichen Handelns:
Schenkung des Fitherius von Grundbesitz an Kapitel[583]
Schenkung von Höfen, Kirchen, Dekanie (kirchliche Rechte), Zehnten und Weingütern[584]
Schenkung eines Hofes zum Lehnsbesitz durch Propst Hezelinus[585]
Schenkung des Gutes in Horich[586]
Schenkung des Wildbanns in Caluburne und Rolandswerth durch Erzbischof Dietrich, bestätigt durch Graf Dietrich von Kleve[587]

---

[571] v.d.Br. MG 1 1376 U MG 75.
[572] v.d.Br. MG 1 1270 U MG 20.
[573] v.d.Br. MG 1 1290 U MG 28.
[574] v.d.Br. MG 1 1285 U MG 25.
[575] v.d.Br. MG 1 1306 U MG 42.
[576] v.d.Br. MG 1 1343 U MG 84.
[577] v.d.Br. MG 1 1292 U MG 30.
[578] v.d.Br. MG 1 1299 U MG 35.
[579] v d.Br. MG 1 1378 U MG 80.
[580] v.d.Br. MG 1 1270 U MG 20.
[581] v.d.Br. MG 1 1315 U MG 48.
[582] v.d.Br. MG 1 1297 U MG 33 a/b.
[583] v.d.Br. MG 1 1062 U MG 1.
[584] v.d.Br. MG 1 1075 U MG 2.
[585] v.d.Br. MG 1 1091 U MG 4.
[586] v.d.Br. MG 1 1104 U MG 4.
[587] v.d.Br. MG 1 1209 Farr. Gel. I 126 RS.

Schenkung von 10 Talenten Gold für Bildtafel vor dem Altar durch Erzbischof Anno[588]
Übertragung des Rottzehnts einer Manse bei Morsdorf durch Erzbischof Sigewin[589]
Einkünfte des Stifts aus Bliesheim, Vernich, Elfgen, Meckenheim und Ausgaben für Ludewicus[590]
Einkünfteregister von Heimbach mit Erwähnung des Hospitals und der Hebamme[591]

Memorienstiftungen

Eintragung im Memorienbuch für Königin Richeza und Herzog Cuno: Abgaben in Wein für Stiftsbrüder, Kerzen und Geld von Gütern in Heimbach[592]
Schenkung für Seelenheil durch König Heinrich IV.: 9. Teil des Reichsschatzes für Kölner Kirchen, vor allem auch an Mariengraden[593]
Stiftung von zwei Erbmemorien durch Herzog und Herzogin von Berg: alle Abgaben von Dechsenhof und Entzgelershof (Merheim und Wichheim)[594]
Verpflichtung des Stiftes zur Feier von Memorien für Mitkanoniker Hermannus de Castro und Johannes de Cervo gegen Stiftung erheblicher Geldzahlungen[595]
Memorien zu Quatemberzeiten für Kleriker Wilhelmus de Herne: Stiftung einer erheblichen Geldsumme in Goldgulden für vier Gewölbe im Kirchenschiff, Restaurierung der Chorfenster und einer Silbermonstranz[596]
Evangeliar aus St. Mariengraden zu Köln mit 18 Memorienstiftungen an verschiedenen Festtagen[597]
Memorien- und Einkünfteverzeichnis des Severin-Altars und der übrigen Vikarien in Mariengraden aus einem alten Missale dieses Altars[598]
Verzeichnis von Einkünften des Mariengradenstifts zu Köln, angelegt vor Abschichtung der Propstei von 1283 März 24: Geldzahler und Dienstleister mit Ortsangabe[599]

---

[588] v.d.Br. MG 1 1061 Farr. Gel. 1 117 RS.
[589] v.d.Br. MG 1 sd. [1081–1189] Farr. Gel. I 118.
[590] v.d.Br. MG 1 ca. 1300 Rep. u. Hss. Bl. 48 RS.
[591] v.d.Br. MG 1 ca. 1300 Rep. u. Hss. Bl. 49 RS.
[592] v.d.Br. MG 1 ca. 1300 Rep. u. Hss. Bl. 49 RS.
[593] v.d.Br. MG 1 1063 Farr. Gel. I 118 RS.
[594] v.d.Br. MG 1 1391 U MG 159.
[595] v.d.Br. MG 1 ca. 1370 Rep. u. Hss. Mariengraden 2 Bl. 2.
[596] v.d.Br. MG 1 1404 Rep. u. Hss. Mariengraden 2 Bl. 2 RS.
[597] v.d.Br. MG 1 um 1040 Darmstadt LB Hs. 544 Bl. 152 RS/153.
[598] v.d.Br. MG 1 1378 Diöz. A Domarchiv E II 2.
[599] v.d.Br. MG 1 s.d. [ca. 1250] mit Nachtrag [–1300] Diöz. A. Urk. AEK 8.

Beispiele für Pacht- und Lehnsverträge

Pacht- und Lehnsverträge weisen immer beide Parteien aus: Dekan und Kapitel sowie Pachtnehmer oder Lehnsmann.

Vererbpachtung von 30 Joch Ackerland an Eheleute de Sinnersdorf und Bela aus Esch[600]

Verpachtung des Stiftshofes Bliesheim mit allem Zubehör, Renten und Abgaben (Stiftshöfe sind große Zentralhöfe mit Mansen, sie haben eine eigene Hofgerichtsbarkeit durch Schultheiß, Schöffen und Vögte.)[601]

Verpachtung des Stiftshofes Bliesheim mit ausführlicher Aufgaben- und Abgaben-Verwaltung durch den Pächter[602]

Vererbpachtung des Hofes bei Klein-Vernich an Wilhelmus (Verpachtung und Vererbpachtung sind in gleicher Zahl überliefert)[603]

Gerichtliches Verfahren des Grafen von Jülich bei Vernachlässigung der Zinszahlung in Dorweiler und Isweiler[604]

Beispiele für Besitzübertragungen

Besitzübertragungen sind mit Bestätigungen und oft auch mit der Verzichterklärung des Vorpächters verbunden:

Gertrudis de Winda bestätigt dem Stift die Verpachtung in Erbrecht.[605]

Helmwicus mit Frau und Kindern verzichten auf alle Ansprüche aus dem Zehnten zu Böckenvörde.[606]

Beispiel für Rentenkauf und -verkauf

Das Stift verkauft seinem Mitkanoniker Johannes de Oytginbach eine jährliche Rente, um damit eine Mühle bei Bliesheim zu erwerben.[607]

Beispiel für Kreditvergabe mit dinglicher Sicherung (äußerst selten)

Erzbischof Arnold von Köln genehmigt dem Kanoniker Gosewinus de Randerode die Aufnahme eines Kredits von 100 Mark Silber für eine Pilgerfahrt ins Hl. Land.[608] Die dingliche und persönliche Sicherung des Kredites stellt hohe Anforderungen an den Pilgerfahrer.

Beispiel für Streitschlichtung

Bei Streitschlichtung über Verträge und Zahlungen schlichtet der Erzbischof oft den Streit selbst.

---

[600] v.d.Br. MG 1 1325 U MG 67.
[601] v.d.Br. MG 1 1396 U MG 162.
[602] v.d.Br. MG 1 1364 U MG 119, ebenso 1297 U MG 33 a/b für den Hof von Merheim.
[603] v.d.Br. MG 1 1332 U MG 69.
[604] v.d.Br. MG 1 1336 Farr. Gel. IV 200.
[605] v.d.Br. MG 1 1286 U MG 26.
[606] v.d.Br. MG 1 1231 U MG 13.
[607] v.d.Br. MG 1 1318 U MG 53, auch 1303 U MG 39.
[608] v.d.Br. MG 1 1147 U MG 7.

Erzbischof Reinald von Köln schlichtet den Streit zwischen Mariengraden und den Leuten von Wengern wegen des Zehnten.[609]

Erzbischof Hermann III. schlichtet endgültig den Streit zwischen Mariengraden und den Mönchen von Brauweiler wegen des von Köngin Richeza geschenkten Gutes in Klotten, das Erzbischof Anno Mariengraden übertrug.[610]

Beispiel für Testamentsvollstreckung

Vor dem Offizial übertragen die Eheleute Cuno und Sofia von Mouwenheim die Testamentsvollstreckung für Johannes de Gryffe in drei Fällen: Das Stift erhält durch diese Testamentsvollstreckung eine Reihe von Einkünften.[611]

Beispiel für Notarakte

Der Notar Johannes transsumiert unter Zeugen eine Pachturkunde,[612] Notar Theodericus beauftragt den Dekan von Mariengraden mit der Aufbewahrung von Rentenurkunden im Archiv[613] Der Notar hatte die Aufgabe, unter Zeugen Urkunden zu beglaubigen und im Archiv (*armarium*) des Stifts aufzubewahren.

Abschichtungsvertrag von 1283: Mit Genehmigung des Erzbischofs Siegfried schließen Kapitel und Propst Walramus einen Vertrag, in dem die Güter und Rechte des Propsteigutes vom Stiftsgut getrennt wurden.[614]

11.2.3 Dortmund und Mariengraden

Urkunde Annos II. zum Jahr 1075: *... et ecclesiam matricem in Trutmonia cum decania eadem ... destinavimus.*[615] „Dem Inhalt und der Form nach höchst verdächtig ist eine Urkunde, wonach Erzbischof Anno II. von Köln der Kollegiatkirche Maria ad Gradus unter vielen anderen Schenkungen auch die *ecclesia matrix in Trutmonia* geschenkt haben soll", stellt Karl Rübel im Dortmunder Urkundenbuch fest.[616] Die Frage nach der Echtheit dieser Urkunde mit diesem außerordentlichen Geschenk für Mariengraden durchzieht die Geschichte der Beziehungen zwischen Stift und Dortmund. Erich Wisplinghoff hat in seiner Quellenkritik die ältesten Urkunden von Mariengraden und St. Georg untersucht und kommt zu dem Schluss, dass diese Urkunde, entstanden in der 2. Hälfte des 13. Jahrhunderts, unter anderem die Besitzbestätigung für Mariengraden enthält, die *ecclesia matrix*, die St. Reinoldikirche in Dortmund.[617] Die erste Pfarrkirche des Stadtheiligen *Reinoldus* wird mit ihren Vor-

---

[609] v.d.Br. MG 1 1166 U MG 9.
[610] v.d.Br. MG 1 1090 Farr. Gel. I 120.
[611] v.d.Br. MG 1 1389 U MG 156.
[612] v.d.Br. MG 1 1339 U MG 80.
[613] v.d.Br. MG 1 1340 U MG 81.
[614] v d.Br. MG 1 1283 März 24 Farr. Gel. IV 204 RS.
[615] v.d.Br. MG 2 1075 U MG 2.
[616] Rübel DUB Bd. I S. 11 Nr. 46.
[617] Wisplinghoff Urkunden S. 114.

gängerbauten auf das 10. Jahrhundert datiert.[618] Dortmund, als Reichsstadt im Privileg Königs Heinrich VII. 1232 belegt, hatte als Hansestadt, am Hellweg gelegen, wirtschaftliche Bedeutung für den Ostsee-, England- und Flandernhandel. In der Großen Fehde von 1388/89[619] mit den Erzbischöfen von Köln und den Grafen von der Mark, mit denen über hundert weitere Gegner verbunden waren, bewies Dortmund seine Wehrhaftigkeit. Die Belagerung der Stadt für fast zwei Jahre mit dem Ziel der Beseitigung der Reichsfreiheit blieb erfolglos, jedoch führten Fehde und Rückgang der Bedeutung der Hanse zu einer Verschuldung, die erst 1410 überwunden wurde.

Mariengraden erhielt von Erzbischof Anno das Patronatsrecht[620] über die Reinoldikirche als Summe von Rechten und Pflichten, die einer Kirche zukamen. Aus dem Eigentum an einer Kirche erwachsen die Rechte des Stifts zur Verfügung über die Kirche. Das Patronatsrecht ist aus dem Eigenkirchenwesen entstanden. Die auf einer Liegenschaft erbaute Kirche, durch Schenkung, Tausch oder Kauf als Eigentum erworben, bringt die Verfügung über Einkünfte und die Entscheidung über Anstellung und Entlassung des Pfarrers. Das Präsentationsrecht des Patrons ist die Befugnis, einen geeigneten Kandidaten für die Bestellung rechtsverbindlich vorzuschlagen. St. Reinoldi ist eine *ecclesia matrix*. So umfasste das Patronatsrecht nicht nur die Pfarrkirche selbst mit ihren Altären, sondern auch die Tochterkirchen, die aus St. Reinoldi hervorgehen.

Erzbischof Anno schenkte dem Stift die Mutterkirche und zugleich Dortmund mit der *decania*.[621] Die archidiakonalen Sprengel in der übergroßen Diözese Köln waren Voraussetzung für die Bildung von Dekanaten. Zunächst bestanden für die Verwaltung der Diözese vier Archidiakonate: Bonn, Xanten, der Dompropst in der Mitte mit dem westfälischen Teil und der Domdekan mit Neuss. Eine verfälschte Urkunde von 1063 zeigt die Rechte des *officium archidiaconatus*: *donum altaris*, das Recht für auf seinem Boden stehende Kirche einen Geistlichen seiner Wahl zu übertragen, die *suprema iudicia*, das Recht, Verfehlungen der Geistlichen zu ahnden und die Entscheidung bei Streitigkeiten über die Besetzung von Pfarrstellen, dazu den *census quarto anno*, im Schaltjahr in gleicher Höhe festgesetzt wie für den Erzbischof zur Visitation und Send. Hierbei müssen ihm die Pfarrer einen Tag und eine Nacht „dienen". Hieraus dürften sich die „Herbergsrechte" in dem Heberegister[622] der Einkünfte des Kapitels bzw. des Dekans von Mariengraden ergeben. Die Amtsge-

---

[618] Handbuch der Historischen Stätten Nordrhein-Westfalen. 3. Auflage Stuttgart 2006. S. 232 ff.
[619] Hdb. Histor. Stätten S. 234.
[620] Lexikon des Mittelalters Bd. VI Sp. 1809.
[621] Neuß/Oediger Bd. I S. 274 ff.
[622] v.d.Br. MG 1 ca. 1310 A MG 41.

walt der Archidiakone ist auf die Pfarrkirche beschränkt, Stiftskirchen sind durch ihr eigenes Korporationsrecht vor dem Eingriff des Archidiakons geschützt.

Erzbischof Anno führte eine Neuordnung mit Dekanaten innerhalb der Diözese durch: Der neue Kirchsprengel umfasste so viele Pfarren, dass die Verteilung der heiligen Öle von Gründonnerstag bis zum Karsamstag möglich war. Er vergab die *decania* über alle Pfarrkirchen, Mutter- und Tochterkirchen, ausgenommen die dem Archidiakon vorbehaltenen Rechte. So erhielt Mariengraden neben der *decania* im Zülpichgau auch die Mutterkirche Dortmund mit *decania*.

Um 1200 sind fast alle *decaniae* in Händen der Stiftspröpste. Als *decani nati* haben sie das Recht, in ihrem Dekanat Gericht (Visitation und Send) zu halten. Sie erhalten Einkünfte als Entschädigung für Send bzw. Sendbußen. „Als Pröpste sind die *decani nati* den Archidiakonen gleichgestellt, als *decani* nachgeordnet, aber nicht untergeben, im Recht Send abzuhalten ihnen gleich, wenn auch auf kleinere Sprengel beschränkt."[623] Die *decani nati* versuchten die Archidiakone daran zu hindern, ihr Dekanat zu betreten und dort Gericht zu halten. Wenn sie dazu noch die Geistlichen einweisen konnten, so war der neue Archidiakonat Soest oder Dortmund geschaffen. Gelungen ist es ihnen nur in dem großen Sprengel des Dompropstes. Am Ende des 14. Jahrhunderts trug der Dekan von Mariengraden den Titel des Archidiakons für Dortmund.[624]

Die Ausübung des Patronatsrechts bei der Bestellung eines Pfarrers an der St. Reinoldikirche und den anderen Dortmunder Kirchen bestand aus zwei Teilen, der *praesentatio* und der *investura*. Die *praesentatio* erfolgte durch die Dortmunder Bürgerschaft und war an die Geburt des Kandidaten in Dortmund gebunden, der Dekan von Mariengraden folgte dem Vorschlag in aller Regel durch die *investura*, die ihm zukam.[625] Diese einvernehmliche *consuetudo* wurde vom Dekan Henricus von Mariengraden 1272 durchbrochen, als die Stadt Dortmund dem Dekan Henricus zu dem durch Tod des Arnold von Recklinghausen frei gewordenen Johannisaltar in der Reinoldikirche den Goswin von Dortmund vorschlug, der Dekan von Mariengraden ihn aber nicht investierte. Der Dekan begründet[626] sein Vorgehen damit, dass er Johannes von Coesfeld als Koadjutor das *ius succedendi* für den Johannisaltar zugesagt hat. *Iudex, consules et universi burgenses Tremonienses* erheben Protest gegen diese Entscheidung des Dekans, Goswin von Dortmund appelliert an Papst Gregor X., der den Schatzmeister der Kirche zu Osnabrück zum unumschränkten Richter

[623] Neuß/Oediger Bd. I S. 280.
[624] Rübel DUB II 1383 Nr. 148 u. 1387 Nr. 189.
[625] Rübel DUB I 1267 Nr. 124 u. v.d.Br. MG 1 Dortmunder Stadt A. U 685.
[626] Im Folgenden benutzt die Darstellung der Ereignisse im Sinne der Anschaulichkeit das *Praesens historicum*.

einsetzt. Der Schatzmeister zu Osnabrück setzt zu seinem Subdelegierten den *scholasticus* der Kirche zu Utrecht ein unter dem Vorbehalt, jederzeit den Prozess wieder an sich nehmen zu können. 1273 im Prozessverfahren weist Goswin den Vorwurf der „Erschleichung des Amtes" zurück. Der Dekan von Mariengraden stellt fest, dass die Stelle in der Tat nicht vakant gewesen ist, da Johannes von Coesfeld bereits als rechtmäßiger Verwalter der Stelle eingesetzt ist und eine *praesentatio* durch die Dortmunder Bürgerschaft nicht erfolgen kann.[627] Nach einer Vielzahl von Petitionen und Appellationen existiert keine Urkunde über eine Entscheidung im Prozessverfahren. Der *status quo* blieb. 1282 wird ein erneuter Prozess über das Patronatsrecht von St. Marien und St. Nicolai in Dortmund anberaumt. Der Kölner Erzbischof Sigfried setzt ein Richterkollegium, bestehend aus dem Dekan und Kanoniker Gotfried von St. Georg zu Köln und dem *magister* Godefridus, ein.[628] Diesen wird noch als dritter Richter der *scholasticus* von St. Aposteln in Köln 1285 vom Erzbischof zugeordnet.[629] In diesem Prozess werden die gegensätzlichen Standpunkte des Dekans von Mariengraden und der Stadt Dortmund deutlich. Der Dekan von Mariengraden legt 55 Klageartikel gegen die Stadt Dortmund vor,[630] betreffend das Patronatsrecht über die Dortmunder Kirchen. Die entscheidenden Klageartikel werden im Folgenden ausgeführt und interpretiert:

1 Die Dortmunder Reinoldikirche, jetzt Pfarrkirche (*ecclesia parochialis*) ist einst eine Stiftskirche (*ecclesia conventualis*) mit zwölf Kanonikern gewesen.
3 Erzbischof Anno hat genanntes Kapitel nach Mariengraden zu Köln verlegt und mit allen Rechten diesem Stift inkorporiert.

Die Umwandlung der Reinoldikirche von einer Stiftskirche zu einer Pfarrkirche ist kirchenrechtlich relevant, da der Archidiakon bzw. der Dekan von Mariengraden das Recht der Investitur nur an Pfarrkirchen besaß. Die Form der Umwandlung[631] ist historisch umstritten und gehört in das Reich der Legende. In den Regesten der Erzbischöfe von Köln steht ebenso der Hinweis der Übernahme von zwölf verarmten Kanonikern durch Mariengraden, die die Bürger von Dortmund um Nahrung bitten mussten. Dagegen berichtet die Vita des Erzbischofs Anno, dass er *„viri exquisiti"* für seine Stiftung auserwählt habe. Dies dürfte auch der erzbischöflichen Gründung von Mariengraden angemessen gewesen sein. Folglich wird die Aussage in den Regesten als unecht bezeichnet.

7 St. Marien und St. Nicolai wurden von Erzbischof Heinrich von Köln innerhalb der Pfarrgrenzen von St. Reinoldi gegründet.

---

[627] Rübel DUB I 1272 Nr. 142 a-f.
[628] Rübel DUB I 1282 Nr. 163.
[629] Rübel DUB I 1285 Nr. 171.
[630] Rübel DUB I 1285 Nr. 172 und v.d.Br. MG 1 1285 Dortmunder Stadt A U 720.
[631] REK I 870.

8 Der Pfarrsprengel von Reinoldi wurde nun geteilt.

9 Reinoldi stand über den genannten neuen Kirchen.

10 Durch 50 Jahre erwiesen die Rektoren von Marien und Nicolai gegenüber Reinoldi ihre Referenz und nahmen an der Prozession der Mutterkirche teil.

Durch diese Artikel wird gezeigt, dass S. Marien und S. Nicolai als Neugründungen ebenso unter dem Patronatsrecht des Dekans von Mariengraden stehen: St. Marien und St. Nikolai sind aber gerade Gegenstand des Prozessverfahrens. Die Rektoren beider Kirchen respektierten auch über 50 Jahre – der Artikel 10 spricht von einem „spatium 20, 30, 40 et 50 annorum" – also schon immer, die Rechtsstellung des Dekans.

12 Erzbischof Anno gab Mariengraden die Dekanie Dortmund.

13 ff. Damit steht dem Dekan von Mariengraden die Investitur in den Dortmunder Kirchen zu.

17 ff. Er wählt aber auch die Geistlichen bei Vakanzen.

Aus dem Patronatsrecht wird hier noch einmal das Recht der *investura* hergeleitet. Im Artikel 17 wird aber auch das Vorgehen des Dekans Heinrich von Mariengraden 1272 gerechtfertigt, bei Vakanz den nicht von der Bürgerschaft präsentierten Johannes von Coesfeld am Johannisaltar von St. Reinoldi investiert zu haben.

22–55 Der Dekan von Mariengraden hat *ecclesia et altari vacantibus* in *consuetudine antiqua* neun namentlich genannte Rektoren bestellt.

Die Klageartikel wurden in einer Abschrift (*copia*)[632] dem erzbischöflichen Gericht und den Bürgern von Dortmund übergeben. Sie sind eine Zusammenfassung des Dekans mit Beispielen, die sich an kirchenrechtlichen Bestimmungen orientieren, bei denen die *consuetudo antiqua* den Vorrang hat. Giselbert, *procurator* Dortmunds im Patronatsstreit, legte unter Darstellung des Verfahrens gegen die vom Kölner Erzbischof eingesetzten Richter 1287 Appellation beim Papst ein: *„contra decanum ecclesiae beate Marie ad Gradus Coloniensis ... ad excludendum intentionem ipsius decani at ad hunc finem, ut ab impetitione ipsius decani absolvatur"*[633]. Dieser *impetitio*, dem Angriff des Dekans von Mariengraden, widersprach Giselbert mit mehreren Argumenten: Die Dortmunder Bürger haben bei Ausübung des Patronatsrechts seit langer Zeit das *ius presentandi*, dem Dekan von Mariengraden kommt nicht das Recht der *investura* zu. Es gibt in der Diözese nur vier Archidiakone, und nur der Dompropst als Kölner Archidiakon kann die Investitur der Geistlichen in der Dekanie Dortmund durchführen. Vor der Wahl des Erzbischofs Anno war die Stadt Dortmund ein *allodium imperii seu regale*[634], deshalb steht Dortmund auch nicht unter dem Allodialbereich des Dekans von Mariengraden. Die Dekane von Mariengraden haben weder die

---

[632] Rübel DUB I 1285 Nr. 172: Abschluss der Klageartikel.
[633] Rübel DUB I 1287 Nr. 182.
[634] Rübel DUB I 1287 Nr. 182 S. 115.

Kirche St. Reinoldi und ihre Altäre errichtet noch andere Pfarrkirchen in Dortmund gebaut. Hier rekurriert Giselbert auf das Patrontsrecht im Eigenkirchenwesen, bei dem der Erbauer der Kirche gleichzeitig *patronus* wird.

Diese drei Argumente, das Archidiakonatsrecht, das Eigentumsrecht des Königs oder Reiches und der Bau von Pfarrkirchen, werden nun vertiefend erläutert: Die Bürger von Dortmund waren und sind *fideles imperii*. Der Erzbischof von Köln hat weder die *iurisdictio temporalis* noch *aliqua iura temporalia*[635], auch nicht gewohnheitsrechtlich von alters her. Die *area* von Dortmund wird als *Kunnincskamp*[636] bezeichnet. Die Dortmunder Bürger haben ihre Kirchen erbaut *per sollicitudines suas, elemosinas et labores*[637]. Die bisherigen Rechtsakte bei Vakanzen, nämlich *praesentatio* durch die Bürger und *investura* durch den Dekan von Mariengraden, sind in Dortmund nur gebilligt worden. Die Verfahren bei der Besetzung von geistlichen Stellen werden angefügt. Giselbert lehnt es ab, über diese Argumentation mit dem Dekan zu diskutieren. Die Klageartikel des Dekans sind unannehmbar, da sie nicht rechtens sind. Er fordert die *iudices* auf, seine Ausführungen anzunehmen. Die Appellation soll dem apostolischen Stuhl, dem Erzbischof von Köln und den Richtern im erzbischöflichen Gericht zur Kenntnis gebracht werden. Die von Giselbert, *dem Prokurator* Dortmunds im Patronatsstreit, erarbeitete Appellation[638] gelangt während der Sedisvakanz des päpstlichen Stuhls an Bischof Johannes von Frascati (*Tusculum*). Dieser teilt dem Dekan von Mariengraden und dem Thesaurar von St. Petri in Utrecht mit, dass die Stadt Dortmund sich beschwert hat: Die ordnungsgemäß bestellten Richter hatten die Stadt nicht zum Beweis ihrer Behauptungen zugelassen. Bischof Johannes von Frascati[639] setzt ein neues Appellationsgericht ein wegen Nichtzulassung eines Zeugenbeweises.

Der Dekan von St. Georg und *magister canonicus* Gottfried mit dem *scholasticus* von St. Aposteln,[640] durch Erzbischof Siegfried von Köln als Richter im Verfahren eingesetzt, halten die Argumentation der Stadt Dortmund offenkundig für so abwegig, dass sie die Exkommunikation für Dortmund binnen sieben Tagen ankündigen, wenn keine Sinnesänderung erfolgt. Erzbischof Siegfried von Köln befiehlt über Rat und Stadt eine *monitio* und kündigt das Interdikt für Dortmund nach drei Tagen an, weil sich die Stadt dem Richterspruch der vom Erzbischof bestellten Richter nicht gefügt hat.[641]

---

[635] Rübel DUB I 1287 Nr. 182 S. 119.
[636] Rübel DUB I 1287 Nr. 182 S. 120.
[637] Rübel DUB I 1287 Nr. 182 S. 121.
[638] Rübel DUB I 1288 Nr. 184.
[639] Rübel DUB I 1288 Nr. 189.
[640] Rübel DUB I 1288 Nr. 198.
[641] Rübel DUB I 1288 Nr. 199.

Der neue Papst Nikolaus IV.[642] beauftragt den Pariser Dekan, die Klage Dortmunds über die Richter zu untersuchen. Terminschwierigkeiten des Dekans von Mariengraden wegen Kurzfristigkeit und Feiertagen in Köln lassen eine Untersuchung nicht zu. Inzwischen stiftet der Kölner Dompropst Johannes[643] als eigentlicher Archidiakon für Dortmund im Auftrag des Erzbischofs einen Vergleich zwischen Dekan von Mariengraden und der Stadt Dortmund: Der Dekan von Mariengraden besitzt weiter das Patronatsrecht über St. Reinoldi sowie über den Johannes- und Stephanusaltar, während die Stadt Dortmund das Patronatsrecht über St. Marien und St. Nikolai erhält. Im Zusammenhang mit dem Patronatsrecht wird die Ordnung in der Dekanie Dortmund erneut bestätigt.[644] Der Streit zwischen Dompropst Conrad als Archidiakon und Dekan Peregrinus von Mariengraden wird im Einvernehmen mit dem Kölner Erzbischof Siegfried über die Archidiakonatsrechte in der Dekanie Dortmund auf folgende Weise entschieden: Die Dekanatsrechte verbleiben nach alter Gewohnheit, da sie bei der Gründung des Stifts Mariengraden durch Erzbischof Anno übertragen wurden, dem Dekan von Mariengraden. Der Dompropst dagegen soll das Besetzungsrecht von sechs Kirchen, nämlich Recklinghausen, Lütgendortmund, Unna, Kamen, Methler und Kure mit den Tochterkirchen von Recklinghausen haben. In diesen sechs Kirchen und in St. Reinoldi in Dortmund steht das Antrittsgeld dem Dompropst zu, in allen übrigen Kirchen der Dekanie Dortmund dem Dekan von Mariengraden, wofür er an den Dompropst als Archidiakon 2 Mark für den *Introitus* gleich bei seiner Wahl zahlt. Die Übereinkunft wird durch Erzbischof Siegfried, den Propst und das Domkapitel, den Dekan und das Kapitel von Mariengraden und den Schiedsleuten gesiegelt.

Der Streit um das Patronatsrecht brachte nach vielen Jahren der Auseinandersetzung nur unwesentliche Änderungen. Die *praesentatio* durch die Stadt Dortmund und die *investura* durch den Dekan von Mariengraden lassen sich in den Urkunden bis zum Ende des 14. Jahrhunderts nachweisen.[645] Auch war der Titel eines Archidiakons für den Dekan von Mariengraden unbestritten.[646]

---

[642] Rübel DUB I 1288 Nr. 202.
[643] Rübel DUB I 1290 Nr. 222.
[644] Rübel DUB I 1293 Nr. 235, auch v.d.Br. MG 1, 1293 U MG 31.
[645] Rübel DUB II 1383 Nr. 148.
[646] Rübel DUB II 1395 Nr. 249.

11.2.4 Die Säkularisationsakte für Mariengraden von 1802

Die Geschichte von Mariengraden endete unter napoleonischer Herrschaft im ersten Jahrzehnt des 19. Jahrhunderts. Eine große Säkularisationswelle in der Folge der Französische Revolution erfasste zunächst das Rheinland, dann ganz Deutschland. Am 18. Oktober 1797 hatte Napoleon im Frieden von Campo Formio in einem geheimen Zusatzartikel von Österreich die Zustimmung zur Abtretung des linken Rheinufers an Frankreich (63000 qkm mit 3,5 Millionen Einwohnern) erreicht. Im Februar 1801 musste Österreich im Frieden von Lunéville die Bedingungen von Campo Formio gegenüber Napoleon bestätigen: Das besetzte linksrheinische Deutschland wurde Bestandteil des Französischen Reiches. Die Auflösung und politische Neuordnung des Deutschen Reiches begann mit dieser Bestimmung des Friedens von Lunéville und wurde mit dem Reichsdeputationshauptschluss von 1803 abgeschlossen. Die innerfranzösischen Rechts- und Verwaltungsverhältnisse wurden systematisch auf das Rheinland übertragen: Das Rheinland wurde in vier Departements de la Roer, du Rhin-et-Moselle, de la Sarre und du Mont-Tonnerre mit den Hauptorten (Präfektursitze) Aachen, Koblenz, Trier und Mainz eingeteilt. Ein Präfekt führte allein die Verwaltung im Departement als Vorgesetzter aller Verwaltungsbeamten und war nur der Regierung in Paris verantwortlich.[647] Zwischen den Gemeinden und dem Departement standen die Gemeindebezirke, die Arrondissements als Verwaltungsschaltstellen mit einem Unterpräfekten an der Spitze.[648] Das Roerdepartement mit Präfektursitz in Aachen war in vier Arrondissements Aachen, Köln, Krefeld und Kleve aufgeteilt. Das Rhein-und-Mosel-Departement mit Präfektursitz Koblenz hatte drei Arrondissements: Koblenz, Bonn und Simmern. Das Saar-Departement mit Präfektursitz Trier wies die vier Arrondissements Trier, Prüm, Saarbrücken und Birkenfeld auf. Das Donnersberg-Departement mit Präfektursitz Mainz hatte vier Arrondissements: Mainz, Speyer, Kaiserslautern und Zweibrücken. An der Spitze der Arrondissements standen die Unterpräfekten, nur in den Hauptorten mit Präfekturstellen nahmen die Präfekten auch das Amt des Unterpräfekten wahr. Lässt man die weitere Einteilung in Kantone außer Betracht, so ist die kleinste Verwaltungseinheit die Großgemeinde, die Mairie.

Mit der politischen Neuordnung ging eine Verweltlichung und Aufhebung geistlicher Territorien einher, eine Herrschaftssäkularisation und Enteignung kirchlichen Besitzes als Vermögenssäkularisation durch staatliche Gewalt. Sie brachte den Übergang kirchlicher Renten und Güter zugunsten des Staates und wirkte sich in verschiedenen Bereichen aus:

---

[647] Michael Müller, Säkularisation und Grundbesitz. Zur Sozialgeschichte des Saar-Mosel- Raumes 1794–1813. Boppard am Rhein 1980. S. 28.
[648] Müller a.a.O. S. 29.

Einzug geistlicher Territorien und Neuverteilung an weltliche Landesherren,
Auflösung von Diözesen und Pfarreien,
Aufhebung kirchlicher Korporationen, Entlassung ihrer Mitglieder und Einzug ihres
Vermögens aus Mobilien, Immobilien, Renten und Kapitalien,
Aufhebung von Zehnten, Privilegien und anderer geldwerter Renten.[649]

Die Enteignung des kirchlichen Besitzes und die Übertragung des erlösten Geldes in die französische Finanzkasse erfolgten in drei Schritten:[650]
1) Erfassung des Grundbesitzes in einer Akte unter Angabe von Maß, Nutzungsart und *valeur*.
2) *Valeur* war der amtlich geschätzte Mindestpreis bei Immobilien. Er wurde bestimmt nach Erfahrungswerten auf dem Grundstücksmarkt.
3) Die Besitzumschichtung erfolgte in zwei Schritten: Die Ankündigungen zur Versteigerung des Grundstücks wurden in zweisprachigen *affiches* (Anschlagzettel) – französisch und deutsch – bekanntgegeben. Die öffentliche Versteigerung unter Aufsicht staatlicher Behörden (Unterpräfekt) geschah durch private Makler mit dem Gebot des Mindestpreises solange, bis „drei Kerzen abgebrannt waren". Bei besonders begehrten Angeboten ließ man zusätzliche Kerzen abbrennen. Der Name des Notars oder der Institution, die die Versteigerung beobachtet und damit beurkundet hatte, wurde in die Akte eingetragen.

Das am 1. August 1793 durch den Nationalkonvent eingeführte Dezimalsystem für Maß, Geld und Kalender war auf das Rheinland übertragen worden. Das Flächenmaß betrug 1 ha = 10.000 qm, in der Kölner Säkularisationsakte wird jedoch noch mit *arpent* und *pinte* gemessen, vielleicht eine alte Gewohnheit des Schreibers. 1795 wurde der französische Franc als einheitliche, dezimal unterteilte Währung (1 Franc = 100 Centimes) eingeführt, 1 livre wurde 1 Franc gleichgesetzt. Der in der Akte angegebene Wert (*valeur*) der Mobilien und Immobilien muss daher als Francs gerechnet werden, da die Zahlen in der Akte keine Währungseinheit angeben. Mit der Abschaffung der Monarchie am 22.9.1792 war der Revolutionskalender mit dem *An I de la République* eingeführt worden. Die Haupteinteilung erfolgte in vierjahreszeitliche Gruppen. Der Monat hatte 3 Wochen zu je 10 Tagen.

---

[649] Müller S. 13.
[650] Müller S. 16–22.

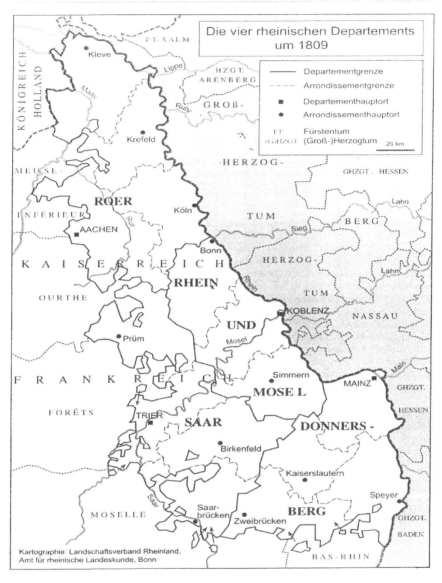

Die vier rheinischen Departements
um 1809

Departementgrenze
Arrondissementgrenze
Departementhauptort
Arrondissementhauptort
FT   Fürstentum
(G)HZGT (Groß-)Herzogtum   20 km

KÖNIGREICH HOLLAND

FT. SALM

Kleve

Lippe

HZGT.
ARENBERG

GROSS-

Maas

Ruhr

Krefeld

MEUSE-

INFÉRIEUR

HERZOG-

GHZGT. HESSEN

ROER

Köln

Lahn

AACHEN

TUM

BERG

Sieg

KAISERREICH

Bonn

HERZOG-

Rur

RHEIN

Lahn

OURTHE

TUM

Rhein

UND

KOBLENZ

NASSAU

Prüm

Mosel

FRANKREICH

Simmern

Main

MAINZ

GHZGT.

MOSEL

FORÊTS

HESSEN

TRIER

SAAR

DONNERS-

Birkenfeld

Kaiserslautern

Speyer

MOSELLE

Saar

Saar-
brücken

Zweibrücken

BERG

GHZGT.

BADEN

BAS-RHIN

Kartographie: Landschaftsverband Rheinland,
Amt für rheinische Landeskunde, Bonn

299

Die Säkularisierungsakte Mariengraden[651] wurde am 20. Prairial an 10 angelegt. Dies entspricht nach der julianisch-gregorianischen Kalenderrechnung dem 9. Mai 1802.[652] Sie besteht aus 24 Formularen aus Papier. Der obere Rand ist in 17 Rubriken eingeteilt, in die die Informationen über die zur Versteigerung anstehenden Immobilien und Kapitaleinkünfte eingetragen sind. Die Rubriken sind nur teilweise von einem Schreiber in schwarzer Tinte ausgefüllt. Seite 2 der Akte gibt die Lage von Mariengraden an und zählt allgemein die verschiedenen Arten des Kirchengutes und der Renten des Stiftes auf. Die Grundlage zur Erstellung der Akte nach französischem Recht ist angefügt. Insgesamt weist die Akte 97 Orte (S. 3–22) aus. Davon konnten in der folgenden Tabelle 42 Orte, die sich bereits 1400 im Besitz des Stiftes befanden (einige mehrfach erwähnt), zusammengestellt und dargestellt werden. Die früheste Erwähnung bis 1400 wird unter dem angezeigten Ort als Fundstelle aus den Regesten bei von den Brincken hinzugefügt. Diese Auswahl ist nicht unproblematisch. Sie gibt zwar einen Überblick über die Kontinuität des stiftischen Grundbesitzes und seines Umfangs, sicher auch bedingt durch das Rechtsprinzip der „Toten Hand", berücksichtigt aber nicht Veränderungen in der Zeit zwischen 1400 bis 1802. Auf den Seiten 3–11 sind die Kirchengüter der Orte nach Maß, Bodennutzungsart und Valeur niedergeschrieben. Zur Erläuterung:

Maße: l'arpent m.[653] = 1 A = rd. 2000 qm

la pinte f.[654] = 1 P = rd. 200 qm (als Trockenmaß)

Boden-Nutzungsarten:

la terre à labour oder la terre labourable = Ackerland

le jardin = Wiese, Garten

la vigne = Weingarten, Weinberg

la forêt = Wald, le bois = kleiner Wald

la prairie[655] = Wildland.

Das Wildland lag zwischen Dauerackerland und Wald. Es sind karge Flächen, bewachsen mit Ginster, Wacholder, Heide- oder Waldrasen mit Unkraut, Gestrüpp, Reisig, Niederhecken und Waldrasen. Sie dienten demVieh als Weide. Getreide

---

[651] v.d.Br. Städtische Akten 1802 Franz. Verw. 1587 a.

[652] H. Grotefend, Die Zeitrechnung des Deutschen Mittelalters und der Neuzeit. Hannover 1960. S. 142 f.

[653] Fritz Verdenhalten, Alte Maße, Münzen und Gewichte aus dem deutschen Sprachgebiet. Neustadt an der Aisch 1968. S. 18.

[654] Verdenhalten a.a.O. S. 40.

[655] Müller S. 55.

wurde auf dem Weg der „Schiffelwirtschaft" angebaut. Nach einer Ruheperiode von mehreren Jahren schlug man das emporgewachsene Gestrüpp ab, schälte („schiffelte") die verfilzte Grasnarbe mit einer besonderen Hacke, ließ die Stücke trocknen und verbrannte sie mit vorher abgeschlagenem Holz und Reisig. In die ausgebreitete Asche wurde Roggen gesät, dessen Ertrag ein als Saatgut geschätztes Korn ergab. Nach ein- bis zweijähriger Nutzung blieb das Land wieder sich selbst überlassen.

Die Seite 12 der Akte ist nicht beschrieben: Auf diese Weise sollte offenkundig der Übergang zu den verschiedenen Kapitaleinkünften auf den Seiten 13 bis 22 gekennzeichnet werden. Seite 23–24 bringt ein von Hand ausgefülltes Inventarverzeichnis der gesamten Akte, um jede Änderung oder Auslassung unter Strafandrohung auszuschließen. Die Akte wird im Folgenden in französischer Sprache wiedergegeben.

Jahr Fundstelle	Désignations des Biens Par le Nom., la Nature et L'étendue	valeur capitale
1075 U MG 2	**Seite 3:** *Bliesheim* [früheste Erwähnung im Zeitraum 1050–1400] une ferme avec bâtiment et jardin de 227 arpent de terre á labour, 16 ½ arpent de prairie 20 arpent (ohne Angabe) une moulin et 72 ¾ arpent de terre à labour, 3 arpent de prairie et 4 arpent de fruitiers une ferme avec bâtiment et 150 arpent de terre à labour, 8 arpent de prairie	keine Angabe
	Seite 4: une ferme dite Frohnhoff avec bâtiment et jardin composés de 210 ½ arpent de terre labourable et 16 arpent de prairie une moulin et 72 ¾ arpent de terre labourable, 3 arpent de	27.700

	prairie et un viager de quatre arpent	9.574
	une ferme dite Kaltenhoff avec bâtiment posée de 159 arpent de terre labourable et 8 arpent de prairie	13.780
	16 arpent de terres incultes dites Backhaus	960
	½ arpent id. (ibidem)	50
1075 U MG 2	*Vettweiß* une ferme dite Frohnhoff avec bâtiment et jardin composée à 314 arpent de terre labourable	30.160
1360 U MG 113	*Füssenich* une moulin dite Beisemühl avec 13 arpent de terre labourable et 1 arpent de prairie	3.920
1360 U MG 113	*Geich* 3 ¾ arpent de prairie	540
1370 Rep. Hss. MG	*Uesdorf* une ferme dite Engelshoff avec bâtiment composée de 168 arpent de terre labourable	9.200
	Seite 5:	
1426 U MG 208	*Willich* une ferme dite Kettgeshoff avec bâtiment et jardin composée de 45 arpent de terre labourable	4.500
1324 U MG 66	*Dansweiler près Brauweiler* 140 arpent de terre labourable	22.700
1324 U MG 66	*Sinthern* 80 arpent de terre labourable	1.800
1075 U MG 2	*Brauweiler* 5 arpent de terre labourable	1.000
	Palmersheim canton de Rheinbach une ferme avec bâtiment composée de 108 arpent de terre labourable	4.920
1260 U MG 15	*Dorsfeld* une ferme avec bâtiment composée de 48 arpent de terre labourable	7.500
1360 U MG 108	*Klein-Vernich*	7.400

1332 U MG 69	une ferme avec bâtiment composée de 108 de terre labourable	
	Roggendorf 29 arpent de terre labourable	2.400
1320 U MG 58		
1407 StA Münster	*Lüssem* Lusheim ou Luscem 27 arpent de terre labourable	3.700
	Seite 6:	
	Merheim rive droit du Rhin une ferme avec bâtiment composée de 179 arpent de terre labourable	8.900
1344 U MG 86	*Wichheim* rive droit du Rhin une ferme avec bâtiment composée de 86 arpent de terre la- bourable et 5 arpent de prairie	3.800
1075 U MG 2	*Waldorf* une ferme avec bâtiment et jardin et Vinger composée de vigne et quelques bois	200
1283 Farr. Gel. IV 204 RS	*Götzenkirchen* 80 arpent de terre labourable et 5 arpent de prairie	11.560
	Seite 7:	
1075 U MG 2	*Unkel* rive droit du Rhin une ferme avec bâtiment composée de 4 arpent et ¾ de Vigne et 7/8 arpent de terre à labour	2.000
	3 arpent 3 quarts, 1 pinte de vigne, 2/8 arpent de terre labou- rable et ½ pinte de prairie	1.500
1379 U MG 144 a-d	Scheuren sur la rive droit du Rhin 3 arpent et 3 ¾ pinte de vigne 1 quart, 2 ½ pinte de terre labourable et ½ pinte de prairie	1.500
1379 U MG 144 a-d	Breitbach sur la rive droit du Rhin- 3 arpent ¼ de vigne	1.300

1075 U MG 2	*Heimbach* Dept. du Rhin et Moselle une maison avec jardin appartements nécessaires à la ven- dage	600
	Seite 8:	
1378.1717 Geistl. Abt. 168 j Bl. 10	*Köln* rue Trankgass Nr. 2397 une maison weitere Häuser in der Trankgasse (Nr. 2384, 2396, 2395, 2334, 2390, 2389, 2388) nach 1400	3.600
1075 U MG 2	*Bliesheim* 2 arpent et demi de terre labourable	280
	Seite 9: keine Eintragung bis 1400	
	Seite 10:	
1270 U MG 20	*Flamersheim* Canton de Rheinbach Dept. du Rhin et Moselle une maison Dieter Dinghaus	180
1360 U MG 107	*Köln* rue Fischmarkt une maison	keine Angabe
1370 Rep. Hss. MG 2 Bl. 90 RS	*Merkenich* 16 arpent de terre labourable 9 arpent de terre labourable 4 ½ arpent de terre labourable	1.080 500 250
	Seite 11:	
1367 U MG 124	*Longerich* 12 arpent de terre labourable une ferme composée de 156 arpent	600 480
1367 U MG 124 1283 Farr. Gel. IV 204 RS	*Brauweiler* 9 ½ arpent de terre labourable et quelques forêts 9 arpent 3 quart [de terre labourable] *Götzenkirchen* 5 arpent de prairie	1.100 500 660

1075 UMG 2	*Bliesheim* 150 arpent des forêts	18.000
1075 U MG 2	*Vettweiß* 150 arpent des forêts	15.000
	Seite 12: unbeschrieben: Übergang zu Kapitaleinkünften	
	Seiten 13 – 22: Kapitaleinkünfte	
1075 U MG 2	**Seite 13:** *Lechenich*	
1375 UMG139	*Gustorf*	
	Seite 14:	
1264 UMG 19	*Frixheim*	
1343 U MG 85	*Bonn*	
	Seite 17:	
1434 Geistl.Abt. 166a Bl. 77	*Attendorn/ Westf.*	
	Wattenscheid A MG 41	
[ca. 1310]	*Dortmund*	
1075 U MG 2	**Seite 19:**	
1314 Geistl.Abt. 166b III. Rotel	*Frimmersdorf* *Wevelinghoven*	
1399 U MG 165	*Heimerzheim*	
1401 U MG 169	**Seite 21:** *Miel*	

Die Kapitaleinkünfte werden geordnet nach „*capital*" und „*intérêts*" angegeben. Einige sind unvollständig eingetragen, bei anderen fehlen Angaben oder werden als „*divers*" oder „*ignoré*" bezeichnet. Die Arten der Rente werden sporadisch angezeigt: *une rente fermière, une rente constituée* oder *une rente emphytéotique*. Um den Umfang des Besitzes bis 1400 zu vervollständigen, sind 11 Orte aus den Kapitaleinkünften mit der Fundstelle erwähnt (Seiten 13–22): Lechenich, Gustorf, Frixheim, Bonn, Attendorn, Wattenscheid, Dortmund, Frimmersdorf, Wevelinghoven, Heimersheim, Miel. Auf den Seiten 23–24 wird die Akte geschlossen mit einem Inventarverzeichnis, das die Verbindlichkeiten der verschiedenen Orte und Besitzer noch einmal in Kurzform aufzeigt, die Vollständigkeit der Besitzerangaben bestätigt und für jede künftige Änderung oder Auslassung Strafe androht. Zum Abschluss folgt die Angabe des Ausfertigungsdatums und die Namen der ausführenden Personen mit einer Unterschrift:

Inventaire des Titres, Registers et Papiers dépendants de l' Etablissement supprimé par l' Arrêté des Consuls du 20 prairial denier, connu sous le nom de Chapitre de Marie ad Gradus, Mairie Cologne Obligations…

Lesquels registres, titres et papiers sont tous ceux, qui nous ont été représentés; déclarant les ci – devant possesseurs, ici présens, qu'ils n'en ont distrait aucun, directement ni indirectement, se soumettant aux peines de droit.

Fait à Cologne, ce…an 10 de la République francaise Par nous Commissaire et Préposé de la Régie avec les membres dudit Etablissement
Unterschrift
Der Grundbesitz von Mariengraden (erworben bis 1400) in 42 von 97 Orten nach der Säkularisationsakte von 1802:

Nutzungsart	Fläche *arpent*	Fläche *pinte*	Anteil an Gesamtfläche
Ackerland (mit 15 Höfen, 3 Mühlen, 14 Aufbauten, 7 Gärten)	2.611,50	2,5	86,25
Wildland	92,25	0	3,05
Weingärten, Weinberge	23,75	0,78	0,78
Wald	300,00	0	9,91
bebaute Flächen (4 Häuser)			
total	3.027,50	3,5	99,99

Umrechnung in m² und ha			Gesamtfläche
1 arpent = 2.000 m²	6.055.000 m²		
1 pinte = 200 m²		700 m²	
	605,50 ha	0,07 ha	605,57 ha

Gesamt-Valeur: 226.894 frs.

Die Säkularisationsakte von 1802 zeigt in der Zusammenstellung von Flächen, die 1400 im Besitz von Mariengraden waren, in 42 von 97 Orten eine erstaunliche Kontinuität des Grundbesitzes über mehrere Jahrhunderte. Ungenauigkeiten ergeben sich aus fehlenden Angaben und der Tatsache, dass mit der landwirtschaftlichen Nutzfläche 15 Höfe, 3 Mühlen mit 14 Aufbauten und 7 Gärten zusammengefasst sind. Mit 3,05 % der Fläche zeigt sich die geringe Größe des Wildlandes. Betrachtet man aber die Lage des überwiegenden Teils des Grundbesitzes, so lässt sich der Schluss ziehen, dass in der engen Gemengelage zwischen linkem Rheinufer und Voreifel ein Vorhalten von Brache kaum möglich war. Der Boden muss intensiv genutzt worden sein. Für die Departements von Mosel und Saar sind dagegen ca. 30–40 % *prairie* errechnet.[656] Die Flächen mit Weingärten und Weinbergen lagen in der Nähe der Orte Unkel und Rheinbreitbach/Neuwied. Fasst man die Angaben über die *valeur*, den Kapitalwert zum Mindestpreisgebot zusammen, so ergeben sich 226.894 Francs.

---

[656] Müller S. 131 u. S. 134.

Abb. 19: S. Maria ad Gradus (während des Abbruchs)

12 Nachwort

Tempus fugit, finis coronat opus. Der Versuch, die Geschichte des dritten von elf Kölner Stiften nach den Dissertationen über St. Severin und St. Kunibert zu schreiben, ist abgeschlossen. Dabei beschränkt sich die Darstellung auf Schwerpunkte und einen Zeitrahmen von 1050 bis 1400.

Von der Bausubstanz der für ihre Zeit großen Stiftskirche ist nur noch die „Domsäule" auf dem Domherrenfriedhof erhalten, während die zehn anderen Stiftskirchen in der Stadt heute gut erhaltene Pfarrkirchen sind. Viele Rekonstruktionsversuche wurden aus historischen Stadtansichten und Quellen unternommen: Die Baugeschichte ist in dieser Arbeit auf der Grundlage des Grundrisses von Dombaumeister i.R. Arnold Wolff aus dem Jahre 1996 geschrieben. Die Umgestaltung der salischen Kirche bis zur gotischen Erweiterung mit 21 Altären weist auf eine rege Tätigkeit der *fabrica* hin. Nicht von ungefähr verfügte das Stift als Besonderheit in Köln über eine Steinmetzpfründe.

Welche neuen Erkenntnisse über Mariengraden lassen sich aber hervorheben?

Das Gründungsdatum ist hinterfragt: Die Gründungsväter, die Erzbischöfe Hermann II. und Anno II. erforderten eine Umdatierung. Erzbischof Hermann II. hatte die Idee und Konzeption zur Errichtung von Kirche und Stift im ikonologischen Rückgriff auf die St. Maria ad Gradus-Anlagen in Rom und Mainz, Erzbischof Anno II. ist der Vollender des Stifts. Die Vorverlegung des Baubeginns der Kirche auf 1050 ist angesichts der Größe des Baus und der Schwierigkeit des zum Rhein abschüssigen Geländes realistisch.

In die Darstellung der Verfassung des Stifts sind neuere wissenschaftliche Erkenntnisse hineingenommen. Die Abhandlung von P. Guy Marchal über das Kanonikat und die *vita communis* (2000) prägen die Ausführungen in diesem Abschnitt. Manfred Groten hat in seiner Stadtgeschichte des 13. Jahrhunderts (1985) die Bedeutung des Stifts erweitert. Mariengraden war nicht nur das Eingangstor von der Ostseite in den Dom und Stationskirche für liturgische Handlungen, Memorienfeiern und Prozessionen, sondern auch ein Zentrum von Kleriker-Rechtsgelehrten. Die Mitgliedschaft von Heinrich Raze im Kapitel führt auf die Spur: Das juristische Wissen des Kanonikers, die Bibliothek juristischer Literatur und die Vielzahl von Rechtsakten und Rechtsgeschäften, in die Mariengraden einbezogen war und Entscheidungen traf, lassen Mariengraden als rechtskundliches Zentrum hervortreten.

Die Personenliste des Stiftes über 363 Kanoniker an Sankt Mariengraden, geordnet nach Pröpsten, Dekanen und Kanonikern in chronologischer Folge von der Gründung bis 1400, ist mit der Hinzunahme der Sammlung Roth aus dem Diözesanarchiv präzisiert worden. Die Zuweisung von regionaler und ständischer Herkunft für die Kanoniker wurde auf der Basis der Arbeiten von Friedrich Lau, Wolfgang Herborn (1977) und zuletzt noch Klaus Militzer (2003) möglich.

Die Aussagen zum Grundbesitz des Stiftes innerhalb und außerhalb von Köln bringen die Arbeit fast aus dem Gleichgewicht. Die überlieferten Quellen zum Grundbesitz und den Einkünften des Stifts borden über. Eine Besonderheit in der Geschichte der Kölner Stifte ist der Schrein Dilles: Das Stift führte ein eigenes Amt für Schreinsnota über viele seiner Liegenschaften in Köln, während der Grundbesitz der anderen Stifte in den Schreinsbezirken der Kirchspiele aufgezeichnet ist. Die „buchhalterische" Verwaltung des Grundbesitzes außerhalb von Köln zeigt in einer umfassenden Budjetierung die Vielzahl mittelalterlichen Formen. Zieht man die Säkularisationsakte für St. Mariengraden aus dem Jahre 1802 hinzu, so lässt sich eine Kontinuität des Grundbesitzes konstatieren: Fast die Hälfte der Immobilien ist bereits vor 1400 erwähnt.